2014中国通信统计年度报告

Annual Report of China's Communication Industry Statistics in 2014

中华人民共和国工业和信息化部 编

人 民 邮 电 出 版 社

北 京

图书在版编目（CIP）数据

2014中国通信统计年度报告 / 中华人民共和国工业和信息化部编. -- 北京 : 人民邮电出版社, 2015.9
ISBN 978-7-115-40468-8

Ⅰ. ①2… Ⅱ. ①中… Ⅲ. ①邮电业－经济统计－研究报告－中国－2014 Ⅳ. ①F632

中国版本图书馆CIP数据核字(2015)第226104号

内容提要

本书主要包括综述、统计数据和附录三个部分，综述主要包括中国电信业2014年发展综述、基础电信企业2014年发展综述和专题分析三个部分；统计数据主要包括公用通信网统计信息、增值电信业务统计信息、专用通信网统计信息、互联网统计信息和国际电信统计信息五部分；附录包括统计指标解释和《中华人民共和国2014年国民经济和社会发展统计公报》。

本书适合国内外基础电信企业、增值电信企业、电信设备制造企业、电信建设企业以及与电信相关的政府机关、非政府组织、科研单位、大专院校咨询机构等单位参考使用。

◆ 编　　中华人民共和国工业和信息化部
责任编辑　王建军
执行编辑　乔永真
责任印制　彭志环

◆ 人民邮电出版社出版发行　　北京市丰台区成寿寺路11号
邮编　100164　　电子邮件　315@ptpress.com.cn
网址　http://www.ptpress.com.cn
北京圣夫亚美印刷有限公司印刷

◆ 开本：787×1092　1/16　　彩插：8
印张：18　　2015年9月第1版
字数：415千字　　2015年9月北京第1次印刷

定价：368.00元

读者服务热线：(010)81055488　印装质量热线：(010)81055316
反盗版热线：(010)81055315

编写说明

一、《2014中国通信统计年度报告》（以下简称“本报告”）通过大量翔实的统计数据、图表和分析报告，全面、系统地阐述了2014年中国通信业所取得的成就、经济运行情况、存在的问题和发展趋势。

二、本报告分为综述（统计分析）、统计数据和附录三个部分。综述部分包括2014年中国基础电信业发展综述、中国增值电信业发展综述、中国互联网发展综述、基础电信企业发展综述和《2014年互联网信息服务收入前百家企业发展报告》《2014年全球电信运营业运行分析》等专题分析报告；统计数据部分包括公用通信网统计信息、增值电信业务统计信息、专用通信网统计信息、互联网统计信息和国际电信统计信息五个方面；附录部分包括《中华人民共和国2014年国民经济和社会发展统计公报》及统计指标解释。

三、本报告中所引用的全国通信业统计数据为决算数据，不包括港、澳、台地区。

四、本报告在编写过程中得到了部内相关司局、各省（区、市）通信管理局、各基础电信运营企业、中国信息通信研究院、部信息中心以及有关专家的大力支持，在此一并表示感谢！

五、由于编辑水平有限，文中难免存在疏漏之处，敬请各位读者谅解。具体由工业和信息化部运行监测协调局负责解释。

工业和信息化部运行监测协调局

二〇一五年七月

电信业务收入与国内生产总值（GDP）增速比较

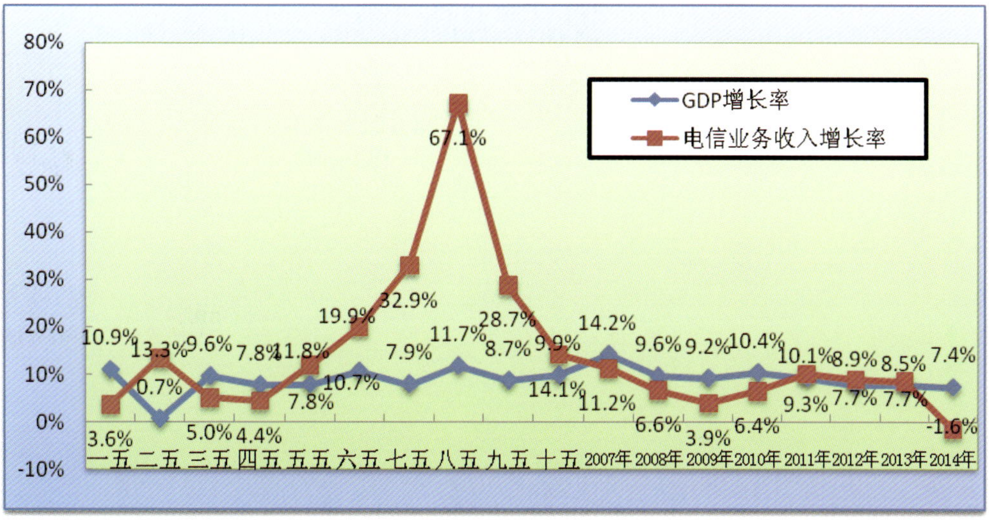

注：根据国家统计局编制的《中国统计摘要（2014）》，对以前年度的GDP增长率进行调整。

2010—2014年电信业务收入和固定资产投资情况

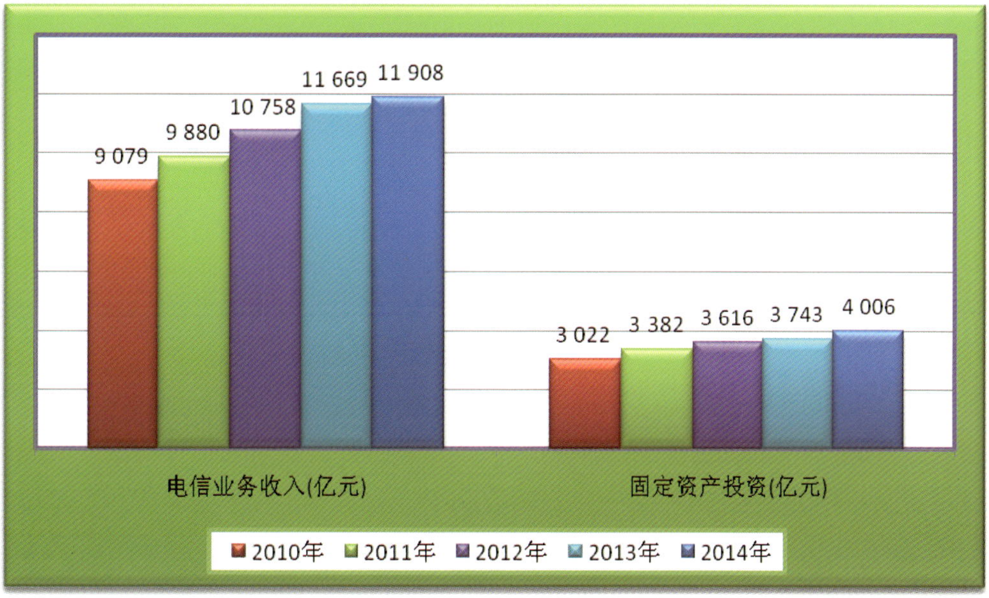

主要年份电信业务收入和投资东部、中部、西部所占比重

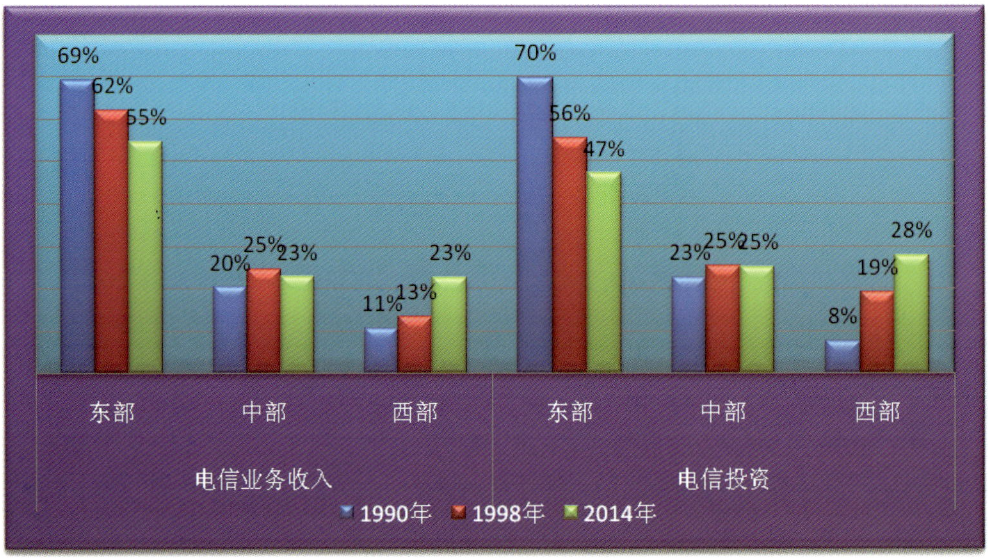

2013—2014年电信投资结构比较

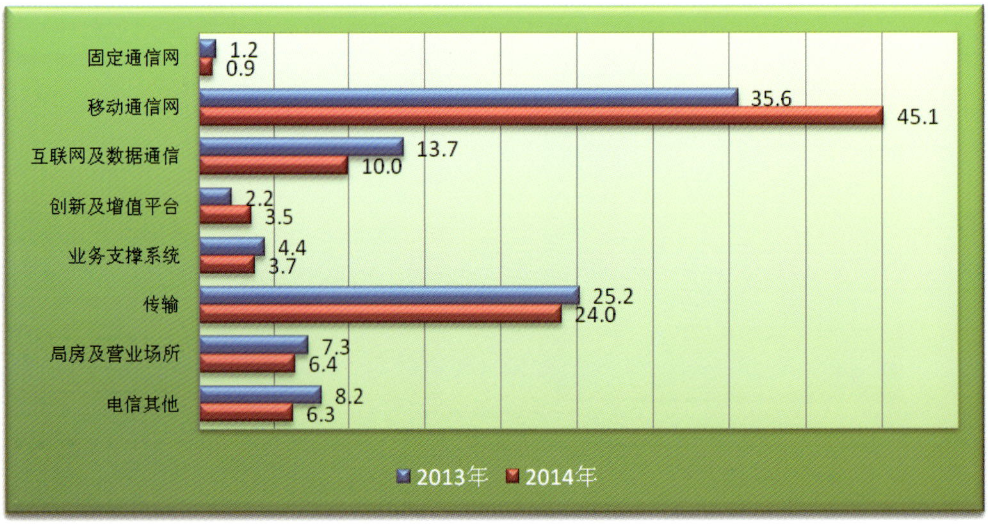

2010—2014 年电信收入结构（固定和移动）

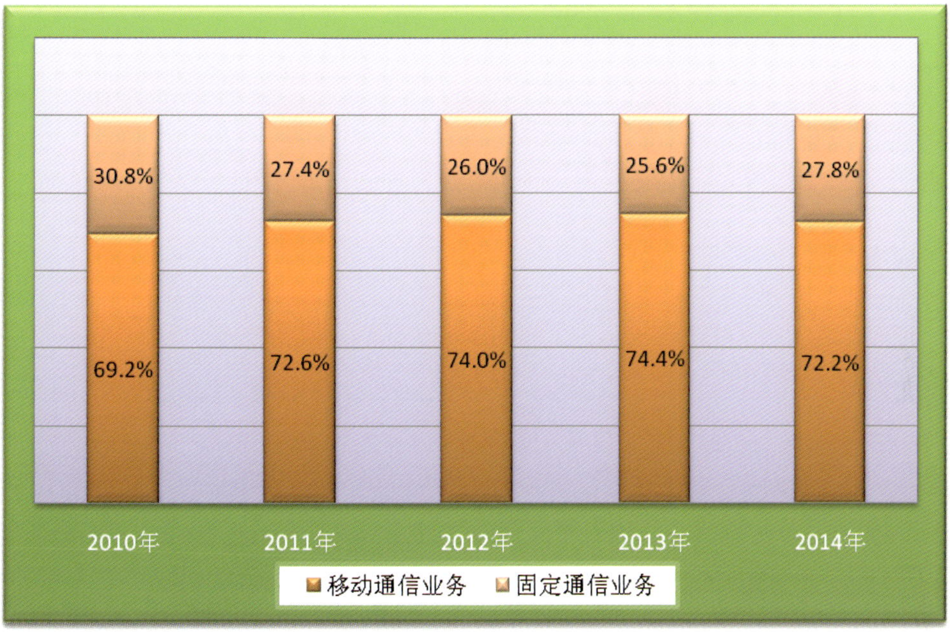

2010—2014 年电信收入结构（话音和非话音）

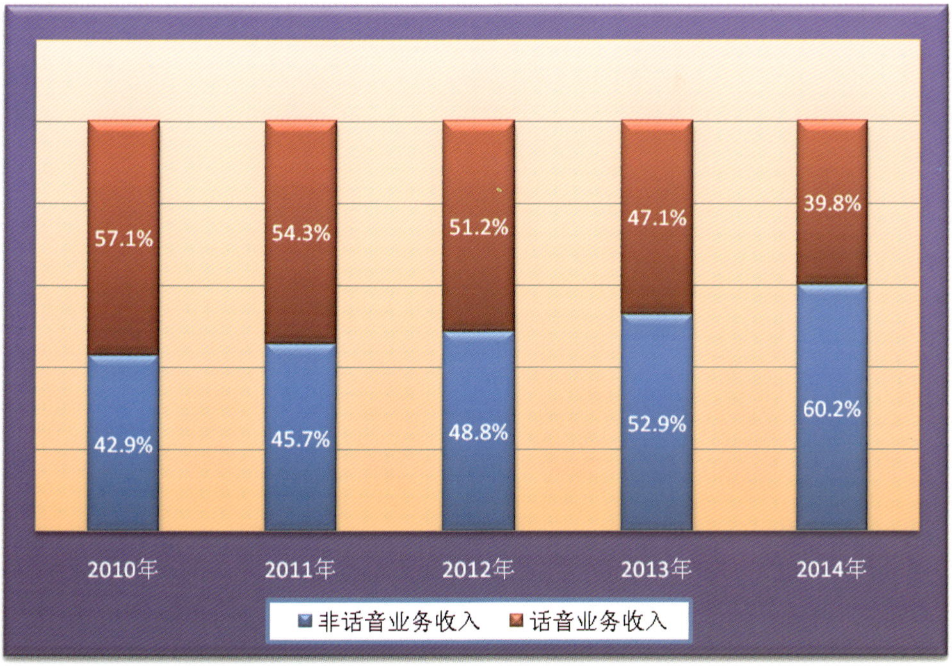

2010—2014 年电信运营企业收入结构

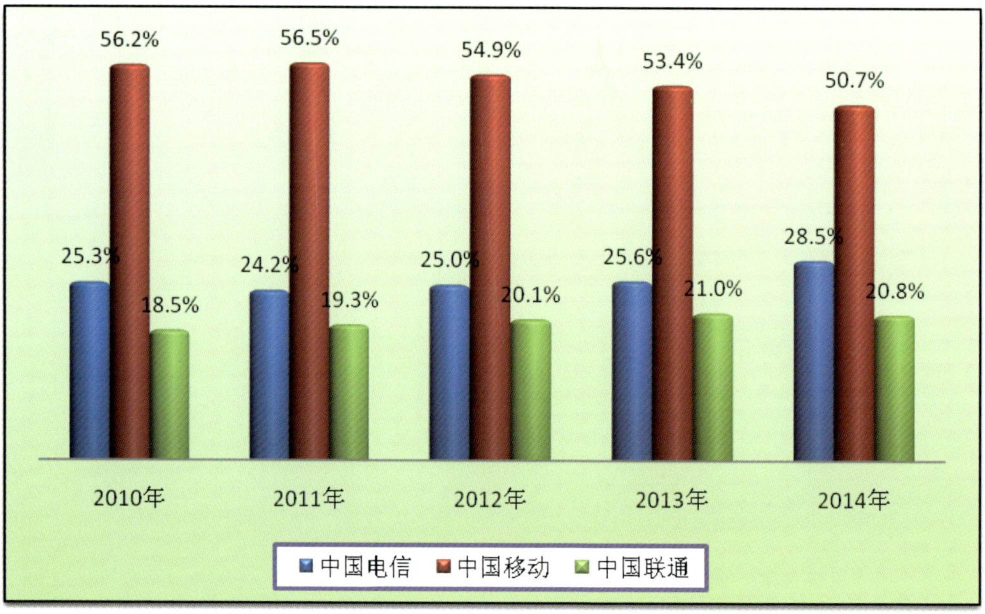

2010—2014 年电信运营企业投资结构

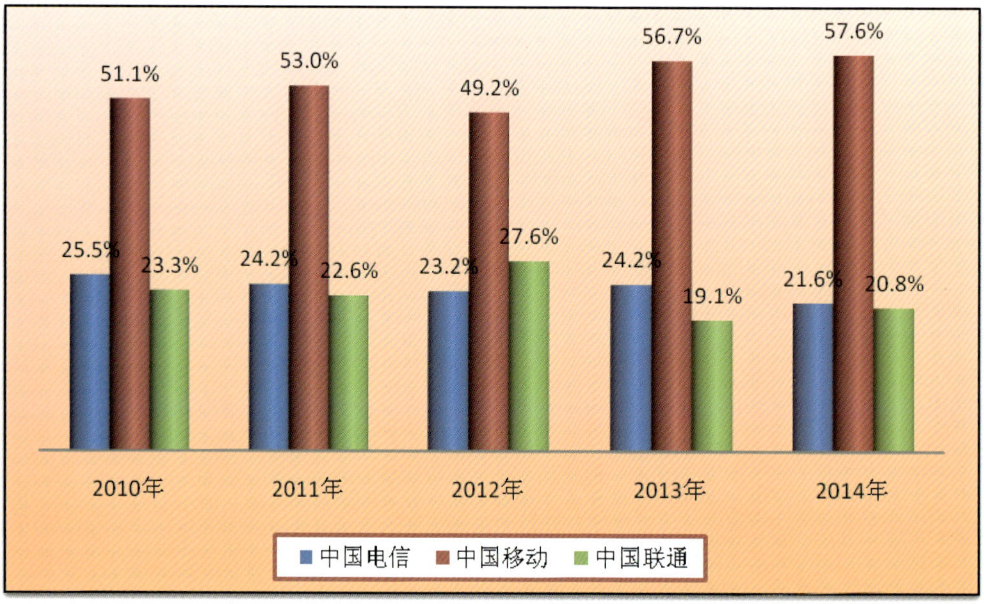

1949—2014 年固定电话、移动电话用户发展情况

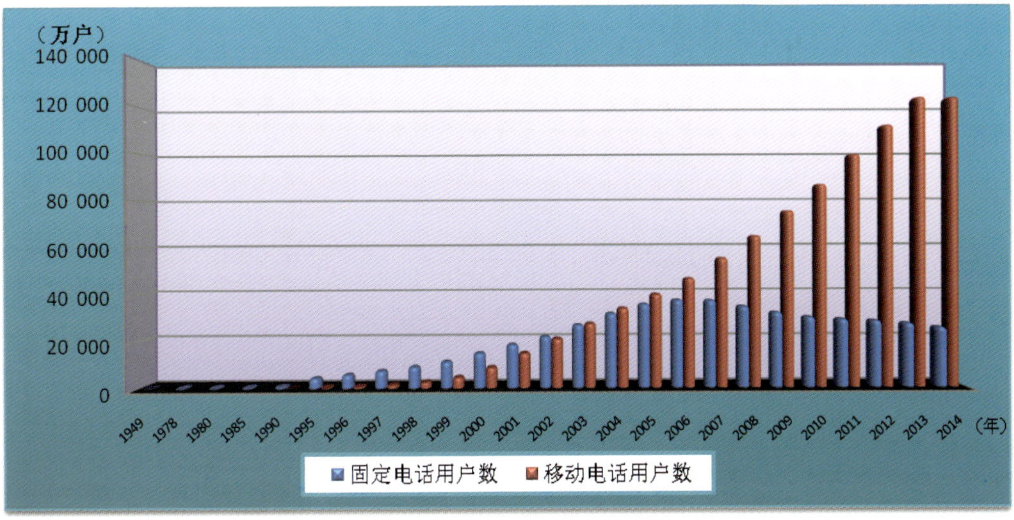

1949—2014 年固定电话、移动电话普及率

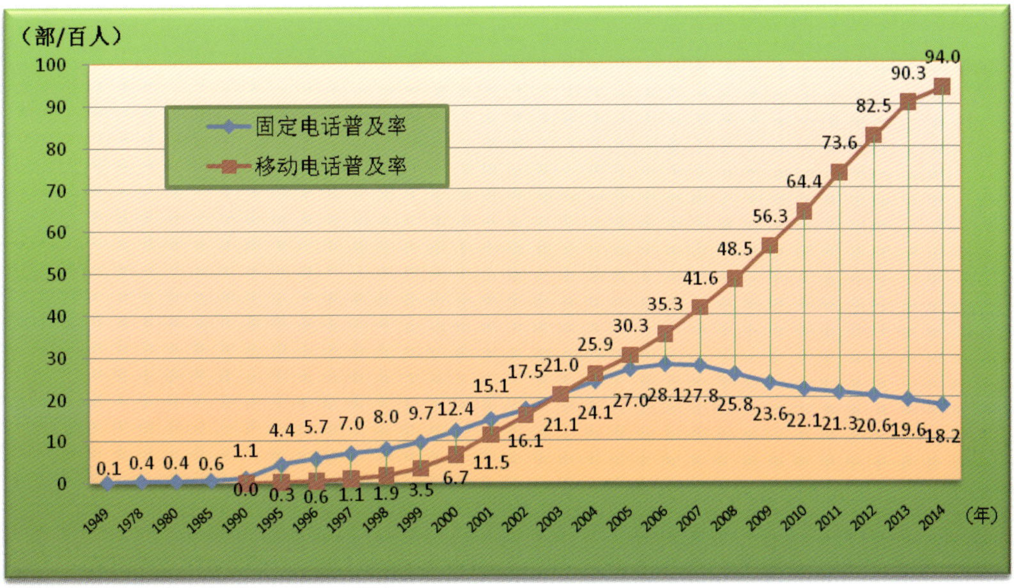

2010—2014 年全国增值电信企业主要指标发展情况

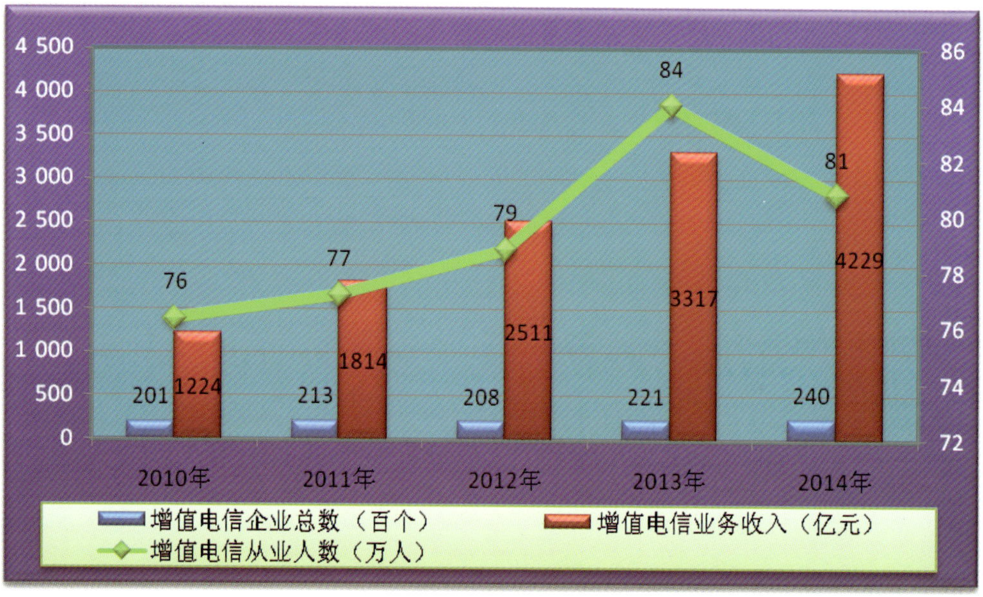

2014 年全国增值电信企业收入构成情况

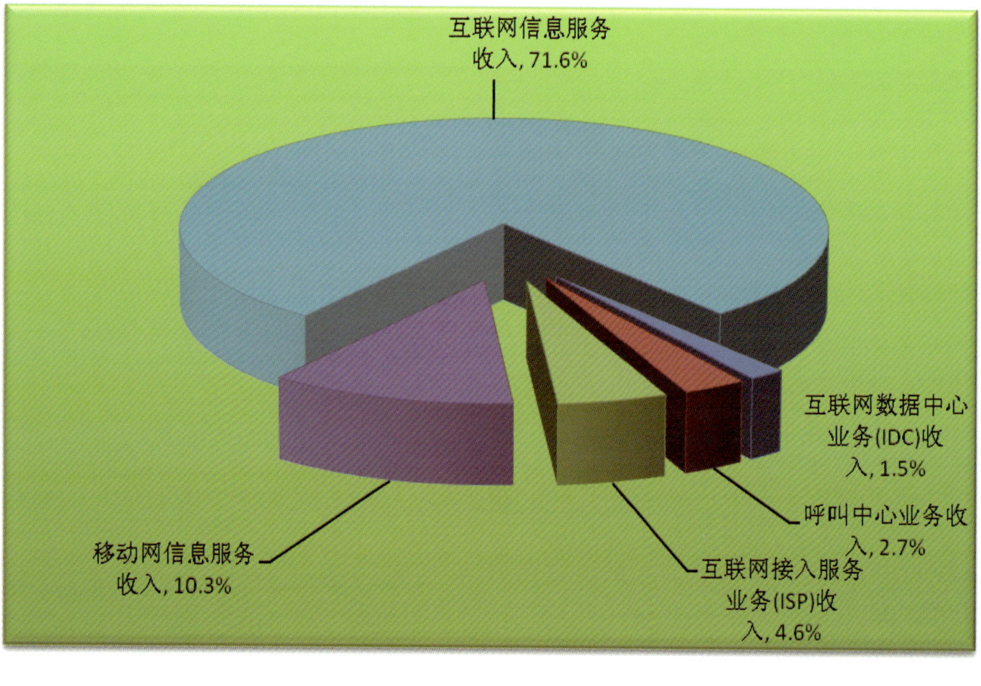

2000—2014年互联网网民数和普及率

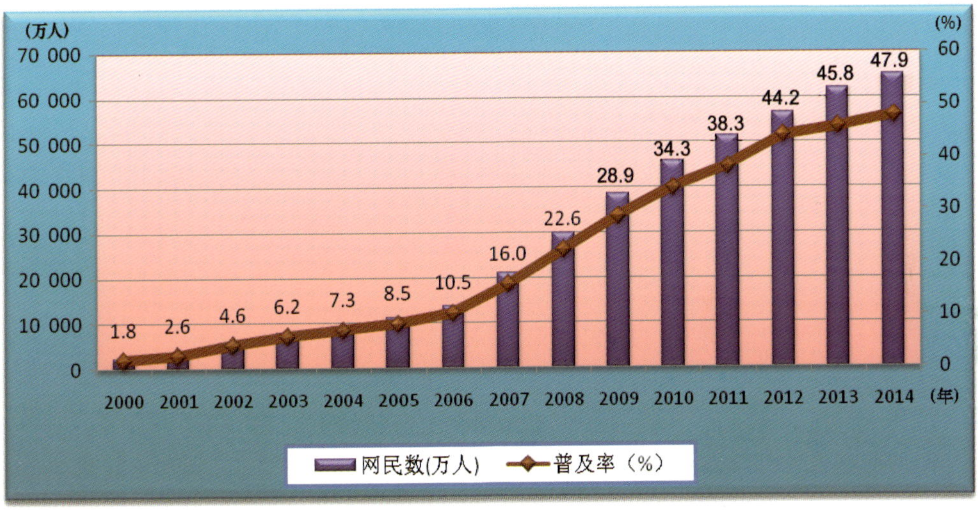

注：本图数据由中国互联网络信息中心（CNNIC）提供。

2014年各省（自治区、直辖市）互联网网民数和普及率

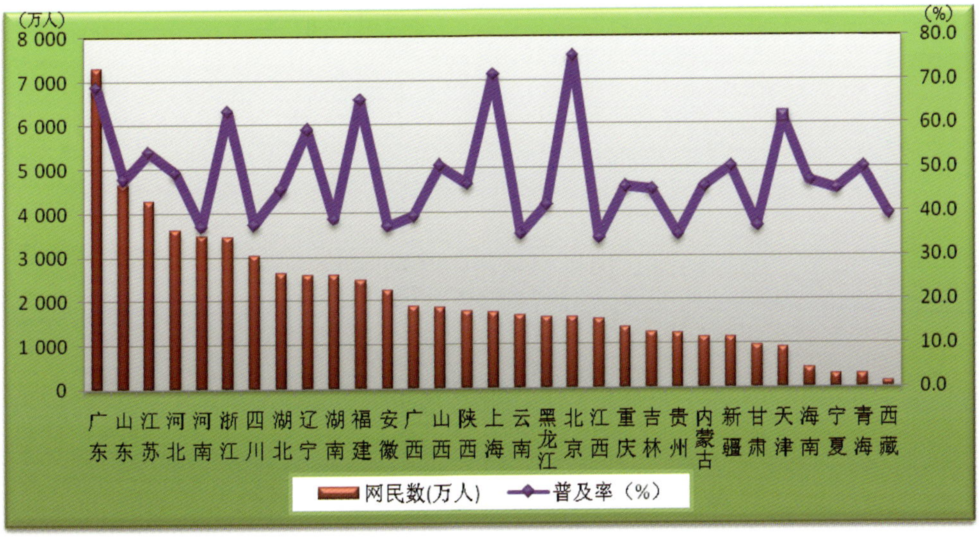

注：本图数据由中国互联网络信息中心（CNNIC）提供。

2010—2014 年全球电信用户发展情况

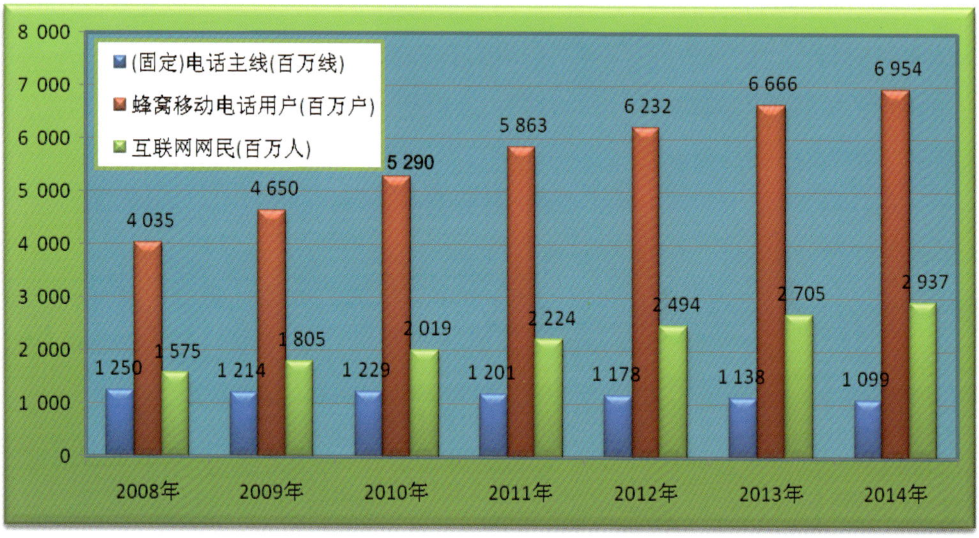

2010—2014 年全球通信水平发展情况

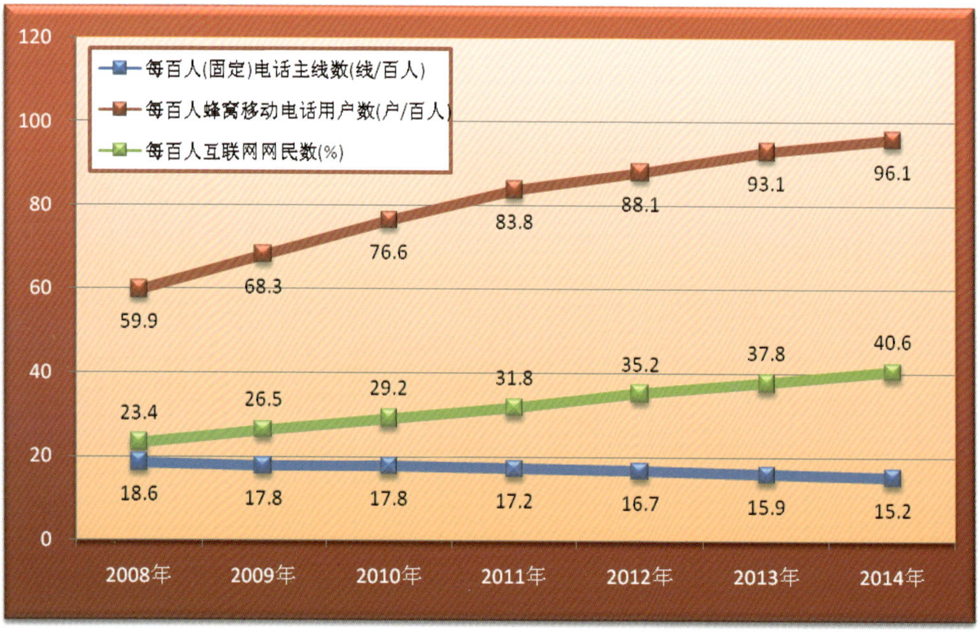

目　　录

第一部分　综　述

第二部分　统　计　数　据

第三部分 附 录

中国基础电信业2014年发展综述

一、综述

（一）电信业发展主要指标

2014年，全国电信业务总量累计完成18 138.3亿元人民币，同比增长15.5%，电信业务收入累计完成11 908.0亿元人民币，同比下降1.6%[1]，完成固定资产投资4 006.2亿元人民币，同比增长7.0%。

全年累计净增电话用户3 942.6万户，总数达到15.4亿户。其中，移动电话用户累计净增5 698.1万户，总数达到12.9亿户，普及率为94.5部/百人；3G用户净增8 364.4万户，总规模达到4.9亿户，在移动电话用户总体中的渗透率达37.7%；4G用户净增9 728.4万户，在移动电话用户总体中的渗透率达7.6%。固定电话用户累计减少1 755.5万户，总数降至2.5亿户，普及率为18.3部/百人。互联网网民数量净增3 117万人，规模达6.5亿人，互联网普及率达到47.9%，其中手机网民规模达到5.6亿人，比2013年增加5 672万人，占到网民总数的85.8%，比2013年提高4.8个百分点。基础电信运营企业互联网宽带接入用户全年净增1 157.7万户，总数突破2.0亿户。

全国光缆线路长度增加315.9万公里，达到2 061.3万公里。局用交换机容量继续下降，全年一共下降1.4%，总量为4.1亿门。移动电话交换机容量增加8 467.6万户，达到20.5亿户。互联网宽带接入端口增加4 600.8万个，累计达到4.1亿个。国际互联网出口带宽增加到4 118 663Mbit/s[2]，同比增长20.9%。

（二）电信业发展主要特点

1. 行业整体增势平稳，对社会经济的贡献加大

电信业务总量平稳增长。2014年，全国电信业务收入累计完成11 908.0亿元人民币，受营

---

1. 2014年6～12月的电信业务收入改为增值税口径，2013年全年收入均为营业税下口径，因此2014年的电信业务收入增速为负。
2. 数据来源：中国互联网络发展状况统计报告（2015.1），CNNIC。

改增影响同比下降 1.6%。全国电信业务总量累计完成 18 138.3 亿元人民币，同比增长 15.5%。其中：固定话音业务总量 561.6 亿元人民币，同比下降 17.6%；固定数据及互联网业务总量 2 408.0 亿元人民币，同比增长 11.0%；固定增值及其他业务总量 653.2 亿元人民币，同比增长 6.5%；移动话音业务总量 6 776.5 亿元人民币，同比增长 1.3%；移动数据及互联网业务总量 4 879.5 亿元人民币，同比增长 85.8%；移动增值及其他业务总量 2 859.6 亿元人民币，同比下降 2.2%。

两化融合扎实推进。集成电路、人工智能、移动互联、大数据、新型传感器和 3D 打印等新技术持续演进，推动制造业智能化发展，两化融合进一步深入。2014 年，以两化融合专项行动为抓手，企业管理体系认定和推广全面展开，装备、石化、汽车、民爆和轻工等重点领域智能化改造积极推进，中小企业两化融合能力稳步提升。一批工业云服务平台、产业联盟成立并运行，物联网、云计算、大数据与制造业融合创新广泛开展，企业、行业、区域涌现出一批综合集成应用的典型。

行业信息化发展不断提速。文化、教育、医疗卫生、社会保障和农业农村等重点领域信息化水平明显提高，电子政务和电子商务快速发展，国家电子政务网络基本建成，信息共享和业务协同框架基本建立。

智慧城市建设范围持续扩大。截至 2014 年年底，中国 100% 副省级以上城市、89% 地级及以上城市（241 个）、47% 县级及以上城市（51 个）都在推进智慧城市建设。随着智慧城市建设范围的扩大，所覆盖的领域也在逐步完善，城市公共服务、便民服务、信息消费、产业发展等市场逐步启动，城市综合承载能力和居民幸福感受有效提高，城镇化发展质量和水平得到全面提升。

2. 用户增长规模下降，向高速率迁移的进程加快

2014 年，全国新增电话用户 3 942.6 万户，新增用户规模较 2013 年大幅下降，电话用户总数达 15.4 亿户，电话普及率为 112.8 部 / 百人。其中，固定电话用户数达到 2.5 亿户，普及率为 18.3 部 / 百人；移动用户数达到 12.9 亿户，普及率为 94.5 部 / 百人，全国有 10 省市的移动电话普及率超过 100 部 / 百人。

移动用户加速向 4G 迁移。全国移动电话用户新增 5 698.1 万户，其中移动宽带用户（3G 和 4G）新增 1.81 亿户，达到 5.83 亿户，渗透率由 2013 年年底的 32.7% 提升至 45.3%。3G 用户规模达到 4.9 亿户，新增 8 364.4 万户，全年新增规模不足 2013 年的一半。在 4G 网络覆盖范围持续扩大、手机终端日益完善、企业促销力度持续加大等因素推动下，4G 用户高速增长，2014 年年底达到 9 728.4 万户，移动电话用户结构呈现 2G 和 3G 用户均向 4G 用户迁移的趋势。

高宽带接入用户持续增长。基础电信企业互联网宽带接入用户净增 1 157.5 万户，总数突破 2 亿户，同比增长 6.1%。宽带城市建设加快推动光纤接入的普及，城市与农村宽带用户占比分别为 75.7% 和 24.3%。接入速率整体提升，使用 4Mbit/s 以上宽带接入用户占比达到 88.1%，8Mbit/s 以上占比达到 40.9%，20Mbit/s 以上占比达到 10.4%，其中速率在 4Mbit/s 和 8Mbit/s 之间的宽带用户仍占据主流，占比达到 47.2%。光纤入户稳步增长，FTTH/O 用户净增 2 749.3 万户，用户总量达到 6 831.6 万户，占宽带用户比重由 2013 年年底的 21.6% 提升至 34.1%。

融合业务用户发展显著。IPTV用户新增521.1万户，达到3 363.7万户，同比增长18.3%；手机电视用户新增1 172.3万户，达到5 583.3万户，同比增长26.6%；物联网终端用户新增1 137.3万户，达到4 337.6万户，同比增长35.5%。

网民规模不断壮大。我国网民规模达6.5亿人，全年共计新增网民3 117万人。互联网普及率为47.9%，较2013年年底提升2.1个百分点。手机网民规模达5.6亿人，较2013年年底增加5 672万人。网民中使用手机上网的人群占比提升至85.8%，较2013年年底提升4.8个百分点。

3．移动网络加速演进，4G引领全球发展

2014年，基础电信业固定资产投资完成4 006.2亿元人民币，同比增长7.0%，由于4G的拉动作用，移动通信领域投资增速最快，同比增长35.8%，达到1 808.4亿元，其中4G投资达1 273.0亿元人民币。

基础电信企业加速构建4G网络。2014年，工业和信息化部分三次批准中国电信、中国联通TD-LTE/LTE FDD混合组网试验累计达到56个城市。全行业移动通信网络建设重点大幅向4G转移，截至2014年年底，4G基站规模达到84.9万个，已经覆盖到全国300多个主要城市，基本实现县级以上城市和发达乡镇覆盖，人口覆盖率超过75%，建成全球最大规模的4G网络。

我国4G产业实力达到较高水平。4G终端产业取得较快发展。4G手机终端款式不断丰富，出货量明显增长，2014年4G手机出货量1.71亿部，占所有手机出货量的比重达到38%。已有895款TD-LTE终端获得进网许可，其中包括792款TD-LTE手机终端和103款TD-LTE无线数据终端。我国核心企业基本完成多模多频LTE芯片的研发，与国际领先企业差距缩小。海思率先完成28nm五模Cat6基带芯片研发。展讯等在3G时代取得研发、产业和市场等关键能力和影响力，在4G芯片成本和服务方面具备优势。

TD-LTE全球规模化发展。截至2014年11月，全球共有28个国家开通了43个TD-LTE商用网络（包括13张TDD+FDD双模网络），全球TD-LTE网络部署达到94张（含已商用网络及在建网络），有31个运营商明确将于2015年推出TD-LTE商用服务。截至2014年三季度，全球TD-LTE基站累计出货超过72.4万个，占全球4G基站出货总数的50.4%。截至2014年11月，全球TD-LTE用户总数达到8 970万，占4G总用户数的28.03%，同比提高了17.9个百分点。我国通信企业在海外建设TD-LTE商用网络或实验网络部署，遍布欧洲、亚太、非洲和美洲等区域。

4．基础企业转型加快，业务创新能力提升

为应对互联网变革大潮，基础电信企业变压力为动力，通过加强流量经营、拓展新业务领域、成立资本运营部或创业投资公司等方式，加快自身转型步伐，取得积极进展。

业务结构不断优化。2014年，电信业非话音业务实现收入7 040.4亿元人民币，在电信业务收入中占比达到59.1%，比2013年提高5.9个百分点。其中，移动数据及互联网业务收入实现2 706.3亿元人民币，同比增长36.5%，对行业收入增长的贡献持续提升，成为电信业务发展的第一动力。2014年，移动互联网接入流量仍为全部业务量中增长最快的领域，月户均突破200Mbit/s，同比增长53.5%；其中来自4G网络的接入流量占比超过19%，4G用户平均消费流量超过700Mbit/s。其中固定互联网宽带接入流量达到1 296.9亿Gbit/s，同比增长131.9%，移动互联网接入流量达到 20.6 亿 Gbit/s，同比增长 62.7%。

加大互联网业务创新能力。2014 年，基础电信企业基于融合通信新生态下，致力于创新技术、创新业务、创新应用以及创新商业模式的发展。加大与互联网企业的融合发展，联合推出“沃百富”等产品，与合作伙伴在移动即时通讯、搜索引擎、网络游戏、手机视频、网络购物和电子支付等方面推进应用开发和市场应用。整合基地业务，与阿里巴巴、UC、百度等互联网公司展开在融合业务、业务运营、资本合作上的全面探索融合。在互联网方向和电信增值业务方向进一步扩大对民企开放，扶持中小互联网企业。

5. “宽带中国”战略落地，网络提速步伐加快

光纤宽带网络快速发展。“宽带中国”战略进入全面落实实施阶段，各级政府大力推动宽带网络基础设施建设。光纤通信网络快速发展，截至 2014 年年底，新增 FTTH 覆盖家庭 8 859 万户，光纤入户网络覆盖家庭达到 2.56 亿户。全国光缆总长度达到 2 061.3 万公里，同比增长 18.1%。新建小区基本上实现光纤到户网络建设，老旧小区光纤化改造进程加快，随着光纤接入网络的快速发展，全国接入光缆长度达到 970.7 万公里，同比增长 18.1%。互联网数据流量爆炸式增长，传输网络向更高容量系统演进，100Gbit/s 波分复用设备开始在省际干线规模部署，并逐步向省内干线延伸；城域网内大容量波分系统开始普及，大容量灵活调度的城域传输网基本建成。固定互联网宽带接入端口超过 4 亿个，其中 FTTH 端口达到 1.6 亿个。

互联网基础设施不断优化升级。南京、成都、重庆、西安、武汉、郑州和沈阳 7 个新增加的国家级互联网骨干直联点相继开通运行，骨干直联点数量由 3 个增加到 10 个，互联网架构布局得到明显优化，网间通信质量显著提升，流量疏通效率和安全性能大幅改善。网络基础设施 IPv6 升级改造稳步推进，运营商骨干网和 20 多个城市网络完成 IPv6 改造，支持 IPv6 的网站和应用逐步上线。

国际通信稳步发展。积极响应国家开放与合作大局，构建完善我国全方位、多层次的国际通信发展格局。加强与周边国家和地区通信设施互联互通，互联网国际带宽增加 650Gbit/s。年内实施了中哈俄、中蒙、珠澳陆缆系统以及福淡、厦金等海缆系统的新建及扩容工程，丝绸之路经济带和通达亚太、欧美等国家和地区的通信能力进一步提升。截至 2014 年年底，我国已有 35 条跨境陆缆、9 条跨境海缆通往世界主要国家和地区，海陆缆总带宽达 7.4Tbit/s。

6. 转售业务试点开展，业务发展有序进行

移动通信转售业务试点批文陆续发放。截至 2014 年年底，工业和信息化部共发放五批移动通信转售业务试点批文，总计向 42 家民企（含浙江、广东省内各批复 1 家）发放了试点批文，包括 3C 连锁卖场、渠道商、电子商务网站等多行业多类型企业，移动通信转售业务试点申请审批工作顺利结束。通过移动通信转售业务领域向民间开放，进一步激发移动通信市场的竞争活力和创新活力，为广大消费者提供更多的选择和更好的服务。

移动通信转售业务发展有序进行。移动通信转售试点企业结合各自原有的业务优势，充分利用移动通信转售平台，采用新品牌或延伸自有品牌的方式建立品牌，发展用户定位目标市场。经过一年多的实践，虚拟运营商在市场营销、用户服务和业务模式上不断创新。随着放号企业

数量和业务开通范围不断增加，已放号的企业拓展转售用户的经验不断积累，极大程度加速了转售用户发展，截至2014年年底，20多家移动通信转售试点企业已经开始正式放号，累计发展用户超过200万户，遍布全国28个省。

7. “村通工程”继续推进，数字鸿沟逐步缩小

村通投资超额完成年度目标。2014年，信息通信业贯彻中央办公厅、国务院办公厅《关于创新机制扎实推进农村扶贫开发工作的意见》精神，落实促进信息消费和实施“宽带中国”战略相关举措，加快农村信息通信基础设施建设和农村信息化进程，在总结“村通工程”实施10年来取得的经验基础上，深入实施“村通工程”，全行业累计直接投资约40亿元人民币，超额完成年度目标任务。

村通覆盖的广度和深度持续提升。全年新增1.4万余个行政村开通宽带，行政村通宽带比例从2014年年初的91%提高到93.5%；新增4 500余个自然村开通电话，20户以上自然村通电话比例从2014年年初的95.6%提高到95.8%。全国86%的乡镇开展信息下乡活动，新建成信息服务站点1.4万余个；为集中连片特困地区1.8万余个行政村实现互联网覆盖和近1 000个偏远贫困农村中小学开通宽带。

二、电信业对国民经济的贡献分析

（一）电信业增加值平稳增长，对国民经济的直接贡献有所削弱

2014年，我国基础电信业完成增加值6 661.3亿元，同比增长9.1%，对GDP的直接贡献约为1.1%，占第三产业增加值的比重为2.2%。电信增加值占GDP的比重反映了电信业对国民经济的直接贡献率。从数据上看，从2004年起，电信增加值占GDP的比重持续下降，2014年比2013年又微降了0.01个百分点，占第三产业增加值的比重则由2013年的2.3%下降至2.2%，对国民经济的直接贡献进一步有所削弱，如图1所示。

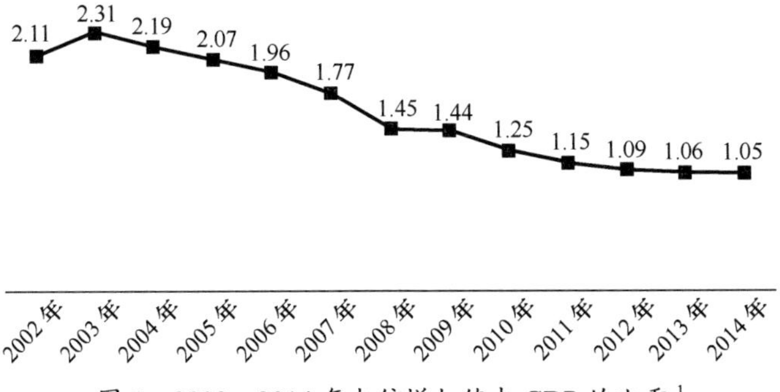

图1　2002—2014年电信增加值占GDP的比重[1]

1. 2001—2010年GDP取自《中国统计年鉴》，2011—2014年GDP取自全国年度统计公报。

（二）信息消费带动作用明显，促进新常态下的经济转型升级

信息消费成为新的经济增长点，为稳增长提供重要支撑。2014 年，信息消费规模巨大，总体规模突破 2.8 万亿元人民币，对当年 GDP 增长直接贡献超过 0.77 个百分点，约占同期 GDP 增速的 1/9。其中，新型信息消费对当年 GDP 增长贡献达到 0.66 个百分点，占整个信息消费贡献的比重高达 85.7%。考虑到产业关联效应，2014 年，信息消费拉动国民经济其他部门新增产出超过 1.3 万亿元人民币。同时，智能终端和电信资费持续下降，对平抑物价的作用逐步显现。2014 年，信息消费对消费者价格指数（CPI）的抑制作用达到 0.15 个百分点，通货紧缩贡献率（信息消费对 CPI 抑制作用与当期 CPI 的比例）达到 5.6%，对通货膨胀的抑制效果非常显著。信息消费对经济增长的贡献如图 2 所示。

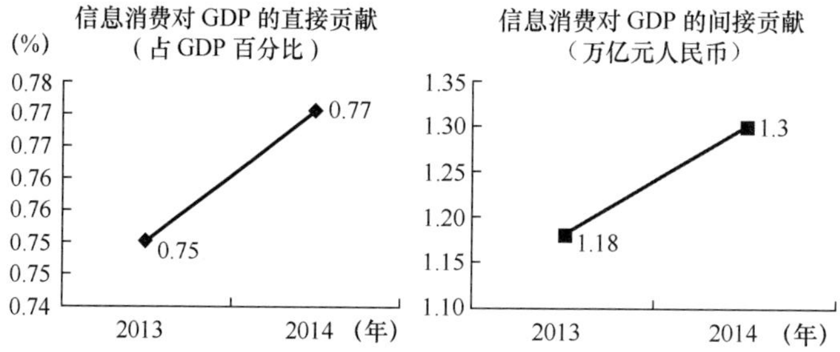

图 2　信息消费对经济增长的贡献

资料来源：CAICT

信息消费引领产业结构优化升级。信息消费通过需求引领产业供给，不断催生新技术产生与应用，不仅推动新产品、新业态和新应用的大量涌现，而且促进信息通信技术与其他产业间的融合渗透深化，使较低层次产业中的资金、人才、技术向更高的产业转移，对产业结构升级具有显著作用。信息消费每新增 100 亿元人民币，对农业、工业和服务业新增产出的贡献分别为 3 亿元人民币、191 亿元人民币和 144 亿元人民币。2014 年，信息消费拉动农业、工业和服务业新增产出的贡献分别为 156 亿元人民币、9 855 人民币亿元和 7 430 亿元人民币。其中，新增产出中后两者的占比超过 99%，信息消费对工业和服务业的产业关联效应更为显著。信息消费对三大产业产出的贡献如图 3 所示。

信息消费推动经济发展方式转变。从发展模式来看，与传统的“高投入、低产出，高污染、低效率”发展模式相比，信息消费所驱动的经济社会发展模式能够有效提高产品和服务的科技含量，赋予其更大的升值空间，使资源消耗趋于最少，符合信息经济发展的内在要求，有利于国民经济持续、快速、健康地发展。此外，信息消费所蕴含的信息通信技术已成为信息经济和社会发展的重要驱动力量，并加速向其他国民经济部门中扩散渗透，智能化制造、网络化生产、协同化研发等新生产模式不断提升经济发展的层次和水平。从技术、资本和劳动 3 个生产要素进行分析（Δ 经济增长 =*F*(Δ 技术、Δ 资本、Δ 劳动)），2014 年与信息消费领域相关的信息通信技术对全社会生产效率提升的作用达到 38.2%，贡献超过 1/3。

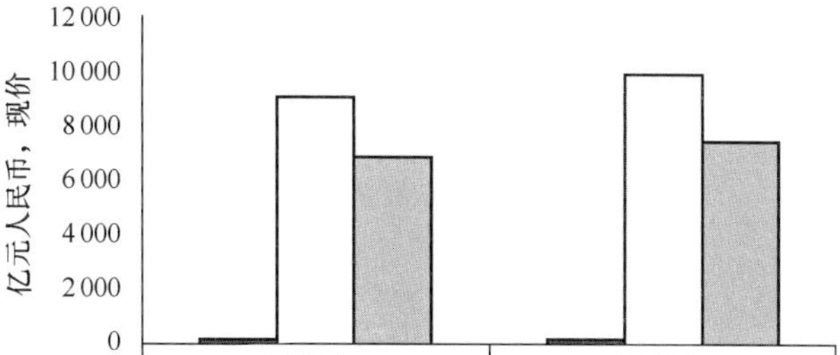

	2013 年	2014 年
农业	144	156
工业	9 090	9 855
服务业	6 855	7 430

图 3　信息消费对三大产业产出的贡献

资料来源：CAICT

三、基础电信业务发展分析

（一）电话用户发展情况

1．电话用户增速下降明显，移动电话普及率小幅提升

2014 年，全国电话用户规模继续增长，全年净增 3 942.6 万户，总数达到 15.4 亿户，但增速仅为 2.6%，与 2013 年相比下降明显。其中，移动电话用户总数 12.86 亿户，移动电话普及率达到 94.5 部 / 百人，比 2013 年年底提高 4.2 个百分点；固定电话用户总数 2.49 亿户，比 2013 年年底减少 1 755.5 万户，固定电话普及率降低至 18.3 部 / 百人。移动电话用户在电话用户总数中所占比重达到 83.8%。2004—2014 年电话用户发展情况如图 4 所示。

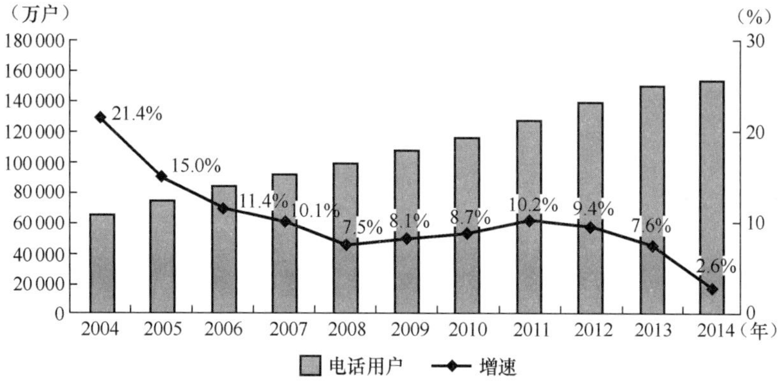

图 4　2004—2014 年电话用户发展情况

2．2G 用户出现大幅下滑，用户加速向 4G 迁移

2014 年，我国移动用户继续保持增长态势，新增用户 5 698.1 万户，移动电话用户规模达到 12.86 亿户。其中，2G 用户数量下滑严重，全年 2G 用户减少 1.23 亿户，用户规模缩小为 7.03

亿户；移动宽带（3G 和 4G）用户新增 1.81 亿户，达到 5.83 亿户，渗透率由 2013 年年底的 32.7% 提升至 45.3%。3G 用户规模达到 4.9 亿户，新增 8 364.4 万户，全年新增规模不足 2013 年的一半。在 4G 网络覆盖范围持续扩大、手机终端日益完善、企业促销力度持续加大等因素推动下，4G 用户高速增长，2014 年达到 9 728.4 万户，移动电话用户结构呈现 2G 和 3G 用户均向 4G 用户迁移的趋势。2010—2014 年新增移动电话用户如图 5 所示。

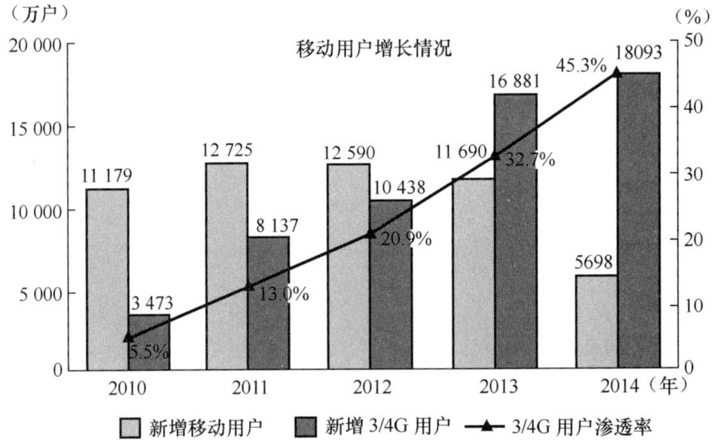

图 5　2010—2014 年新增移动电话用户

3. 固定电话用户持续加速下降，无线市话用户退网速度加快

2014 年，全国固定电话用户减少 1 755.5 万户，同比下降 6.6%，共计 2.49 亿户。其中，城市电话用户减少 828.9 万户，达到 17 627.9 万户；农村电话用户减少 926.6 万户，达到 7 315.1 万户。传统固定电话用户减少 862.4 万户，达到 22 731.8 万户，无线市话用户降幅变大，全年减少 716.5 万户，同比下降 82.3%，达到 154.3 万户，在固定电话用户中所占比重从 2013 年年底的 3.3% 下降到 0.6%。2004—2014 年固定电话用户和无线市话用户如图 6 所示。

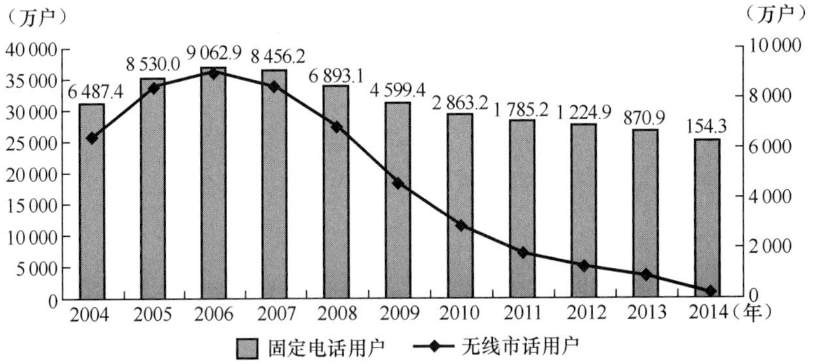

图 6　2004—2014 年固定电话用户和无线市话用户

（二）通话量发展情况

1. 移动通话量增长乏力，固定通话量继续下滑

2014 年，全国移动电话通话时长累计达到 59 012.7 亿分钟，同比增长 1.3%，增速降幅虽

较 2013 年有所缩小，但增速依旧继续下行。固定电话通话量继续大幅下降，本地电话通话时长累计达到 26 139.3 亿分钟，同比下降 13.5%；固定长途电话通话时长累计达到 530.1 亿分钟，同比下降 10.1%。2004—2014 年移动电话通话时长增长情况如图 7 所示。

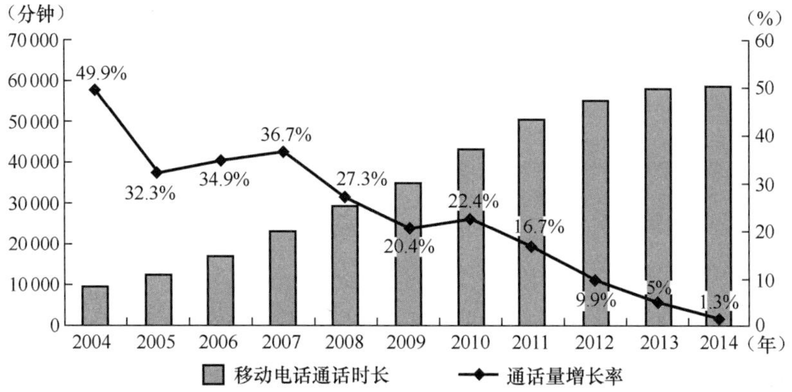

图 7　2004—2014 年移动电话通话时长增长情况

2. 移动电话 MOU 持续下降，固定电话 MOU 下滑速度减缓

2014 年，移动电话每用户每月通话时长为 391 分钟，连续 3 年下降，降幅达到 5.9%。固定电话每用户每月通话时长继续减少，2014 年为 101 分钟，降幅达到 8.9%，与 2013 年相比降幅变小。由于移动互联网类通信业务替代、多卡用户比例上升等多因素综合作用，单用户话务量的减少和运营企业从话音经营向流量经营的转变将成为大势所趋。2004—2014 年移动与固定电话 MOU 如图 8 所示。

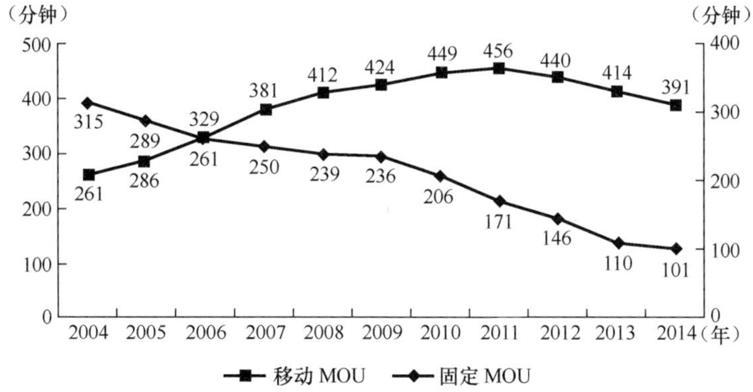

图 8　2004—2014 年移动与固定电话 MOU

（三）互联网接入业务发展情况[1]

1. 固定宽带用户首破 2 亿户，用户接入速率明显提升

固定宽带用户首次突破 2 亿户。2014 年，我国新增互联网宽带接入用户 1 157.5 万户，互

1. 本节中除互联网接入用户、移动互联网流量外，其余数据来源于 CNNIC《中国互联网络发展状况统计报告》(2015.1)。

联网宽带接入用户总规模达到 2.0 亿户，用户普及率接近 15%，比 2013 年提升 1 个百分点。2004—2014 年（固定）互联网宽带接入用户发展情况如图 9 所示。

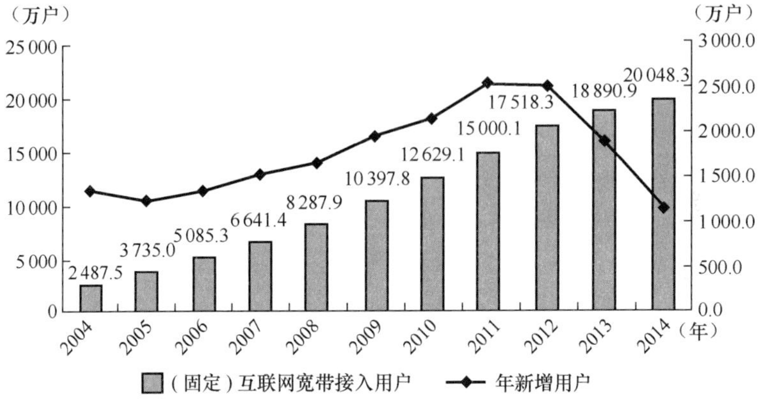

图 9　2004—2014 年（固定）互联网宽带接入用户发展情况

FTTH 渐成宽带发展主流。2014 年，我国宽带用户接入速率得到明显提升。从宽带接入方式来看，FTTH/O 用户达到 6 831 万户，用户占比提升至 33.8%，全年提升 12.2 个百分点。4Mbit/s 以上宽带用户占比达到 88%，比 2013、2012 年分别提高 9.2、19.2 个百分点。8Mbit/s 以上宽带用户占比达到 40%，比 2013、2012 年分别提高 17.4、23.7 个百分点。

2．互联网普及率继续稳步提升，移动互联网用户规模增速回升

2014 年，我国互联网网民规模达到 6.49 亿，全年共计新增网民 3 117 万人。互联网普及率为 47.9%，比 2013 年年底提升 2.1 个百分点。2004—2014 年互联网网民人数及普及率发展情况如图 10 所示。

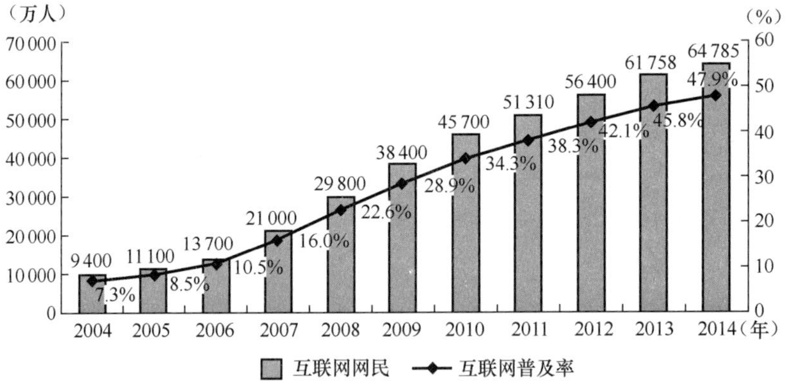

图 10　2004—2014 年互联网网民人数及普及率发展情况

移动互联网用户继续呈现增长态势，全年净增 6 765.9 万户，净增用户规模比 2013 年上升明显，移动互联网用户规模达到 87 522.1 万户。2010—2014 年移动互联网用户发展情况如图 11 所示。

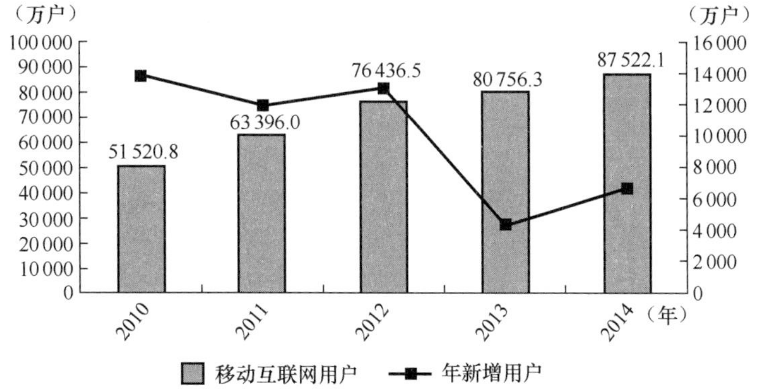

图 11 2010—2014 年移动互联网用户发展情况

3. 手机网民保持高速增长，即时通信的地位进一步稳固

2014 年，我国手机网民规模达 5.57 亿人，比 2013 年年底增加 5 672 万人，网民中使用手机上网的人群占比由 2013 年年底的 81.0% 提升至 85.8%，手机网民规模继续保持稳定增长，如图 12 所示。2014 年，在移动互联网的推动下，个人互联网应用发展整体呈现上升态势。即时通信作为网民第一大上网应用，在高使用率水平的基础上继续攀升；微博、电子邮件等其他交流沟通类应用使用率持续走低；博客社交性退化，媒体功能凸显，使用率呈现回升态势；电子商务类应用依然保持快速发展，手机旅行预订应用表现突出。

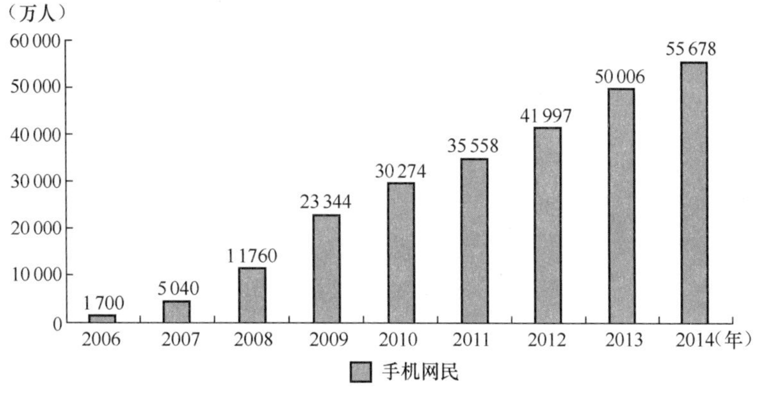

图 12 2006—2014 年手机网民人数增长情况

4. 移动互联网流量大幅提升，人均流量持续高速增长

2014 年，受 4G 等因素的影响，移动互联网流量呈现迅猛增长的态势，全年移动互联网流量累计达到 206 193.6 万 GB，同比增长 62.7%，增速比 2013 年上升了 18.6 个百分点。人均移动互联网流量由 2013 年的每人每月 137.6MB 增加到 209.1MB，同比增长 52.0%，增速远低于

2013 年的 28.2%，用户的移动互联网流量消费潜力进一步显现。2010—2014 年我国移动互联网流量发展情况如图 13 所示。

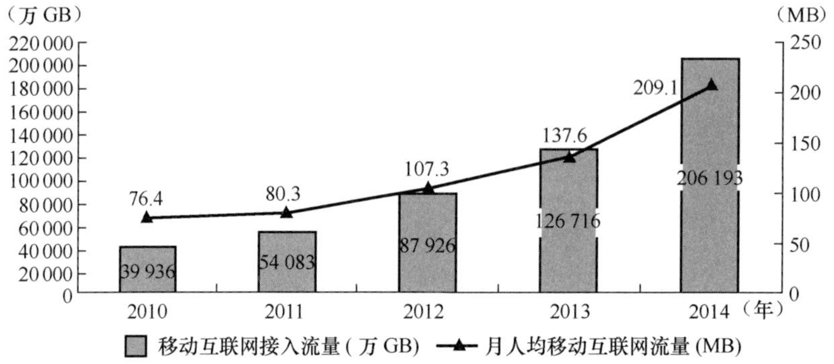

图 13　2010—2014 年我国移动互联网流量发展情况

5. IPv6 地址增长放缓，基础设施升级改造稳步推进

2014 年，我国 IPv4 地址总数基本维持不变，数量累计达到 3.32 亿；截至 2014 年 12 月，我国 IPv6 地址数量为 18 797 块 /32[1]，比 2013 年同期增长 12.8%，与 2013 年相比增长放缓。网络基础设施 IPv6 升级改造稳步推进，运营商骨干网和 20 多个城市网络完成 IPv6 改造，支持 IPv6 的网站和应用逐步上线。2010—2014 年我国 IPv6 地址数量发展情况如图 14 所示。

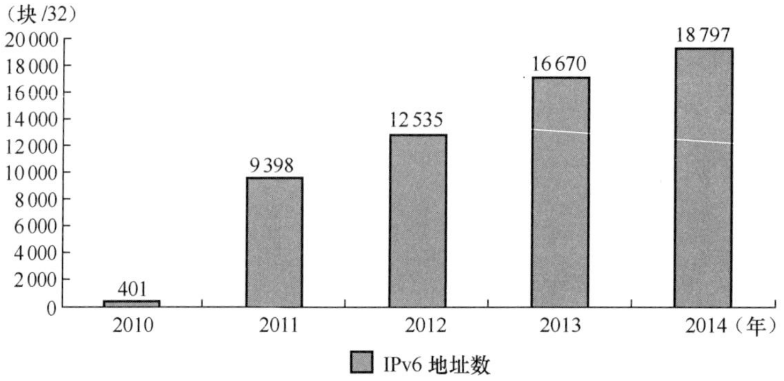

图 14　2010—2014 年我国 IPv6 地址数量发展情况

（四）增值业务发展情况

1. 增值业务收入增速高于电信业务收入增速，收入占比略有上升

2014 年，基础电信企业增值业务收入规模 2 348 亿元人民币，增速为 0.29%，增速高于电信业务收入增速 1.85 个百分点。基础电信企业增值业务收入占电信业务收入的比重比 2013 年上升 0.3 个百分点，达到 19.7%。2010—2014 年基础电信企业的增值业务收入发展情况如图 15 所示。

1. 数据来源：《中国互联网络发展状况统计报告》（2015.1），CNNIC。

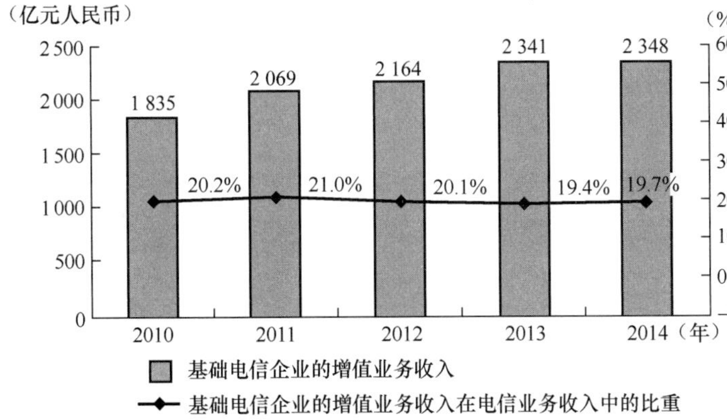

图 15 2010—2014 年基础电信企业的增值业务收入发展情况

2. 移动增值业务收入现负增长，固定增值业务收入增速下降明显

2014 年，基础电信企业的移动增值业务收入增速出现下滑，增速比 2013 年下降 5.1 个百分点，为 -0.5%，规模达到 2 039 亿元人民币。固定增值业务收入增速反弹后出现明显下降，增速比 2013 年下降 7.3 个百分点，为 5.7%，规模达到 309 亿元人民币。2011—2014 年基础电信企业的移动和固定增值业务收入如图 16 所示。

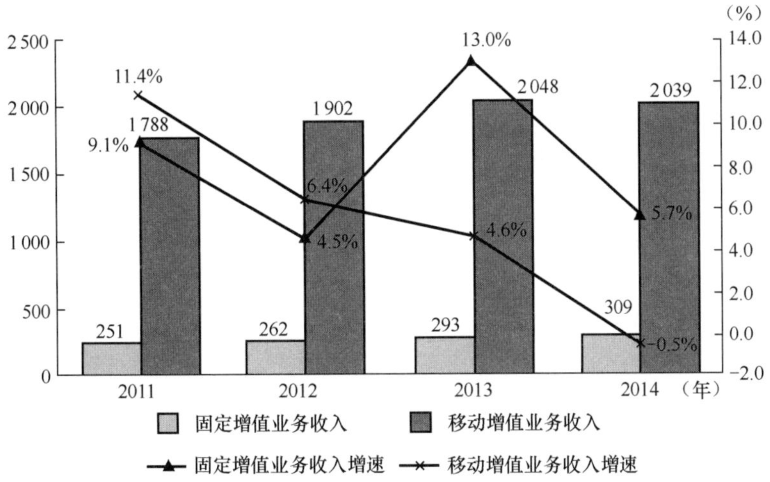

图 16 2011—2014 年基础电信企业的移动和固定增值业务收入

3. 移动短信收入下滑速度加快，新兴移动增值业务收入占比上升

2014 年，OTT 业务仍对短信业务的冲击巨大，由移动用户主动发起的点对点短信量加剧下滑，全年累计 3 523 亿条，同比下降 18.3%，降幅同比扩大了 4.6 个百分点。在基础电信企业移动增值业务中，移动短信业务收入下滑趋势更加明显，收入规模同比减少 88.1 亿元人民币，达到 531.1 亿元人民币，移动短信收入呈现持续负增长态势。以手机电视等为代表的新兴移动增值业务收入规模在持续扩大，手机电视业务收入同比增长了 19.2%。2014 年，在基础电信企业移动增值业务中，非移动短信业务收入规模达 1 507 亿元人民币，在移动增值业务所占比重

由 2013 年的 68% 上升到 74%，如图 17 所示。

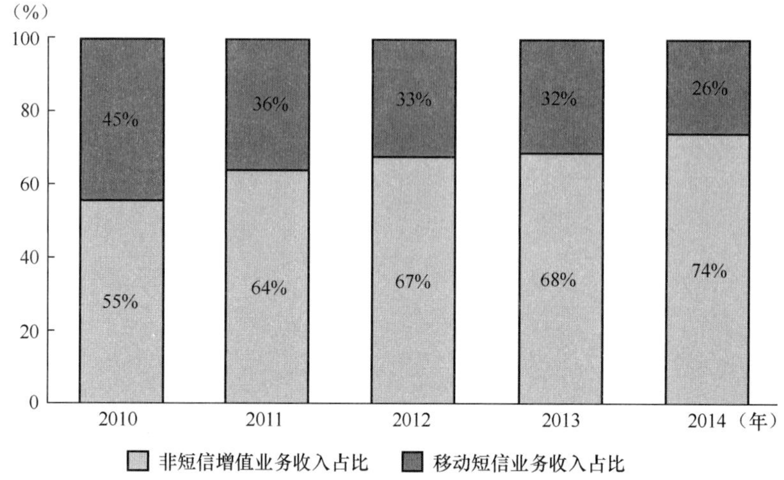

图 17　2010—2014 年基础电信企业的非短信增值业务在移动增值中的比重

四、电信网络能力分析

（一）固定及移动电话网规模分析

1. 固定电话网容量回归下降，移动电话网扩容增速放缓

2014 年，局用交换机容量回归下降轨道，比 2013 年下降 572 万门，下降了 1.4 个百分点。移动电话网扩容速度放缓，移动交换机容量同比增长 4.3%，比 2013 年增速下降了 2.5 个百分点，达到 20.5 亿门。2003—2014 年局用及移动电话交换机容量如图 18 所示。

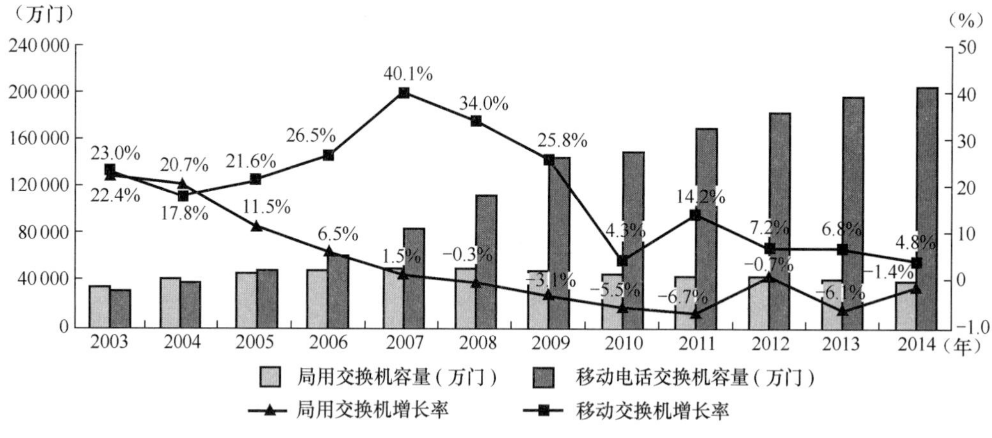

图 18　2003—2014 年局用及移动电话交换机容量

2. 局用交换机实装率出现下降，移动交换机实装率小幅上升

在设备利用率方面，2014 年局用交换机实装率比 2013 年下降 3.4 个百分点，下降到

61.6%。移动交换机实装率升至 62.7%，同比上升 0.2 个百分点。2005—2014 年局用及移动电话交换机实装率如图 19 所示。

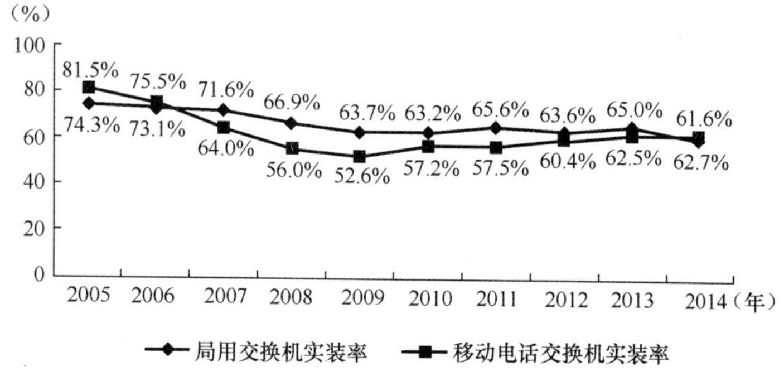

图 19　2005—2014 年局用及移动电话交换机实装率

（二）数据通信网规模分析

1. 互联网规模跃上新台阶，高速率宽带接入能力显著提升

2014 年，在“宽带中国专项行动”的推动下，互联网规模和能力显著提升。互联网宽带接入端口数量迅速攀升至 40 546.1 万个，增速达到 12.8%，2003—2014 年宽带接入网端口数量如图 20 所示。同时，高速率宽带接入能力显著提高。2014 年，我国 FTTH/O 端口达 16 384.6 万个，同比增长 42.4%。

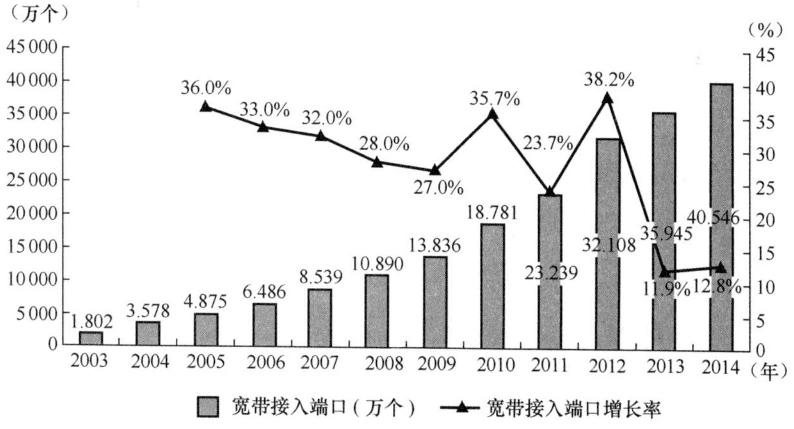

图 20　2003—2014 年宽带接入网端口数量

2. 国际出口带宽大幅增长，总量超四百万兆

2014 年，我国国际出口带宽大幅增长，截至年底增长至 4 118 663Mbit/s，比 2013 年同期大幅增长了 20.9%，如图 21 所示。

（三）传输网规模分析

1. 传输网规模再创新高，增速保持平稳

2014 年，全国新建光缆线路 315.9 万公里，光缆线路总长度达到 2 061.3 万公里，同比增

长 18.1%，增速与 2013 年基本持平，如图 22 所示。

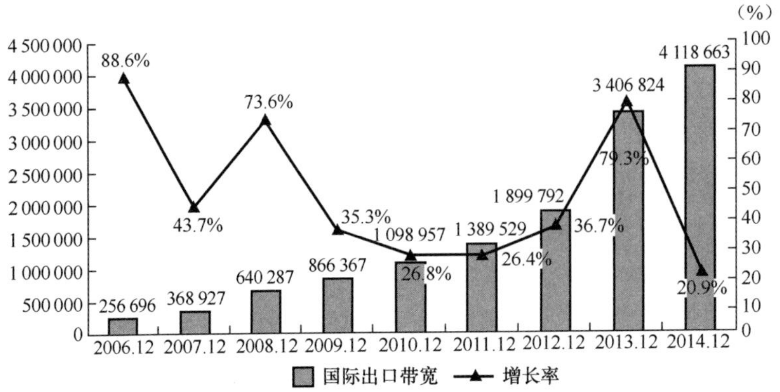

图 21　2006—2014 年国际出口带宽及增长率

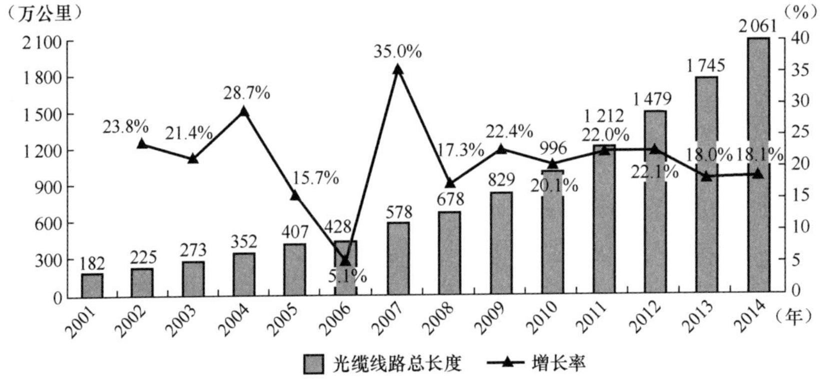

图 22　2001—2014 年光缆线路总长度

2．接入网光缆和本地中继光缆保持快增长，长途光缆小幅扩容

2014 年，全国新建光缆仍以接入网光缆和本地中继光缆为主。在新建光缆线路中，接入网光缆、本地中继光缆和长途光缆线路所占比重分别为 47.1%、51.7% 和 1.2%。总体来看，接入网光缆和本地中继光缆保持快增长，同比增长 18.1% 和 19.6%，新建接入网光缆和本地中继光缆长度分别为 148.8 万公里和 163.3 万公里；长途光缆保持小幅扩容，同比增长 4.3%，新建长途光缆长度 3.8 万公里，如图 23 所示。

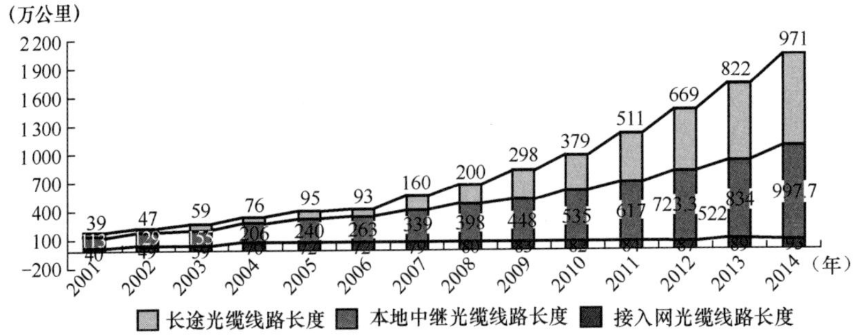

图 23　2001—2014 年各种光缆线路长度

（四）3G、4G 网络规模分析

1. 3G 网络建设保持较快发展，3G 基站比重已近四成

2014 年，电信企业加快了 3G 网络建设，全年新增 3G 基站 18.5 万个，3G 基站数累计达 127.8 万个，比 2013 年增长 16.9%，占到全部移动基站的 36.4%。全年新增 3G 室内分布系统数 4.2 万个，3G 室内分布系统数达 39.5 万个，比 2013 年增长 11.8%。2013—2014 年 3G 基站和室内分布系统发展情况如图 24 所示。

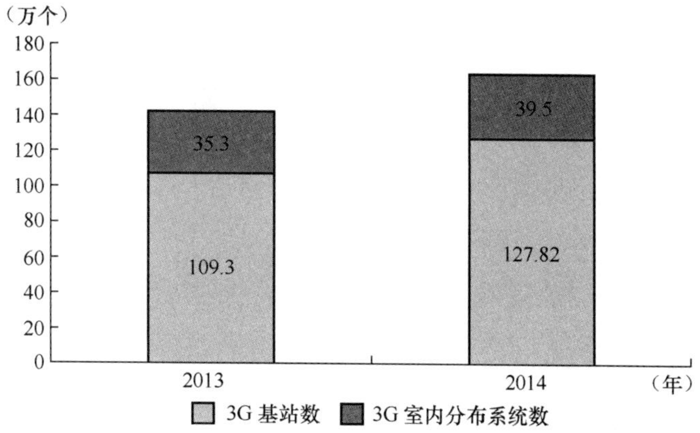

图 24 2013—2014 年 3G 基站和室内分布系统发展情况

2. TD-LTE 扩大规模试验范围，网络能力不断增强

基础电信企业加速构建 4G 网络。2014 年，工业和信息化部分三次批准中国电信、中国联通 TD-LTE/LTE FDD 混合组网试验累计达到 56 个城市。全行业移动通信网络建设重点大幅向 4G 转移，截至 2014 年年底，4G 基站规模达到 84.9 万个，4G 室内分布系统数达 16.1 万个，已经覆盖到全国 300 多个主要城市，基本实现县级以上城市和发达乡镇覆盖，人口覆盖率超过 75%，建成全球最大规模的 4G 网络。

五、电信固定资产投资分析

（一）电信业投资概况

1. 固定资产投资规模创历史新高，增速翻倍

在 3G、4G 和宽带网络建设拉动下，2014 年电信业固定资产投资规模创历史新高，投资总额达 4 006.2 亿元，同比增长 7%，投资增速翻倍。

2. 投资重点集中于移动、传输和互联网，4G 成为投资热点

2014 年，移动通信网、传输网、互联网及数据通信投资分别占到固定资产投资的 45.1%、24%、10%，是投资的重点。其中，移动投资为 1 808.4 亿元，比 2013 年上升了 35.8 个百分

点，4G 成为新的投资重点，占移动投资的 70%，投资额为 1 273 亿元；传输投资额为 961.2 亿元，同比增长 2%；互联网及数据通信投资比 2013 年出现一定回落，比 2013 年下降了 21.7%。2001—2014 年电信投资总额及增长率如图 25 所示。

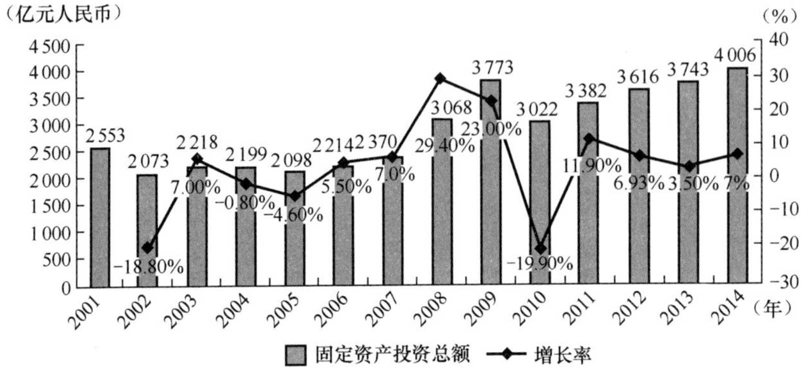

图 25　2001—2014 年电信投资总额及增长率

（二）电信业投资效果分析

1. 投资适应业务发展需要，支撑行业转型升级

2014 年，我国移动网投资有力保障了移动网络升级，从而进一步带动了移动用户结构优化及用户升级。全国移动电话用户新增 0.57 亿户，其中，3G 用户新增了 0.84 亿户，达到 4.9 亿户，增长了 20.8%；4G 移动电话用户达 0.97 亿户，渗透率达 7.2%。

传输及互联网投资带动高带宽接入用户增长显著。基础电信企业互联网宽带接入用户净增 1 157.5 万户，总数达到 2 亿户，同比增长 6.1%。光纤入户稳步推进，FTTH/O 用户净增 2 749 万户，用户总量达 6 831 万户，比 2013 年提高了 67.4%（见表 1）。通信业投资有效匹配业务发展需要。

表 1　2014 年通信业主要通信能力指标增长情况

指 标名称	单位	2014年年末到达	比2013年年末净增	比2013年年末增长（%）
光缆线路长度	公里	20 612 529	3 158 820	18.1
其中：长途光缆线路长度	公里	928 398	38 380	4.3
局用交换机容量	万门	40 517.1	-572.1	-1.4
其中：接入网设备容量	万门	25 882.2	3 309.8	14.7
移动电话交换机容量	万户	205 024.9	8 467.6	4.3
互联网宽带接入端口	万个	40 546.1	4 600.8	12.8

2. 投资收入比小幅上升，全行业投资效益略有下降

从投入产出水平来看，2014 年，我国电信行业固定资产投资收入比为 33.6%，比 2013 年上升了 1.5 个百分点，行业整体投资效益有所下降，这主要由于固定资产投资保持正增长，而电信业收入受基础电信传统业务收入下降影响开始出现负增长，如图 26 所示。

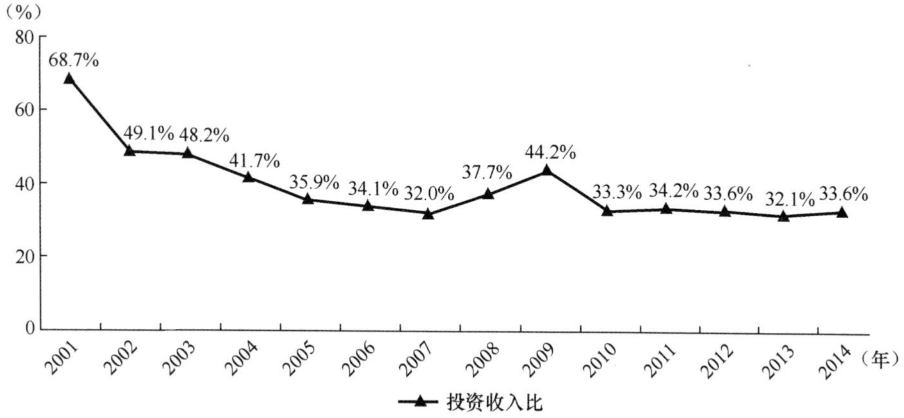

图 26　2001—2014 年电信投资收入比

六、电信业经营效益分析

（一）收入增长情况

1. 行业运行平稳，业务总量与收入增速差距拉大

2014 年，电信业务收入完成 11 908.0 亿元人民币，按可比口径测算下降 1.56 个百分点。电信业务总量完成 18 149.5 亿元人民币，同比增长 16.1%，比 2013 年提高 0.7 个百分点。电信业务总量与电信业务收入增长的“剪刀差”由 2012 年的 6.7 个百分点持续拉大至 17.8 个百分点，如图 27 所示。

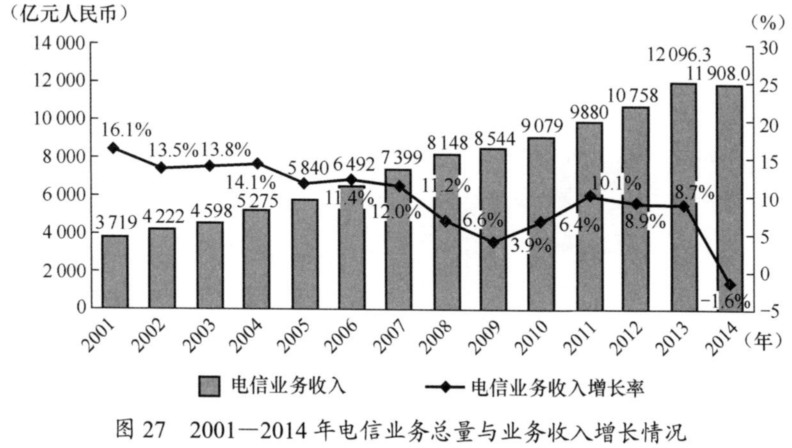

图 27　2001—2014 年电信业务总量与业务收入增长情况

2. 数据业务收入增长整体放缓，移动数据业务增长贡献突出

2014年，固定数据及互联网业务收入完成1 528.0亿元人民币，按可比口径测算同比增长2.3%，比 2013 年下降 6.7 个百分点。受增值电信企业大力发展宽带接入业务带来的市场竞争以及用户基数不断扩大的影响，三家基础电信企业宽带接入用户增长乏力，互联网宽带接入业务收入增长

趋缓。移动数据及互联网业务收入完成 2 706.3 亿元人民币，按可比口径测算同比增长 36.5%，比 2013 年下降 19.0 个百分点。移动数据及互联网业务收入在电信业务收入中占比达到 22.7%，有效弥补了话音业务收入的增速下滑。2012—2014 年固定和移动数据业务收入增长情况如图 28 所示。

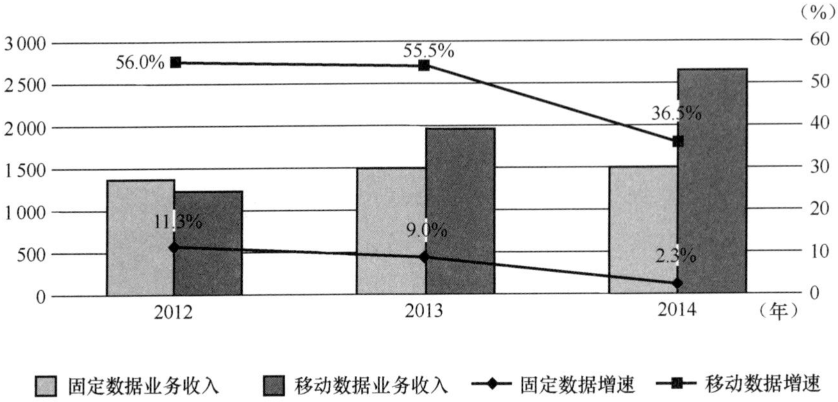

图 28　2012—2014 年固定和移动数据业务收入增长情况

（二）利润增长情况

1．电信业务成本费用较快增长，行业利润总额略有下降

2014 年，电信业务成本、管理费用分别比 2013 年提高了 6.1%、0.4%，根据国资委的要求，压降了营销费用因素影响，使营销费用下降了 9.8%。在此情况下，2014 年的电信行业利润总额略有下降，比 2013 年下降 6.3%。2008—2014 年电信行业成本费用和行业利润总额如图 29 所示。

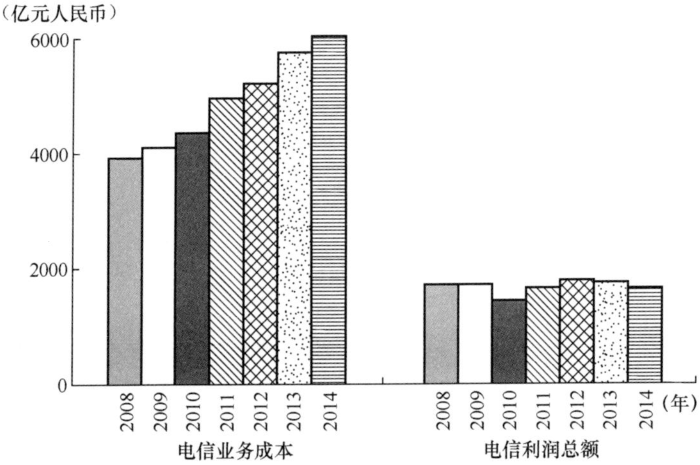

图 29　2008—2014 年电信行业成本费用和行业利润总额

2．受行业利润总额下降与成本上升双方面影响，行业利润率下降

2014 年以来各类基础电信传统业务收入增长均明显减缓，同时受到营改增等政策的影响，

电信行业利润率为13.9%，比2013年略有下降，如图30所示。

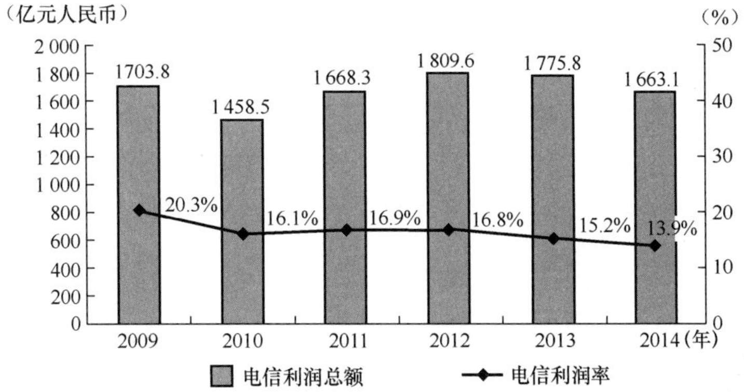

图30　2009—2014年电信行业利润总额和利润率

七、电信业地域发展分析

（一）城乡发展与差距分析

1. 城乡固定电话用户普及率差距有所缩窄

2014年，城市固定电话用户和农村固定电话用户分别减少828.9万户和926.6万户，减少规模分别比2013年同期扩大392.3万户和246.4万户。截至12月底，全行业城市电话用户和农村电话用户总数分别达到17 627.9万户和7 315.1万户，人口普及率分别达到24.11部/百人和11.62部/百人，城乡普及率差距由2013年年底的13.1个百分点缩窄至12.5个百分点。城乡固定电话及其普及率变动对比如图31所示。

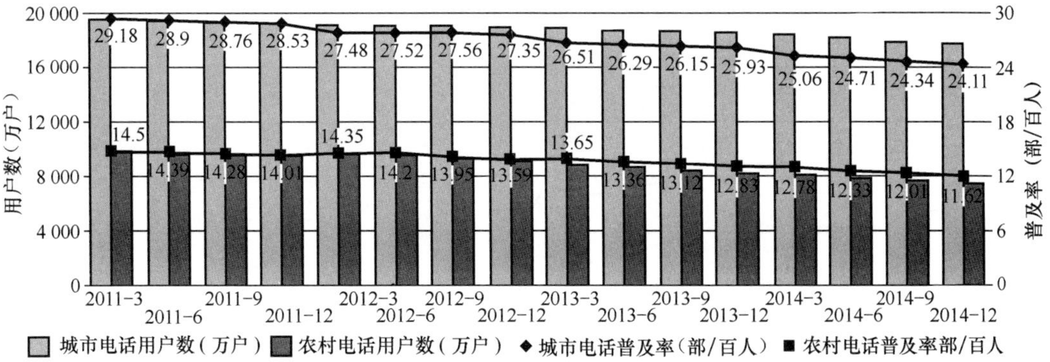

图31　城乡固定电话及其普及率变动对比

2. 城乡宽带普及率差距有所扩大

2014年，电信行业共新增城市和农村固定互联网宽带接入用户1 021万户和136.4万户，增幅分别为 7.2% 和 2.9%，其中城市宽带用户增长规模比 2013 年扩大 128.3 万户，农村地区宽带用户新增规模比 2013 年下降 876.5 万户。截至 12 月底，城市和农村宽带接入用户总规模累计达到 16 333.6 万户和 15 174.6 万户，普及率分别达到 20.76% 和 7.77%，城乡普及率差距由 2013 年年底的 12.5 个百分点扩大到 13 个百分点（如图 32 所示）。

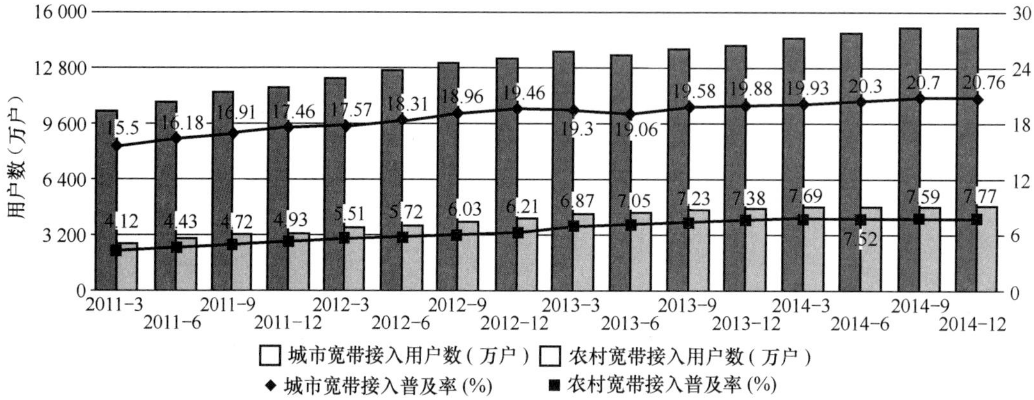

图 32　城乡固定宽带用户及其普及率变动对比

（二）区域财务和投资分析

1. 东中西部区域电信业务收入增速差距显著缩小

2014 年，东部、中部、西部分别完成电信业务收入 6 422.8 亿元人民币、2 677.9 亿元人民币和 2 653.4 亿元人民币，其中西部地区电信业务收入比 2013 年增长 0.2%，东部地区和中部地区收入分别同比下降 2.5% 和 0.3%，按照营改增可比口径计算，东部、中部、西部地区 2014 年电信业务收入分别同比增长 2.1%、4.4% 和 5.2%，分别比 2013 年下降 4.4、4.9 和 5.7 个百分点。虽然中部和西部地区的电信业务收入增速仍超过东部地区，最高和最低业务收入增速的差距由 2013 年的 4.4 个百分点缩窄到 3.1 个百分点。东部、中部和西部电信业务收入增速变化情况对比如图 33 所示。

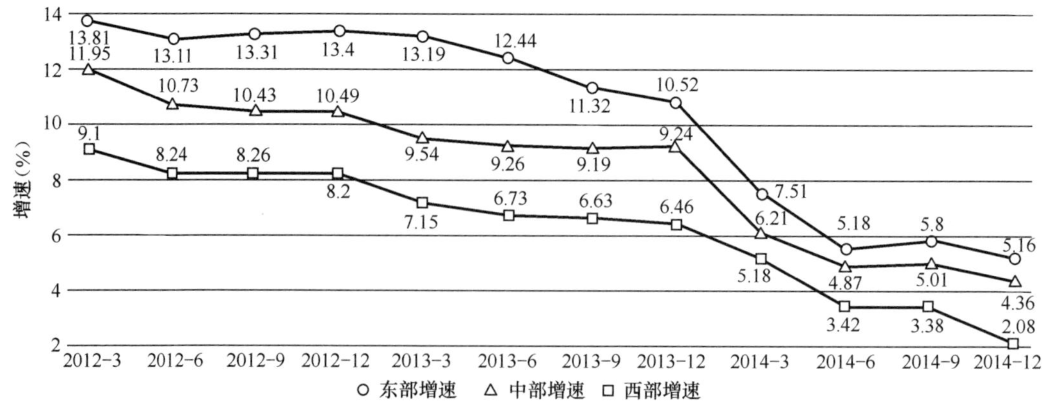

图 33　东部、中部和西部电信业务收入增速变化情况对比

2. 中部和西部电信固定资产投资增速超过东部地区

2014 年，东部、中部和西部地区分别完成电信固定资产投资 1 840.5 亿元人民币、977.8 亿元人民币和 1 083.8 亿元人民币，分别同比增长 2%、11.9% 和 8.4%，中部、西部地区投资额增长显著超过东部地区，但从规模上看，东部地区投资额接近中部、西部投资额之和，仍占明显优势（如图 34 所示）。

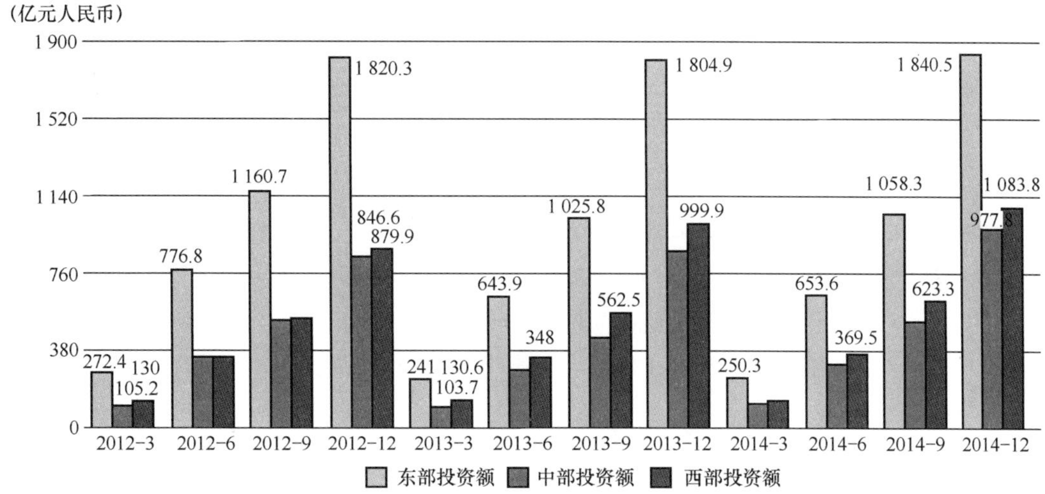

图 34　东部、中部和西部电信固定资产投资完成额对比

3. 西部地区电信利润总额占比下降较为明显

2014 年，东部、中部和西部地区分别实现电信利润总额 1 294.8 亿元人民币、346.9 亿元人民币和 216.9 亿元人民币，其中，中部地区比 2013 年同期增长 2%，东部和西部地区分别比 2013 年下降 3.2% 和 14.7%。由于利润显著负增长，2014 年西部地区电信利润总额在全行业中的占比显著下降，由 2013 年的 13.2% 下降至 11.67%，而中部地区和东部地区利润份额占比分别比 2013 年提高 1 个和 0.6 个百分点。东部、中部和西部地区利润占比变化情况如图 35 所示，财务指标分省排名情况汇总见表 2。

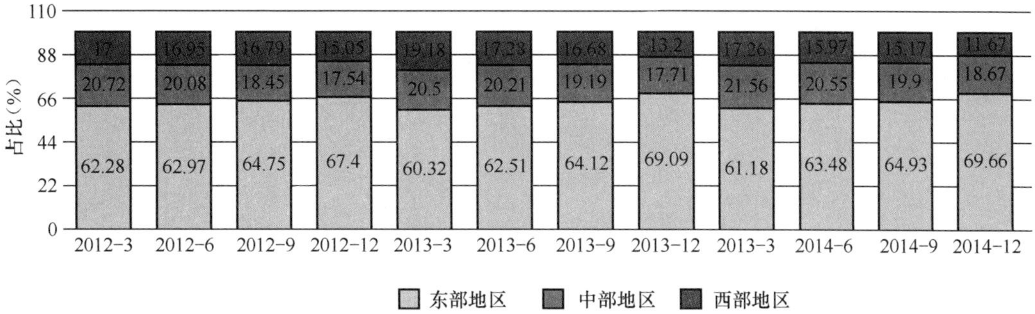

图 35　东部、中部和西部地区利润占比变化情况

表 2 财务指标分省排名情况汇总

排名	1	2	3	4	5	27	28	29	30	31
电信业务收入增速（营改增可比）	西藏 13.03%	青海 7.63%	河南 7.36%	广西 7.26%	贵州 6.91%	新疆 1.27%	天津 1.11%	福建 0.57%	黑龙江 0.56%	辽宁 -2.65%
电信固定资产投资完成额增速	山西 26.94%	河南 24.94%	吉林 24.22%	云南 20.05%	新疆 19.21%	青海 -6.47%	黑龙江 -11.4%	甘肃 -12.5%	上海 -16%	天津 -19.9%
电信利润总额增速	青海 33.62%	河南 17.50%	贵州 10.10%	湖北 7.14%	辽宁 6.74%	海南 -29.2%	宁夏 -48.3%	内蒙古 -63.7%	新疆 -64.6%	吉林 -80.1%

（三）区域用户普及分析

1．东部、中部和西部地区移动电话普及率差距有所缩小

2014 年，东部、中部和西部地区分别新增移动电话用户 2 015.9 万户、2 151.8 万户和 1 531.5 万户，增长规模比 2013 年同期分别缩窄 3 584.7 万户、826.7 万户和 1 603.1 万户。截至 12 月底，东部、中部和西部地区累计移动电话用户规模分别达到 63 718.1 万户、33 602.6 万户和 31 287.9 万户，用户普及率分别达到 113.36 部 / 百人、78.75 部 / 百人和 85.4 部 / 百人，东部地区与中部、西部地区的普及率差异分别比 2013 年年底缩窄了 1.93 个和 0.89 个百分点。东部、中部和西部地区移动电话普及率对比如图 36 所示。

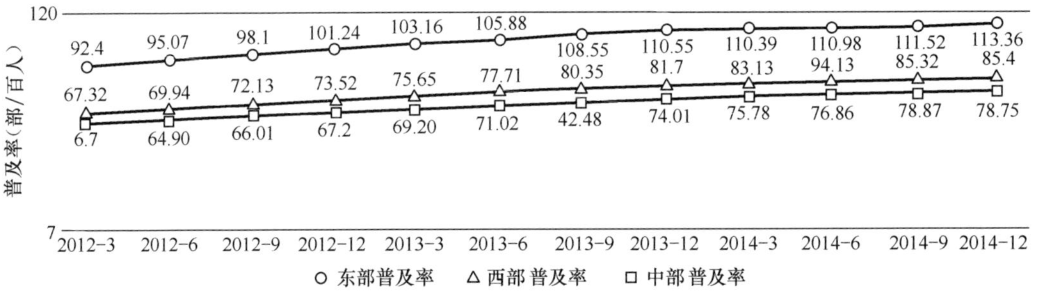

图 36 东部、中部和西部地区移动电话普及率对比

2．互联网宽带接入普及率东部地区明显领先

2014 年，东部、中部和西部地区分别新增互联网宽带接入用户 534.2 万户、337.8 万户和 285.5 万户，新增规模分别比 2013 年下降 75.7 万户、71.5 万户和 67.9 万户。截至 12 月底，东部、中部和西部地区累计互联网宽带接入用户数分别达到 10 639.7 万户、5 171.3 万户和 4 237.1 万户，用户普及率分别达到 18.93%、12.12% 和 11.57%，由于东部地区用户增长速度显著超过中部和西部地区，因此截至 12 月底，东部地区互联网宽带接入用户普及率与中部和西部地区的差距分别比 2013 年年底扩大了 0.07 个和 0.1 个百分点。东部、中部和西部地区互联网宽带接入用户普及率对比如图 37 所示。

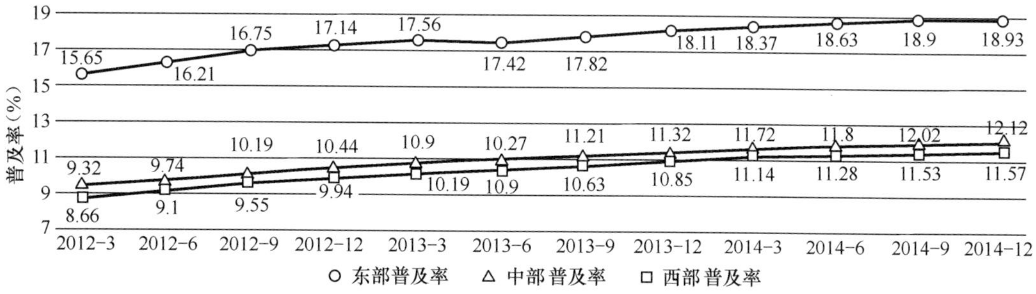

图 37　东部、中部和西部地区互联网宽带接入用户普及率对比

3．4G 用户推动东部地区移动宽带业务用户[1]渗透率显著提升

2014 年，东部、中部和西部地区分别新增 3G 移动电话用户 3 479 万户、2 537 万户和 2 350 万户，增长规模分别比 2013 年同期下降 4 619.3 万户、1 906 万户和 2 007.3 万户。截至 12 月底，东部、中部和西部地区的 3G 移动电话用户规模累计达到 23 923.5 万户、12 669 万户和 11 932.4 万户。2014 年，东部、中部和西部地区分别新增 4G 移动电话用户 5 453.1 万户、2 101.8 万户和 2 173.5 万户。移动宽带用户在东部、中部和西部地区移动电话总用户中的渗透率稳步提升，截至 12 月底，东部地区移动宽带用户在移动电话用户中渗透率达到 46.1%，与三季度末相比，占比提升 4.05 个百分点，而中部和西部地区渗透率则比三季度末分别提升 3.69 个和 4.22 个百分点，分别达到 43.96% 和 45.08%。东部、中部和西部地区移动宽带业务用户占比分析如图 38 所示。

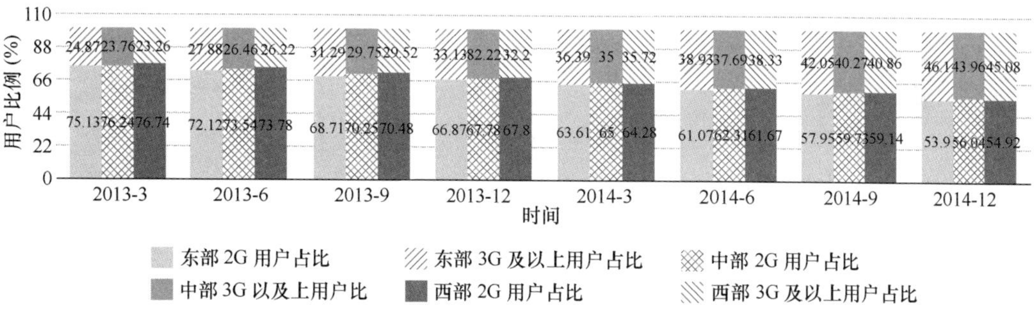

图 38　东部、中部和西部地区移动宽带业务用户占比分析

4．西部地区 FTTH 和 4Mbit/s 以上宽带用户渗透率提升较快

2014 年，东部、中部和西部地区分别新增 FTTH 宽带接入用户 1 429.5 万户、697.8 万户和 622.1 万户，增长规模分别比 2013 年提高 283.4 万户、246 万户和 176.2 万户。截至 12 月底，东部、中部和西部地区的 FTTH 用户累计规模分别达到 4 023.5 万户、1 454.9 万户和 1 353.2 万户，FTTH 用户在各地区互联网宽带接入用户中的渗透率分别达到 37.81%、28.13% 和 31.94%，与 2013 年年底相比，占比分别提高 12.14 个、12.47 个和 13.44 个百分点，西部地区提升速度超过东中部地区。FTTH 渗透率的提升推动了各地区宽带用户接入速率的提升。2014 年，东

1．移动宽带业务用户在这里定义为 3G 移动电话用户和 4G 移动电话用户的和。

部、中部和西部地区分别新增4Mbit/s以上宽带接入用户1 289.3万户、778.7万户和760.2万户，累计用户规模分别达到9 276.4万户、4 698.5万户和3 743.4万户，4Mbit/s以上用户在全部宽带用户中渗透率分别达到87.18%、90.86%和88.35%，占比分别比2013年年底提高8.15个、9.76个和12.86个百分点。东部、中部和西部地区各技术类型宽带接入用户占比变化情况如图39所示，用户指标分省排名情况汇总见表3。

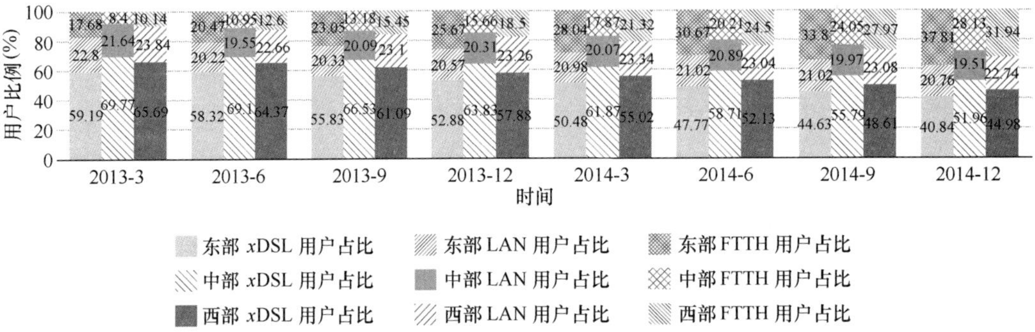

图39 东部、中部和西部地区各技术类型宽带接入用户占比变化情况

表3 用户指标分省排名情况汇总

排名	1	2	3	4	5	27	28	29	30	31
移动电话普及率（%）	北京 192.76	广东 140.39	上海 136.34	浙江 134.06	福建 113.32	湖北 79.44	广西 75.31	湖南 70.64	安徽 69.92	江西 64.98
互联网宽带接入用户普及率（%）	福建 23.83	浙江 23.21	北京 22.81	上海 22.03	广东 20.43	安徽 9.35	云南 9.07	贵州 8.88	甘肃 8.28	西藏 7.07
3G用户渗透率（%）	北京 47.32	宁夏 46.88	青海 44.98	湖南 43.12	海南 43.04	山西 34.20	广东 33.33	黑龙江 33.09	内蒙古 33.08	吉林 32.64
4G用户渗透率（%）	浙江 12.27	江苏 11.42	陕西 9.84	广东 9.84	上海 9.83	黑龙江 4.78	青海 4.56	吉林 4.43	新疆 0.00	西藏 0.00
FTTH接入用户渗透率（%）	上海 76.90	天津 62.33	四川 61.19	北京 54.61	河北 47.02	广东 20.14	黑龙江 17.47	贵州 17.26	甘肃 13.79	陕西 12.75
4Mbit/s以上接入用户渗透率（%）	湖南 96.89	内蒙古 95.06	河南 94.88	安徽 94.12	河北 93.44	吉林 83.69	山东 84.41	浙江 80.11	辽宁 79.25	广西 78.14

（四）区域业务消费分析

中部和西部地区移动互联网接入流量增速超过东部地区。2014年，东部、中部和西部地区的移动互联网接入流量分别完成111 362.6万Gbit/s、46 815.6万Gbit/s和48 043.7万Gbit/s，分别同比增长57.9%、63.8%和75.1%，中部和西部地区增速显著超过东部地区，但东部地区流量总额超过了中部和西部之和。东部、中部和西部地区的月均每用户移动互联网接入流量分别达

到308.88Mbit/s、264.44Mbit/s和248.19Mbit/s，分别同比增长65.58%、70.5%和59.11%。2014年，东部、中部和西部地区分别实现移动电话去话通话时长14 509.6亿分钟、7 092.1亿分钟和7 668.4亿分钟，其中东部地区同比下降0.4%，中部和西部地区分别同比增长2.4%和2.3%，每月户均移动电话通话时长分别为379.69分钟、378.62分钟和418.28分钟，分别同比下降4.77%、5.28%和4.24%。用户消费指标分省排名情况汇总见表4。

表4 用户消费指标分省排名情况汇总

排名	1	2	3	4	5	27	28	29	30	31
每用户月均移动电话通话时长（分钟）	新疆 520.29	重庆 450.49	贵州 444.25	海南 432.64	西藏 419	河北 361.58	安徽 353.81	湖北 352.89	上海 336.17	北京 335.98
每用户月均移动互联网接入流量（Mbit/s）	天津 392.80	浙江 375.53	江苏 362.44	云南 360.81	广东 345.55	山西 213.47	甘肃 211.16	四川 210.26	黑龙江 203.67	河北 183.59

（五）区域基础设施水平分析

1．东部地区互联网宽带接入端口普及水平明显占优

2014年，东部、中部和西部地区分别新增互联网宽带接入端口1 827.8万个、757.66万个和837.69万个，截至12月底，累计互联网宽带接入端口数达到21 436万个、9 740.9万个和8 928.5万个，三地区百人均拥有端口数达到38.13个、22.83个和24.37个，分别比2013年年底提高3个、2.6个和3个百分点。东部、中部和西部地区百人均互联网宽带接入端口情况对比如图40所示。

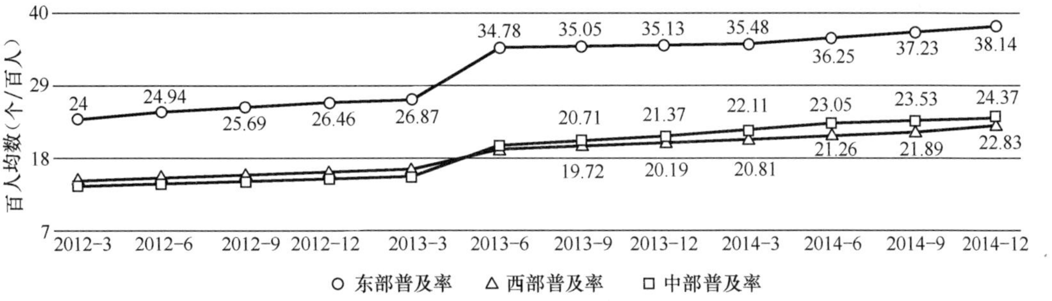

图40 东部、中部和西部地区百人均互联网宽带接入端口情况对比

2．东部地区与中部、西部地区人均移动电话基站数差距有所扩大

截至2014年12月底，东部、中部和西部地区移动电话总基站数（定义为移动电话基站数与移动电话基站室内分布系统数之和）分别达到211.19万个、106.31万个和106.99万个，2014年以来分别新增62.29万个、30.25万个和57.49万个。截至12月底，东部、中部和西部的移动每百人拥有移动电话总基站数分别达到37.89个、25.02个和29.43个，分别比2013年年底增加11.17个、7.12个和14.6个。东部、中部和西部地区人均移动电话基站数对比如图41所示。

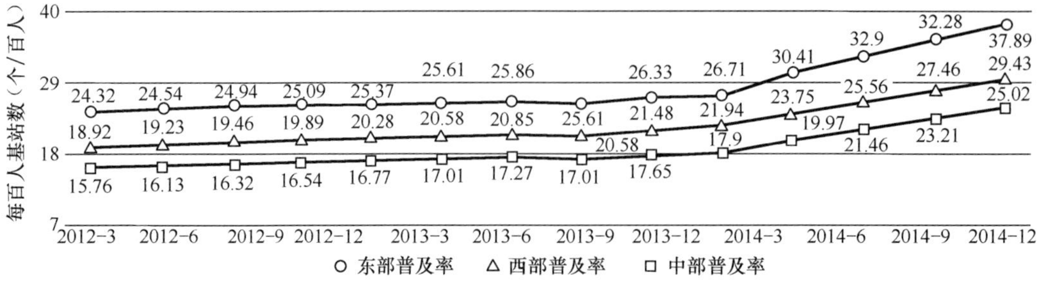

图 41　东部、中部和西部地区人均移动电话基站数对比

3．东部、中部和西部地区之间 FTTH 端口占比差距有所缩窄

2014 年，东部、中部和西部地区分别新增 FTTH 宽带接入端口 2 204.8 万个、1 378 万个和 1 181.4 万个，截至 12 月底，累计 FTTH 端口数分别达到 9 409.3 万个、3 445.1 万个和 3 414.5 万个，在全部互联网宽带接入端口中的比例分别达到 43.89%、35.37% 和 38.24%，东部地区与中部和西部地区的渗透率差距分别比 2013 年年底缩窄 4.13 个和 2.4 个百分点。东部、中部和西部地区各种技术类型宽带接入端口占比情况如图 42 所示。

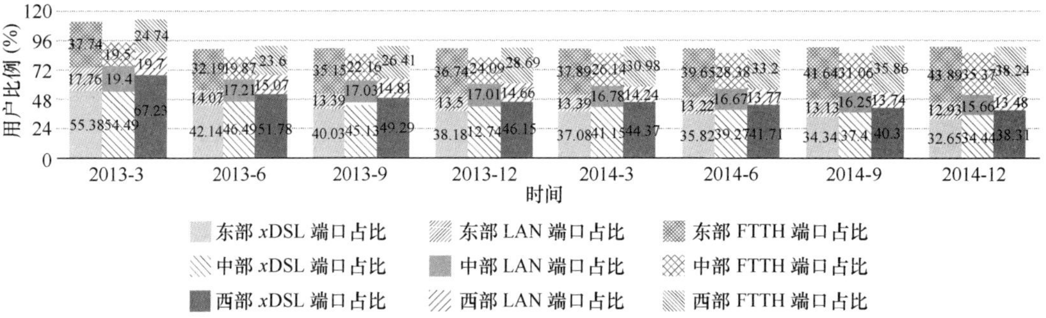

图 42　东部、中部和西部地区各种技术类型宽带接入端口占比情况

4．4G 基站渐成移动通信基础设施增长主体

截至 2014 年 12 月底，东部、中部和西部地区 3G 总基站数[1]分别累计达到 84.12 万个、41.3 万个和 42.34 万个，比 2013 年分别新增 10.79 万个、5.99 万个和 5.94 万个。随着 4G 业务的发展，各地区 3G 基站在总基站规模中的占比有所下降，截至 12 月底，东部、中部和西部分别为 39.83%、38.85% 和 39.57%，占比比年初（3 月末）分别下降 4.74，3.71 和 4 个百分点。截至 12 月底，东部、中部和西部 4G-LTE 基站数累计分别达到 45.18 万个、23.07 和 19.67 万个，在全部移动电话基站数中占比分别达到 21.39%、21.7% 和 18.38%，分别比年初（3 月末）提高 11.64、12.04 和 11.73 个百分点。东部、中部和西部移动网络基础设施结构——2G/3G/4G 基站占比分析如图 43 所示，基础设施服务水平相关指标分省排名汇总见表 5。

1．含室内分布系统。

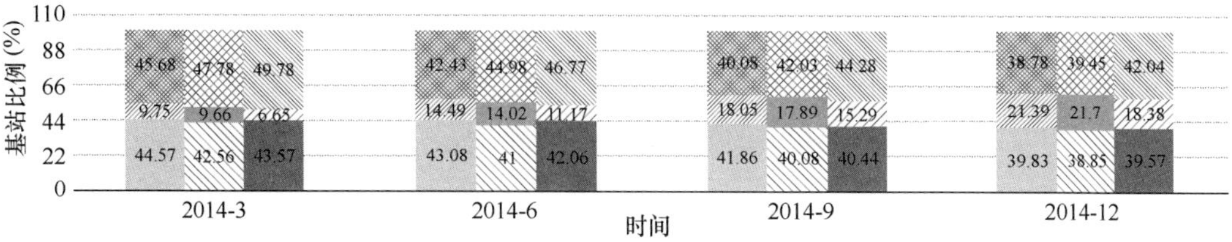

图 43　东部、中部和西部移动网络基础设施结构——2G/3G/4G 基站占比分析

表 5　基础设施服务水平相关指标分省排名汇总

排名	1	2	3	4	5	27	28	29	30	31
人均互联网宽带接入端口	上海 58.14	北京 54.84	浙江 47.88	辽宁 46.24	福建 42.89	安徽 19.50	甘肃 18.22	贵州 16.58	云南 15.82	西藏 14.80
人均移动电话基站	北京 66.97	浙江 54.71	福建 41.69	海南 38.34	江苏 37.92	黑龙江 22.98	河南 21.00	湖南 20.60	安徽 19.99	河北 18.98
3G基站渗透率	陕西 48.31	上海 47.74	新疆 47.09	海南 46.28	天津 43.97	山西 36.76	云南 36.27	四川 36.06	贵州 35.56	西藏 29.83
4G基站渗透率	江苏 20.50	广东 20.37	四川 19.87	湖北 19.51	福建 19.48	甘肃 11.88	上海 11.43	内蒙古 10.37	西藏 9.67	新疆 6.24
FTTH端口渗透率	天津 69.86	上海 67.76	北京 59.77	四川 56.81	河北 55.11	江西 23.13	吉林 22.91	陕西 22.73	贵州 21.31	甘肃 17.09

（六）区域市场竞争结构分析

区域市场收入格局均有小幅改善，东部市场格局更为均衡。2014 年，东部、中部和西部三大区域市场的电信业务收入市场集中度较 2013 年均继续保持小幅改善，集中度指数分别同比下降 0.9%、1.6% 和 1.1%，但改善势头明显全面趋缓。而受东部区域市场移动用户集中度由降转增的影响，移动用户市场总体集中度由 2013 年的趋缓转为加剧，主要原因在于中国电信受本年持续负净增影响，在三个区域内的移动用户市场份额迅速下降，尤其是东部地区下降较为迅速。不过，东部地区仍然保持在电信业务收入、利润总额、移动用户、3G 移动用户和宽带用户等重点指标上的市场集中度均低于全国平均水平，除宽带市场外的集中度指数在三个区域内最低，说明三家基础电信企业在东部地区的发展程度相对均衡。中部区域在宽带市场上的竞争更为均衡，西部区域除移动互联网用户市场集中度居中外其余所有指标的市场集中度均较高。3G 移动用户和宽带用户指标在三个区域的市场集中度均有所升高。2013 年和 2014 年分区域电信业务集中度指数见表 6。

表 6　2013 年和 2014 年分区域电信业务集中度指数

区域	2014年				2013年			
	电信业务收入	移动用户	3G移动用户	宽带用户	电信业务收入	移动用户	3G移动用户	宽带用户
东部	99.19%	99.33%	98.48%	99.37%	98.50%	98.10%	98.80%	99.70%
	3 852	4 747	3 787	4 838	3 889	4 656	3 632	4 763
中部	108.36%	99.43%	100.91%	91.14%	108.30%	100.60%	101.30%	90.50%
	4 208	4 752	3 881	4 437	4 276	4 776	3 724	4 324
西部	110.83%	103.43%	106.08%	123.59%	110.20%	104.70%	104.50%	124.90%
	4 304	4 943	4 079	6 017	4 352	4 972	3 839	5 969
全国	100%	100%	100%	100%	100%	100%	100%	100%
	3 884	4 779	3 846	4 868	3 948	4 747	3 675	4 779

注：*n*%即某指标区域市场集中度与全国市场集中度的比值，以此比较区域市场与全国市场的集中程度。

八、各省电信业发展情况对比分析

（一）各省电信业务发展情况对比

1. 各省电话普及率差异度

2014 年，除广西的固定电话普及率略有上升外，其他省份均有不同程度下降。其中，山东降幅最大，下降 3 个百分点。各省固定电话普及率差异度有所上升，从 2013 年的 0.385 5 上升到 0.394 3。2014 年各省固定电话普及率如图 44 所示，分层情况见表 7。

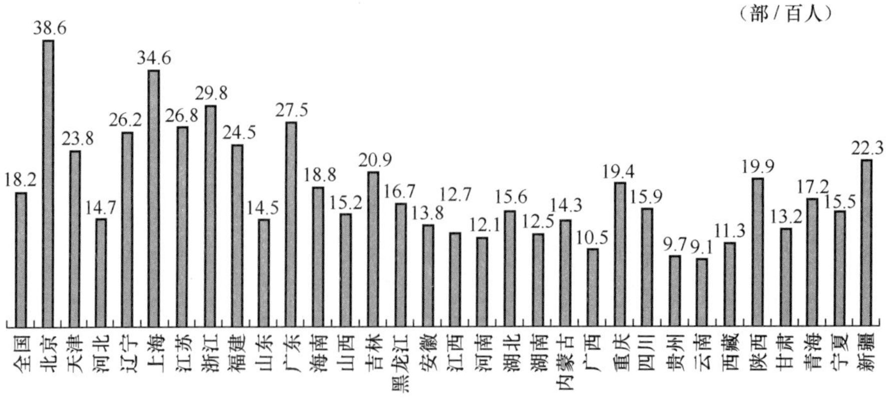

图 44　2014 年各省固定电话普及率

表7　2014年各省固定电话普及率分层情况

普及率水平	省　份
>30部/百人	北京、上海
20～30部/百人	天津、辽宁、江苏、浙江、福建、广东、吉林、新疆
10～20部/百人	河北、山东、海南、山西、黑龙江、安徽、江西、河南、湖北、湖南、内蒙古、广西、重庆、四川、西藏、陕西、甘肃、青海、宁夏
<10部/百人	贵州、云南

2014年，除天津、辽宁、福建、内蒙古、青海和新疆6个省移动电话普及率下降外，其他省份均有不同程度的上升。其中，北京涨幅最高，为30个百分点。各省移动电话普及率差异度有所上升，从2013年的0.250 5上升到0.260 3。2014年各省移动电话普及率如图45所示，分层情况见表8。

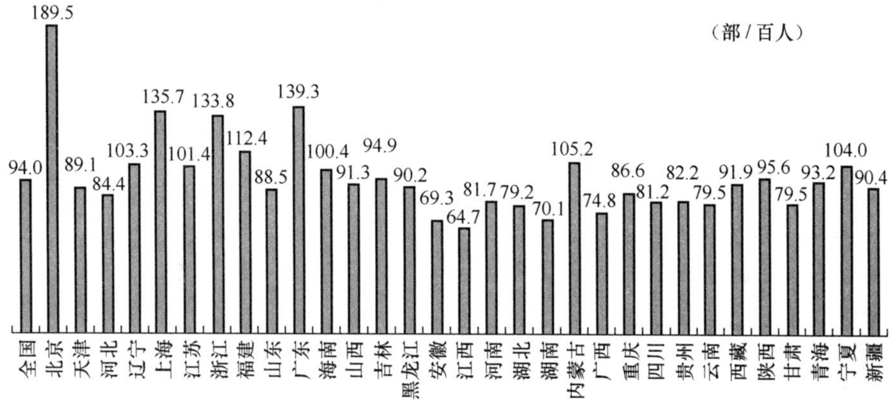

图45　2014年各省移动电话普及率

表8　2014年各省移动电话普及率分层情况

普及率水平	省　份
>100部/百人	北京、辽宁、上海、江苏、浙江、福建、广东、海南、内蒙古、宁夏
80～100部/百人	天津、河北、山东、山西、吉林、黑龙江、河南、重庆、四川、贵州、西藏、陕西、青海、新疆
80～60部/百人	安徽、江西、湖北、湖南、广西、云南、甘肃

2. 各省互联网宽带接入普及率

2014年，全国互联网宽带接入普及率平均水平为14.7%，福建最高为23.6%，西藏最低为6.9%，相差16.7个百分点，差距较大。东部省份互联网宽带接入普及率领跑全国，在位于全国平均水平之上的13个省份中占据9个，其中，北京、上海、浙江、福建和广东5个省互联网宽带接入普及率超过20%。贵州、云南、西藏和甘肃等6个省互联网宽带接入普及率低于10%，其中4个为西部省份。2014年各省互联网宽带接入普及率如图46所示，分层情况见表9。

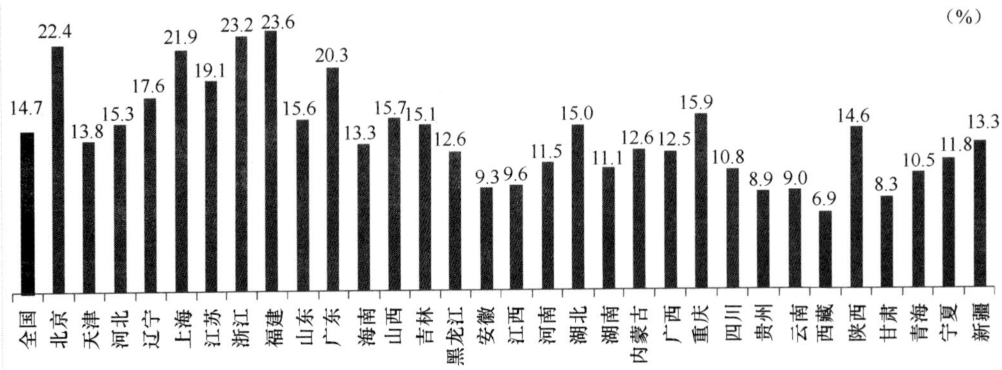

图 46　2014 年各省互联网宽带接入普及率

表 9　2014 年各省互联网宽带接入普及率分层情况

普及率水平	省　份
>20%	北京、上海、浙江、福建、广东
10%～20%	高于全国平均水平（14.7%）：河北、辽宁、江苏、山东、山西、吉林、湖北、重庆 低于全国平均水平（14.7%）：天津、海南、黑龙江、河南、湖南、内蒙古、广西、四川、陕西、青海、宁夏、新疆
<10%	安徽、江西、贵州、云南、西藏、甘肃

3. 各省收入市场格局分布差异化显著

截至 2014 年年底，全国电信业务收入市场集中度指数为 3 884，除浙江外，其余所有省份的收入格局同比 2013 年普遍得到改善。从分省集中度指数看，青海、北京和上海 3 个省、市的市场集中度低于全国平均水平，收入市场发展更为均衡。而云南收入市场集中度指数最高，主要原因是中国移动收入市场份额达到 68.5%，占据绝对主导。分析各省收入市场格局改善的情况，海南、河北、湖南、宁夏、吉林和河南 6 个省市场格局改善明显，中国电信、中国联通收入市场份额提升或保持稳定。浙江的收入市场集中度不降反升，中国联通和中国电信收入市场份额双双下滑，收入市场的不均衡性进一步扩大。2014 年各省业务收入市场集中度分层划分见表 10，格局改善程度分层见表 11。

表 10　2014 年各省业务收入市场集中度分层划分

指标区间	省　份
0＜指标≤3 900	青海、北京、上海（3个）
3 900＜指标≤4 200	新疆、湖北、陕西、天津、广东、重庆、吉林、宁夏、河北（9个）
4 200＜指标≤4 500	福建、江苏、湖南、安徽、广西、浙江、黑龙江、山东、辽宁、四川、海南、内蒙古（12个）
＞4 500	甘肃、山西、贵州、西藏、河南、江西、云南（7个）

表11　2014年各省业务收入市场格局改善程度分层

指标区间	省　份
指标<-2%	海南、河北、湖南、宁夏、吉林、河南（6个）
-2%<指标≤-1%	天津、甘肃、上海、新疆、山西、贵州、青海、安徽、重庆、山东、内蒙古、福建、广西、黑龙江、陕西、湖北（16个）
-1%<指标≤0	广东、北京、江苏、西藏、辽宁、四川、江西、云南（8个）
>0	浙江（1个）

4．各省3G用户市场格局差异较大

2014年，云南、江西、广东和贵州等12个省的移动用户市场集中度指数高于全国平均水平，广东、浙江、青海和辽宁等12个省的移动用户市场集中度同比2013年不降反升，主要原因是受中国电信移动用户负增长，即移动用户市场份额大幅度下滑影响，仅山东是由于中国联通移动用户市场份额降低的原因。19个省的移动用户市场集中度较2013年同比下降，其中海南、宁夏和西藏3个省的移动用户市场集中度大幅度改善，主要原因在于中国移动的移动用户市场份额下滑较快，均比2013年下降超过3%。2014年各省移动用户集中度指数及变化如图47所示。

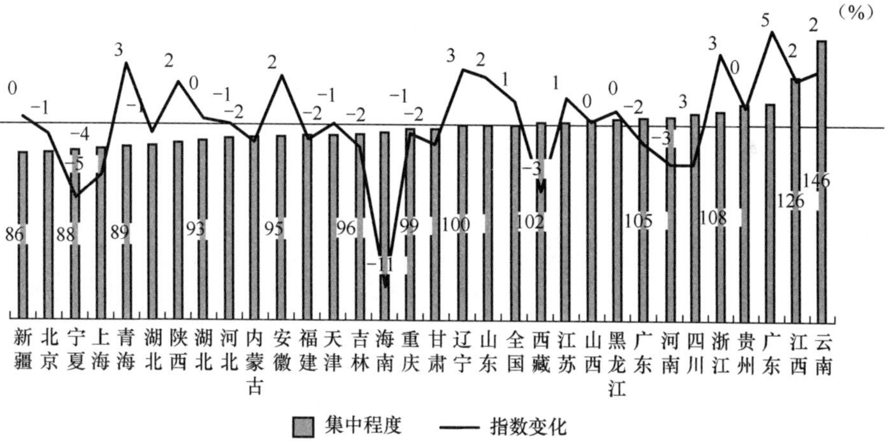

图47　2014年各省移动用户集中度指数及变化

注：集中程度为本省集中度与全国集中度的比值，集中程度大于100%即为此省与全国比市场更为不均衡，指数变化为2014年集中度指数相对2013年集中度指数变化程度。

3G市场历经5年多的发展，分省之间市场格局差异较大，青海、宁夏、新疆和福建等10个省的市场集中度低于全国平均水平，云南、贵州和北京等10个省的市场集中度则超过全国平均水平10%以上。中国移动在分省的3G用户市场仍占据较为有利地位，除北京外其余所有省份的份额均超过30%，有16个省用户份额超过50%，贵州超过60%，云南甚至已经超过70%。中国联通在14个省份的3G用户市场份额超过30%。中国电信只有2个省3G用户市场份额超过30%，河南和山东两省3G市场份额甚至不足10%。2014年基础电信企业分省3G用户份额如图48所示。

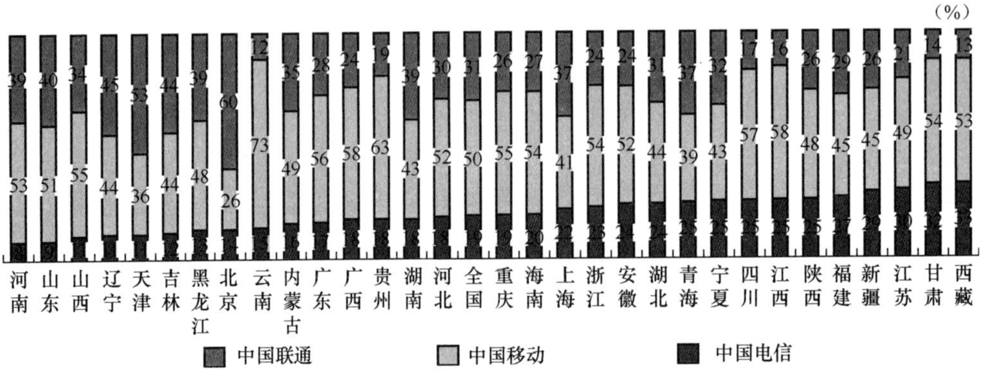

图 48　2014 年基础电信企业分省 3G 用户份额

（二）各省电信业经济贡献和投资效益对比

1. 各省电信业对当地经济的直接贡献率有所上升

2014 年，各省电信业对当地经济的贡献率相差不大，电信增加值占 GDP 的比重均在 0.57% ～ 1.47%，且普遍比 2013 年有所上升，其中北京、广东、海南、甘肃、上海、云南、贵州、山西、新疆、宁夏、浙江、陕西、安徽和青海 14 个省、市、自治区的贡献率高于全国的平均水平。2014 年各省电信增加值占 GDP 的比重如图 49 所示。

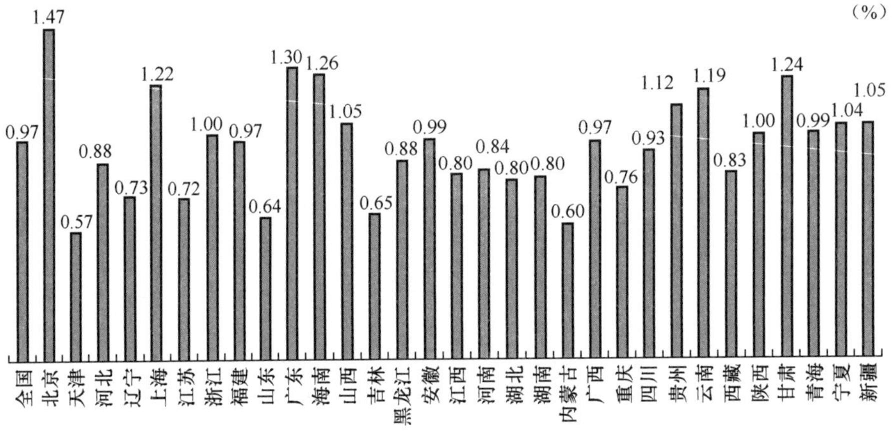

图 49　2014 年各省电信增加值占 GDP 的比重

2. 各省电信业投资收入比平均水平略有上升

电信固定资产投资占电信业务收入的比例体现了电信投资力度和投入产出水平。总体来看，2014 年各省投资收入比平均水平较 2013 年上升 1.6 个百分点，主要原因是加大了 4G 网络的建设投资，电信业务收入增速下滑。全国有 10 个省投资收入比出现了下降。大部分西部省份投资收入比依然维持在较高水平，西藏、青海和新疆 3 个省投资收入比超过 50%。2014 年各省投资收入比如图 50 所示。

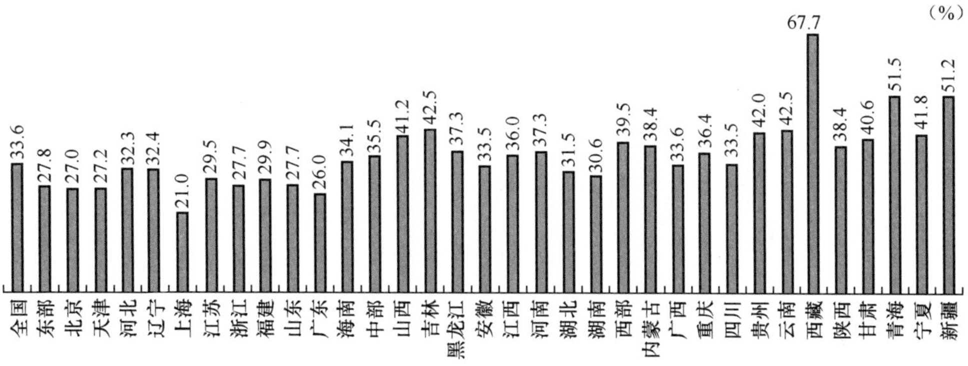

图50　2014年各省投资收入比

九、基础电信企业发展情况对比分析

（一）用户发展对比分析

1. 电话用户集中度略有回升，移动电话市场格局小幅调整

总体来看，2014年，中国移动4G的突飞猛进也影响着市场格局，市场占有率达54.6%，涨幅为1.2个百分点。中国电信的电话用户市场份额在2013年的基础上继续下降，降幅为1.4个百分点，达到20.6%。中国联通的电话用户市场份额持续上升，涨幅为0.2个百分点，达到24.8%。2014年基础电信企业电话用户市场份额如图51所示。

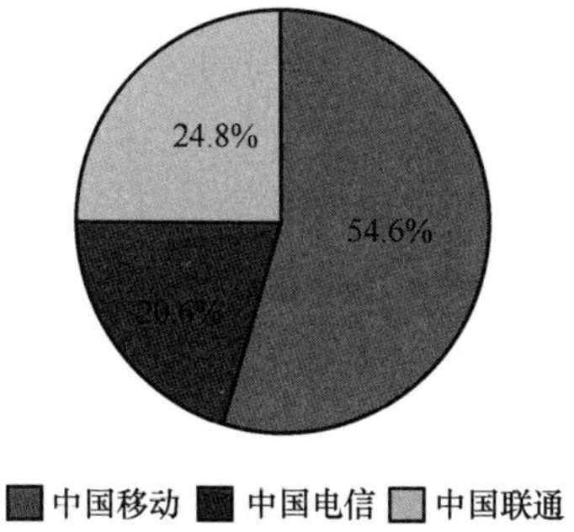

图51　2014年基础电信企业电话用户市场份额

从增量市场来看，中国移动增量优势出现了回升，中国电信增量市场份额继续下滑，中国联通增量市场份额持续上升。2014年，中国移动增量市场份额上升了58.1个百分点，中国联通上升4.0%，中国电信下降45.6个百分点。2009—2014年基础电信企业电话用户增量份额如图52所示。

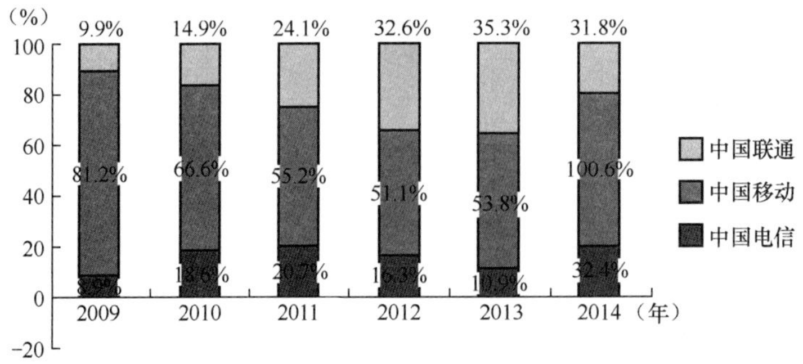

图 52　2009—2014 年基础电信企业电话用户增量份额

从移动电话市场来看，中国移动、中联通市场份额持续缓慢上升，中国联通市场份额略有下降。2014 年，中国移动、中国联通市场份额分别上升 1.6、0.5 个百分点，中国电信下降 2.1 个百分点，中国移动在移动电话市场一家独大的局面并没有明显改善。2010—2014 年基础电信企业移动电话用户市场份额如图 53 所示。

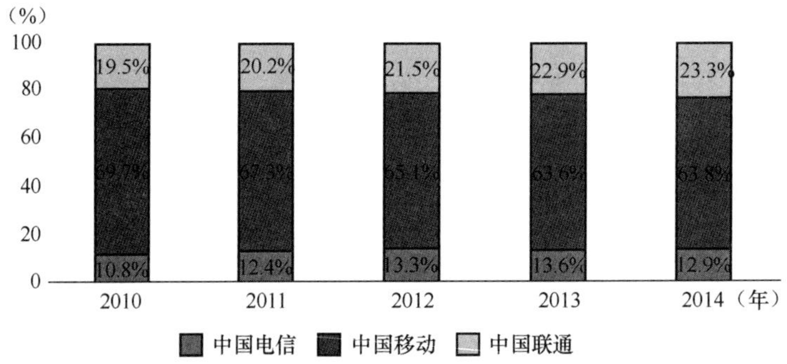

图 53　2010—2014 年基础电信企业移动电话用户市场份额

2014 年，固定电话用户集中度持续下降，移动电话用户集中度略有上升，如图 54 所示。运营商用户格局较为稳定。

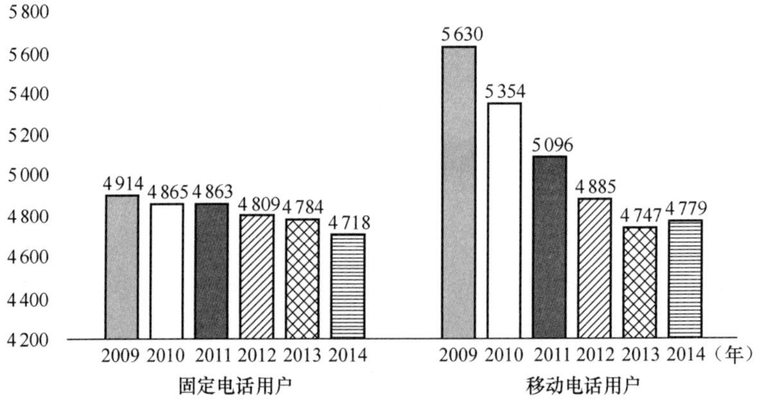

图 54　2009—2014 年固定电话和移动电话用户集中度

2. 宽带用户市场集中度略有上升，市场格局小幅调整

在宽带用户市场上，市场集中度不断缓慢下降。中国电信宽带用户市场份额上升，2014 年涨幅为 0.7 个百分点，中国联通宽带用户市场份额上升 0.1 个百分点，中国移动宽带用户市场份额下降 0.8 个百分点。2009—2014 年基础电信企业宽带接入市场份额如图 55 所示。

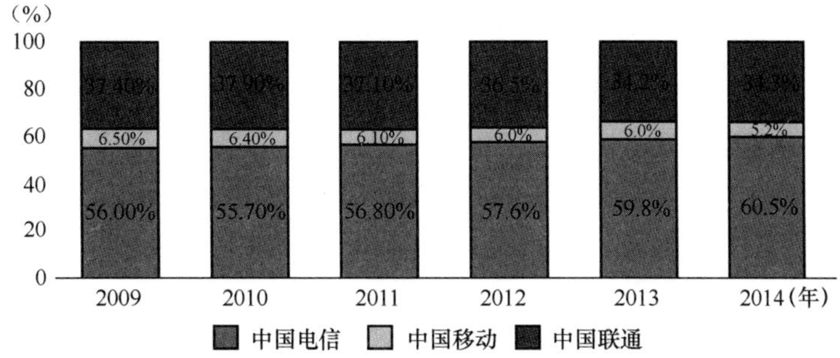

图 55　2009—2014 年基础电信企业宽带接入市场份额

3. 3G/4G 用户市场集中度出现反弹，运营商之间差距拉大

2014 年，三大运营商 3G/4G 移动用户继续快速增长。其中，中国移动的 3G 用户增速最高，达 74.9%，3G/4G 用户规模超过 3 亿户。中国电信和中国联通的 3G/4G 用户增长速度加快，中国联通、中国电信 3G/4G 移动用户增速分别达 21.6%、12.9%。2014 年基础电信企业 3G/4G 移动电话用户规模及增长率如图 56 所示。

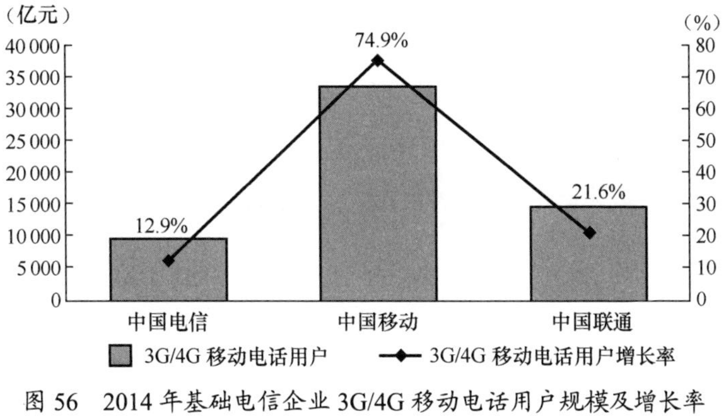

图 56　2014 年基础电信企业 3G/4G 移动电话用户规模及增长率

2014 年，3G/4G 用户市场集中度出现反弹，中国移动 3G 用户市场占有率在持续下滑之后迎来了高速增长，市场占有率比 2013 年提升近 9.8 个百分点，达 57.4%，超过 3G/4G 用户市场的一半，中国电信和中国联通 3G/4G 用户市场占有率出现了下滑，降幅分别为 12.9 个、21.6 个百分点。2014 年基础电信企业 3G 移动电话用户市场份额如图 57 所示。

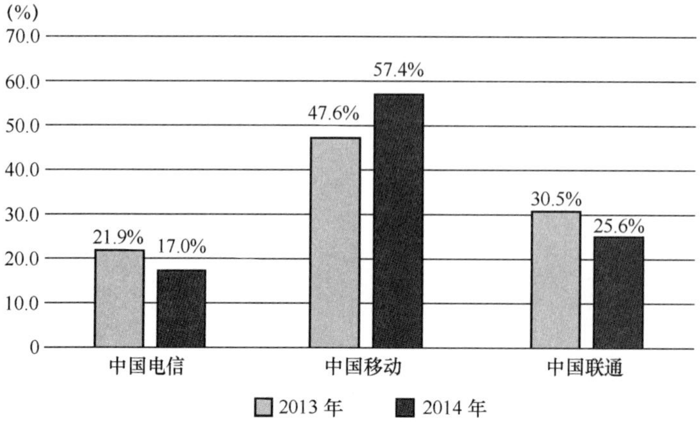

图 57 2014 年基础电信企业 3G 移动电话用户市场份额

（二）经营效益对比分析

1. 业务收入市场集中度有所下降，市场份额持续向均衡化发展

2014 年，中国电信业务收入市场份额继续上升，比 2013 年增长 2.9 个百分点，达到 28.5%。中国联通业务收入市场份额下降，比 2013 年下降 0.2 个百分点。中国移动业务收入市场份额持续下滑，比 2013 年下降 2.7 个百分点。电信业务收入市场集中度不断下降。2011—2014 年基础电信企业业务收入市场份额如图 58 所示。

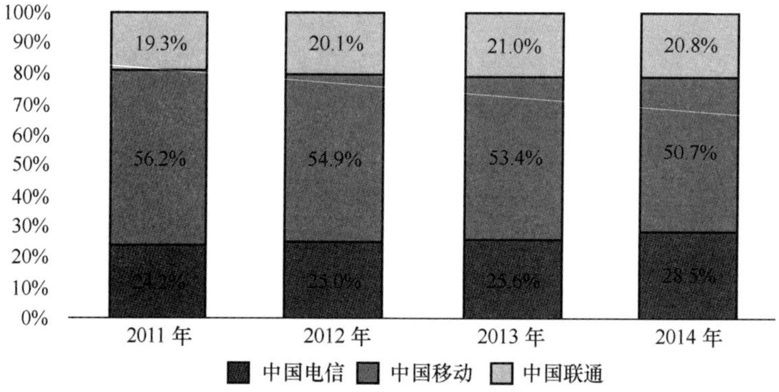

图 58 2011—2014 年基础电信企业业务收入市场份额

2. 利润市场集中度有所下降，但集中度仍然较高

2014 年，中国移动的利润市场份额有缓降趋势，比 2013 年下降 5.3 个百分点，中国电信和中国联通的利润市场份额分别提升 3.6 和 1.7 个百分点，利润市场分配逐步向着均衡化发展。2011—2014 年三家运营商利润占比情况如图 59 所示。

3. 运营商主要业务 ARPU 值下降

在移动电话用户 ARPU 值方面，中国移动的移动电话用户 ARPU 值依然高于中国电信和中国联通，但中国移动的移动电话用户 ARPU 值降幅远高于中国联通和中国电信。2014 年，中国电信、中国移动和中国联通移动电话用户 ARPU 值持续下降，降幅分别为 0.8 元 /（月 · 户）、6.0 元 /（月 · 户）、4.1 元 /（月 · 户）。2013—2014 年基础电信企业移动电话用户 ARPU 值对比分析如图 60 所示。

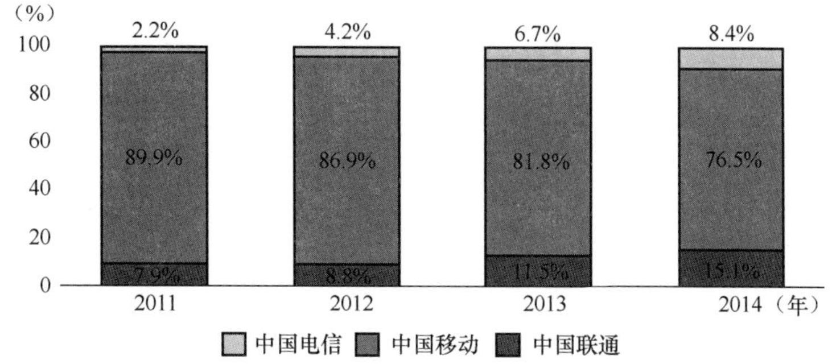

图 59　2011—2014 年三家运营商利润占比情况

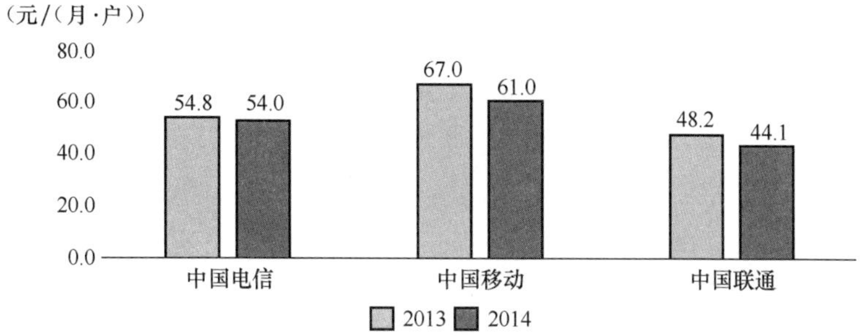

图 60　2013—2014 年基础电信企业移动电话用户 ARPU 值对比分析

在互联网宽带接入用户的 ARPU 值方面，中国电信和中国联通持续下滑，比 2013 年分别下降 2.8 元 /（月 · 户）和 0.7 元 /（月 · 户），而中国移动在经过了过去几年持续下降之后在 2014 年互联网接入用户 ARPU 值出现反弹，增长 1.3 元 /（月 · 户）至 38.5 元 /（月 · 户）。虽然中国电信互联网宽带接入用户 ARPU 值（元 /（月 · 户））持续下滑，但其在互联网宽带接入领域的优势仍明显高于中国移动和中国联通。2010—2014 年基础电信企业宽带 ARPU 值对比分析如图 61 所示。

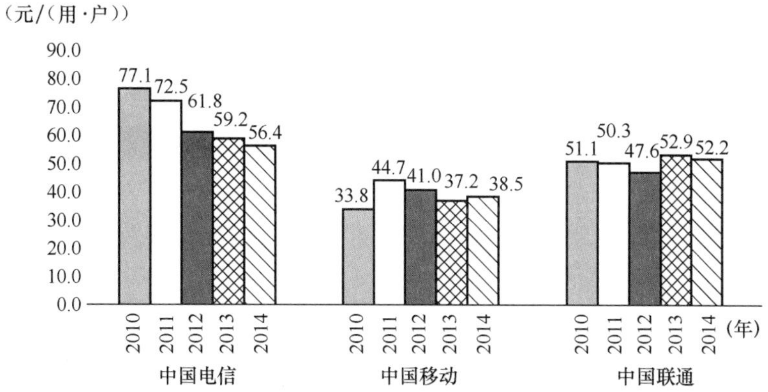

图 61　2010—2014 年基础电信企业宽带 ARPU 值对比分析

中国增值电信业2014年发展综述

一、增值电信业发展主要指标

2014年，全国增值电信业务[1]收入实现4 229.4亿元人民币，同比增长27.5%。通过2014年度增值电信业务经营许可证年检的增值电信企业数量达到24 001个，比2013年增加1 902个。从事增值电信业务人员总数达80.8万人，同比下降3.8%。

二、增值电信业务主要特点

（一）发展贡献

1．增值电信业务发展势头良好，国民经济贡献稳步增强

我国增值电信业务仍然显示出良好的增长势头，增值电信业务收入连续5年保持25%以上的增长速度，2014年达到27.5%，增速超过同期GDP增速20.1个百分点，比基础电信企业增速快27.2个百分点。我国增值电信业务收入占GDP的比重为0.66%，在拉动经济增长、推动经济结构转型升级和支撑经济社会发展中的作用进一步增强。增值电信业务收入增速与同期GDP增速对比如图1所示。

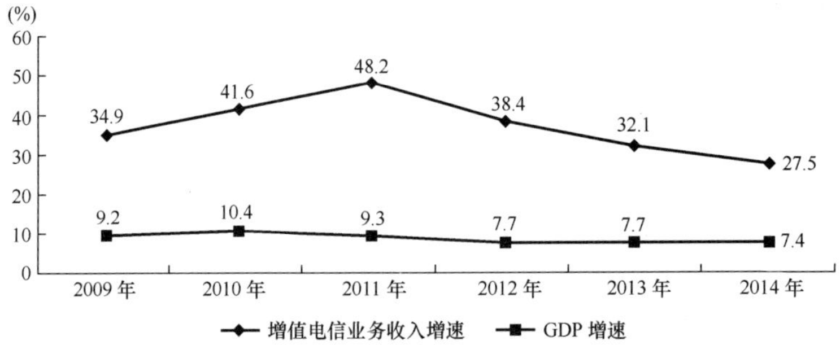

图1　增值电信业务收入增速与同期GDP增速对比

1．不含基础电信企业的增值电信业务，下同。

2. 行业增长贡献再创新高，发展引擎作用凸显

2014 年，增值电信业务收入占全行业收入[1]比重为 26.2%，比 2013 年提高 4.1 个百分点，在整个电信行业新增的 1 151.7 亿元人民币收入中，增值电信企业收入增长贡献达 79.2%，比 2013 年提高 32.2 个百分点（如图 2 所示）。增值电信业务对电信业贡献稳步上升，日益成为促进行业发展的重要引擎。

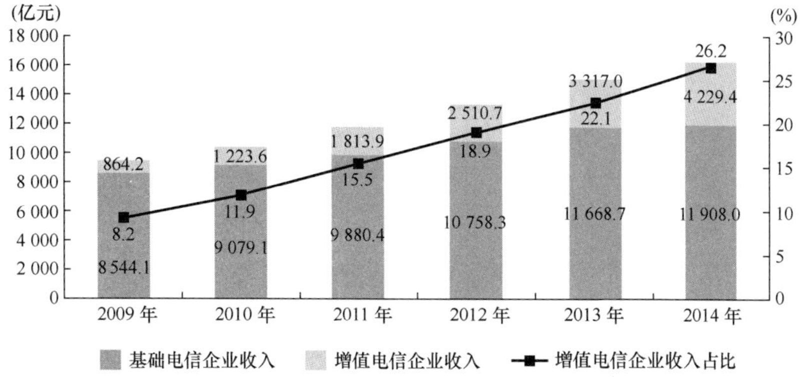

图 2　增值电信企业和基础电信企业收入对比情况

（二）市场主体

1. 经营主体数量增加超千家，近 9 成市场主体为民营企业

2014 年增值电信市场经营主体数量增加近 2 000 家，主体数量达 24 001 家，连续 5 年保持在 20 000 家以上。民营控股企业数量为 20 016 家，占主体总数的 83.4%，比 2013 年下降 5.3 个百分点，稳居市场主体地位。国有控股企业数量为 196 家 , 占主体总数的 8.6%，比 2013 年下降 0.4 个百分点。国有控股和民营控股增值电信企业数量对比情况如图 3 所示。

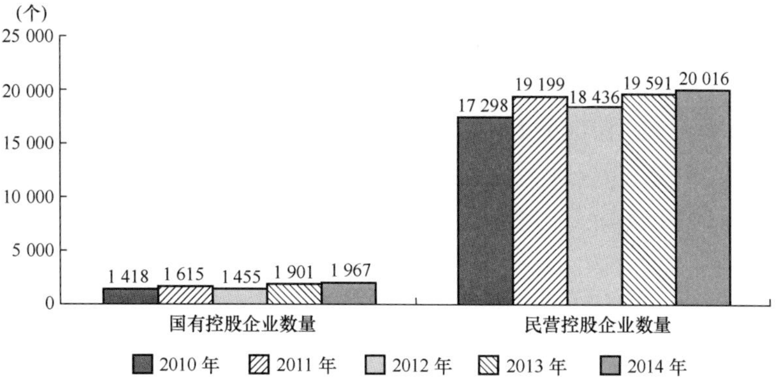

图 3　国有控股和民营控股增值电信企业数量对比情况

2. 小微企业占比近四分之三，平均业务收入规模偏低。

2014 年增值电信市场依然以小微企业为主，营业收入 100 万元人民币以下的企业达 10 199

1. 按包含基础电信企业与增值电信企业收入在内的全口径计算。

家，占企业总数的 42.5%；营业收入在 100 万至 1 000 万元人民币之间的企业达 8 303 家，占企业总数的 34.6%。按照中小企业划型标准规定，有 77.1% 的增值电信企业属于小微企业（营业收入小于 1 000 万元的企业）。2014 年，全部增值电信企业平均每家实现增值电信业务收入 1 762.2 万元人民币，同比增长 17.4%。属于小微企业的增值电信企业平均每家仅实现增值业务收入 92.04 万元，仅为全部企业平均水平的 5.2%。小微企业虽然数量多，但普遍收入规模较小，对增值电信业务发展贡献低。2013—2014 年增值电信企业按企业规模分布情况如图 4 所示。

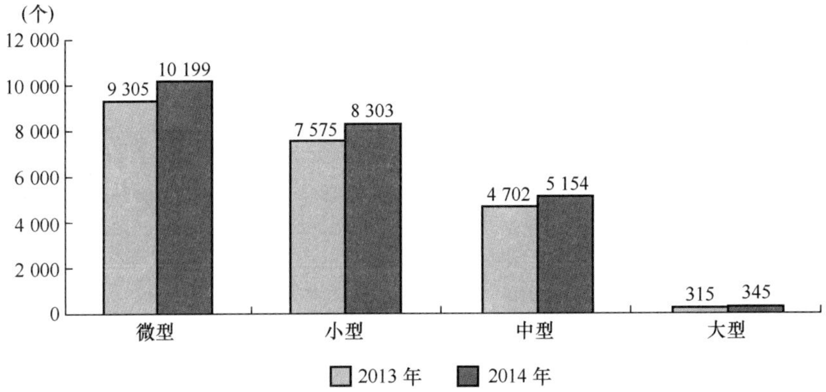

图 4　2013—2014 年增值电信企业按企业规模分布情况

注：微型企业（营业收入 <100 万元人民币），小型企业（500 万元人民币≤营业收入 <1 000 万元人民币），中型企业（1 000 万元人民币≤营业收入 <10 亿元人民币），大型企业（营业收入≥ 10 亿元人民币）。

（三）从业人员

1. 增值电信企业从业人数快速增加，从业人员构成逐步倾向于低学历

2014 年，我国从业增值电信业务的人员数量下降，减少 3.2 万人，仅为 80.8 万人，同比下滑 3.8%，比 2013 年减少 10.4 个百分点。增值企业整体从业人员总数达到 360.6 万人，同比增长 2.7%，其中学历水平为硕士及以上、大学专科及以下人员的从业人员占比分别为 4.5%、43.9%，分别比 2013 年下降 .0.1 和 1.2 个百分点，而学历水平为大学本科人员的从业人员比例由 2013 年的 48.9% 提高到 51.6%，可见增值电信企业从业人员更加务实，更看重人员的工作能力和操作水平。2009—2014 年增值电信企业从业人数及其增长率如图 5 所示。

2. 近 8 成从业人员集中在小微企业，互联网信息服务从业人员规模稳居首位

2014 年，我国近 6 成增值电信从业人员集中在 2 000 人以下的增值电信企业。集中在 2 000 人企业的增值电信从业人员最多，占总数比重达到 40.4%，在 10 ～ 100 人、100 ～ 2 000 人以上企业的增值电信从业人员占比分别达到 15.1%、39.7%。从业人员的业务分布看，互联网信息服务业务人员最多，达到 38.7 万人，占比达到 47.9%，比 2013 年提高 4.4 个百分点；其次是从事呼叫中心的人员达到 20.7 万人，比 2013 年增加 11.5%；第三是从事移动信息服务业务人员下滑至 19.3 万人，占比由 2013 年的 22.1% 提高至 23.9%；此外，从事互联网接入服务和互联网数据中心服务的人员数分别达到 6.9 万人和 2.4 万人，分别比 2013 年增加 0.1 万人和 0.6 万人。2014

年从事增值电信业务人员规模分布见表 1，2013—2014 年各增值电信业务从业人员统计如图 6 所示。

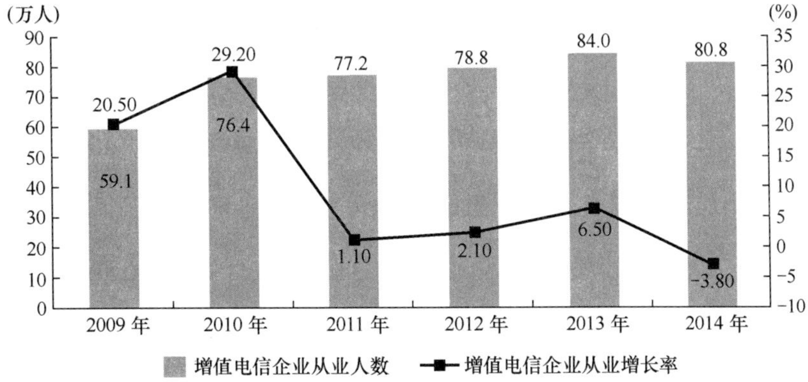

图 5　2009—2014 年增值电信企业从业人数及其增长率

表 1　2014 年从事增值电信业务人员规模分布

按从业人员规模划分企业	人员总数（人）	占比（%）
增值电信从业人数（<10人）	39 173	4.8
增值电信从业人数（10～100）	121 784	15.1
增值电信从业人数（100～2 000）	320 901	39.7
增值电信从业人数（>2 000）	325 975	40.4
合　计	807 833	100

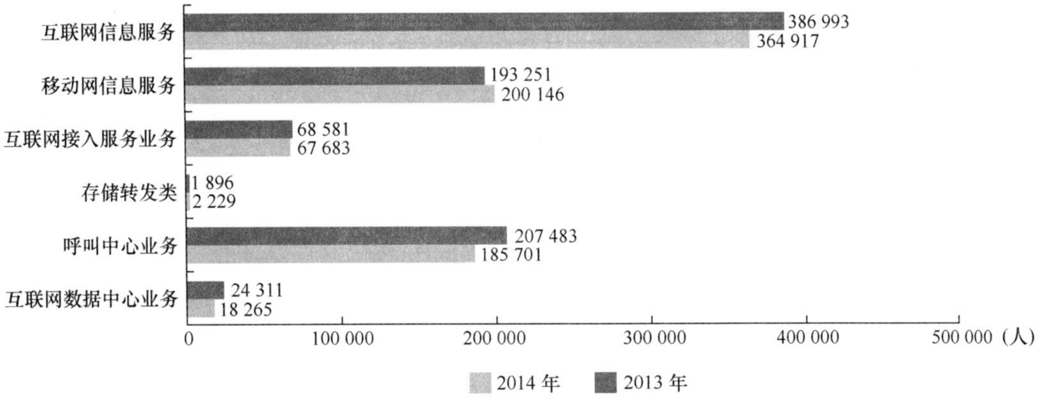

图 6　2013—2014 年各增值电信业务从业人员统计

（四）产业规模

1. 增值电信企业在增值业务市场份额近 6 成

近 5 年来，增值电信业务市场规模持续增长，增值电信企业在电信增值业务市场份额快速提升。2014 年，整体增值电信业务市场收入（含基础电信企业和增值电信企业的增值电信业务收入）为 657.4 亿元人民币，同比增长 16.5%。其中，增值企业收入占比为 64.3%，比 2013 年提高了 5.6 个百分点，对整个增值电信业务市场的贡献明显加大。2009—2014 年增值电信业务市场构成情况如图 7 所示。

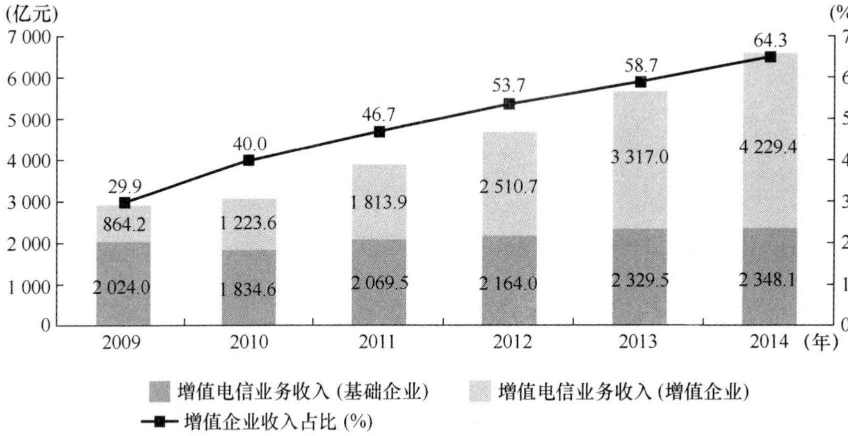

图 7　2009—2014 年增值电信业务市场构成情况

2．国有企业收入贡献逐步下降，民营企业收入贡献超过 8 成

2014 年，在增值电信业务收入中，民营控股企业实现收入 2 790.7 亿元人民币，同比增长了 23.1%，比增值电信业务收入增速低 4.4 个百分点；在增值电信业务收入的比重达到 84.0%，比 2013 年下降 0.1 个百分点。民营企业作为增值电信业务的市场主体，贡献了超过 8 成的收入，成为推动增值电信业务发展的生力军。国有控股企业实现收入 541.0 亿元人民币，同比增长 34.9%，占增值电信业务收入的比重由 2014 年的 12.1% 提高至 13.2%。2014 年不同性质企业收入分布见表 2。

表 2　2014 年不同性质企业收入分布

企业性质	增值电信业务收入（亿元）	占比（%）
民营控股	3 435.7	84.0
国有控股	541.0	13.2
其他	111.2	2.8

3．信息服务是最主要的收入来源，收入贡献达到 81.8%。

2014 年，信息服务业务收入依然是增值电信业务收入的主要来源，占整个增值业务收入的 81.8%（移动网信息服务和互联网信息服务各贡献 10.3% 和 71.6%），是增值业务市场最主要的收入来源。互联网接入服务、呼叫中心、互联网数据中心等业务分别占到总收入的 4.6%、2.7% 和 1.5%。互联网信息服务对增值电信业务收入的增长贡献由 2013 年的 77.1% 提高至 92.2%，同比增速连续 3 年保持在 30% 以上。2013—2014 年不同增值电信业务收入对比情况如图 8 所示。

（五）业务发展

2014 年增值电信各业务收入增长情况如图 9 所示，2013—2014 年不同业务收入分布见表 3。

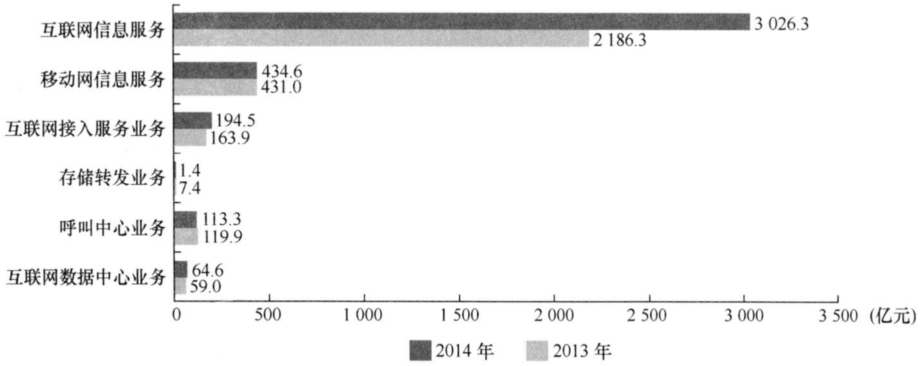

图8　2013—2014年不同增值电信业务收入对比情况

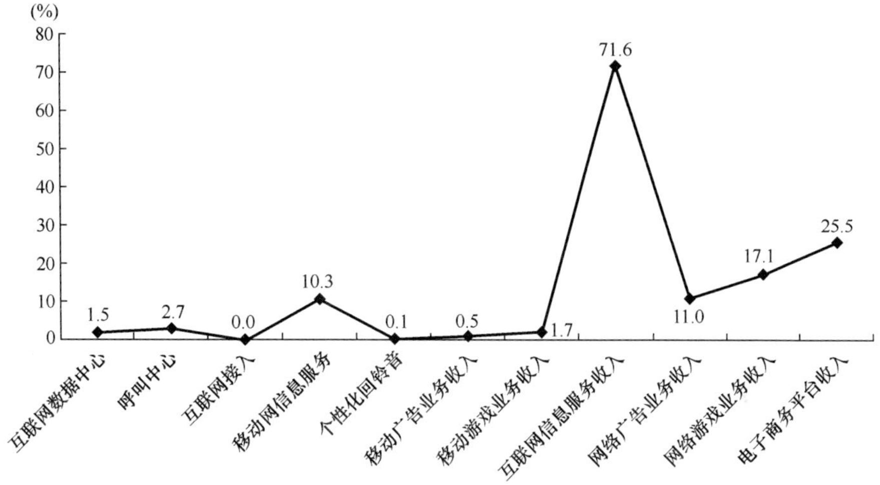

图9　2014年增值电信各业务收入增长情况

表3　2013—2014年不同业务收入分布

业务种类	2014年收入（亿元）	占比（%）	2013年收入（亿元）	增长率（%）
增值电信业务收入	4 229.4	100.0	3 317	27.5
其中：互联网数据中心	64.6	1.5	59	9.5
呼叫中心	113.3	2.7	119.9	-5.5
存储转发	1.4	0.0	7.4	-81.1
互联网接入服务	194.5	4.6	163.9	18.7
移动网信息服务	434.6	10.3	431	0.8
其中：个性化回铃音	6	0.1	9.7	-38.1
移动广告	22.2	0.5	14.6	52.1
移动游戏	71.2	1.7	30.4	134.2
互联网信息服务	3 026.3	71.6	2 186.3	38.4
其中：网络广告	464.5	11.0	366.2	26.8
网络游戏	722.8	17.1	608.8	18.7
电子商务平台	1 078.6	25.5	598.7	80.2

1. 互联网信息服务收入占比近 7 成，网络游戏业务连续 4 年居首位

互联网信息服务是增值电信市场中增长最快、影响最广的业务领域，实现的收入规模突破 3 000 亿元人民币，达到 3 026.3 亿元人民币，占增值业务收入的比重达到 71.6%, 比 2013 年提高了 5.7 个百分点。其中网络广告、网络游戏、电子商务平台收入分别达到 464.5 亿、722.8 亿、1 078.6 亿元人民币，占互联网信息服务收入的比重分别为 15.3%、23.9%、35.6%。电子商务平台首次在互联网信息服务收入的比重中居首位，收入规模超过 1 000 亿元人民币。2009—2014 年互联网信息服务收入占增值电信业务收入比重如图 10 所示，2012—2014 年互联网信息服务收入各业务收入比重如图 11 所示。

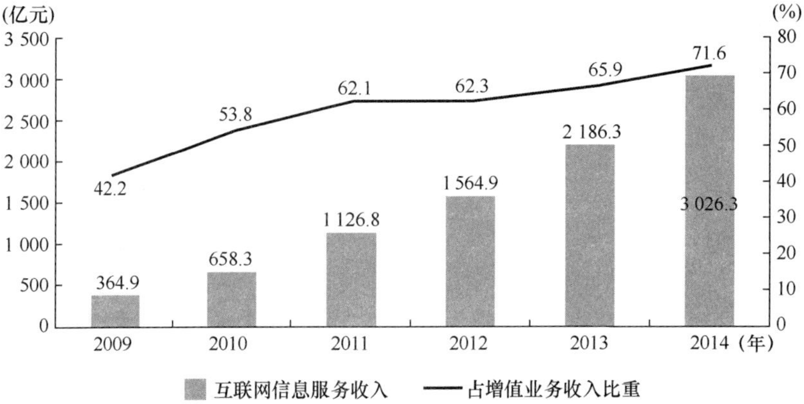

图 10　2009—2014 年互联网信息服务收入占增值电信业务收入比重

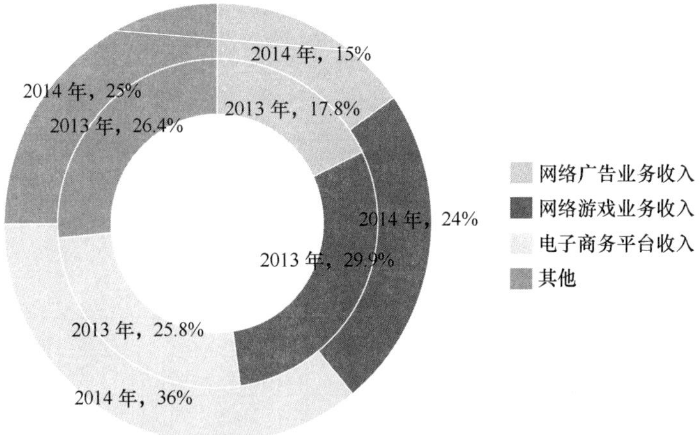

图 11　2012—2014 年互联网信息服务收入各业务收入比重

2. 移动互联网业务结构升级，移动广告和移动游戏保持高速增长

2014 年，以个性化彩铃业务为代表的传统移动网业务日益衰退，移动互联网应用覆盖范围日益广泛，用户规模持续扩大，移动广告、移动游戏业务增长迅速。2014 年移动网信息服务规模达到 434.6 亿元人民币，占增值电信业务收入的比重达到 10.3%。移动游戏主导着移动互

联网业务的快速发展，2014年收入规模达到71.2亿元人民币，同比增长133.7%，成为移动网业务中最赚钱的细分业务。移动广告业务形式上多点突破，盈利模式不断摸索，收入规模达到22.2亿元人民币。随着移动应用更加贴近社会生活，移动广告未来发展前景广阔。2009—2014年移动网信息服务收入情况如图12所示。

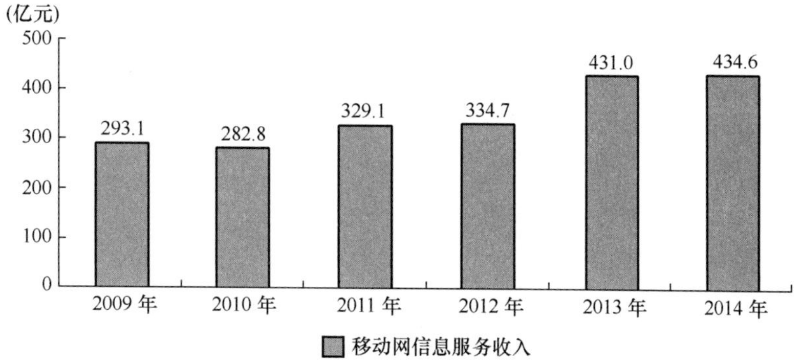

图12　2009—2014年移动网信息服务收入情况

3. 互联网接入服务业务增速超过18%，互联网数据中心、呼叫中心业务收入占比小幅下降

2014年，互联网接入服务业务收入实现194.5亿元人民币，同比增长18.7%，占增值电信业务收入的比重下滑至4.6%。从事互联网接入服务企业达到957家，比2013年增加了43家。2014年年底，互联网接入服务业务宽带接入用户达到1 655.7万户，占基础电信企业互联网宽带接入用户数的比重达到8.3%。2014年，互联网数据中心实现收入64.6亿元人民币，同比增长9.5%，呼叫中心业务实现收入64.6亿元人民币，同比下滑5.5%，在增值业务收入中占比均比2013年下降0.3个、0.9个百分点。从事互联网数据中心服务企业为357家，同比增加83家，而从事呼叫中心服务企业数量则与上年持平。2013—2014年互联网数据中心呼叫中心和互联网接入服务企业和收入情况如图13所示。

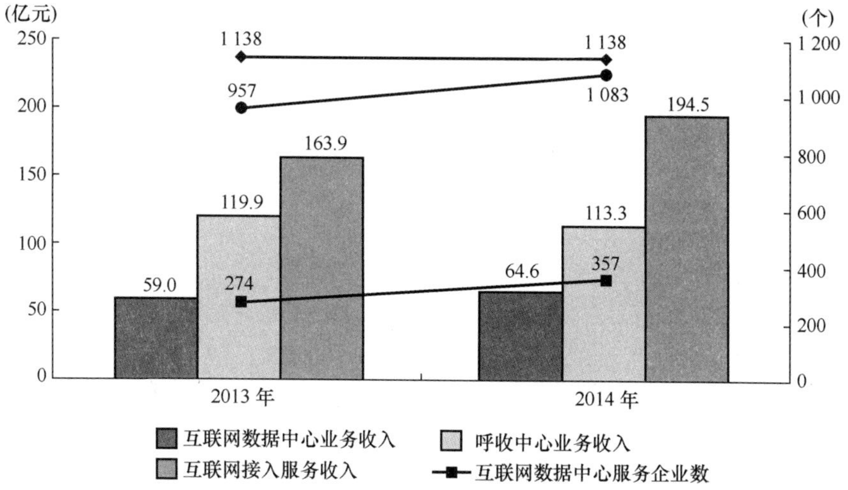

图13　2013—2014年互联网数据中心、呼叫中心和互联网接入服务企业和收入情况

（六）区域发展

1. 增值业务区域聚集特点显著，6 成企业和 8 成收入利润集中在北上广浙苏

2014 年，增值业务区域聚集特点显著，北京、上海、广东、浙江和江苏等经济发达地区是增值业务的主要聚集地。这 5 个地区增值电信企业数量共 13 289 家，占全国增值电信企业总数的 55.4%；增值电信从业人员达 54.5 万人，占全国增值电信从业人员总数的 67.5%。共实现增值电信业务收入 3 585.6 亿元人民币，增值电信业务利润 134.9 亿元人民币，分别占全国收入和利润的比重达到 84.8% 和 71.1%。从各业务分析，互联网信息服务业务、互联网数据中心业务的聚集效应最高，超过 92% 的收入集中在这 5 个地区，其中网络广告、电子商务平台等业务收入的集中程度达到 95.1% 和 94.1%。2014 年排名前五的省份增值电信业务收入和利润发展情况如图 14 所示，5 个地区各增值电信业务收入市场份额占比情况见表 4。

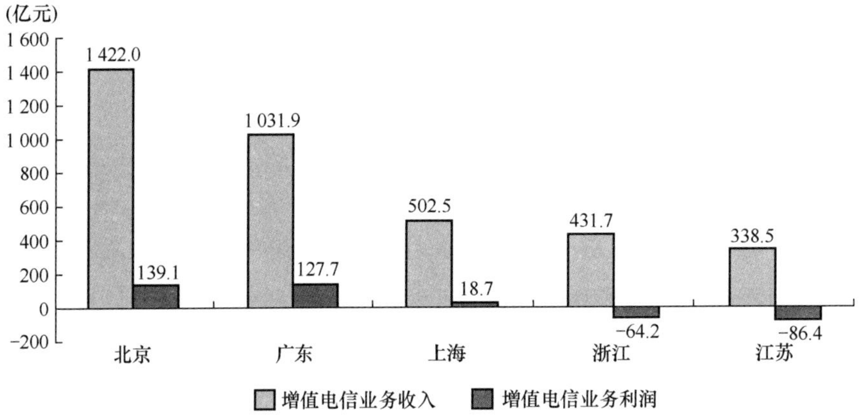

图 14 2014 年排名前五的省份增值电信业务收入和利润发展情况

表 4 5 个地区各增值电信业务收入市场份额占比情况

业务收入	合计	北京	广东	上海	浙江	江苏
增值业务收入	88.2	33.6	24.4	11.9	10.2	8.0
其中：互联网数据中心	84.2	52.0	8.6	19.0	1.0	3.7
呼叫中心	76.1	17.4	27.0	19.3	4.4	8.1
互联网接入服务	61.0	26.3	9.8	20.2	2.7	2.1
移动网信息服务	79.4	23.3	30.5	9.0	9.1	7.4
互联网信息服务	92.6	37.2	27.1	12.8	12.8	2.7
其中：网络广告	95.1	63.1	13.4	12.5	1.7	4.3
网络游戏	87.4	15.2	49.2	19.1	2.4	1.5
电子商务平台	94.0	43.3	27.0	2.4	18.0	3.3

2. 东部地区省内增值企业数量占比高达 71.0%，与中西部差距有所缩小

2014 年，从企业数量分布看，东部省内增值电信企业拥有量与中部、西部差距有所缩小，

中部、西部增值企业增加数量超过东部一倍。全国增值电信企业数量达到 24 001 个，其中，东部 11 省增值电信企业数量达到 17 052 个，比 2013 年增加 521 个，占全国增值电信企业总数的 71.1%，比 2013 年占比下降 2 个百分点；中部 8 省增值电信企业数量为 3 993 个，比 2013 年增加 1 096 个，占全国总数的 16.6%，比 2013 年占比提高 2.6 个百分点；西部 12 省增值电信企业数量为 2 956 个，比 2013 年增加 285 个，占全国总数的 12.3%，比 2013 年占比减少 0.6 个百分点。2013—2014 年东部、中部、西部增值电信企业数量情况如图 15 所示。

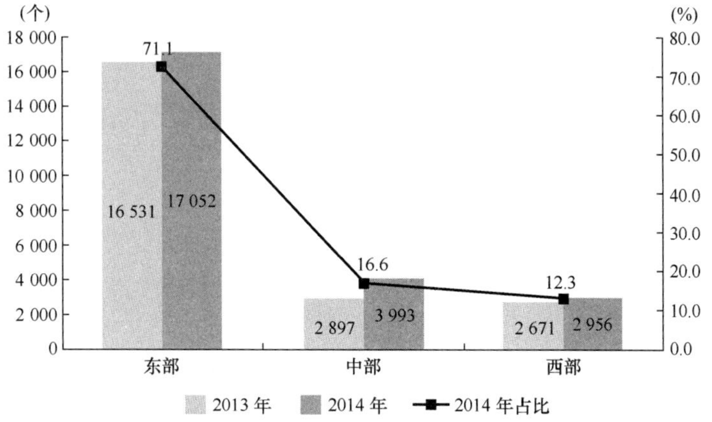

图 15 2013—2014 年东部、中部、西部增值电信企业数量情况

3. 超过 9 成省内增值企业收入集中在东部，中部地区收入增长居首位

增值电信业务收入向东部集中的态势比企业的集中性更加明显，东部、中部、西部增值电信业务收入均有所增加，中部增幅最大。2014 年，增值电信业务收入共计 4 229.4 亿元人民币，其中，东部 11 省增值电信业务收入达到 3 932.9 亿元人民币，同比增长 35.8%，占增值电信业务收入的 93.0%；中部 8 省增值电信业务收入约 124.2 亿元人民币，同比增长 40.6%，占增值电信业务收入的 2.9%；西部 12 省增值电信业务收入达到 172.3 亿元人民币，同比增长 1.4%，占省内增值电信业务收入的 4.1%。2013—2014 年东部、中部、西部增值电信收入情况如图 16 所示。

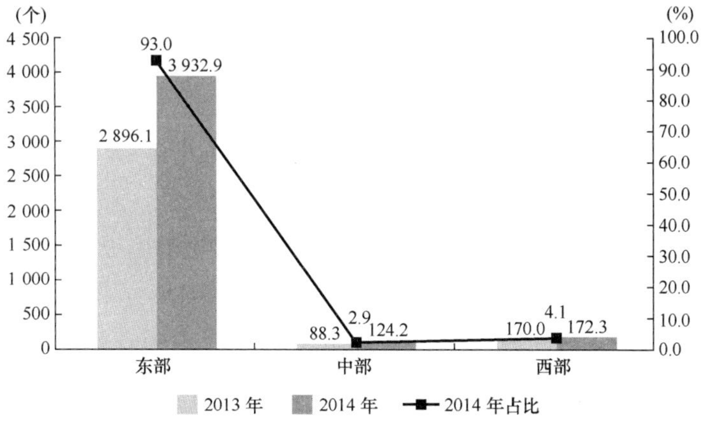

图 16 2013—2014 年东部、中部、西部增值电信收入情况

中国互联网 2014 年发展综述

一、我国互联网发展概况

2014 年，我国网民数量保持了较快增长状态。根据中国互联网络信息中心（CNNIC）发布的《第 35 次中国互联网络发展状况统计报告》显示，到 2014 年年底，我国网民规模达到 6.49 亿人，比 2013 年年底增加 3 117 万人。我国互联网普及率达到了 47.9%，比 2013 年年底提高 2.1 个百分点。手机网民比传统互联网网民数增幅更大，成为拉动网民总数攀升的主要动力。到 2014 年年底，手机网民规模达 5.57 亿人，比 2013 年底增加 5 672 万人，手机网民在全部网民中的占比从 2013 年年底的 81.0% 提升至 85.8%。我国互联网网民数及互联网普及率如图 1 所示。

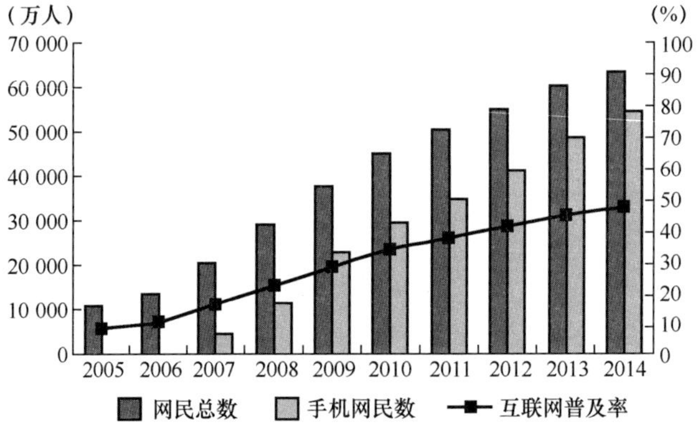

图 1　我国互联网网民数及互联网普及率

资料来源：CNNIC

在互联网基础资源方面，到 2014 年年底，我国 IPv4 地址数量已达到 3.32 亿个，与 2013 年相比基本没有增加；拥有 IPv6 地址 18 797 块 /32，比 2013 年增长 12.8%。IPv6 的发展可以有效解决 IPv4 时代地址资源枯竭问题，在支撑物联网、云计算等新兴互联网应用方面能够起到积极作用。2014 年，我国加大互联网领域的安全治理力度，网路整体质量得以提高，网站数量已连续 4 年稳步回升，达到 335 万个。域名总数上升至为 2 060 万个，比 2013 年增长 11.7%。其中，“.COM”域名数量为 795 万个，占我国域名总数的比重由 2013 年的 34.2% 上升至 38.6%；

“.CN”域名为 1 109 万个，占比由 2013 年的 58.7% 下降至 53.8%；“. 中国”域名总数达到 28.5 万个。网页数量规模达到 1 899 亿个，比 2013 年增长 26.6%。互联网上的内容更为丰富，每个网站的平均网页数达到 5.67 万个，比 2013 年增长 21%。

在互联网基础设施建设方面，在 2014 年中，全国光缆线路长度净增 300.7 万公里，达到 2 046 万公里。基础电信企业互联网宽带接入端口净增 4 160.1 万个，达到 40 105.1 万个。我国国际出口带宽达到 4 118 663Mbit/s，增长 20.9%。基础电信运营商围绕“宽带中国”战略，发展 3G 和 4G 网络、光纤入户，提升信息基础设施水平。互联网宽带接入端口“光进铜退”趋势更加明显，光纤接入（FTTH/O）端口比 2013 年净增 4 763.9 万个，达到 1.63 亿个，占互联网接入端口的比重由 2013 年的 32% 提升至 40.6%。在 2014 年中，基础电信企业新增移动通信基站 98.8 万个，是 2013 年同期净增数的 2.9 倍，总数达 339.7 万个。移动网络服务质量和覆盖范围继续提升。WLAN 网络热点覆盖继续推进，新增 WLAN 公共运营接入点（AP）30.9 万个，总数达到 604.5 万个，WLAN 用户达到 1 641.6 万户。

2014 年，我国网络和信息安全形势总体平稳。国家互联网应急中心（CNCERT）发布的《2014 年我国互联网网络安全态势报告》显示，我国基础网络建设不断升级完善，安全防护水平进一步提升。CNCERT 协调处置涉及基础电信企业的漏洞事件 1 578 起。我国境内木马僵尸网络控制服务器 6.1 万余个，感染主机 1 108.8 万余台，分别比 2013 年下降 2.3% 和 61.4%，治理工作成效明显。分布式反射型攻击逐渐成为拒绝服务攻击的重要形式。安全漏洞信息共享工作持续推进，“心脏出血”“破壳”等漏洞暴露出了基础应用和通用软硬件面临的高危风险，CNCERT 通报处置通用软硬件漏洞事件 714 起，比 2013 年增长 1 倍。2014 年 4 月至 9 月，工业和信息化部联合公安部、工商总局开展打击治理移动互联网恶意程序专项行动，及时有效处置了“XX 神器”病毒大规模传播事件，协调处置移动恶意程序控制服务器和传播源链接 1.01 万个；依法关停应用商店 283 家；试点开展移动应用程序开发者第三方数字证书签名与验证；发布移动恶意程序黑名单 4.9 万条、传播地址黑名单 1 187 条和 4 张移动互联网应用自律白名单证书，移动互联网网络安全威胁治理取得明显成效。针对我国境内网站的仿冒页面（URL 链接）近 10 十万个，比 2013 年增长 2.3 倍，涉及 IP 地址 6 844 个，比 2013 年增长 61.4%。“匿名者”等黑客组织对我国政府部门和重要企事业单位网站的攻击依然频繁，我国境内被篡改的政府网站达 1 763 个，被植入后门的政府网站达 1 529 个。

二、我国互联网发展主要特点

（一）确定依法治理网络空间常态化新思路

2014 年是我国互联网产业法治建设的关键一年。《中共中央关于全面推进依法治国若干重大问题的决定》明确决定“加强互联网领域立法，完善网络信息服务、网络安全保护、网络社会管理等方面的法律法规，依法规范网络行为。”中央网络安全和信息化领导小组成立，提出建设“网络强国”的战略目标。习近平总书记指出：“要抓紧制定立法规划，完善互联网信息内容管理、关键信息基础设施保护等法律法规，依法治理网络空间，维护公民合法权益。”李克强总理指出：“活力和秩序是互联网的‘两翼’，没有活力，互联网就没有生机和魅力；离开了秩序，互联网也就没有了安全和信任。”这一系列思路明确了我国互联网产业制度建设的基本方向，为我国互联网产业健康可持续发展打下了坚实的制度基础。同时，互联网产业相关立法进程进一步加速。网信办发布“微信十条”，对即时通信工具服务提供者、使用者的行为进行了规范，对通过即时通信工具从事公众信息服务的活动提出了明确的管理要求。海关总署出台《关于跨境贸易电子商务进出境货物、物品有关监管事宜的公告》，对从事跨境电商的企业和个人进行监管，海淘、代购等处于灰色地带的交易也走向正轨。央行密集发布规章，提出“互联网金融的 5 大监管原则”“对互联网金融差别化监管”等监管理念。另外，互联网产业相关领域的相关部门也多次开展各类专项行动。全国“扫黄打非”工作小组办公室、工信部、网信办、公安部联合在全国范围内统一开展“扫黄打非 • 净网 2014”专项行动。依法关闭了 24 家网站、9 个网站频道（栏目）和 17 个微信公众号，有力打击了假冒党政机关或媒体名义发布虚假信息、发布涉赌博诈骗等违法信息、传播淫秽色情内容、不具备登载时政新闻资质违规登载时政新闻等违法行为。

（二）互联网有力提升社会资源利用效率

2014 年，我国的经济增速从高速转向中高速，但我国互联网行业仍然保持了高速增长势头，互联网经济已经成为中国经济新的增长极，对稳增长、调结构、促改革、防风险、惠民生有突出贡献。目前，一些互联网企业运用先进的信息通信技术，对社会、经济运行的基础信息进行广泛的收集，并基于大数据技术进行深入分析，并利用得到的结论服务于用户和政府，使得用户可以基于这些互联网服务以更低成本、更高效率地进行生产和生活，进而节约整个社会的运行成本。例如，高德地图利用“众包”机制，从 3 亿用户处获取连续交通路况信息，利用大数据技术进行分析，基于躲避拥堵的实时路线规划，实现交通分流，为用户节省出行时间，也降低了总体的拥堵程度；同时还发布研究报告，为公众“绿色出行”和政府科学决策提供了可靠参考依据。又如，在打车 App 推广应用后，出租车的空驶率降低，油耗减少，减轻了大气污染和交通拥堵，同时出租车司机每月收入也有所增加。再如，在线旅游发展降低了旅游产品的信息不对称，实景地图和网上博物馆项目使得旅行者在出行前就能对目的地有较全面的了解。在线预订减少旅游资源的闲置，改善旅游者体验的同时也降低了旅游业的运营成本。旅行社区的口碑宣传使得优秀旅游景点的宣传成本大大降低。

（三）信息基础设施体系日益完善

信息基础设施体系可以分为“云”“网”“端” 3 个层面。“云”是指云计算、大数据基础设施。目前，一些中国互联网企业已实现了基于自主研发的核心技术，提供通用云计算服务。无论是在技术先进性、安全性和经济性上均处于世界领先地位，与亚马逊、谷歌共执牛耳。“网”不仅包括原有的“互联网”，还拓展到“物联网”领域，网络承载能力不断得到提高，新增价值持续得到挖掘。2014 年，我国物联网产业规模超过 8 000 亿元人民币，年复合增长率超过 28%。射频识别标签（RFID）、传感器、二维码等经过接口与无线网络相连，从而给物体赋予“智能”，可实现人与物、物与物的沟通和对话。有新兴的“云计算、大数据”服务作为支撑，物联网的发展将提升过去在数据存储、处理和分析上能力欠缺的问题，焕发出新的活力。“端”则是用户直接接触的个人计算机、移动设备、可穿戴设备和传感器，乃至软件形式存在的应用。中国已成为全球智能终端增长的绝对主导力量，并引领全球移动市场智能化演进。据 IDC 统计数据，2014 年中国智能终端出货量为 5 亿部，同比增长 15.4%。其中智能手机市场出货量超过 4 亿部，同比增长近 20%，全球份额贡献达到 40%。同时，App 应用程序更多以云计算服务为支撑，通过后台丰富的数据驱动，开发和发布的门槛降低，创意被极大激发。腾讯、阿里和百度等企业试图通过深度挖掘移动即时消息、手机支付和地图等，在自身核心应用领域搭建超级 App 平台。

（四）知识产权（IP）成为网络娱乐的核心竞争要素

2014 年，网络游戏行业对商标、专利、著作权等知识产权（Intellectual Property，IP）的重视程度大幅度提升，知识产权成了游戏公司吸引用户、确保产品成功的核心资本之一，所以该年度被认为是网络游戏行业的“知识产权元年”。在此背景之下，网游企业纷纷加大在知识产权方面的投入：一方面加大对自有原创知识产权的培育和扩展，不断扩大粉丝规模和影响力；另一方面逐步增加对外部经典或热门知识产权的购买力度；同时加大了对侵权行为的维权力度。随着互联网娱乐产业的逐步成熟和规范，知识产权（IP）也开始成为整合网络游戏、在线视频、网络文学、网络动漫和网络音乐等多项娱乐产业的核心连接点，成为了聚拢粉丝人气、凝聚粉丝情感的重要依托，成为跨界合作、扩展业务和维护权益的有力武器。2014 年，掌握较多知识产权资源的巨擘公司的“泛娱乐”产业版图初步成形。2015 年，知识产权的作用将进一步凸显，加强对于优质知识产权的争夺和保护力度，文学、游戏、漫画和影视同步推进的情形将更加多见，“泛娱乐”产业链条将更加完整，并开始向传统娱乐领域延伸。

（五）互联网新兴应用面临严峻的网络安全威胁

CNCERT 在《2014 年我国互联网网络安全态势报告》中指出，我国互联网安全状况仍存在较大的问题。2014 年，CNCERT 监测发现，我国境内感染木马僵尸病毒的主机为 1 108.8 万余台，对我国关键基础设施和重要信息系统安全造成威胁。域名系统面临严峻的拒绝服务攻击，针对重要网站的域名解析篡改攻击频发。网络攻击威胁日益向工业互联网领域渗透，已发现我国部分地址感染专门针对工业控制系统的恶意程序事件。分布式反射型的拒绝服务攻击日趋频繁，大量伪造攻击数据包来自境外网络。针对重要信息系统、基础应用和通用软硬件漏洞的攻击利用活跃，漏洞风险向传统领域、智能终端领域泛化演进。万物互联下网络攻击正逐步向各类联网终端渗透。网络安全隐患遍布于新兴技术产业的各重要环节，但针对性的安全产品极度稀缺，相关防御技术手段的研发尚处于起步阶段。在新兴技术产业的强劲增长驱动下，网络安全问题的影响范围不断延展，威胁程度日渐加深。根据国际有关机构披露，2014 年 9 月出现一种远程木马“Havex”，它利用了 OPC 工业通信技术 ，具有很强的针对性，其主要功能是扫描发现工业系统联网设备，收集工控设备详细信息并秘密回传，预置后门并在必要时接收、执行控制端发送的恶意代码，全球能源行业的数千个工业控制系统曾被其入侵。据监测，我国境内已有部分 IP 地址感染了该恶意程序，所对应的控制端均位于境外，并存在部分 IP 地址持续向控制端发送信息的情况。

三、我国互联网发展趋势分析

（一）宽带“提速降费”，刺激互联网产业进一步发展

目前，国内经济面临较大下行压力，互联网行业已成为稳增长的中坚力量；“互联网 +”更是调结构、促改革的重要抓手。为了进一步扶持互联网产业发展，为“互联网 +”创造良好的基础条件，基础电信业将提供更加稳定、高速、低价的宽带服务。近两年来，我国宽带资费已经开始大幅下降，从移动宽带来看，2014 年 12 月，基础电信企业的移动数据业务单位流量平均收入同比下降了 18.4%；从固定宽带来看，2014 年 3 月，固定宽带接入业务每户平均收入同比下降 1%。目前，我国宽带资费已经进入下行通道，未来手机上网流量资费和固定宽带资费都将进一步下降。在网速方面，根据宽带发展联盟发布的 2014 年第 4 季度《中国宽带速率状况报告》显示，自 2013 年 8 月国家实施 “宽带中国”战略以来，我国宽带网速得到了明显提升。2014 年第四季度，全国固定宽带用户网络下载的忙闲时加权平均可用下载速率为 4.25Mbit/s，与 2013 年下半年的 3.53Mbit/s 相比提升幅度超过 20%；网络视频下载速率从 1.81Mbit/s 增长到 4.01Mbit/s，增幅高达 121%。国务院已经提出网络提速降费总目标：一是到 2017 年年底，所有地级以上城区家庭具备百兆光纤接入能力，4G 全面覆盖城市和乡村；二是直辖市和省会城市等宽带平均接入速率达到 30Mbit/s，其他城市达到 20Mbit/s；三是手机流量和固定宽带平均资费水平大幅下降。可以预计，我国网络速度将得到进一步提升、互联网通信费用也将有大幅下降，互联网产业发展环境将更加优越。

（二）互联网与工业深度融合，带动经济社会发展

工业互联网的本质就是基于“物联网系统”实现“智能工厂”，通过将无处不在的传感器、嵌入式终端系统、智能控制系统、通信设施连接起来形成一个智能网络，使人与人、人与机器、机器与机器以及服务与服务之间能够互联。目前，我国已成为全球 M2M（智能机器）市场的领导者，据 GSMA 研究报告显示，我国 M2M 市场连接数已超过 5 000 万个，占全球 M2M 市场

总量的27%，超过了美国和日本的总和。工业和信息化部在“宽带中国”2015专项行动中提出，2015年将支撑100家规模以上工业企业积极探索智能工厂、智能装备和智能服务的新模式、新业态，新增M2M终端1 000万个，促进工业互联网发展。除机器互通互联以外，近两年，我国工业企业制造流程智能化也实现了较大发展，目前我国规模以上工业企业的数字化研发设计工具的普及率及数字化工序数控类装备比重分别达到54%和30%，5年来均提高了4个百分点；根据国际机器人协会（IFR）的数据显示，2014年我国工业机器人销量达到5.6万台左右，增速达54%，远高于全球工业机器人27%的销量增速，连续两年成为全球第一大机器人市场。据国际权威机构测算，未来20年，中国工业互联网发展至少可带来3万亿美元左右GDP增量，应用工业互联网后，企业的效率会提高大约20%，成本可以下降20%，节能减排可以下降10%。

（三）互联网与民生政务进一步结合，带动社会管理的深刻变革

互联网不仅仅应用于工业生产企业，还在提升社会管理运营效率，潜移默化地改善居民生活。目前，基于统一政务云平台的政务系统重构正在全国各地开展，在云上的大数据能够辅助宏观决策，提升快速响应能力、公众服务能力、社会管理能力、跨部门协同治理能力和产业聚集能力。例如，阿里巴巴公司基于15年积累形成的小企业数据库、区域经济数据库、商品分类信息库和消费者信息库，推出了面向区域政府决策及研究部门的阿里经济云图，实时、准确洞察区域、行业经济发展情况，帮助各地政府根据真实情况做出决策、预判和预警。未来还将以开放平台的方式，引入地方经济部门的数据，更好地帮助政府进行决策分析。同时，互联网的发展将公共服务辐射到更多有需求的群体中去，提供跨区域的创新服务，为实现教育和医疗等公共稀缺资源均等化提供全新平台。如互联网教育打破了国内地域限制，并连接了全球的优质教育资源，为三线、四线城市及偏远农村的学生提供了新的选择。“互联网 + 医疗”的模式为民众就医提供便捷、高效的解决方案。全国已有近100家医院通过微信公众号实现移动化的就诊服务和快捷支付，累计超过1 200家医院支持通过微信挂号，服务累计超过300万患者，为患者节省超过600万小时，大大提升了就医效率，节约了公共资源。可以预计，互联网将更加深刻地变革社会整体运营模式，提升公共服务的效率和水平，为民众提供更多的便利。

（四）互联网引领“创新创业”新时代，为“创客”创新提供巨大舞台

在《2015年政府工作报告》中，将“大众创业、万众创新”作为实现中国经济提质增效升级的“双引擎”之一，我国创新创业时代的大幕已经拉开。创客是推进“双创”的活跃力量，是孕育创新型小微企业的土壤，对于推动中小企业创新创业，打造创新链、提升价值链的作用也在日益凸显。互联网产业目前已经是“创新创业”的主战场，基于互联网的信息化服务和中小企业公共服务体系的建设也正在有序推进，满足个性化、多样化需求的众创、众筹、众包新业态、新模式的发展更将为“创客”活动提供重要舞台。例如，2015年5月5日，工业和信息化部信息中心推出“创客中国”公共服务平台，并成功举办“创客中国”大赛。中国航空工业集团公司也推出了“爱创客”大型产业互联创新创业平台。根据艾瑞咨询数据，2014年，京东

众筹、众筹网、淘宝众筹、点名时间和追梦网这 5 家众筹平台为“创客”和小微企业融资规模总额达到了 2.7 亿元人民币。可以预见，未来互联网将在打造产业众创空间，为大中小企业及创客空间搭建线上线下相结合的信息共享平台，构建产业创业创新的生态圈等方面将发挥越来越大的作用。

（五）网络安全形势更加复杂，新兴产业面临的攻击威胁凸显

据 CNCERT 分析，随着我国互联网新技术、新应用的快速发展，网络安全形势将更加复杂，2015 年及未来需重点关注以下问题。第一，拒绝服务攻击威胁将继续升级，影响基础网络稳定运行。随着拒绝服务攻击与防护的对抗日趋激烈，攻击流量规模可能进一步增大，单个攻击事件的峰值流量甚至可能突破 1Tbit/s。针对域名系统的攻击将继续呈频繁态势，不仅影响受害目标，而且波及整个基础网络。第二，移动恶意程序借助“加固”手段对抗安全检测的情况将更加普遍，利用仿冒应用实施钓鱼欺诈的现象将更为猖獗。第三，云平台普及加大数据泄露和网络攻击风险，防护措施和管理机制有待完善。一是云平台的数据安全保护问题。在大数据时代，以窃取数据为主要目的的攻击事件将越来越多，云平台自身的网络安全防护特别是对海量数据安全的防护将面临挑战。二是云平台的安全审核和管理机制问题。目前大多数云服务商的安全审核机制并不完善，因此出现黑客在云平台部署钓鱼网站、传播恶意代码或发动攻击的情况，如不及时加强管理，未来这种现象将继续增多。第四，针对基础应用、通用软硬件和国产软硬件的漏洞挖掘将增多，应对机制和披露管理面临挑战。2015 年，黑客将更加关注应用广泛的网站应用框架、开源软件、集成组件和网络协议等的安全问题，随着服务器、芯片、操作系统、数据库和办公软件等信息产业各个领域的自主可控深入推进，国产软硬件产品应用增多，其安全问题将受到更多重视。第五，智能终端将成为新的攻击入口，物联网面临安全挑战。随着物联网产业的发展和智慧城市的建设，智能生活逐渐推广，连接一切将日益成为现实，智能终端自身安全以及终端间连接或通信的安全问题，都是物联网面临的安全挑战。第六，智能制造面临的网络攻击威胁将凸显，工业互联网发展面临挑战。随着传统工业基础设施加快向工业互联网基础设施演进升级，其所面临的网络攻击威胁也将日益凸显。从近几年的实际案例和统计数据可以看出，针对工业基础设施的网络攻击行为发生频率总体呈逐年增高趋势，攻击手段日益复杂高级，且带有显著的 APT 特征，攻击危害逐渐加大，网络攻击威胁将成为工业互联网发展过程中无法回避的问题。

四、国际互联网发展情况

据国际电信联盟（ITU）发布的数据显示，2014 年全球网民数量达 29.23 亿人，互联网普及率达到 40.4%。在全球各地区中，亚太地区的网民数量最多，达到 13.10 亿人，占全球网民总数的 45.2%；美洲地区的网民数量居第二位，达到 6.39 亿人，占全球网民的 22.04%；欧洲名

列第三，网民数量达 4.67 亿人，占全球网民的 16.13%。

在网民规模增长速度方面，非洲、阿拉伯国家和独联体国家的网民数量增速较快，这几个地区 2014 年的网民数量增长率分别为 16.05%、10.60% 和 10.12%。欧洲增长速度仅为 2.61%，但其互联网普及率属全球最高，达到 74.8%。全球各地区互联网网民数见表 1。

表 1　全球各地区互联网网民数

（单位：百万人）

	2009年	2013年	2014年	2014年增长率（%）	5年复合增长率（%）
全球	1 751	2 710	2 923	7.85	10.80
非洲	58	148	172	16.05	24.54
阿拉伯国家	66	137	152	10.60	18.16
亚太地区	726	1 205	1 310	8.71	12.53
独联体国家	67	143	158	10.12	18.81
欧洲	388	456	467	2.61	3.81
美洲	428	597	639	6.99	8.36

资料来源：ITU

在互联网普及程度方面，虽然亚太地区网民总量最多，但与发达国家相比，该地区的互联网普及率仍处于较低水平，仅为 32.4%，低于全球平均水平 40.4%，仅高于非洲。同时，亚太地区的互联网普及率增长速度较慢，在 2014 年仅仅增长了 2.3 个百分点，仅高于非洲的 2.2 个百分点和欧洲的 1.7 个百分点，低于全球总体的增长幅度（2.5 个百分点）。互联网普及率增加速度最快的地区是独联体国家，在 2014 年增加了 5.1 个百分点，其次是美洲和阿拉伯国家，增加幅度分别为 3.7 个百分点和 3.2 个百分点。全球各地区互联网普及率如图 2 所示。

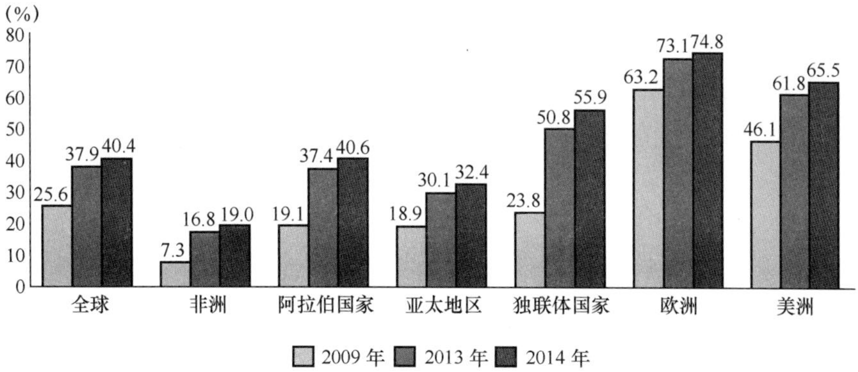

图 2　全球各地区互联网普及率

资料来源：ITU

2014 年，全球范围内掀起工业互联网的大潮。德国工业 4.0 的“信息物理系统”通过传感网紧密连接外界现实世界，将网络的高级计算能力有效运用于现实世界中，将设计、开发和生产等所有流程的数据通过传感器采集并进行分析，使其成为具备“独立思考能力”的“智能工厂”。美国工业互联网将智能设备、人和数据连接起来，形成开放的、全球化的工业网络。工厂通过互联网采集生产车间信息，解析大数据，向消费者反馈，实现内外服务的网络化，开拓更多、更新的商业机会。AT&T、思科（Cisco）、通用电气（GE）、IBM、英特尔（Intel）宣布成立工业互联网联盟（IIC），促进物理世界和数字世界的融合。Google 不断将制造业企业收购至麾下，希望掌握工业互联网时代的主导权。通用电气也开始加强数据分析和软件开发，目前已推出 24 种工业互联网产品，涵盖石油天然气平台监测管理、铁路机车效率分析、医院管理系统、提升风电机组电力输出、电力公司配电系统优化和医疗云影像技术等九大平台。在中国，诸多传统制造业企业开始尝试采用信息通信技术改造原有产品及制造流程，工业互联网、工业 4.0 等理念被广泛传播，“中国互联网协会工业应用委员会”等国家级产业组织也宣告成立，从这个意义上说，2014 年堪称中国工业互联网元年。

2014 年，共享经济借助互联网在全球范围内日渐流行。科技进步，移动通信设备、互联网的日益普及为“共享经济”的出现和发展提供了基本条件，信息传递、信任建立、物资流动等一直困扰传统经济的问题因为信息技术的突飞猛进而被解决。共享经济大有颠覆传统消费模式之势，搭车、共享房间、闲置物品交换等在全球范围内迅猛发展。2014 年较有代表性的共享经济模式包括：以 Uber、Netjets、PROP 为代表的交通工具共享，优化利用社会闲置资源，提升服务品质，缓解城市交通拥堵，解决了市民出行难的问题；以 Airbnb、小猪短租、Easynest 为代表的房屋共享，分离所有权和使用权，优化房屋资源配置；以 Eatwith、Plenry、Feastly 为代表的饮食共享，可以让用户在家中享受餐厅美食，还搭建起社交的平台；以 RenttheRunway、PoshMark 为代表的服装共享，使得闲置服装和租赁需求得以匹配；还有劳动力雇佣、个人技能、家政服务、健身等各个领域的共享，在任何时间均可将世界各地成千上万的人们连接起来。据普华永道（PWC）的消费者调查报告显示，2014 年，共享经济规模已经排到全球行业经济的第 5 名，行业规模大约有 150 亿美元。

2014 年，网络空间全球治理成为重要国际议题。随着信息技术的飞速发展，计算机技术、网络技术已进入到关系国计民生的各个重要领域，网络信息安全的重要性日益突出，特别是云计算、大数据、移动与无线网络等新兴技术的应用深化，更是给信息安全带来极为严峻的挑战，网络安全的战略地位已在全球形成普遍共识。世界各国纷纷加快战略推动步伐，加紧增强网络军备力量，要求共同参与互联网国际治理，以应对日趋激烈复杂的网络空间竞争。以美国为代表的发达国家加速了其网络安全战略扩张和部署的落地，亚非拉多国也加快网络安全战略的制定；网络作战计划被提上议事日程，各国纷纷组建网络部队，普遍增加经费、人员、武器等储备力量。国际互联网治理领域出现改革新契机，巴西互联网大会发表《网络世界多利益攸关方声明》，提出未来互联网治理的“全球原则”和“路线图”。ICANN、IETF、W3C 等国际互联网治理主要机构共同签署了“蒙得维得亚”声明，将所有的利益相关者平等参与视为未来互联网治理的发展方向。欧盟委员会题为“欧洲在塑造互联网监管未来中的作用”的报告中提倡建立更为透明和负责，更具包容性的互联网治理模式。当前，在各种治理平台和国际场合，

ICANN 全球化均成为重要议题。网络空间的利益争夺和较量更趋激烈。未来网络安全威胁将更加严峻，安全情报将更加重要，网络攻击将威胁国家安全，网络安全将面临万物互联新挑战。

附：我国互联网相关组织介绍

（一）国家互联网应急中心

国家互联网应急中心（全称为国家计算机网络应急技术处理协调中心，英文简称为 CNCERT 或 CNCERT/CC）成立于 1999 年 9 月，是工业和信息化部领导下的国家级网络安全应急机构，致力于建设国家级的网络安全监测中心、预警中心和应急中心，以支撑政府主管部门履行网络安全相关的社会管理和公共服务职能，支持基础信息网络的安全防护和安全运行，支援重要信息系统的网络安全监测、预警和处置。

2003 年，CNCERT 在全国 31 个省成立分中心，完成了跨网络、跨系统、跨地域的公共互联网网络安全应急技术支撑体系建设，形成了全国性的互联网网络安全信息共享、技术协同能力。目前，CNCERT 作为国家公共互联网网络安全应急体系的核心技术协调机构，在协调国内网络安全应急组织（CERT）共同处理公共互联网网络安全事件方面发挥着重要作用。

CNCERT 的业务能力主要包括：依托“863-917 网络安全监测系统”实现网络安全事件的监测发现，“863-917 网络安全监测系统”已具备对安全漏洞、恶意代码、网页篡改、网页挂马、拒绝服务攻击、域名劫持、路由劫持等各种网络威胁或攻击的监测能力；依托对丰富数据资源的综合分析和多渠道的信息获取实现网络安全威胁的分析预警、网络安全事件的情况通报、宏观网络安全状况的态势分析等，并承担通信行业互联网网络安全信息通报工作；依托与运营商、域名注册商、安全服务厂商等相关部门的快速工作机制和涉及国计民生的重要信息系统部门及执法机关密切合作机制实现网络安全事件的快速处置。同时，CNCERT 作为国际著名网络安全合作组织 FIRST 和 APCERT 的重要成员，与多个世界著名的网络安全机构和各个国家级应急组织建立了网络安全事件处理合作机制，面向国内外用户受理网络安全事件报告，掌握和处置突发重大网络安全事件。

（二）中国互联网协会

中国互联网协会于 2001 年 5 月 25 日成立，由从事互联网行业的网络运营商、服务提供商、设备制造商、系统集成商以及科研、教育机构等 70 多家互联网从业机构共同发起成立。协会现有会员单位 400 余家，下设 12 个工作委员会。

中国互联网协会的宗旨是遵守国家宪法、法律和法规，遵守社会道德风尚；坚持以创新的思维、协作的文化、开放的平台、有效的服务为指导思想，为会员的需要服务、为行业发展服务、为政府决策服务。自成立以来，中国互联网协会通过开展行业自律、举办年度中国互联网大会、开展反垃圾邮件和抵制恶意软件工作、开展互联网公益活动和“信息无障碍”活动等各项工作，为建设人人受益的互联网做出了不懈努力。

中国互联网协会的基本任务包括：一是团结互联网行业相关企业、事业单位和社会团体，向政府主管部门反映会员和业界的愿望及合理要求，向会员宣传国家相关政策、法律和法规；二是制订并实施互联网行业规范和自律公约，协调会员之间的关系，促进会员之间的沟通与协作，充分发挥行业自律作用，维护国家信息安全，维护行业整体利益和用户利益，促进行业服务质量的提高；三是开展我国互联网行业发展状况的调查与研究工作，促进互联网的发展和普及应用，向政府有关部门提出行业发展的政策建议；四是组织开展有益于互联网发展的研讨、论坛等活动，促进互联网行业内的交流与合作，发挥互联网对我国社会、经济、文化发展的积极作用；五是积极开展国际交流与合作，组织国内互联网相关企事业单位参与国际互联网有关组织的活动，在国际互联网事务中发挥积极作用；六是办好协会网站和刊物，组织编撰出版《中国互联网发展状况年度报告》，为业界提供互联网信息服务等。

（三）中国互联网络信息中心

中国互联网络信息中心（China Internet Network Information Center，CNNIC）是于 1997 年 6 月 3 日组建的互联网管理和服务机构，作为中国信息社会基础设施的建设者和运行者，CNNIC 以“为我国互联网络用户提供服务，促进我国互联网络健康、有序发展”为宗旨，负责管理维护我国互联网地址系统，引领我国互联网地址行业发展，权威发布我国互联网统计信息，代表中国参与国际互联网社群。

CNNIC 的主要职责包括：

（1）互联网地址资源注册管理：负责运行和管理国家顶级域名 .CN、中文域名系统、通用网址系统及无线网址系统，为全球用户提供不间断的域名注册、域名解析和 Whois 查询服务。CNNIC 是亚太互联网络信息中心（APNIC）的国家级 IP 地址注册机构成员（NIR）。同时，以 CNNIC 为召集单位的 IP 地址分配联盟负责为我国的网络服务提供商和网络用户提供 IP 地址和 AS 号码的分配管理。

（2）互联网调查与相关信息服务：负责开展中国互联网络发展状况等多项互联网络统计调查工作，描绘中国互联网络的宏观发展状况，记录其发展脉络。

（3）目录数据库服务：负责建立并维护全国最高层次的网络目录数据库，提供对域名、IP 地址、自治系统号等方面信息的查询服务。

（4）互联网寻址技术研发：跟踪国际互联网技术的最新发展，承担相关研发工作和国家有关科研项目。

（5）国际交流与政策调研。

基础电信企业 2014 年发展综述

中国电信集团公司2014年发展综述*

中国电信股份有限公司（“中国电信”或“本公司”，与其附属公司合称“本集团”）是全业务综合信息服务提供商，也是全球最大的固定电话、CDMA移动网络及宽带互联网运营商，在中国提供固定通信业务、移动通信业务等基础电信业务，以及互联网接入服务业务、信息服务业务等增值电信业务，于2014年年底本公司拥有约1.44亿固定电话用户、约1.07亿有线宽带用户及约1.86亿移动用户。本公司发行的H股及美国存托股份分别在香港联合交易所有限公司和纽约证券交易所挂牌上市。

一、财务重点

	2012年	2013年	2014年
经营收入（人民币百万元）	283 176	321 584	324 394
EBITDA[1]（人民币百万元）	70 874	96 551	94 853
EBITDA率[2]	28.0%	34.6%	33.0%
净利润[3]（人民币百万元）	14 949	17 545	17 680
资本开支（人民币百万元）	53 748	79 992	76 889
债务权益比[4]	37.6%	39.7%	36.8%
每股净利润（人民币元）	0.184 7	0.216 8	0.218 5
每股股息（港元）	0.085	0.095	0.095
每股净资产[4]（人民币元）	3.276	3.432	3.573

注：1. EBITDA计算方法为经营收入减去经营费用加上折旧及摊销。
2. EBITDA率计算方法为EBITDA除以服务收入。
3. 净利润为本公司股东应占利润。
4. 权益及净资产为本公司股东应占权益。

* 内容全部选自2014年中国电信集团上市财报。

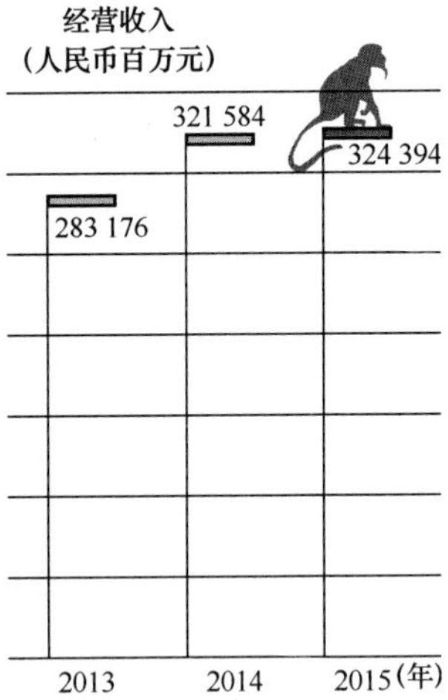

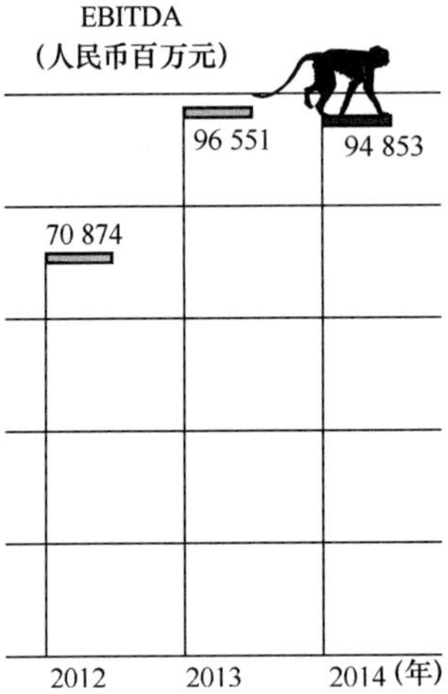

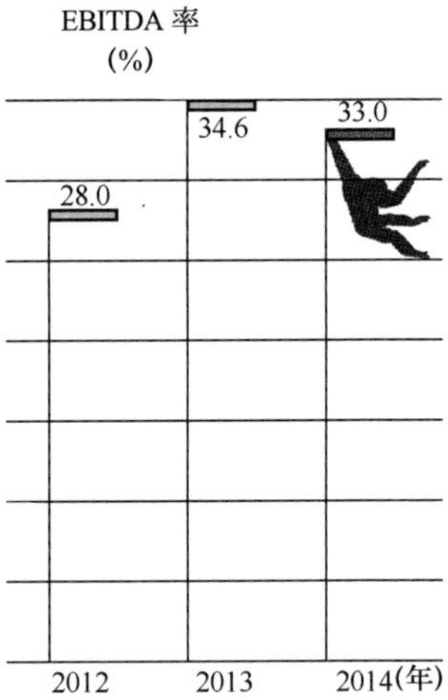

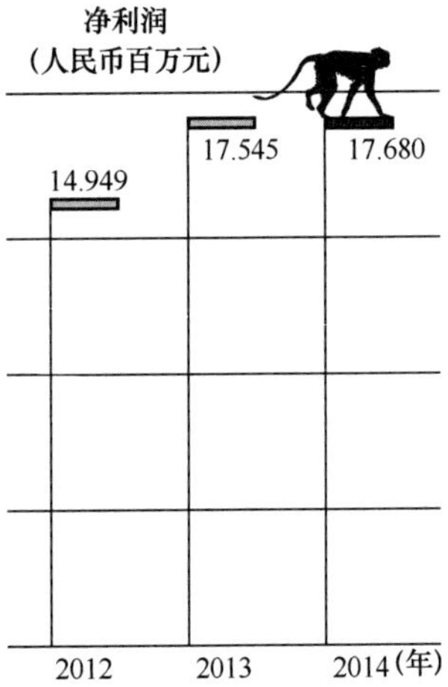

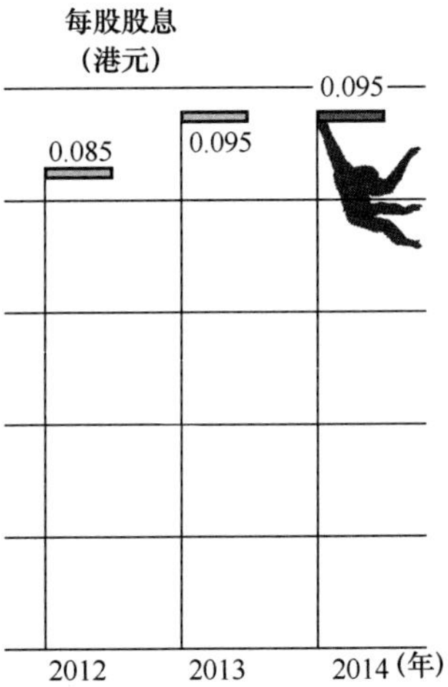

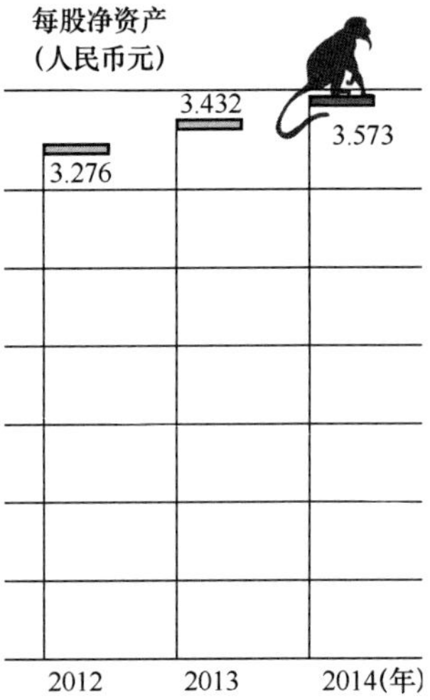

二、业务概览

下表列示 2012 年、2013 年及 2014 年主要经营数据。

	单位	2012年	2013年	2014年	2014年较2013年的变化率
移动用户数	百万户	160.62	185.58	185.62	0.0%
其中：3G/4G用户数	百万户	69.05	103.11	118.63	15.1%
有线宽带用户数	百万户	90.12	100.10	106.95	6.8%
固定电话用户数	百万户	163.00	155.80	143.56	–7.9%
移动语音通话总分钟数	百万分钟	509 229	603 616	655 939	8.7%
移动短信条数	百万条	55 789	64 235	64 583	0.5%
手机上网总流量	KTB	72.3	175.1	273.2	56.0%
固定电话本地语音通话总次数	百万次	172 175	148 690	130 439	–12.3%
翼支付交易额	人民币十亿元	40.8	133.1	352.0	164.5%

2014 年，面对 4G 发牌、“营改增” 等行业内外诸多政策环境变化，公司积极适应、主动应对，持续推进销售模式转变、广泛开展多领域合作，用户规模平稳增长，服务收入增幅行业领先，新兴业务收入占比不断提高，市场竞争地位进一步提升。

（一）主要业务表现

1. 收入增幅行业领先，结构不断优化

2014 年，公司实现经营收入人民币 3 243.94 亿元，增长率 0.9%；服务收入为人民币 2 873.79 亿元，增长率 3.1%。公司收入结构得到进一步优化，移动业务收入占比达到 46.7%，新兴业务占服务收入比达到 29.1%，提升 4.8 个百分点。

2. 移动业务稳步增长，流量经营效果显著

2014 年，公司强化内容应用拉动，推进营销模式转型，坚持终端引领，深化社会渠道合作，实现 3G 和 4G 协同发展，移动用户规模保持稳定，用户结构优化，移动业务收入稳步增长。移动用户规模达到 1.856 2 亿户，净增 4 万户；移动服务收入达到人民币 1 202.68 亿元，同比增长 5.7%。

公司不断完善流量产品体系，推出以流量为核心、多终端数据分享的 4G 套餐，将自助流量积木套餐升级为个人定制套餐；规范流量促销策略，保持流量价值稳定；大力拓展流量后向经营，开发流量宝、流量 800 等后向流量产品，批量拓展高价值流量用户，同时与互联网公司合作推广视频等大流量应用。2014 年手机上网总流量达到 273KTB，同比增长 56%，月户均手机上网流量达到 227MB。

3. 有线宽带继续稳健发展，市场地位保持领先

2014 年公司继续推广固移融合业务发展模式，提升客户价值同时，稳定固网收入基础。固

网业务收入达到人民币 1 727.83 亿元，收入继续正增长，增幅为 1.4%。

为应对宽带市场监管政策变化，巩固宽带市场竞争优势，公司继续加快推进光网建设和宽带提速，进一步优化用户结构， 用户和收入平稳增长。2014 年有线宽带接入收入实现人民币 734.85 亿元，收入增长 3.8%；有线宽带用户达到 1.069 5 亿户，净增 685 万户。

2014 年固网增值及综合信息服务业务实现收入人民币 380.47 亿元，同比增长 11.0%，iTV、IT 服务及应用和 IDC 业务成为拉动固网增值及综合信息服务收入增长的三大动力。加强 iTV 与高速宽带融合推广，提升客户使用感知；依托行业应用基地，聚焦重点行业应用，加快 ICT 业务发展；完善云数据中心布局，提升云产品平台和服务能力。

2014 年，固网语音业务占公司总体经营收入比重进一步降低，经营风险得到有效释放。固网语音业务实现收入人民币 335.87 亿元，占经营收入的比例为 10.4%，较上年下降 1.6 个百分点，小灵通用户升级转网基本完成。

（二）业务经营策略

2014 年，公司牢牢把握“变革创新、开放合作、提质增效”的工作主线，积极适应各项政策和环境变化，转变发展模式，优化客户获取方式，不断提升运营、销售和服务等方面的能力，重点实施七大经营举措。

1. 集约运营 4G 业务，强化 3G、4G 协同发展

2014 年，公司获批开展 LTE 混合组网试验，在 56 个城市推出 4G 手机业务。公司集约运营 4G 业务，开展全网统一的品牌和销售宣传，实现一点受理、统一资费和集约销售；强化 3G、4G 协同，在套餐设计、资源配置、营销模式和营销策划等方面，实现 3G、4G 政策一致。3G/4G 用户规模达到 1.1863 亿户，占移动用户比例达到 64%，手机流量 ARPU 和户均流量均显著提升。

2. 打造差异化宽带产品，增强宽带核心竞争力

2014 年公司继续推进宽带网络光纤化改造，通过能力挖潜不断把网络能力转化为市场能力，牵引用户向高带宽接入迁转；深化融合发展，推出速通卡、提速卡等产品，拓展社会化销售渠道，开展线上线下协同销售；发布“悦 me”产品，打造智能家庭业务入口，填充高带宽应用。光纤到户用户规模超过 4 261 万户，8Mbit/s 及以上带宽用户占比达 45.7%，比 2013 年提升 18.8 个百分点。

3. 坚持终端引领，持续繁荣产业链

公司通过扶持芯片厂商研发， 降低终端芯片成本，全年新上市手机终端 305 款，其中 4G 终端超过 100 款， 智能机销量占比超过 80%。公司对 700 元以下终端实施终端直补策略，鼓励产业链加大中低端智能机销售；在行业内率先推出全网通智能手机，全力争夺存量用户换机市场；积极引入市场热销终端，OPPO、VIVO 、魅族等开放渠道和小米、荣耀、大神等互联网渠道热销机品牌均新推出电信定制手机。

4. 加快渠道互联网化，实施 O2O 合作模式

公司加快推进渠道高效扩张和专业运营，开展 O2O 运营，线上强化引流， 线下强化体验。实体渠道中，开放渠道强化城市核心商圈覆盖，专营渠道实施店、商分级管理，同时推进农村

地区全网通卖场建设。直销渠道中，针对重点行业客户建立专属服务中心；针对中小客户实施“渠道经理 + 代理商 + 实体店”协同的营销方式。电子渠道实现全网集约运营，与社会电商广泛合作，聚焦年轻用户，打造个性化产品，创新电子渠道发展模式。

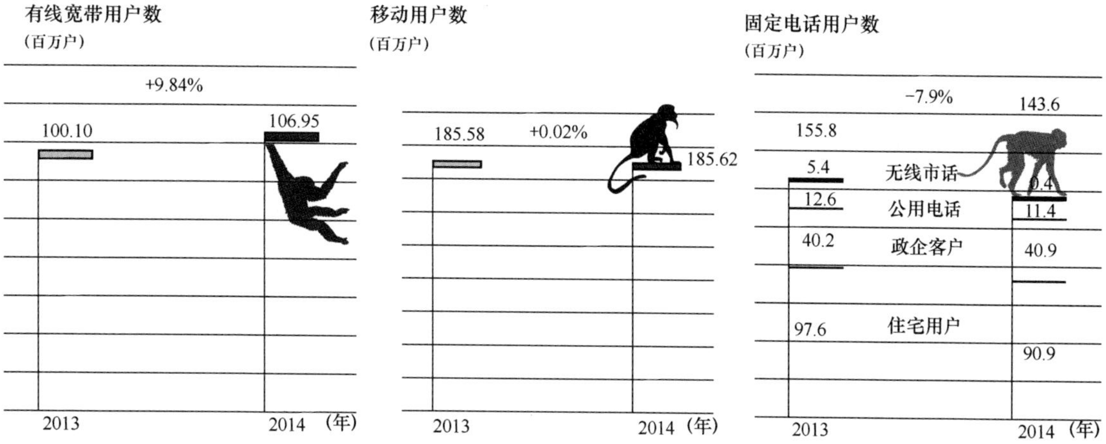

5. 加强应用推广，提升客户价值

2014 年，公司进一步创新应用产品，加强各类应用推广力度。在互联网应用上，持续强化由入口、内容、能力构成的互联网应用发展体系，易信、翼支付、综合平台等应用用户规模、平台能力均显著提升；在行业应用上，针对客户细分市场，主推旺铺助手、外勤助手、视频服务、综合办公和翼机通等产品，在校园和农村市场针对性推广翼校通和农技宝产品。在民生应用上，大力拓展基于 NFC 功能的公交应用、银行应用和翼支付应用。

6. 推进划小承包，激发企业内生动力和活力

2014 年，公司深化改革，建立市场化资源配置和经营机制，全面推进基层生产经营单元“划小承包”工作，打造“责、权、利”高度统一的自主经营体，推进“倒三角”管理和支撑体系建设，通过“组织扁平、权力下放、服务下沉、流程再造、集约支撑和逆向考评”等关键工作，让最靠近客户的一线决定企业内部的资源分配，调动了承包人的积极性、主动性和创造性。2014 年划小承包率超过 80%，市场化选拔承包人占 70%，市场化机制深入人心。

7. 聚焦客户感知，推进服务互联网化转型

公司聚焦 3G/4G、宽带等重点业务，制定落实服务标准，推进透明服务和便捷服务，多层级多方式常态化开展客户体验，推进全面信用管理体系建设，开展服务宣传，保持客户满意度持续领先，在 2014 年度工信部移动及固定互联网接入业务客户满意度测评中均保持行业第一。积极顺应行业发展趋势，推进服务互联网化转型，推进自助互助线上服务。新型渠道服务能力显著提升，其中新媒体客服（易信、微博、微信客服）用户超 1.27 亿，月均服务量超 7 400 万次。

（三）网络及运营支撑

2014 年，公司进一步优化资源配置，保障移动、宽带和新兴业务等重点网络建设。

一是以 4G 混合组网试点为契机，加快在 56 个试点城市部署 4G 网络，并在全国超过 100 个重点城市同步推进 4G 配套建设，为公司开展 4G 业务运营提供网络保障；对现有 2G/3G 网络，以网络优化和与 4G 有效协同为主，聚焦重点区域稳妥实施精准建设和扩容，保持网络质量和客户良好感知，稳步提升网络利用率和效益回报，全年移动网络利用率提高超过 3 个百分点。

二是以深化改革和投资“划小”为抓手，持续提升宽带投资建设的准确性和及时性，并聚焦城市核心区域加快光纤化改造和带宽提速，南方城市地区 20Mbit/s 及以上的线路覆盖比例超过 90%，FTTH 端口利用率达到 46%，提升 6 个百分点。

三是加快新技术应用，有效支撑新兴业务发展。规模部署集约化的云资源池，实现新产品快速上线；持续推进业务平台的云化整合，提升集约运营效率；承载网引入 400G 平台路由器，提升容量和承载能力；持续开展城域网扩容和下一代互联网改造，提升对新兴业务的综合承载能力。

（四）2015 年发展措施和重点

2014 年发生的一系列政策变化对企业的影响具有长期性，2015 年公司既面对传统运营模式转变的严峻挑战，也迎来消费互联网蓬勃发展、产业互联网逐步兴起带来的巨大的市场空间。公司将以差异化为主线，进一步转变客户获取方式，推动企业规模和效益双提升。在移动业务上，全面开展 4G 业务运营，发挥 FDD 网络差异化优势，持续优化客户使用体验；推行非成本营销模式，开展差异化营销，针对细分市场强化内容应用拉动，提供差异化产品；落实终端引领，实施“卓越 100”计划，推出安全手机、视频手机等特色手机。在宽带业务上，以百兆宽带引领宽带发展，持续推进光网建设，从接入能力上实现端到端全面提速，平均接入速率显著提升，打造宽带核心竞争力；深入推进营维一体化，优化服务流程，实现即销即装；加强高带宽应用填充，推广“悦 me”和云产品，拓展视频监控等智能家居应用。在新兴业务上，一是做精流量经营，基于大数据，多维度分析客户消费行为特征，优化流量产品，开展针对性精确营销；加大后向流量经营推广，开放流量宝对外合作能力，统一流量 800 产品形态。二是做大信息服务，把握传统产业升级机遇，推进 ICT 向 IIT 转变，规模发展行业信息化类产品；集约发展云计算产品，加强云主机、私有云、对象存储等产品的研发和销售；加快 IDC 一体化运营体系建设。三是做细移动互联网应用，推广支付、易信、安全产品等，满足客户生活娱乐需求，聚焦社区、教育、医疗等应用，满足用户生活需求。我们也将继续优化网络资源，提升运维效率，完善全业务服务能力，提高客户满意度，实现客户价值与企业价值持续增长。

三、管理层对财务状况和经营成果的讨论与分析

（一）概要

2014 年，面对多项外部环境重大变化，本集团牢牢把握“变革创新、开放合作、提质增

效”的主线，创新体制机制，优化客户获取方式，加快推进全面深化改革，持续提升企业价值。2014 年，本集团的经营收入为人民币 3 243.94 亿元，较 2013 年增长 0.9%；服务收入[1]为人民币 2 873.79 亿元，同比增长 3.1%；经营费用为人民币 2 958.86 亿元，较 2013 年增长 0.6%；本公司股东应占利润为人民币 176.80 亿元，较 2013 年增长 0.8%，每股基本净利润为人民币 0.22 元；EBITDA[2] 为人民币 948.53 亿元，较 2013 年下降 1.8%，EBITDA 率[3]为 33.0%。

（二）经营收入

2014 年，尽管受到“营改增”的影响和 LTE 混合组网试验的地域局限，本集团依然保持了良好的发展态势，收入实现平稳增长。2014 年经营收入为人民币 3 243.94 亿元，较 2013 年增长 0.9%。其中：移动业务收入为人民币 1 516.11 亿元，较 2013 年增长 0.3%；固网业务收入为人民币 1 727.83 亿元，较 2013 年增长 1.4%。

下表列示 2013 年和 2014 年本集团各项经营收入的金额及其变化率。

（除百分比数字外，单位皆为人民币百万元）	分别截至各年度12月31日		
	2014年	2013年	变化率
固网语音	33 587	38 633	（13.1%）
移动语音	54 673	58 217	（6.1%）
互联网	112 431	99 394	13.1%
增值服务	38 419	36 230	6.0%
综合信息应用服务	26 939	25 233	6.8%
通信网络资源服务及网络设施出租	17 332	17 586	（1.4%）
其他	41 013	46 291	（11.4%）
经营收入合计	324 394	321 584	0.9%

1. 固网语音

2014 年，固网语音业务收入为人民币 335.87 亿元，较 2013 年的人民币 386.33 亿元下降 13.1%，占经营收入的比重为 10.4%。固网语音占收比不断下降，经营风险进一步释放。

1. 服务收入为经营收入扣除“移动商品销售收入”（2014 年：人民币 313.43 亿元；2013 年：人民币 374.35 亿元）、“固网商品销售收入”（2014 年：人民币 39.56 亿元；2013 年：人民币 35.64 亿元）和“其他非服务收入”（2014 年：人民币 17.16 亿元；2013 年：人民币 17.34 亿元）。
2. EBITDA 计算方法为经营收入扣除经营费用加上折旧及摊销费。由于电信业是资本密集型产业，资本开支、债务水平和财务费用可能对具有类似经营成果的公司净利润产生重大影响。因此，我们认为，对于像我们这样的电信公司而言，EBITDA 有助于对公司经营成果的分析。虽然 EBITDA 在世界各地的电信业被广泛地用作为反映经营业绩、借债能力和流动性的指针，但是按公认会计原则，它不作为衡量经营业绩和流动性的尺度，也不代表经营活动产生的净现金流量。此外，我们的 EBITDA 也不一定与其他公司的类似指针具有可比性。
3. EBITDA 率计算方法为 EBITDA 除以服务收入。

2．移动语音

2014 年，受到竞争对手推出 4G 服务、营改增、公司转变经营模式以及移动互联网业务替代的影响，移动语音收入为人民币 546.73 亿元，较 2013 年的人民币 582.17 亿元下降 6.1%，占经营收入的比重为 16.9%。

3．互联网

2014 年，互联网接入业务收入为人民币 1 124.31 亿元，较 2013 年的人民币 993.94 亿元增长 13.1%，占经营收入的比重为 34.7%。本集团在宽带提速的基础上，填充各种信息化应用，利用“悦 me”融合产品打造智能家庭入口，拓展高带宽应用，截至 2014 年年底，本集团有线宽带用户达到 1.07 亿户，有线宽带接入收入为人民币 734.85 亿元，较 2013 年增长 3.8%。同时，本集团通过打造差异化产品优势，以及终端引领、应用拉动等手段，创新流量经营模式，推出流量宝、流量 800、定向流量包等产品，有效驱动移动数据流量和收入快速增长，移动互联网接入收入为人民币 378.09 亿元，较 2013 年增长 35.2%，其中手机上网收入为人民币 340.86 亿元，较 2013 年增长 48.8%。

4．增值服务

2014 年，增值服务收入为人民币 384.19 亿元，较 2013 年的人民币 362.30 亿元增长 6.0%，占经营收入的比重为 11.8%。其中：固网增值服务收入为人民币 184.28 亿元，同比增长 11.8%，主要得益于公司重点培育的 IDC 业务和 iTV 业务快速发展。移动增值服务收入为人民币 199.91 亿元，较 2013 年增长 1.2%。

5．综合信息应用服务

2014 年，综合信息应用服务收入为人民币 269.39 亿元，较 2013 年的人民币 252.33 亿元增长 6.8%，占经营收入的比重为 8.3%。其中：固网综合信息应用服务收入为人民币 196.19 亿元，同比增长 10.3%，增长主要原因是本集团聚焦信息化应用，加强开放合作，加快标杆型行业应用的规模复制推广，IT 服务及应用快速增长。移动综合信息应用服务收入为人民币 73.20 亿元，较 2013 年下降 1.6%。

6．通信网络资源服务及网络设施出租

2014 年，通信网络资源服务及网络设施出租业务收入为人民币 173.32 亿元，较 2013 年的人民币 175.86 亿元下降 1.4%，占经营收入的比重为 5.3%。下降的主要原因是通信网络资源服务及网络设施出租业务收入适用的增值税税率较高所致。移动通信设施出租业务收入为人民币 4.63 亿元。

7．其他

2014 年，其他业务收入为人民币 410.13 亿元，较 2013 年的人民币 462.91 亿元下降 11.4%，占经营收入的比重为 12.6%。下降的主要原因是本集团移动终端设备集约采购以及销售减少。移动终端设备销售收入为人民币 313.43 亿元，较 2013 年下降 16.3%。

（三）经营费用

本集团持续加强资源的统筹管理，加大网络维护及优化力度，提升网络支撑和服务能力，同时加强营销成本的管控，提高营销资源的使用效率，促进企业有效益发展。2014 年，本集团的经营费用为人民币 2 958.86 亿元，较 2013 年增长 0.6%，低于收入增幅；经营费用占经营收入的比重为 91.2%，较 2013 年下降 0.3 个百分点。

下表列示 2013 年和 2014 年本集团各项经营费用的金额及其变化率。

（除百分比数字外，单位皆为人民币百万元）	分别截至各年度12月31日		
	2014年	2013年	变化率
折旧及摊销	66 345	69 083	（4.0%）
网络运营及支撑成本	68 651	53 102	29.3%
销售、一般及管理费用	62 719	70 448	（11.0%）
人工成本	50 653	46 723	8.4%
其他经营费用	47 518	54 760	（13.2%）
经营费用合计	295 886	294 116	0.6%

1．折旧及摊销

2014 年，折旧及摊销为人民币 663.45 亿元，较 2013 年的人民币 690.83 亿元下降 4.0%，占经营收入的比重为 20.5%。下降的主要原因是本年客户关系价值摊销费用的节省。

2．网络运营及支撑成本

2014 年，网络运营及支撑成本为人民币 686.51 亿元，较 2013 年的人民币 531.02 亿元增长 29.3%，占经营收入的比重为 21.2%。增长的主要原因是公司适度加大网运投入，为 3G、4G 以及有线和无线宽带的协同发展打造竞争优势，以及经营性租赁费有所增长。另外，随着更先进的移动网络承接小灵通服务，公司对小灵通全部资产进行了报废处理。

3．销售、一般及管理费用

2014 年，销售、一般及管理费用为人民币 627.19 亿元， 较 2013 年的人民币 704.48 亿元下降 11.0% ， 占经营收入的比重为 19.3%。下降的主要原因是本集团加快营销模式优化创新，加强营销费用特别是终端补贴管控，提高营销资源使用效率。第三方佣金及服务支出为人民币 283.67 亿元，较 2013 年增长 11.2%；广告及宣传等销售费用为人民币 261.22 亿元，较 2013 年下降 28.4%，其中终端补贴为人民币 153.40 亿元，较 2013 年下降 32.7%。同时，本集团继续加强一般及管理费用的精细化管理，一般及管理费用较 2013 年同期下降 2.5%。

4．人工成本

2014 年，人工成本为人民币 506.53 亿元，较 2013 年的人民币 467.23 亿元增长 8.4%，占经营收入的比重为 15.6%。增长的主要原因是加大对一线员工的激励力度。

5．其他经营费用

2014 年，其他经营费用为人民币 475.18 亿元， 较 2013 年的人民币 547.60 亿元下降 13.2%，占经营收入的比重为 14.6%。下降的主要原因是本集团移动终端集约采购及销售下降和移动网间结算支出的节省。移动终端设备销售支出为人民币 299.82 亿元，同比下降 14.9%。

（四）财务成本净额

2014 年， 本集团财务成本净额为人民币 52.91 亿元，较 2013 年的人民币 51.53 亿元增长 2.7%。增长的主要原因是公司收购移动网络资产的递延对价利率由去年的 4.83% 上升到本年的 6.25%（根据协议每年按照重点 AAA 企业 5 年期中期票据估值中枢上浮 0.05 个百分点确定）。2014 年汇兑净收益为人民币 0.55 亿元。

（五）盈利水平

1. 营业税改征增值税

2014 年 6 月，“营改增” 政策开始在电信行业试点， 虽然短期影响负面， 但本集团预期长期将有利于企业持续发展。本集团努力优化发展及营销模式，加强成本、采购和供货商税务资质管理，相关负面影响已经有所趋缓。未来，随着试点行业的不断扩大，预计本集团可获得更多进项增值税抵扣，加上本集团收入结构的持续优化，长期将有利于利润的提升。

2. 所得税

本集团的法定所得税率为 25%。2014 年，本集团所得税费用为人民币 54.98 亿元，实际税率为 23.6%。本集团实际税率与法定税率存在差异的主要原因是部分子公司和处于西部地区的部分分公司享受税收优惠政策，执行的税率低于法定税率。

3. 本公司股东应占利润

2014 年， 本公司股东应占利润为人民币 176.80 亿元，较 2013 年的人民币 175.45 亿元增长 0.8%。

（六）参与投资组建中国铁塔股份有限公司

为推进电信基础设施共建共享，提升企业的经营效益和价值，本公司、中国联合网络通信有限公司及中国移动通信有限公司于 2014 年 7 月签署了《中国通信设施服务股份有限公司发起人协议》，共同发起设立中国通信设施服务股份有限公司（现更名为“中国铁塔股份有限公司”），中国铁塔股份有限公司注册资本为人民币 100 亿元，其中本集团出资为人民币 29.90 亿元，持股比例为 29.9%，相关出资款已于 2014 年年底前全部支付完毕。

（七）资本支出及现金流量

1. 资本支出

2014 年，本集团配合国家 LTE 混合组网试验批准进度，合理控制投资节奏，调整投资方向，在做好混合组网试验基础上，适度提前安排 4G 网络配套建设和提升城市光网接入能力，确保投资效益。2014 年本集团资本支出为人民币 768.89 亿元，较 2013 年的人民币 799.92 亿元下降 3.9%。

2. 现金流量

2014 年，本集团的现金及现金等价物净增加为人民币 43.70 亿元，2013 年的现金及现金等价物净减少为人民币 139.60 亿元。

下表列示 2013 年和 2014 年本集团的现金流情况。

（人民币百万元）	分别截至各年度12月31日	
	2014年	2013年
经营活动产生的现金流量净额	96 405	88 351
投资活动所用的现金流量净额	（81 708）	（107 948）
融资活动（所用）/产生的现金流量净额	（10 327）	5 637
现金及现金等价物净增加/（减少）	4 370	（13 960）

2014 年，经营活动产生的净现金流入为人民币 964.05 亿元，较 2013 年的人民币 883.51 亿元增加人民币 80.54 亿元。增加的主要原因是经营收入增长以及与经营活动相关的成本支出有所减少。

2014 年，投资活动所用的净现金流出为人民币 817.08 亿元，较 2013 年的人民币 1 079.48 亿元减少人民币 262.40 亿元。现金净流出减少的主要原因是 2013 年支付部分移动网络资产收购款。

2014 年，融资活动的净现金流出为人民币 103.27 亿元，2013 年融资活动的净现金流入为人民币 56.37 亿元，变动的原因是公司偿还了部分短期贷款。

3. 营运资金

本集团一贯坚持稳健审慎的财务政策和严格的资金管理制度。2014 年年底，本集团的营运资金（即总流动资产减总流动负债）为短缺人民币 1 467.82 亿元，比 2013 年短缺人民币 1 473.15 亿元减少人民币 5.33 亿元。截至 2014 年 12 月 31 日，本集团未动用信贷额度为人民币 1 304.88 亿元（2013 年：人民币 1 576.94 亿元）。考虑到公司经营活动净现金流入保持稳定以及良好的信贷信用，本集团有足够的营运资金满足生产经营需要。2014 年年底，本集团拥有的现金及现金等价物为人民币 204.36 亿元，其中人民币现金及现金等价物占 93.1%（2013 年：94.3%）。

（八）资产负债情况

2014 年，本集团财务状况继续保持稳健。截至 2014 年年底，本集团的总资产由 2013 年年底的人民币 5 432.39 亿元增加至人民币 5 612.74 亿元；总债务由 2013 年年底的人民币 1 103.77 亿元降低至人民币 1 065.52 亿元。总债务对总资产的比例由 2013 年底的 20.3% 下降至 19.0%。

1. 债务

本集团于 2013 年年底和 2014 年年底的债务分析如下。

（人民币百万元）	分别截至各年度12月31日	
	2014年	2013年
短期贷款	43 976	27 687
一年内到期的长期贷款	82	20 072
长期贷款及应付中国电信集团公司递延对价	62 494	62 617
融资租赁应付款项（含一年内到期的部分）	—	1
总债务	106 552	110 377

2014 年年底，本集团的总债务为人民币 1 065.52 亿元，较 2013 年年底减少了人民币 38.25 亿元，主要原因是偿还了部分短期贷款和人民币 200 亿元的中期票据，同时新发行了合计人民币 190 亿元的超短期融资券。本集团的总债务中，人民币贷款、美元贷款和欧元贷款分别占 99.2%（2013 年：99.1%）、0.5%（2013 年：0.5%）和 0.3%（2013 年：0.4%）。债务中固定利率贷款占 41.3%（2013 年：43.3%），其余为浮动利率贷款。

于 2014 年 12 月 31 日，本集团并无抵押任何资产作债务之抵押品（2013 年：无）。

本集团大部分业务获得的收入和支付的费用都以人民币进行交易，因此本集团并无任何外汇波动引致的重大风险。

2．合约承诺

（人民币百万元）	总额	（分别截至各年度12月31日）					
		2015年	2016年	2017年	2018年	2019年	其后
短期贷款	44 133	44 133	—	—	—	—	—
长期贷款及应付款	72 517	3 243	3 243	64 953	77	77	924
经营性租赁承诺	9 139	2 635	1 921	1 389	1 021	678	1 495
资本承诺	7 165	7 165	—	—	—	—	—
合约承诺总额	132 954	57 176	5 164	66 342	1 098	755	2 419

注：短期贷款和长期贷款及应付款包括已确认及未确认的应付利息，上述列示金额并未折现。

附：财务报表

1. 合并财务状况表

于2014年12月31日（以人民币百万元列示）

	2014年12月31日（人民币百万元）	2013年12月31日（人民币百万元）
资产		
非流动资产		
物业、厂房及设备净额	372 876	374 341
在建工程	53 181	44 157
预付土地租赁费	24 410	25 007
商誉	29 917	29 917
无形资产	8 984	8 045
所拥有联营公司的权益	4 106	1 106
投资	972	1 026
递延税项资产	3 232	2 927
其他资产	4 053	3 930
非流动资产合计	501 731	490 456
流动资产		
存货	4 225	6 523
应收所得税	1 360	312
应收账款净额	21 562	20 022
预付款及其他流动资产	10 581	7 569
短期银行存款	1 379	2 287
现金及现金等价物	20 436	16 070
流动资产合计	59 543	52 783
资产合计	561 274	543 239
负债及权益		
流动负债		
短期贷款	43 976	27 687
一年内到期的长期贷款	82	20 072
应付账款	88 458	81 132
预提费用及其他应付款	72 442	69 633
应付所得税	307	371
一年内到期的融资租赁应付款	—	1
一年内摊销的递延收入	1 060	1 202

（续表）

	2014 年 12 月 31 日（人民币百万元）	2013 年 12 月 31 日（人民币百万元）
流动负债合计	206 325	200 098
净流动负债	（146 782）	（147 315）
资产合计扣除流动负债	354 949	343 141
非流动负债		
长期贷款及应付款	62 918	62 617
递延收入	798	1 229
递延税项负债	1 125	631
非流动负债合计	64 841	64 477
负债合计	271 166	264 575
权益		
股本	80 932	80 932
储备	208 251	196 809
本公司股东应占权益合计	289 183	277 741
非控制性权益	925	923
权益合计	290 108	278 664
负债及权益合计	561 274	543 239

2. 财务状况表

于 2014 年 12 月 31 日（以人民币百万元列示）

	2014 年 12 月 31 日（人民币百万元）	2013 年 12 月 31 日（人民币百万元）
资产		
非流动资产		
物业、厂房及设备净额	370 796	372 222
在建工程	52 502	43 806
预付土地租赁费	24 393	24 990
商誉	29 877	29 877
无形资产	8 456	7 662
对附属公司的投资	6 060	6 015

（续表）

	2014年12月31日（人民币百万元）	2013年12月31日（人民币百万元）
对联营公司的投资	3 554	564
投资	971	1 025
递延税项资产	2 943	2 647
其他资产	3 881	3 800
非流动资产合计	503 433	492 608
流动资产		
存货	2 022	3 203
应收所得税	1 339	306
应收账款净额	20 309	19 326
预付款及其他流动资产	7 936	5 951
短期银行存款	52	30
现金及现金等价物	9 616	8 211
流动资产合计	41 274	37 027
资产合计	544 707	529 635
负债及权益		
流动负债		
短期贷款	43 835	27 578
一年内到期的长期贷款	82	20 072
应付账款	85 291	78 199
预提费用及其他应付款	66 423	65 473
应付所得税	190	201
一年内到期的融资租赁应付款	—	1
一年内摊销的递延收入	1 055	1 201
流动负债合计	196 876	192 725
净流动负债	（155 602）	（155 698）
资产合计扣除流动负债	347 831	336 910
非流动负债		
长期贷款及应付款	62 915	62 617
递延收入	798	1 229

（续表）

	2014 年 12 月 31 日（人民币百万元）	2013 年 12 月 31 日（人民币百万元）
递延税项负债	996	505
非流动负债合计	64 709	64 351
负债合计	261 585	257 076
权益		
股本	80 932	80 932
储备	202 190	191 627
权益合计	283 122	272 559
负债及权益合计	544 707	529 635

3. 合并综合收益表

于 2014 年 12 月 31 日止（除每股数字外，以人民币百万元列示）

	2014年（人民币百万元）	2013年（人民币百万元）
经营收入	324 394	321 584
经营费用	（66 345）	（69 083）
折旧及摊销		
网络运营及支撑成本	（68 651）	（53 102）
销售、一般及管理费用	（62 719）	（70 448）
人工成本	（50 653）	（46 723）
其他经营费用	（47 518）	（54 760）
经营费用合计	（295 886）	（294 116）
经营收益	28 508	27 468
财务成本净额	（5 291）	（5 153）
投资收益	6	670
应占联营公司的收益	34	103
税前利润	23 257	23 088
所得税	（5 498）	（5 422）
本年利润	17 759	17 666
本年其他综合收益		

（续表）

	2014年（人民币百万元）	2013年（人民币百万元）
后续可能重分类至损益的项目		
可供出售股权证券公允价值的变动	（54）	414
可供出售股权证券公允价值的变动的递延税项	14	（104）
换算中国大陆境外附属公司财务报表的汇兑差额	3	（79）
应占联营公司的其他综合收益	（3）	5
税后的本年其他综合收益	（40）	236
本年综合收益合计	17 719	17 902
股东应占利润		
本公司股东应占利润	17 680	17 545
非控制性权益股东应占利润	79	121
本年利润	17 759	17 666
股东应占综合收益		
本公司股东应占综合收益	17 640	17 781
非控制性权益股东应占综合收益	79	121
本年综合收益合计	17 719	17 902
每股基本净利润	0.22	0.22
股数（百万股）	80 932	80 932

4．合并权益变动表

于 2014 年 12 月 31 日（以人民币百万元列示）

	本公司股东应占权益								非控制性	
	股本（人民币）	资本公积（人民币）	股本溢价（人民币）	法定储备（人民币）	其他储备（人民币）	汇兑储备（人民币）	留存收益（人民币）	合计（人民币）	权益（人民币）	权益合计（人民币）
2013年1月1日余额	80 932	16 821	10 746	65 729	112	（865）	91 664	265 139	961	266 100
本年利润	—	—	—	—	—	—	17 545	17 545	121	17 666
其他综合收益	—	—	—	—	315	（79）	—	236	—	236
综合收益合计	—	—	—	—	315	（79）	17 545	17 781	121	17 902
非控制性权益投入	—	141	—	—	—	—	—	141	59	200
分配予非控制性权益	—	—	—	—	—	—	—	—	（74）	（74）
取得第七被收购公司	—	（278）	—	—	—	—	—	（278）	—	（278）
股息	—	—	—	—	—	—	（5 433）	（5 433）	—	（5 433）
利润分配	—	—	—	1 663	—	—	（1 663）	—	—	—
处置附属公司	—	380	—	—	—	—	11	391	（144）	247
2013年12月31日余额	80 932	17 064	10 746	67 392	427	（944）	102 124	277 741	923	278 664
本年利润	—	—	—	—	—	—	17 680	17 680	79	17 759
其他综合收益	—	—	—	—	（43）	3	—	（40）	—	（40）
综合收益合计	—	—	—	—	（43）	3	17 680	17 640	79	17 719
分配予非控制性权益	—	—	—	—	—	—	—	—	（77）	（77）
股息	—	—	—	—	—	—	（6 198）	（6 198）	—	（6 198）
利润分配	—	—	—	1 680	—	—	（1 680）	—	—	—
2014年12月31日余额	80 932	17 064	10 746	69 072	384	（941）	111 926	289 183	925	290 108

5. 合并现金流量表

于 2014 年 12 月 31 日（以人民币百万元列示）

	2014年（人民币百万元）	**2013年（人民币百万元）**
经营活动产生的现金净额	96 405	88 351
投资活动所用的现金流量		
资本支出	（80 273）	（70 921）
预付土地租赁费所支付的现金	（184）	（111）
投资所支付的现金	（2 990）	—
处置物业、厂房及设备所收到的现金	710	1 538
转让预付土地租赁费所收到的现金	121	360
处置附属公司导致的现金流入	—	512
短期银行存款投资额	（2 566）	（2 750）
短期银行存款到期额	3 474	3 193
支付移动网络收购中应付中国电信集团款项	—	（14 269）
支付移动网络收购的首期对价	—	（25 500）
投资活动所用的现金净额	（81 708）	（107 948）
融资活动（所用）/产生的现金流量		
融资租赁所支付的本金	（1）	（2）
取得银行及其他贷款所收到的现金	53 022	54 983
偿还银行及其他贷款所支付的现金	（56 819）	（44 053）
支付股息	（6 198）	（5 433）
支付第七次收购对价所支付的现金	（278）	—
（支付）/收到的非控制性权益的现金净额	（53）	142
融资活动（所用）/产生的现金净额	（10 327）	5 637
现金及现金等价物增加/（减少）净额	4 370	（13 960）
于1月1日的现金及现金等价物	16 070	30 099
汇率变更的影响	（4）	（69）
于12月31日的现金及现金等价物	20 436	16 070

（a）税前利润与经营活动产生的现金净额的调节。

	2014年（人民币百万元）	2013年（人民币百万元）
税前利润	23 257	23 088
调整		
折旧及摊销	66 345	69 083
呆坏账的减值损失	2 084	1 744
存货的减值损失	151	360
投资收益	（6）	（670）
应占联营公司的收益	（34）	（103）
利息收入	（304）	（361）
利息支出	5 650	5 511
未实现的汇兑（收益）/亏损	（55）	3
报废和处置物业、厂房及设备的损失/（收益）	2 287	（1 021）
营运资金变动前的经营利润	99 375	97 634
应收账款增加	（3 594）	（3 156）
存货减少/（增加）	2 280	（955）
预付款及其他流动资产增加	（2 359）	（1 077）
其他资产（增加）/减少	（2）	294
应付账款增加	6 473	3 210
预提费用及其他应付款增加	6 571	3 148
递延收入减少	（573）	（1 014）
经营产生的现金	108 171	98 084
收到的利息	305	358
支付的利息	（5 693）	（5 573）
取得的投资收益	29	21
支付的所得税	（6 407）	（4 539）
经营活动产生的现金净额	96 405	88 351

（b）第七次收购指于2013年12月31日，中国电信国际有限公司（“中国电信国际”，本公司的附属公司）向中国电信集团公司收购其全资附属公司中国电信（欧洲）有限公司的100%股权权益。

6. 财务概要

（除每股数字外，以人民币百万元列示）

截至12月31日					
	2014年（人民币百万元）	2013年（人民币百万元）	2012年（人民币百万元）	2011年（人民币百万元）	2010年（人民币百万元）
经营成果					
固网语音	33 587	38 633	43 369	49 770	62 499
移动语音	54 673	58 217	49 166	38 628	28 906
互联网	112 431	99 394	87 662	74 994	63 991
通信网络资源服务及网络设施出租	17 332	17 586	15 737	14 321	12 442
增值业务、综合信息应用服务及其他	106 371	107 754	87 242	67 338	51 634
一次性初装费收入	—	—	—	98	497
经营收入	324 394	321 584	283 176	245 149	219 969
折旧及摊销	66 345	69 083	49 666	51 241	52 231
网络运营及支撑成本	68 651	53 102	65 979	52 940	47 493
销售、一般及管理费用	62 719	70 448	63 099	48 765	42 153
人工成本	50 653	46 723	42 857	39 204	35 564
其他经营费用	47 518	54 760	40 367	28 878	19 113
经营费用	295 886	294 116	261 968	221 028	196 554
经营收益	28 508	27 468	21 208	24 121	23 415
财务成本净额	（5 291）	（5 153）	（1 562）	（2 254）	（3 601）
投资收益	6	670	93	40	328
应占联营公司的收益	34	103	78	99	131
税前利润	23 257	23 088	19 817	22 006	20 273
所得税	（5 498）	（5 422）	（4 753）	（5 416）	（4 846）
本年利润	17 759	17 666	15 064	16 590	15 427
本年其他综合收益					
后续可能重分类至损益的项目：					
可供出售股权证券公允价值的变动	（54）	414	（228）	（205）	132
可供出售股权证券公允价值的变动的递延税项	14	（104）	57	51	（48）
换算中国大陆境外附属公司财务报表的汇兑差额	3	（79）	（2）	（105）	（52）
应占联营公司的其他综合收益	（3）	5	–	–	（25）

（续表）

截至 12 月 31 日					
	2014 年（人民币百万元）	**2013 年（人民币百万元）**	**2012 年（人民币百万元）**	**2011 年（人民币）百万元**	**2010 年（人民币百万元）**
税后的本年其他综合收益	（40）	236	（173）	（259）	7
本年综合收益合计	17 719	17 902	14 891	16 331	15 434
股东应占利润					
本公司股东应占利润	17 680	17 545	14 949	16 494	15 309
非控制性权益股东应占利润	79	121	115	96	118
本年利润	17 759	17 666	15 064	16 590	15 427
股东应占综合收益					
本公司股东应占综合收益	17 640	17 781	14 776	16 235	15 316
非控制性权益股东应占综合收益	79	121	115	96	118
本年综合收益合计	17 719	17 902	14 891	16 331	15 434
每股基本净利润	0.22	0.22	0.18	0.20	0.19
财务状况					
物业、厂房及设备净额	372 876	374 341	373 781	268 925	272 532
在建工程	53 181	44 157	32 500	18 475	14 449
其他非流动资产	75 674	71 958	73 635	72 218	78 367
现金及银行存款	21 815	18 357	32 829	29 279	27 890
其他流动资产	37 728	34 426	32 546	30 434	27 470
资产合计	561 274	543 239	545 291	419 331	420 708
流动负债	206 325	200 098	193 610	127 397	127 012
非流动负债	64 841	64 477	85 581	34 979	47 482
负债合计	271 166	264 575	279 191	162 376	174 494
本公司股东应占权益	289 183	277 741	265 139	256 167	245 718
非控制性权益	925	923	961	788	496
权益合计	290 108	278 664	266 100	256 955	246 214
负债及权益合计	561 274	543 239	545 291	419 331	420 708

中国移动通信集团公司 2014 年发展综述 *

中国移动有限公司（“本公司”，包括子公司合称为“本集团”）于 1997 年 9 月 3 日在香港成立，并于 1997 年 10 月 22 日和 23 日分别在纽约证券交易所（简称“纽约交易所”）和香港联合交易所有限公司（简称“香港交易所”）上市。公司股票在 1998 年 1 月 27 日成为香港恒生指数成分股。

本集团是中国内地最大的移动通信服务供货商，拥有全球最多的移动用户和全球最大规模的移动通信网络。2014 年，本公司再次被国际知名《金融时报》选入其“全球 500 强”，被著名商业杂志《福布斯》选入其“全球 2 000 领先企业榜”，并入选道•琼斯可持续发展新兴市场指数（Dow JonesSustainability Emerging Markets Index）。本公司的债信评级目前为穆迪公司评级 Aa3 / 前景稳定和标准普尔公司评级 AA- / 前景稳定，分别等同于目前的中国国家主权评级。

本公司全资拥有以下主要子公司：

• 中国移动通信有限公司（通信公司）
• 中国移动通信集团广东有限公司（广东移动）
• 中国移动通信集团浙江有限公司（浙江移动）
• 中国移动通信集团江苏有限公司（江苏移动）
• 中国移动通信集团福建有限公司（福建移动）
• 中国移动通信集团河南有限公司（河南移动）
• 中国移动通信集团海南有限公司（海南移动）
• 中国移动通信集团北京有限公司（北京移动）
• 中国移动通信集团上海有限公司（上海移动）
• 中国移动通信集团天津有限公司（天津移动）
• 中国移动通信集团河北有限公司（河北移动）
• 中国移动通信集团辽宁有限公司（辽宁移动）
• 中国移动通信集团山东有限公司（山东移动）
• 中国移动通信集团广西有限公司（广西移动）
• 中国移动通信集团安徽有限公司（安徽移动）

* 内容全部选自 2014 年中国移动通信集团公司上市财报。

- 中国移动通信集团江西有限公司（江西移动）
- 中国移动通信集团重庆有限公司（重庆移动）
- 中国移动通信集团四川有限公司（四川移动）
- 中国移动通信集团湖北有限公司（湖北移动）
- 中国移动通信集团湖南有限公司（湖南移动）
- 中国移动通信集团陕西有限公司（陕西移动）
- 中国移动通信集团山西有限公司（山西移动）
- 中国移动通信集团内蒙古有限公司（内蒙古移动）
- 中国移动通信集团吉林有限公司（吉林移动）
- 中国移动通信集团黑龙江有限公司（黑龙江移动）
- 中国移动通信集团贵州有限公司（贵州移动）
- 中国移动通信集团云南有限公司（云南移动）
- 中国移动通信集团西藏有限公司（西藏移动）
- 中国移动通信集团甘肃有限公司（甘肃移动）
- 中国移动通信集团青海有限公司（青海移动）
- 中国移动通信集团宁夏有限公司（宁夏移动）
- 中国移动通信集团新疆有限公司（新疆移动）
- 中国移动通信集团设计院有限公司（设计院）
- 中国移动香港有限公司（香港移动），及
- 中国移动国际有限公司（国际公司），

并通过以上子公司在中国内地所有三十一个省、自治区、直辖市以及香港特别行政区提供移动通信服务。

一、财务撮要

	2014年	2013年	2012年
营运收入（人民币百万元）	641 448	630 177	581 835
其中：通信服务收入（人民币百万元）	581 817	590 811	560 413
EBITDA[1]（人民币百万元）	235 259	240 426	253 646
EBITDA率[2]	36.7%	38.2%	43.6%
股东应占利润（人民币百万元）	109 279	121 692	129 274
股东应占利润率[3]	17.0%	19.3%	22.2%
每股基本盈利（人民币元）	5.38	6.05	6.43
每股股息–中期（港元）	1.540	1.696	1.633

（续表）

	2014 年	2013 年	2012 年
–末期（港元）	1.380	1.615	1.778
–全年（港元）	2.920	3.311	3.411

注：1. 本公司对EBITDA的定义为未扣除税项、应占联营公司利润、融资成本、利息收入、营业外收入净额、折旧、其他无形资产摊销及商誉减值前之本年度利润

2. EBITDA率＝EBITDA/营运收入

3. 股东应占利润率＝股东应占利润/营运收入

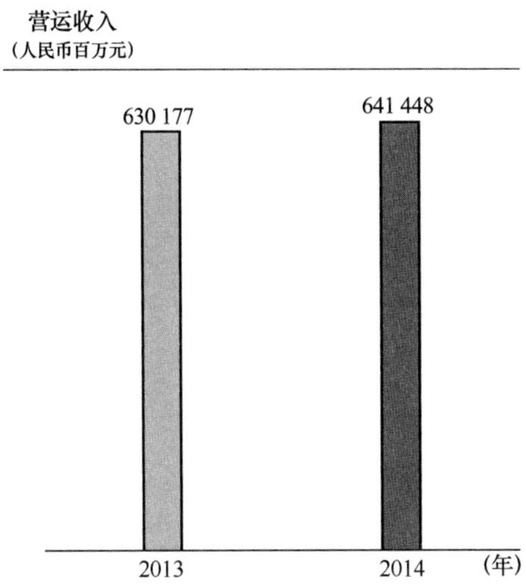

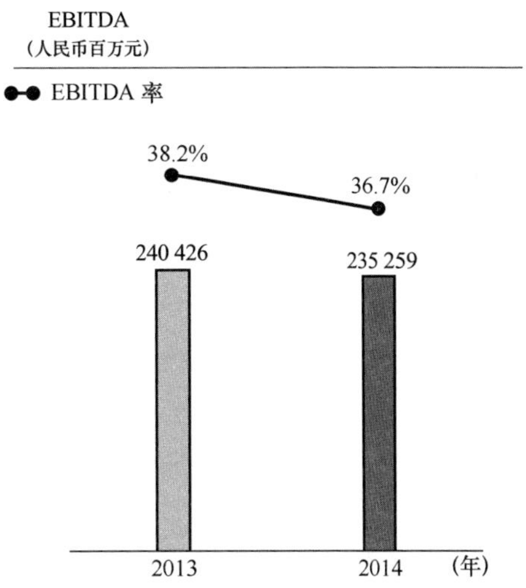

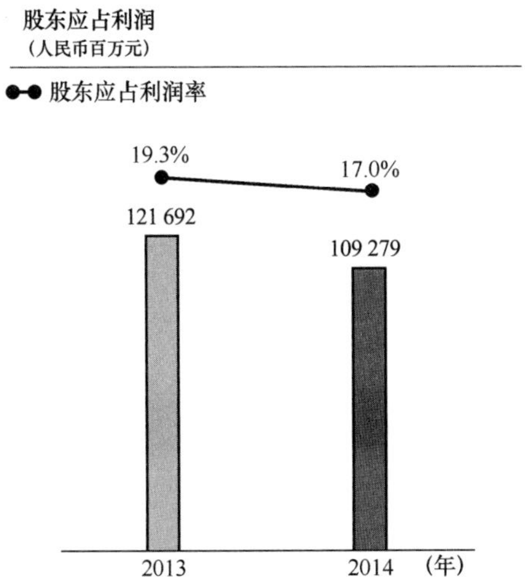

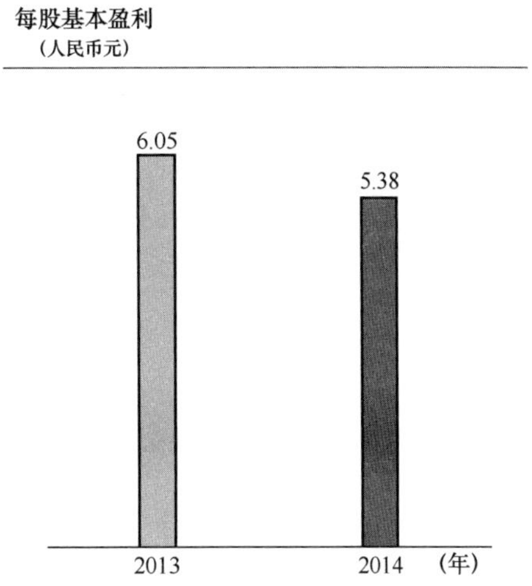

二、业务概览

2014 年是 4G 全面商用的开局之年，面对移动通信市场普及率日益提高、行业竞争不断加剧、移动互联网业务对传统通信行业影响持续加大等挑战，本集团抢抓 4G 发展机遇，主动拥抱移动互联网，形成了新的竞争优势。着力于创业布局、创新发展，本集团继续保持市场领先地位，运营管理再上台阶。

截至 2014 年年底，本集团客户总数达到 8.07 亿户，比 2013 年增长 5.1%，其中 4G 客户数达到 9 006 万户；语音业务收入为人民币 3 090 亿元，比 2013 年下降 13.1%；数据业务收入为人民币 2 531 亿元，比 2013 年增长 22.3%，其中移动数据流量收入达到人民币 1 506 亿元，比 2013 年增长 42.9%，占通信服务收入的比例为 25.9%，比 2013 年提高 8.1 个百分点。本集团主要营运数据见下表。

	2014年	2013年
客户总数（百万户）	806.6	767.2
净增客户数（百万户）	39.4	56.9
4G客户总数（百万户）	90.1	—
平均每月每户通话分钟数（MOU）（分钟/户/月）	453	486
平均每月每户手机上网流量（DOU）（MB/户/月）	155	72
4G客户平均每月每户手机上网流量（MB/户/月）	780	—
平均每月每户收入（ARPU）（元/户/月）	61	67

（一）经营业绩

2014 年，本集团继续聚焦“存量经营、流量经营、集团客户经营”三大驱动力，加快转型步伐，积极发展 4G，取得明显成效。截至 2014 年年底，本集团客户总数达到 8.07 亿户，全年净增客户数 3 943 万户。4G 实现跨越式发展，4G 客户数达到 9 006 万户。存量经营扎实推进，中高端客户保持稳定。流量经营快速发展，移动数据流量同比增长 115.1%。集团客户经营成效突出，集团信息化收入增长 24.8%。终端销售规模发展，手机销量再创新高。

互联网业务的替代影响持续加剧。2014 年，语音业务收入为人民币 3 090 亿元，比 2013 年下降 13.1%；总通话分钟数为 4.29 万亿分钟，比 2013 年减少 0.5%；平均每月每户通话分钟数（MOU）为 453 分钟，比 2013 年下降 6.7%。短信及彩信业务收入为人民币 348 亿元，比 2013 年下降 15.8%。本集团积极采取各种措施，努力延缓传统业务下降。

本集团数据业务收入为人民币 2 531 亿元，比 2013 年增长 22.3%。其中，移动数据流量继续高速增长，达到 1.13 万亿 MB，比 2013 年增长 115.1%；平均每月每户手机上网流量（DOU）

达到 155MB，比 2013 年增长 115.1%；移动数据流量收入达到人民币 1 506 亿元，比 2013 年增长 42.9%，占通信服务收入的比例提升至 25.9%。

应用及信息服务稳步发展，收入达到人民币 644 亿元，比 2013 年增长 12.3%。除集团客户信息化服务继续发展外，阅读、视频、游戏、动漫等内容型业务快速增长。

（二）4G 实现跨越式发展

2014 年，本集团大力推动从语音经营为主向流量经营为主转变，全力以赴推进 4G 发展，创造了令人瞩目的发展速度，形成了新的竞争优势。4G 网络分流水平显著提升，4G 客户平均每月每户手机上网流量达到 780MB，4G 逐渐成为数据业务的主要承载网络。

网络方面，本集团累计开通 72 万个 4G 基站，覆盖人口规模超过 10 亿，实现了全国绝大部分城市、县城的连续覆盖和发达乡镇、农村的数据业务热点覆盖。同时，4G 网络管理体系与端到端质量优化体系的建立，显著提升了客户感知，为 4G 市场发展奠定了坚实基础。

市场方面，本集团通过落实“不换号、不登记、快速换卡”及大力推广 4G 统一新套餐，推动 2G、3G 客户向 4G 网络快速迁移，4G 客户数达到 9 006 万户，呈加速发展态势。

业务方面，本集团推出无损音乐、高清视频、极速游戏等一系列面向 4G 的特色业务，探索流量共享、流量统付等新型业务形态，这些举措受到市场欢迎，有力推动了客户规模发展和数据流量提升。

终端方面，产业链快速成熟，TD-LTE 手机超过 600 款，千元机日益丰富，形成了品牌多、款式多、模式全、均价低的市场格局，2014 年 4G 手机销量实现突破。

全球发展方面，本集团 4G 网络已开通 71 个国家和地区的国际漫游。在 GTI（全球 TD-LTE 发展倡议）推动下，TD-LTE 全球发展的步伐不断加快，商用网络达到 52 张。

（三）创业布局、创新发展

本集团积极转变传统经营模式，形成创业布局、创新发展的有效途径，努力拓展未来发展空间。

专业化运营能力逐步形成，专业公司发展成效显现。终端公司大力推动终端销售市场化，终端销量和收入实现快速增长，自主品牌五模千元智能机销往中国香港、法国、西班牙、巴基斯坦、泰国等市场。政企客户分公司加强产品研发和自主品牌建设，发布多款移动云产品，推出车联网服务，重要集团客户专线接入覆盖近 90%。国际公司创新推出“3/6/9”元国际漫游流量包和“30/60/90”元包天不限流量资费，受到市场欢迎；香港环球网络中心正式投入运营；成功参股泰国综合性电信运营商 True Corporation。此外，本集团还成立了在线服务公司、咪咕公司等数字服务和数字内容专业化运营机构。

本集团致力于新型产品体系，积极拓展数字化服务。发布了“新通话、新消息、新联系”融合通信白皮书，初步具备试商用能力。加强数字内容产品的整合及运营，推出“和娱乐”产品包，覆盖“咪咕音乐”“和阅读”“和视频”“和游戏”“和动漫”五大内容型业务。“和娱乐”

产品包的订购客户超过 2 亿，户均流量大幅提升，业务收入快速增长。推出“魔百和”产品，进入家庭市场，抢占家庭客厅入口。建设物联网开放平台，完善专网专号，推进物联网规模发展。

在深入产品创新的同时，本集团进一步推进营销体系转型，优化资费结构和营销模式，初步实现了语音、流量、数据业务相分离，终端、合约、套餐相分离。强化电子渠道能力，各省公司和终端公司全部进驻移动商城，自营电子渠道在线交易额超过人民币 2 000 亿元，手机营业厅激活客户数达 4 000 万。

（四）管理提升、降本增效

面对行业生态环境的变化，本集团坚持“管理集中化、运营专业化、机制市场化、组织扁平化、流程标准化”，大力推进管理提升。

集中化管理进一步深化。电子采购与招投标系统覆盖数千个项目，电子采购金额超过人民币千亿元。集团采购集中度不断提高，进一步降低了采购成本。集中化的数据中心、呼叫中心等新型基础设施建设稳步推进。集中化的网络故障管理、性能管理、网络优化和代维管理得到全面推广。

本集团同时建立市场化的人才管理和薪酬激励机制，量化绩效薪酬体系覆盖市场和网络一线人员，有效激发了组织活力。

本集团努力促进降本增效，积极推进营销转型，调整优化销售费用投向，大幅降低终端补贴，全面停止实物营销，关闭机场 VIP 休息室等高成本服务，优化社会渠道酬金结构，大幅降低放号酬金。通过一系列的措施，2014 年本集团销售费用下降 17.5%。

（五）资本开支

本集团处于转型发展的关键时期，正在全力推进从语音经营向流量经营、从移动通信业务向创新型全业务、从通信业务向数字化服务的三个转变。本集团将保持合理的投资规模，确保投资效率和效益。资本开支重点用于保障 4G 发展，满足流量增长需要；支撑移动互联网、物联网、云计算等技术创新和业务发展；加强基础资源积累，提升全业务竞争能力。

本集团 2014 年资本开支为人民币 2 135 亿元，主要用于移动通信网（48%）、传输网（34%）、业务网（4%）、支撑网（4%）、局房土建（8%）以及其他方面（2%）的建设。本集团 2015 年的资本开支计划为人民币 1 997 亿元，其中各项投资占比分别为：移动通信网（39%）、传输网（33%）、业务网（8%）、支撑网（5%）、局房土建（13%）以及其他（2%）。

（六）前景展望

复杂多变的形势孕育着新的机遇和挑战。从宏观经济看，经济发展进入新常态，培育新业态、促进信息消费、发展现代服务业已成为经济新增长点的着力方向。从产业趋势看，移动互联网发展极为迅猛，正在推动社会跨越式进化，深刻改变社会生活。从行业竞争看，4G 已成为竞争的主要发力点。不同 4G 网络将同台竞技，客户向 4G 迁移提速，4G 竞争将更加激烈。

本集团将紧抓 4G 发展机遇，保持 4G 网络领先、市场领先和业务领先，全面构筑 4G 领先优势，同时，着力创业布局、创新发展，在移动互联网时代创造新奇迹。

三、财务概览

（一）财务业绩概况——4G 确立竞争优势

2014 年，本集团牢牢抓住 4G 业务先发机遇，凝心聚力、全力以赴、打破常规，实现 4G 跨越式发展，确立竞争优势。本集团聚焦三大驱动力，基于语音业务、流量业务、数字化服务三条增长曲线的发展规律，着力推动流量经营，积极培育数字化服务，努力缓解“营改增”、网间结算标准调整等政策性因素对经营业绩的重大影响；引导资源投向加速 4G 发展、锻造网络能力、强化客户服务等核心竞争力方面；积极推动营销转型，努力提升管理效率，大力压缩管理费用，全面推进低成本高效运营，持续为股东创造价值。

• 营运收入达到人民币 6 414 亿元，比 2013 年增长 1.8%。

• 股东应占利润为人民币 1 093 亿元，比 2013 年下降 10.2%，股东应占利润率达到 17.0%。

• EBITDA 为人民币 2 353 亿元，比 2013 年下降 2.1%，EBITDA 率达到 36.7%，EBITDA 占通信服务收入比为 40.4%。

• 每股基本盈利为人民币 5.38 元，比 2013 年下降 11.1%。

（二）营运收入——流量收入增势喜人

2014 年，本集团积极顺应移动互联网迅猛发展的趋势，努力做好战略转型，加快推动 4G 发展，全年营运收入达到人民币 6 414 亿元（如未特别注明，本财务概览金额均以人民币列示），比 2013 年增长 1.8%，其中通信服务收入为 5 818 亿元，比 2013 年下降 1.5%。流量业务收入成为收入增长的首要推动力，收入结构得到显著优化；本集团积极布局新业务发展，数字化服务作为第三条增长曲线对收入的拉动作用日益显著，可持续发展能力不断增强（见下表）。

	2014年（人民币百万元）	2013年（人民币百万元）	变化（%）
营运收入	641 448	630 177	1.8
通信服务收入	581 817	590 811	-1.5
语音业务	308 959	355 686	-13.1
数据业务	253 088	206 886	22.3
其他	19 770	28 239	-30.0
销售产品收入及其他	59 631	39 366	51.5

1．语音业务收入

语音业务收入为 3 090 亿元，比 2013 年下降 13.1%。由于 OTT 移动互联网业务的替代作用，通话时长首现下降，总通话分钟数为 4.29 万亿分钟，比 2013 年下降 0.5%，语音业务收入占通信服务收入比重为 53.1%，比 2013 年下降 7.1 个百分点。本集团协同传统业务和流量业务价值经营，通过合理的套餐设计和营销，促进客户整体 ARPU 稳定。

2．数据业务收入

数据业务收入为 2 531 亿元，比 2013 年增长 22.3%，占通信服务收入比重达到 43.5%，比 2013 年提升 8.5 个百分点。本集团快速建立 4G 网络能力，大力推动 4G 终端销售，流量经营成效卓著，4G 业务发展速度令人瞩目。无线上网业务收入实现 1 539 亿元，比 2013 年增长 42.2%，占通信服务收入比重提升至 26.4%，成为拉动收入增长的强劲动力；移动数据流量达 11 329 亿 MB，比 2013 年大幅增长 115.1%，增速比 2013 年提升 33 个百分点。流量业务的高速增长有效弥补了短彩信等传统数据业务下滑的影响。受 OTT 替代影响，短彩信业务收入为 348 亿元，比 2013 年减少 15.8%，短信业务量比 2013 年下降 16.7%。应用及信息服务业务增速加快，收入为 644 亿元，比上年增长 12.3%，占通信服务收入比重提升至 11.1%；“和阅读”“和视频”“和游戏”“和动漫”数字化服务收入增势良好，集团信息化业务也获得较快发展。

（三）营运支出——营销转型成效显著

2014 年，本集团前瞻优化各项资源配置，践行成本精细管理，通过强化对标管理、推广优秀实践经验，将资源投向有利于提升核心竞争力和促进长期持续发展的领域。着力盘活存量资产，严控建设成本，资产类成本效率得到提升；适度压降销售费用，着力推进营销转型，营销模式不断优化；继续践行勤俭节约的经营理念，大力压缩行政办公费用，促进低成本高效运营。营运支出为 5 241 亿元，比 2013 年增长 6.0%，占营运收入的比重为 81.7%（见下表）。

	2014年（人民币百万元）	2013年（人民币百万元）	变化（%）
营运支出	524 114	494 528	6.0
电路租费	21 083	18 727	12.6
网间互联支出	23 389	25 998	-10.0
折旧	116 225	104 699	11.0
人工成本	36 830	34 376	7.1
销售费用	75 781	91 834	-17.5
销售产品成本	74 464	61 363	21.3
其他营运支出	176 342	157 531	11.9

1．电路租费

电路租费为 211 亿元，比 2013 年增长 12.6%，占营运收入的比重为 3.3%。电路租费主要包括 TD-SCDMA 网络容量租赁费、互联网端口租赁费、村通资产租赁费等；其中，TD-SCDMA 网络容量租赁费随着 TD-SCDMA 网络利用率的提升以及相关资产规模增加而增长；互联网端口租赁费随着流量业务快速发展而相应增加。

2．网间互联支出

网间互联支出为 234 亿元，比 2013 年下降 10.0%，占营运收入的比重为 3.7%。主要由于网间结算标准调整后，本集团向其他运营商的点对点短彩信结算支出有所减少。

3．折旧

折旧费用为 1 162 亿元，比 2013 年增长 11.0%，占营运收入的比重为 18.1%。公司正处于 4G 网络建设和转型发展的关键时期，由于近年资本开支规模较大，折旧费用随着资产规模增加而相应增长。本集团一贯视网络质量为生命线，面向 4G 时代和移动互联网发展，致力于为客户提供优质的网络服务和良好的业务体验。

4．人工成本

人工成本为 368 亿元，比上年增长 7.1%，占营运收入比重为 5.7%。为支撑 4G 网络建设和转型发展，并按照国家相关法律法规要求，本集团调整用工结构，员工数量有所增加，截至 2014 年 12 月 31 日止，共雇用员工 241 550 名；人工成本随着员工数量增加和社会保险费用刚性增长而相应上升。

5．销售费用

销售费用为 758 亿元，比 2013 年下降 17.5%，占营运收入的比重为 11.8%。本集团积极推进营销模式转型，适度压降销售费用，营销效率显著提升；调整优化销售费用投向结构，做好存量客户保有和中高端客户维系。

6．销售产品成本

销售产品成本为 745 亿元，比 2013 年增长 21.3%。本集团致力于推进 TD-LTE 终端产业链的长远发展，聚焦 4G 终端销售，有力推动流量增长，销售产品成本相应增长。

7．其他营运支出

其他营运支出（主要包括网络维护费、经营租赁费、劳务派遣制用工费用、坏账、资产注销处置等）为 1 763 亿元，比 2013 年增长 11.9%，占营运收入的比重为 27.5%。网络维护等相关成本随着资产规模的扩大而增加，网络维护费为 525 亿元；本集团 2014 年年底劳务派遣制用工人数为 237 808 名，所支付劳务派遣制用工费用为 283 亿元；严控管理费用，努力降本增效，会议、差旅等成本继续大幅下降。

（四）盈利水平——继续保持良好盈利能力

本集团致力于保持良好的盈利水平，2014 年 EBITDA 和股东应占利润分别为 2 353 亿元和 1 093 亿元，EBITDA 率和股东应占利润率分别达到 36.7% 和 17.0%；每股基本盈利为 5.38 元。本集团积极推进战略转型和可持续健康发展，不断巩固和提升核心竞争力，努力为客户提供优质的服务，为股东持续创造价值（见下表）。

	2014年（人民币百万元）	2013年（人民币百万元）	变化（%）
营运利润	117 334	135 649	-13.5
股东应占利润	109 279	121 692	-10.2
EBITDA	235 259	240 426	-2.1
每股基本盈利（元）	5.38	6.05	-11.1

（五）资本结构、资金管理、现金流及债信评级——资本结构持续稳健

本集团一贯稳健的资本结构、雄厚的财务实力和持续健康的现金流产生能力为抵御风险、实现持续健康发展奠定稳固基础。

1．资本结构

2014 年年末，本集团长、短期借款合计为 51 亿元，总借款占总资本（总资本为总借款与股东权益之和）的比重为 0.6%。总借款中，全部是人民币借款（主要为人民币债券），本集团所有借款中 98.7% 为固定利率借款。本集团坚持一贯审慎的财务风险管理政策，偿债能力雄厚，实际平均借款利息率为 4.51%，实际利息保障倍数为 556 倍（见下表）。

	2014年（人民币百万元）	2013年（人民币百万元）	变化（%）
流动资产	477 583	467 189	2.2
非流动资产	818 866	700 203	16.9
资产总额	1 296 449	1 167 392	11.1
流动负债	431 876	370 913	16.4
非流动负债	5 930	5 755	3.0
负债总额	437 806	376 668	16.2
非控制性权益	2 067	1 951	5.9
股东应占权益	856 576	788 773	8.6

2．资金管理和现金流

本集团一贯坚持稳健审慎的财务政策和严格的资金管理制度，透过高度集中的投融资管理，严格控制对外投资，确保资金的安全与完整；同时，本集团通过财务公司继续加大资金集中管理力度，合理调度整体资金，使内部资金得以更加充分有效运用。

2014 年度，本集团经营业务现金流持续健康，但由于公司处于 4G 发展关键期，资本开支规模较大，因此自由现金流出现少量缺口，经营业务现金流入净额为 2 110 亿元，自由现金流为 -25 亿元。截至 2014 年年末本集团现金及银行结存余额为 4 283 亿元，其中人民币资金占

98.6%，美元资金占 0.2%，港币资金占 1.2%。稳健的资金管理和健康的现金流为本集团的长远发展奠定了良好的基础（见下表）。

	2014年 （人民币百万元）	2013年 （人民币百万元）
经营业务现金流入净额	211 022	224 985
自由现金流[1]	（2 486）	40 097

注：1. 本公司对自由现金流的定义是以经营业务现金流入净额减去资本开支的年度发生额。

3. 债信评级

目前本公司拥有穆迪 Aa3/ 前景稳定和标普 AA-/ 前景稳定的评级，分别保持与中国国家主权评级相同，体现了公司雄厚的财务实力、良好的业务潜力和稳健的财务管理得到市场高度认可。

（六）公司股息

基于 2014 年全年的经营业绩以及考虑到公司未来的长期发展，按照 2014 年全年 43% 的利润派息计划，董事会建议就截至 2014 年 12 月 31 日止的财政年度派发末期股息每股 1.380 港元，连同已派发的中期股息每股 1.540 港元，全年股息每股共 2.920 港元。

2015 年，考虑到各项相关因素，包括公司整体财务状况、现金流产生能力和未来持续发展的需要，本公司计划 2015 年全年的利润派息率为 43%。

董事会相信本公司良好的盈利水平与健康的现金流产生能力，将为公司未来发展提供充足的支持，同时为股东带来良好的回报。

（七）总结

在移动互联网激烈竞争的时代，本集团将有效平衡短期业绩和长远发展，强化精细管理，坚持审慎的财务政策，严密管控财务风险，合理配置资源，巩固和提升公司在网络、服务、管理、人才等方面的核心竞争力，努力保持良好的盈利能力和健康的现金流水平，实现可持续健康发展，持续为股东创造价值。

附：财务报表

1．合并综合收益表

于 2014 年 12 月 31 日（以人民币百万元列示）

	2014年（人民币百万元）	2013年（人民币百万元）
营运收入（营业额）		
通信服务收入	581 817	590 811
销售产品收入及其他	59 631	39 366
	641 448	630 177
营运支出		
电路租费	21 083	18 727
网间互联支出	23 389	25 998
折旧	116 225	104 699
人工成本	36 830	34 376
销售费用	75 781	91 834
销售产品成本	74 464	61 363
其他营运支出	176 342	157 531
	524 114	494 528
营运利润	117 334	135 649
营业外收入净额	1 089	910
利息收入	16 149	15 289
融资成本	（228）	（331）
应占联营公司利润	8 248	7 062
除税前利润	142 592	158 579
税项	（33 187）	（36 776）
本年度利润	109 405	121 803
以后可能重分类至损益的本年度其他综合收益/（亏损）：		
境外企业的财务报表汇兑差额	（169）	（172）
应占联营公司其他综合收益/（亏损）	1 224	（767）
本年度总综合收益	110 460	120 864
股东应占利润：		
本公司股东	109 279	121 692
非控制性权益	126	111

（续表）

	2014年（人民币百万元）	2013年（人民币百万元）
本年度利润	109 405	121 803
股东应占总综合收益：		
本公司股东	110 334	120 754
非控制性权益	126	110
本年度总综合收益	110 460	120 864
每股盈利－基本	人民币5.38元	人民币6.05元
每股盈利－摊薄	人民币5.35元	人民币5.98元

2. 合并资产负债表

于 2014 年 12 月 31 日（以人民币百万元列示）

	于2014年12月31日（人民币百万元）	于2013年12月31日（人民币百万元）
非流动资产		
物业、厂房及设备	564 795	479 227
在建工程	93 341	85 000
预付土地租赁费及其他预付款	24 855	19 735
商誉	35 300	36 894
其他无形资产	766	1 063
联营公司权益	70 444	53 940
递延税项资产	20 507	17 401
受限制的银行存款	8 731	6 816
其他金融资产	127	127
	818 866	700 203
流动资产		
存货	9 130	9 152
应收账款	16 340	13 907
其他应收款	14 398	11 649
预付款及其他流动资产	15 344	11 832
应收最终控股公司款项	112	94

（续表）

	于2014年12月31日（人民币百万元）	于2013年12月31日（人民币百万元）
预付税款	702	647
可供出售金融资产	2 000	–
受限制的银行存款	695	–
银行存款	352 118	374 977
现金及现金等价物	66 744	44 931
	477 583	467 189
流动负债		
应付账款	223 503	173 157
应付票据	674	1 360
递延收入	62 615	61 789
应计费用及其他应付款	134 725	125 811
应付最终控股公司款项	4 271	22
融资租赁承担	68	68
税项	6 020	8 706
	431 876	370 913
净流动资产	45 707	96 276
资产总值减流动负债结转	864 573	796 479
承前资产总值减流动负债	864 573	796 479
非流动负债		
带息借款	（4 992）	（4 989）
递延收入（不包括即期部分）	（840）	（662）
递延税项负债	（98）	（104）
	（5 930）	（5 755）
资产净值	858 643	790 724
资本及储备		
股本	400 737	2 142
储备	455 839	786 631
本公司股东应占总权益	856 576	788 773
非控制性权益	2 067	1 951
总权益	858 643	790 724

3. 资产负债表

于 2014 年 12 月 31 日（以人民币百万元列示）

	于2014年12月31日（人民币百万元）	于2013年12月31日（人民币百万元）
非流动资产		
物业、厂房及设备	1	1
附属公司投资	485 109	479 148
流动资产	485 110	479 149
应收附属公司款项	1 743	1 912
其他应收款	91	5
现金及现金等价物	3 030	1 295
	4 864	3 212
流动负债		
应计费用及其他应付款	12	21
	12	21
净流动资产	4 852	3 191
资产总值减流动负债	489 962	482 340
非流动负债		
应付附属公司款项	（4 992）	（4 989）
	（4 992）	（4 989）
资产净值	484 970	477 351
资本及储备		
股本	400 737	2 142
储备	84 233	475 209
总权益	484 970	477 351

4. 合并权益变动表

于 2014 年 12 月 31 日（以人民币百万元列示）

	本公司股东应占权益									
	股本（百万元）	股本溢价（百万元）	资本储备（百万元）	一般储备（百万元）	汇兑储备（百万元）	中国法定储备（百万元）	保留利润（百万元）	总计（百万元）	非控制性权益（百万元）	总权益（百万元）
于2013年1月1日	2 142	387 183	（292 268）	72	（1 489）	211 610	416 197	723 447	1 862	725 309
2013全年的权益变动：										
本年利润	—	—	—	—	—	—	121 692	121 692	111	121 803
其他综合亏损	—	—	（767）	—	（171）	—	—	（938）	（1）	（939）
本年度总综合（亏损）/收益	—	—	（767）	—	（171）	—	121 692	120 754	110	120 864
上年度核准的股息	—	—	—	—	—	—	（28 460）	（28 460）	（21）	（28 481）
本年度宣布分派的股息	—	—	—	—	—	—	（27 031）	（27 031）	—	（27 031）
根据认股权计划发行的股份	—	60	（17）	—	—	—	—	43	—	43
转入中国法定储备	—	—	—	—	—	24 139	（24 119）	20	—	20
其他	—	—	—	—	1 060	—	（1 060）	—	—	—
于2013年12月31日	2 142	387 243	（293 052）	72	（600）	235 749	457 219	788 773	1 951	790 724
于2014年1月1日	2 142	387 243	（293 052）	72	（600）	235 749	457 219	788 773	1 951	790 724
2014全年的权益变动：										
本年利润	—	—	—	—	—	—	109 279	109 279	126	109 405
其他综合收益/（亏损）	—	—	1 224	—	（169）	—	—	1 055	—	1 055
本年度总综合收益/（亏损）	—	—	1 224	—	（169）	—	109 279	110 334	126	110 460
上年度核准的股息	—	—	—	—	—	—	（26 044）	（26 044）	（10）	（26 054）
本年度宣布分派的股息	—	—	—	—	—	—	（24 880）	（24 880）	—	（24 880）
根据认股权计划发行的股份	9 279	2 073	（3 137）	—	—	—	—	8 215	—	8 215
转入中国法定储备	—	—	—	—	—	23 169	（22 991）	178	—	178
认股权过期之储备间转移	—	—	（27）	—	—	—	27	—	—	—
过渡至股份无面值制度	389 316	（389 316）	—	—	—	—	—	—	—	—
其他	—	—	—	—	8	—	（8）	—	—	—
于2014年12月31日	400 737	—	（294 992）	72	（761）	258 918	492 602	856 576	2 067	858 643

5. 合并现金流量表

于 2014 年 12 月 31 日（以人民币百万元列示）

	2014年（人民币百万元）	2013年（人民币百万元）
经营业务		
除税前利润	142 592	158 579
调整		
–物业、厂房及设备折旧	116 225	104 699
–其他无形资产摊销	106	78
–预付土地租赁费摊销	406	385
–出售物业、厂房及设备收益	—	（3）
–物业、厂房及设备注销	2 093	2 074
–呆账减值亏损	5 494	5 084
–存货减值亏损	293	202
–利息收入	（16 149）	（15 289）
–融资成本	228	331
–非上市证券之股息收入	—	（34）
–应占联营公司利润	（8 248）	（7 062）
–未实现汇兑亏损/（收益）净额	81	（59）
–出售子公司亏损	—	18
–商誉减值亏损	1 594	—
营运资金变动前的经营业务现金流	244 715	249 003
存货增加	（271）	（2 156）
应收账款增加	（7 927）	（7 273）
其他应收款增加	（992）	（148）
预付款及其他流动资产增加	（8 008）	（2 189）
应收最终控股公司款项（增加）/减少	（18）	8
应付账款增加	8 384	5 372
应付票据减少	（144）	（563）
递延收入增加	1 160	4 129
应计费用及其他应付款增加	8 914	22 041
应付最终控股公司款项增加/（减少）	4 249	（17）
经营业务现金流入	250 062	268 207
税项		
–已付香港利得税	（269）	（26）
–已付中国企业所得税	（38 771）	（43 196）

（续表）

	2014年（人民币百万元）	2013年（人民币百万元）
经营业务现金流入净额结转	211 022	224 985
承前经营业务现金流入净额	211 022	224 985
投资业务		
资本开支	（170 776）	（138 997）
预付土地租赁费	（1 030）	（1 044）
购置其他无形资产所付款项	（23）	（355）
出售物业、厂房及设备所得款项	1	44
银行存款减少/（增加）	22 859	（42 980）
受限制的银行存款增加	（2 610）	（1 398）
已收利息	14 392	12 392
出售合营公司所得款项	—	6
出售子公司所得款项	—	124
购置联营公司权益所付款项	（9 508）	（1 363）
已收联营公司之股息	2 476	2 062
已收非上市证券之股息	—	34
购买可供出售金融资产	（2 000）	—
投资业务现金流出净额	（146 219）	（171 475）
融资业务		
行使认股权计划发行股份所得款项	8 215	43
已付利息	（225）	（329）
已付本公司股东股息	（50 924）	（55 491）
已付非控制股东股息	（10）	（21）
偿还递延对价	—	（23 633）
融资业务现金流出净额	（42 944）	（79 431）
现金及现金等价物净增加/（减少）	21 859	（25 921）
年初现金及现金等价物	44 931	70 906
外币汇率变动的影响	（46）	（54）
年末现金及现金等价物	66 744	44 931

主要非现金交易

于 2014 年 12 月 31 日，本集团应付款项余额中记录本年度为添置在建工程而应付设备供货商的金额为人民币 119 172 000 000 元（2013 年：人民币 98 992 000 000 元）。

6. 财务概要

（以人民币百万元列示）

业绩

	2014年（人民币百万元）	2013年（人民币百万元）	2012年（人民币百万元）	2011年（人民币百万元）	2010年（人民币百万元）
营运收入（营业额）					
通信服务收入	581 817	590 811	560 413	527 999	485 231
销售产品收入及其他	59 631	39 366	21 422	9 807	7 512
	641 448	630 177	581 835	537 806	492 743
营运支出					
电路租费	21 083	18 727	9 909	5 188	3 897
网间互联支出	23 389	25 998	25 140	23 533	21 886
折旧	116 225	104 699	100 848	97 113	86 230
人工成本	36 830	34 376	31 256	28 672	24 524
销售费用	75 781	91 834	80 232	78 636	74 361
销售产品成本	74 464	61 363	41 448	23 120	20 506
其他营运支出	176 342	157 531	140 272	127 686	108 249
	524 114	494 528	429 105	383 948	339 653
营运利润	117 334	135 649	152 730	153 858	153 090
营业外收入净额	1 089	910	615	571	685
利息收入	16 149	15 289	12 661	8 413	5 658
融资成本	（228）	（331）	（390）	（565）	（902）
应占联营公司利润	8 248	7 062	5 685	4 306	558
应占合营公司亏损	–	–	（1）	（1）	（18）
除税前利润	142 592	158 579	171 300	166 582	159 071
税项	（33 187）	（36 776）	（41 919）	（40 603）	（39 047）
本年度利润	109 405	121 803	129 381	125 979	120 024
以后可能重分类至损益的本年度其他综合收益/（亏损）					
境外企业的财务报表汇兑差额	（169）	（172）	（6）	（311）	（135）
应占联营公司其他综合收益（/亏损）	1 224	（767）	（16）	（229）	–
本年度总综合收益	110 460	120 864	129 359	125 439	119 889
股东应占利润：					
本公司股东	109 279	121 692	129 274	125 870	119 640

（续表）

	2014年（人民币百万元）	2013年（人民币百万元）	2012年（人民币百万元）	2011年（人民币百万元）	2010年（人民币百万元）
非控制性权益	126	111	107	109	384
本年度利润	109 405	121 803	129 381	125 979	120 024
股东应占总综合收益：					
本公司股东	110 334	120 754	129 252	125 332	119 505
非控制性权益	126	110	107	107	384
本年度总综合收益	110 460	120 864	129 359	125 439	119 889

资产和负债

	于2014年12月31日（百万元）	于2013年12月31日（百万元）	于2012年12月31日（百万元）	于2011年12月31日（百万元）	于2010年12月31日（百万元）
物业、厂房及设备	564 795	479 227	430 509	408 165	385 296
在建工程	93 341	85 000	55 507	56 235	54 868
预付土地租赁费及其他预付款	24 855	19 735	14 244	12 798	12 040
商誉	35 300	36 894	36 894	36 894	36 894
其他无形资产	766	1 063	924	818	813
联营公司权益	70 444	53 940	48 343	43 794	40 175
合营公司权益	—	—	6	7	8
递延税项资产	20 507	17 401	13 544	10 913	9 720
受限制的银行存款	8 731	6 816	5 418	122	162
其他金融资产	127	127	127	127	127
净流动资产	45 707	96 276	148 797	109 441	66 202
资产总值减流动负债	864 573	796 479	754 313	679 314	606 305
带息借款	（4 992）	（4 989）	（28 619）	（28 617）	（28 615）
递延收入（不包括即期部分）	（840）	（662）	（334）	（261）	（248）
递延税项负债	（98）	（104）	（51）	（17）	（39）
资产净值	858 643	790 724	725 309	650 419	577 403

中国联合网络通信集团有限公司 2014年发展综述*

中国联合网络通信（香港）股份有限公司（“本公司”）于2000年2月在香港注册成立，于2000年6月21日和22日分别在纽约证券交易所和香港联合交易所挂牌上市。于2001年6月1日，本公司股份被正式纳入恒生指数成份股。

本公司于2008年10月15日与中国网通集团（香港）有限公司正式合并。本公司最终母公司中国联合网络通信集团有限公司（“联通集团”）和中国网络通信集团公司（“网通集团”）亦于2009年1月6日获批准正式合并。

截至2015年2月底，联通集团通过其于中国联合网络通信股份有限公司（“A股公司”）、中国联通（BVI）有限公司和中国联通集团（BVI）有限公司持有之股权持有本公司62.06%的股份；A股公司之股票市场公众投资者通过A股公司于中国联通（BVI）有限公司持有之股权持有本公司12.30%的股份；本公司余下的25.64%股份则由香港及纽约股票市场的公众投资者持有。

目前，本公司在中国提供全方位的电信服务，包括移动宽带（WCDMA、LTEFDD、TD-LTE）、固网宽带、GSM、固网本地电话、信息通信技术服务、数据通信服务以及其他相关增值服务。截至2015年1月底，本公司的移动、固网宽带及本地电话用户总数到4.50亿户。

一、财务摘要

主要财务业绩	2014年	2013年
营业收入（人民币亿元）	2 846.8	2 950.4
服务收入（人民币亿元）	2 448.8	2 385.7
其中：移动业务	1 551.0	1 511.3
固网业务	884.8	864.9
EBITDA（人民币亿元）	927.7	839.6

* 内容全部选自2014年中国联合通信集团有限公司上市财报。

（续表）

主要财务业绩	2014年	2013年
EBITDA占服务收入	37.9%	35.2%
净利润（人民币亿元）	120.6	104.1
每股基本盈利（人民币元）	0.505	0.440
每股股息（人民币元）	0.20	0.16

主要业务指标	2014年	2013年
移动用户数（万）	29 909.8	28 098.3
移动ARPU（人民币元）	44.1	48.2
移动宽带用户数（万）	14 910.5	12 260.0
移动宽带ARPU（人民币元）	63.6	75.1
固网宽带用户数（万）	6 879.0	6 464.7
固网本地电话用户数（万）	8 205.6	8 764.3

附注1：由于存在不可分摊项目，服务收入不等于移动业务与固网业务服务收入之和。

附注2：EBITDA反映了在计算财务费用、利息收入、净其他收入、所得税、折旧及摊销前的年度盈利。由于电信业是资本密集型产业，资本开支和财务费用可能对具有类似经营成果的公司盈利产生重大影响。因此，公司认为，对于与集团类似的电信公司而言，EBITDA有助于对公司经营成果分析。

附注3：移动宽带业务包括3G业务和4G业务。

二、业务回顾

2014 年，公司全面实施“移动宽带领先与一体化创新”战略，聚焦存量经营和流量经营，推进集中统一运营，加强成本精细化管理，推进销售模式转型，发展效益显著提高，收入市场份额持续提升。

（一）移动业务

2014 年，公司建立面向集中统一的业务运营管理机制，积极开展 LTE 混合组网试验，促进了移动业务持续增长。2014 年，公司分阶段推出基于集中业务支撑系统 （cBSS）全业务套餐体系，包括自由组合套餐、全国套餐、本地套餐、校园套餐和共享套餐等，大力推广“双 4G 双百兆”营销活动，积极开展存量用户迁移，以终端、产品、合约拉动移动宽带业务快速发展。推出全国统一运营的“沃易购”B2B 平台，创新合作模式，依托电子商务平台支撑线上线下渠道一体化发展，全面提升渠道效能。深入推进 WO+ 开放体系，通过与互联网公司前后向流量合作、联合运营及互为渠道拓展用户触点等合作模式，创新推出“流量半年包”“流量银行”等产品，全面开展面向互联网的价值经营。公司移动宽带用户净增 2 650.5 万户，达到

14 910.5 万户，其中，无线上网卡用户达到 806.4 万户；移动宽带手机数据流量达到 3 531.9 亿 MB，同比增长 69%，移动宽带用户 ARPU 为人民币 63.6 元；WO+ 能力开放业务相关能力调用次数达到 3.3 亿次，手机音乐使用用户达到 4 065 万户。

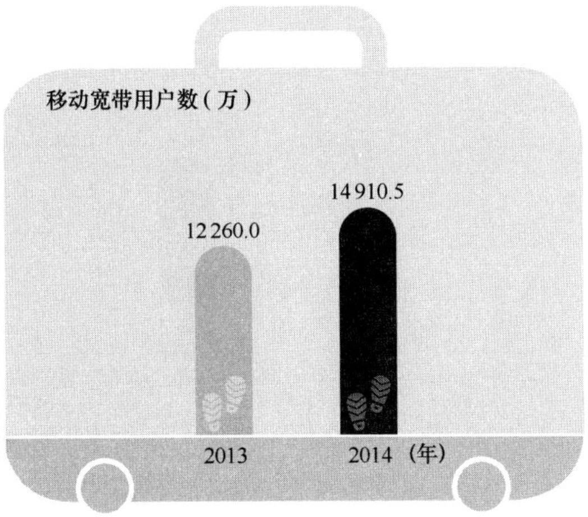

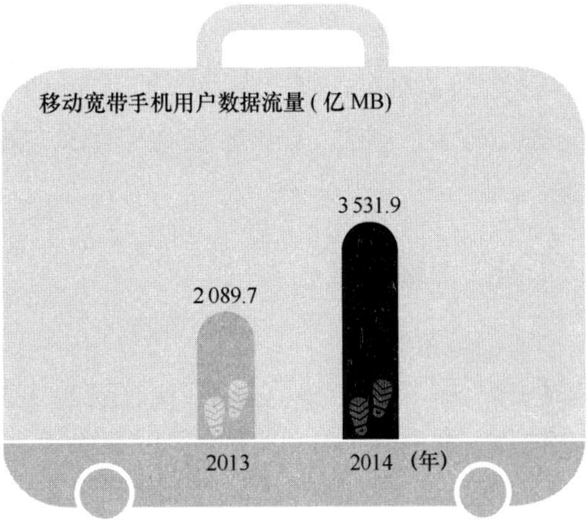

（二）固网业务

2014 年，公司进一步加强固网专业化营销体系建设，深入推进固网宽带存量经营工作，加强固移融合业务营销，实现服务品质和用户价值双提升；借助“宽带中国”专项行动，快速实施光纤网络改造，协同开展提速营销，光纤宽带用户占比稳步提升，固网收入结构持续改善。宽带用户净增 414.3 万户，达到 6 879 万户；4M 及以上速率宽带用户占比达到 88.2%，同比提高 9.4 个百分点；本地电话用户流失 558.7 万户，用户总数达到 8 205.6 万户。

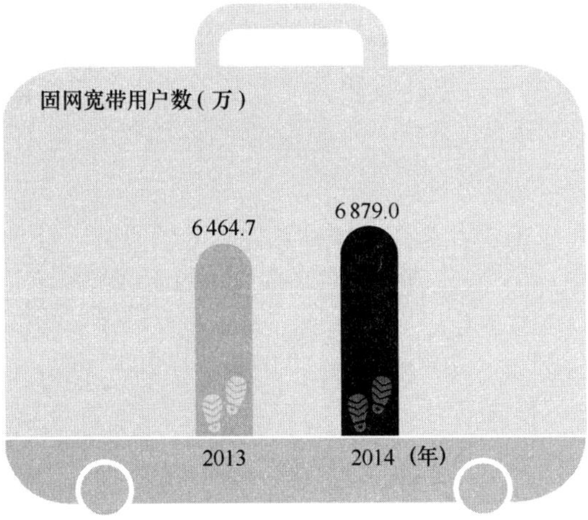

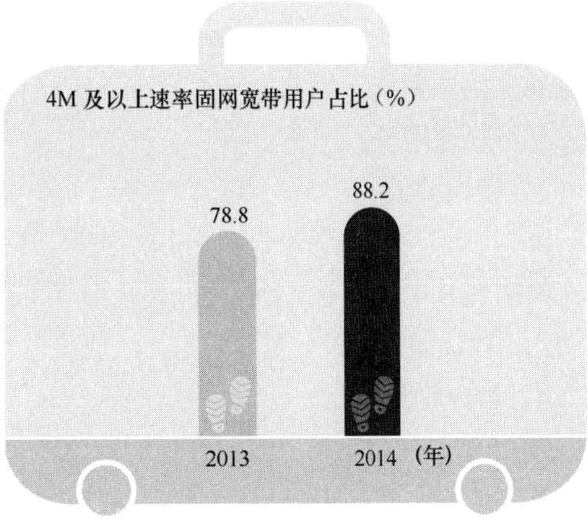

（三）网络能力

2014 年，公司进一步加快移动宽带一体化精品网络建设，积极开展 LTE 混合组网试验，稳步扩大 3G 网络覆盖，全年建设移动宽带网络基站 15.8 万个，总数达到 56.5 万个。加快光纤宽带网络建设和改造，宽带埠达到 1.35 亿个，FTTX 埠占比达到 77.8%。

公司继续扩容国际网络，完善国际网络布局。截至 2014 年年底，互联网国际出口带宽达到 1 025G，国际海缆总容量达到 4 707G，国际陆缆总容量达到 2 737G，境外网络节点达到 83 个，国际漫游覆盖达到 251 个国家和地区的 587 家运营商。

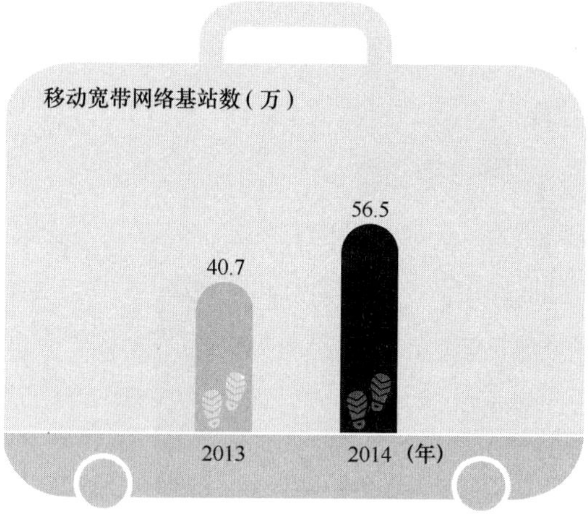

（四）市场营销

1. 品牌策略

2014 年，公司围绕“选 4G 就选沃”主题，聚焦网络“覆盖广、网速快”、沃 4G 资费“自由组合、分享、流量封顶”的特点、终端品类丰富以及“双 4G 双百兆”等优势，充分利用自有资源及产业链资源创新传播，全方位传递“精彩在沃”的品牌理念，持续扩大了“沃”品牌的影响力。

2. 营销策略

2014年，公司顺应移动互联网时代特点，构建基于cBSS与沃易购的集中统一运营市场体系，实现集中化、专业化、扁平化的营销模式转型，完善存量维系体系，提升销售服务能力；并着重从营销、服务、维系、资源四方面入手，开展固网宽带体系化经营。

公司面向移动互联网，全面提升 WO+ 开放体系运营服务能力，深入推进重点业务开放创新与产品级合作，强化 WO+ 创富、365 计划、APP 引流等全国性互联网渠道落地，推出“流量银行”等产品，构建基于流量的生态系统，有效促进了业务发展。

公司通过加快行业应用的培育推广，推广“班班通”和汽车信息化等标准化应用，构建行业信息化生态系统，提升集团客户市场拓展和运营能力，提高集团客户业务渗透率，集团客户收入保持快速增长。

3. 营销渠道

2014 年，公司开展营业厅专业化管理，深化战略渠道合作，强化中小社会渠道服务支撑，搭建沃易购 B2B 电子商务平台，不断提升渠道产能和效能。全年核心营业厅产能同比增长 21.3%，渠道费用占收比同比下降，沃易购累计注册渠道近 25 万个，累计交易额超过人民币 50 亿元。

4. 客户服务

2014 年，公司完善以服务责任追究为抓手的大服务体系，开展重点区域服务攻坚战、深入推动服务维系、优化用户接口，在大服务推进、服务运营、服务维系等方面持续改进，持续提升客户服务水平，全年用户申诉量行业最低。

5. 实名制政策

2015 年公司严格贯彻执行国家实名制政策，并按国家要求全面开展专项整治行动，严格管理非实名用户和无效用户，短期将出现用户数量波动，长期将有利于公司提升发展质量及效益。

三、财务概览

（一）概述

2014 年公司服务收入平稳增长，收入结构不断优化，市场份额进一步提升，盈利水平持续改善。

2014 年公司实现营业收入人民币 2 846.8 亿元，实现净利润人民币 120.6 亿元，同比增长 15.8%，每股基本盈利为人民币 0.505 元，同比增长 14.8%。2014 年公司经营活动现金流量净额为人民币 880.9 亿元，资本开支为人民币 848.8 亿元。截至 2014 年年底，公司的资产负债率为 58.3%。

（二）营业收入

2014 年公司营业收入实现人民币 2 846.8 亿元，其中，服务收入为人民币 2 448.8 亿元，同比增长 2.6%，销售通信产品收入为人民币 398.0 亿元。

下表反映了公司 2014 年和 2013 年服务收入构成的变化情况及各业务服务收入所占服务收入百分比情况。

	2014年		2013年	
	累计完成（人民币亿元）	所占服务收入百分比（%）	累计完成（人民币亿元）	所占服务收入百分比（%）
服务收入	2 448.8	100.0	2 385.7	100.0
其中：移动业务	1 551.0	63.3	1 511.3	63.4
其中：移动宽带	1 058.3	43.2	898.0	37.6
固网业务	884.8	36.1	864.9	36.3
其中：固网宽带	502.0	20.5	459.9	19.3

1．移动业务

2014 年公司移动业务服务收入实现人民币 1 551.0 亿元，同比增长 2.6%，其中移动宽带业务[1]对移动业务服务收入增长的拉动显著，移动宽带业务服务收入为人民币 1 058.3 亿元，同比增长 17.9%，所占移动业务服务收入的比重由 2013 年的 59.4% 上升至 68.2%。

2．固网业务

2014 年公司固网业务服务收入实现人民币 884.8 亿元，同比增长 2.3%，其中固网宽带业务服务收入为人民币 502.0 亿元，同比增长 9.2%，所占固网业务服务收入的比重由 2013 年的

1．移动宽带业务包含 3G 业务和 4G 业务。

53.2% 上升至 56.7%。

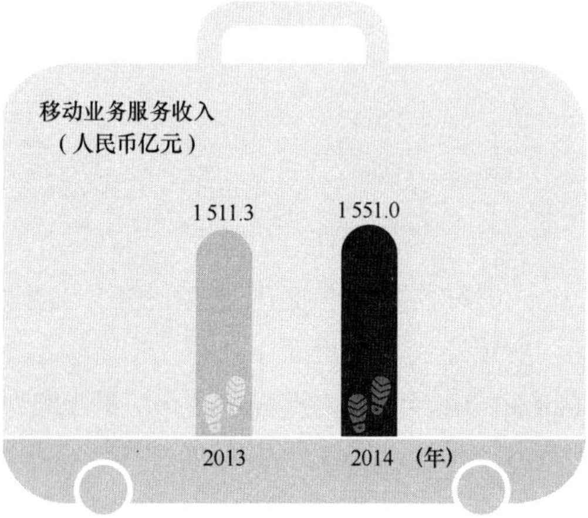

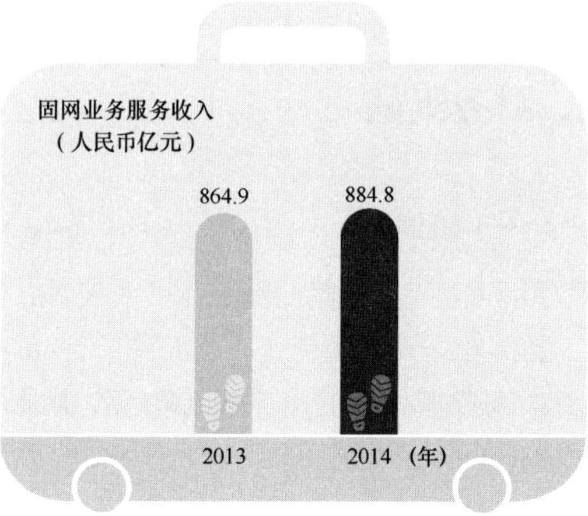

四、成本费用[1]

2014 年公司持续优化资源配置，加强精细化管理，成本费用使用效益显著提升，成本费用合计为人民币 2 687.5 亿元，同比下降 4.5%。其中：全年销售通信产品成本发生人民币 434.0 亿元，同期销售通信产品收入为人民币 398.0 亿元，销售通信产品亏损为人民币 36.0 亿元，其中移动宽带终端补贴成本为人民币 46.4 亿元。经调整的成本费用[2]为人民币 2 299.9 亿元，同比增长 1.9%，低于同期服务收入增幅 0.7 个百分点。下表列出了 2014 年和 2013 年公司经调整的成本费用项目以及每个项目所占服务收入的百分比变化情况。

	2014年		2013年	
	累计完成（人民币亿元）	所占服务收入百分比（%）	累计完成（人民币亿元）	所占服务收入百分比（%）
合计	2 299.9	93.92	2 257.0	94.61
其中：网间结算支出	146.0	5.96	202.1	8.47
折旧及摊销	738.7	30.17	682.0	28.59
网络、营运及支撑成本	378.5	15.46	337.0	14.13
雇员薪酬及福利开支	346.5	14.15	317.8	13.32
销售费用	401.9	16.41	429.9	18.02
移动宽带终端补贴成本	46.4	1.90	78.0	3.27

1．包括网间结算支出、折旧及摊销、网络、营运及支撑成本、雇员薪酬及福利开支、销售费用、销售通信产品成本、其他经营及管理费、财务费用、利息收入及净其他收入。

2．在这里为了分析目的，将移动宽带终端补贴成本、网间结算支出、折旧及摊销、网络、营运及支撑成本、雇员薪酬及福利开支、销售费用、其他经营及管理费、财务费用、利息收入及净其他收入合计，形成经调整成本费用。

（续表）

	2014年		2013年	
	累计完成（人民币亿元）	所占服务收入百分比（%）	累计完成（人民币亿元）	所占服务收入百分比（%）
其他经营及管理费	212.2	8.66	189.7	7.95
财务费用（抵减利息收入）	43.3	1.77	29.4	1.23
净其他收入	-13.6	-0.56	-8.9	-0.37

1．网间结算支出

受网间结算政策调整影响，2014 年公司网间结算支出发生人民币 146.0 亿元，同比下降 27.8%，所占服务收入的比重由 2013 年的 8.47% 下降至 5.96%。

2．折旧及摊销

公司加快移动宽带和固网宽带网络建设，2014 年资产折旧及摊销发生人民币 738.7 亿元，同比增长 8.3%，所占服务收入的比重由 2013 年的 28.59% 变化至 30.17%。

3．网络、营运及支撑成本

在网络覆盖扩大、网络资产增加及能源、物业租金等基础价格上涨的同时，公司加大网络运营投入，提升网络支撑与维护质量，2014 年网络、营运及支撑成本发生人民币 378.5 亿元，同比增长 12.3%，所占服务收入的比重由 2013 年的 14.13% 变化至 15.46%。

4．雇员薪酬及福利开支

公司实施企业年金制度，深化用工和分配制度改革，加大对基层员工的激励，2014 年雇员薪酬及福利开支发生人民币 346.5 亿元，同比增长 9.0%，所占服务收入的比重由 2013 年的 13.32% 变化至 14.15%。

5．销售费用

公司围绕落实成本压降，重点加强销售费用管理，积极推进营销模式转型，优化产品、终端和渠道结构，促进客户质量的提升，2014 年销售费用发生人民币 401.9 亿元，同比下降 6.5%，所占服务收入的比重由 2013 年的 18.02% 下降至 16.41%。

6．移动宽带终端补贴成本

公司持续优化终端合约产品结构，提升终端补贴使用效益，2014 年公司移动宽带终端补贴成本发生人民币 46.4 亿元，同比下降 40.4%，所占移动宽带服务收入的比重由上年的 8.7% 下降至 4.4%。

7．其他经营及管理费

2014 年公司其他经营及管理费发生人民币 212.2 亿元，同比增长 11.8%，所占服务收入的比重由 2013 年的 7.95% 变化至 8.66%。

8．财务费用（抵减利息收入）

2014 年公司净财务费用发生人民币 43.3 亿元，比 2013 年增加人民币 13.9 亿元。

9. 净其他收入

2014 年公司实现净其他收入人民币 13.6 亿元，比 2013 年增加人民币 4.7 亿元。

五、盈利水平

1. 税前利润

公司全力加快规模效益发展，通过增收创效促进效益水平提升，盈利状况持续改善，2014 年税前利润实现人民币 159.3 亿元，同比增长 16.2%。

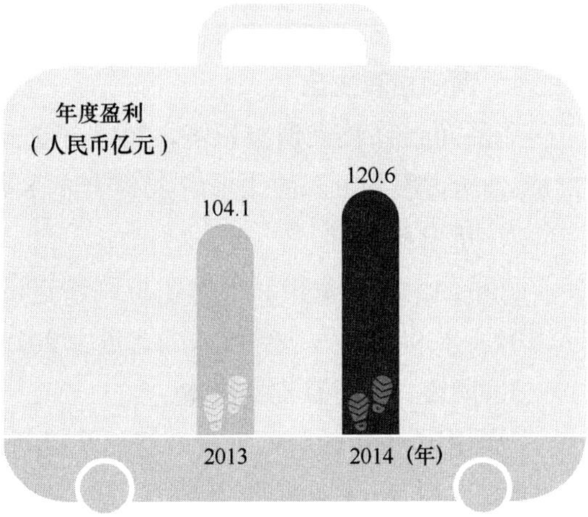

2. 所得税

2014 年公司的所得税为人民币 38.8 亿元，全年实际税率为 24.3%。

3. 年度盈利

2014 年公司净利润实现人民币 120.6 亿元，同比增长 15.8%，每股基本盈利为人民币 0.505 元，同比增长 14.8%。

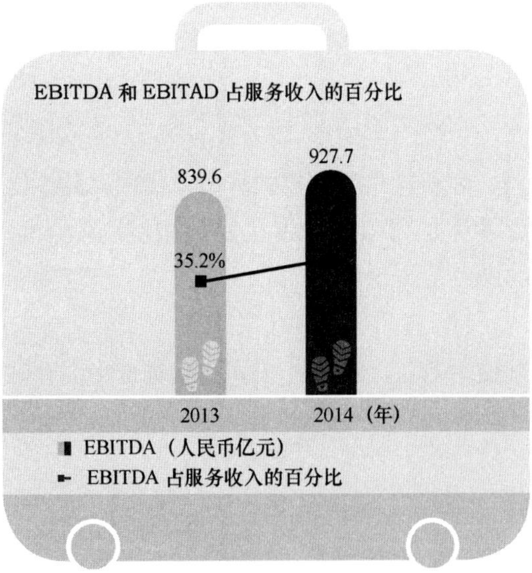

六、EBITDA[1]

2014 年公司 EBITDA 为人民币 927.7 亿元，同比增长 10.5%，EBITDA 占服务收入的百分比为 37.9%，比 2013 年提高 2.7 个百分点。

七、资本开支及现金流

2014 年公司各项资本开支合计人民币 848.8 亿元，主要用于移动网络、宽带及数据、基础设施及传送网建设等方面。其中，移动网络资

1. EBITDA 反映了在计算财务费用、利息收入、净其他收入、所得税、折旧及摊销前的年度盈利。由于电信业是资本密集型产业，资本开支和财务费用可能对具有类似经营成果的公司盈利产生重大影响。因此，公司认为，对于与集团类似的电信公司而言，EBITDA 有助于对公司经营成果分析。

本开支为人民币 369.5 亿元，宽带及数据业务资本开支为人民币 190.0 亿元，基础设施及传送网资本开支为人民币 229.2 亿元。

2014 年公司经营活动现金流量净额为人民币 880.9 亿元，扣除本年资本开支后自由现金流为人民币 32.1 亿元。

下表列出了公司 2014 年主要资本开支项目情况。

	2014年	
	累计支出（人民币亿元）	占比（%）
合计	848.8	100.0
其中：移动网络	369.5	43.5
宽带及数据	190.0	22.4
基础设施及传送网	229.2	27.0
其他	60.1	7.1

八、资产负债情况

截至 2014 年年底，公司资产总额由 2013 年年底的人民币 5 291.7 亿元上升至人民币 5 450.7 亿元，负债总额由 2013 年年底的人民币 3 102.7 亿元变化至人民币 3 175.3 亿元，资产负债率由 2013 年年底的 58.6% 下降至 58.3%。债务资本率由上年底的 39.8% 下降至 37.9%；净债务资本率为 31.0%。

截至 2014 年年底，公司的流动负债净额（即流动负债减流动资产）由上年底的人民币 2 430.3 亿元变化至人民币 2 353.5 亿元。考虑到公司经营活动净现金流入保持稳定以及良好的信贷信用，我们相信公司应有足够的运营资金满足生产经营需要。

附：财务报表

1. 合并资产负债表

（单位：人民币百万元）

	于12月31日	
	2014年	**2013年**
资产		
非流动资产		
固定资产	438 321	431 625
预付租赁费	9 211	8 038
商誉	2 771	2 771
联营公司权益	3 037	—
递延所得税资产	6 215	6 734
以公允值计量经其他综合收益入账的金融资产	5 902	6 497
其他资产	23 041	21 296
	488 498	476 961
流动资产		
存货及易耗品	4 378	5 536
应收账款	14 671	14 842
预付账款及其他流动资产	10 029	9 664
应收关联公司款	12	11
应收境内电信运营商款	2 120	597
短期银行存款	56	54
现金及现金等价物	25 308	21 506
	56 574	52 210
总资产	545 072	529 171
权益		
归属于本公司权益持有者		
股本	179 101	2 328
股本溢价	—	175 204
资本赎回储备	—	79
股本及其他法定资本储备	179 101	177 611
其他储备	（19 482）	（19 529）
留存收益		
——拟派末期股息	4 789	3 805

（续表）

	于12月31日	
	2014年	2013年
——其他	63 133	57 012
总权益	227 541	218 899
负债		
非流动负债		
长期银行借款	420	481
中期票据	21 460	—
可换股债券	—	11 002
公司债券	2 000	2 000
递延所得税负债	17	26
递延收入	1 497	1 269
其他债务	217	255
流动负债	25 611	15 033
短期银行借款	91 503	94 422
短期融资券	9 979	35 000
一年内到期的长期银行借款	45	48
可换股债券	11 167	—
应付账款及预提费用	120 371	102 212
应交税金	1 466	2 634
应付最终控股公司款	1 622	1 634
应付关联公司款	3 542	4 176
应付境内电信运营商款	1 402	1 504
应付股利	771	644
递延收入的流动部分	462	452
一年内到期的其他债务	2 698	2 672
预收账款	46 892	49 841
	291 920	295 239
总负债	317 531	310 272
总权益及负债	545 072	529 171
净流动负债	（235 346）	（243 029）
总资产减流动负债	253 152	233 932

2．资产负债表

（单位：人民币百万元）

	于12月31日	
	2014年	**2013年**
资产		
非流动资产		
固定资产	16	20
子公司投资	159 798	159 789
贷款予子公司	35 700	34 674
递延所得税资产	1 133	959
以公允值计量经其他综合收益入账的金融资产	5 706	6 400
	202 353	201 842
流动资产		
贷款予子公司	17 344	69
应收子公司款	4 716	4 673
应收股利	37 773	26 038
预付账款及其他流动资产	6	26
现金及现金等价物	1 852	966
	61 691	31 772
总资产	264 044	233 614
权益		
归属于本公司权益持有者		
股本	179 101	2 328
股本溢价	—	175 204
资本赎回储备	—	79
股本及其他法定资本储备	179 101	177 611
其他储备	（3 716）	（2 555）
留存收益		
——拟派末期股息	4 789	3 805
——其他	4 429	3 732
总权益	184 603	182 593
负债		
非流动负债		
子公司之借款	—	11 108
中期票据	6 487	—

（续表）

	于12月31日	
	2014年	**2013年**
	6 487	11 108
流动负债		
短期银行借款	52 978	38 249
应付账款及预提费用	898	675
子公司之借款	11 201	23
应付关联公司款	481	—
应付子公司款	6 388	167
应付税款	235	155
应付股利	773	644
	72 954	39 913
总负债	79 441	51 021
总权益及负债	264 044	233 614
净流动负债	（11 263）	（8 141）
总资产减流动负债	191 090	193 701

3. 合并损益表

（单位：人民币百万元，每股数除外）

	截至12月31日止年度	
	2014年	**2013年**
收入	284 681	295 038
网间结算成本	（14 599）	（20 208）
折旧及摊销	（73 868）	（68 196）
网络、营运及支撑成本	（37 851）	（33 704）
雇员薪酬及福利开支	（34 652）	（31 783）
销售通信产品成本	（43 397）	（63 416）
其他经营费用	（61 411）	（61 964）
财务费用	（4 617）	（3 113）
利息收入	283	173
净其他收入	1 362	887
税前利润	15 931	13 714
所得税	（3 876）	（3 306）

（续表）

	截至12月31日止年度	
	2014年	**2013年**
年度盈利	12 055	10 408
应占盈利：		
本公司权益持有者	12 055	10 408
年内本公司权益持有者应占盈利的每股盈利：		
每股盈利－基本（人民币元）	0.51	0.44
每股盈利－摊薄（人民币元）	0.49	0.43

4．合并综合收益表

（单位：人民币百万元）

	截至12月31日止年度	
	2014年	**2013年**
年度盈利	12 055	10 408
其他综合收益		
不会重分类至损益表的项目：		
经其他综合收益入账的金融资产的公允值变动	（619）	930
经其他综合收益入账的金融资产的公允值变动之税务影响	155	（240）
经其他综合收益入账的金融资产的公允值变动，税后	（464）	690
净设定受益负债重新计量之影响，税后	（2）	（2）
	（466）	688
日后可能重分类至损益表的项目：		
外币报表折算差额	（12）	（18）
税后年度其他综合收益	（478）	670
年度总综合收益	11 577	11 078
应占总综合收益：		
本公司权益持有者	11 577	11 078

5. 合并权益变动表

（单位：人民币百万元）

	归属于本公司权益持有者									
	普通股本	股本溢价	资本赎回储备	以股份为基础的雇员酬金储备	投资重估储备	法定储备基金	可换股债券储备	其他储备	留存收益	总权益
于2013年1月1日余额	2 311	173 473	79	651	（4 453）	25 752	572	（43 110）	54 230	209 505
年度总综合收益	—	—	—	—	690	—	—	（20）	10 408	11 078
提取法定储备基金	—	—	—	—	—	988	—	—	（988）	—
以权益结算之股份期权计划：										
——雇员服务价值	—	—	—	50	—	—	—	—	—	50
——期权行使所发行的股份	17	1731	—	（360）	—	—	—	（286）	—	1 102
——期权失效之储备间转移	—	—	—	（3）	—	—	—	—	3	—
2012年股息	—	—	—	—	—	—	—	—	（2 836）	（2 836）
于2013年12月31日										
余额	2 328	175 204	79	338	（3 763）	26 740	572	（43 416）	60 817	218 899
年度总综合收益	—	—	—	—	（464）	—	—	（14）	12 055	11 577
提取法定储备基金	—	—	—	—	—	1 166	—	—	（1 166）	—
前香港《公司条例》下以权益结算之股份期权计划：										
——期权行使所发行的股份	—	19	—	（4）	—	—	—	（3）	—	12
于2014年3月3日转换为无面值股份制度	175 302	（175 223）	（79）	—	—	—	—	—	—	—
新香港《公司条例》下以权益结算之股份期权计划：										
——期权行使所发行的股份	1 471	—	—	（283）	—	—	—	（329）	—	859
——期权失效之储备间转移	—	—	—	（22）	—	—	—	—	22	—
2013年股息	—	—	—	—	—	—	—	—	（3 806）	（3 806）
于2014年12月31日										
余额	179 101	—	—	29	（4 227）	27 906	572	（43 762）	67 922	227 541

6．权益变动表

（单位：人民币百万元）

	本公司							
	普通股本	股本溢价	资本赎回储备	以股份为基础的雇员酬金储备	投资重估储备	可换股债券储备	留存收益	总权益
于2013年1月1日余额	2 311	173 473	79	1 269	（4 516）	572	5 289	178 477
年度总综合收益	—	—	—	—	719	—	5 081	5 800
以权益结算之股份期权计划：								
——雇员服务价值	—	—	—	50	—	—	—	50
——期权行使所发行的股份	17	1 731	—	（646）	—	—	—	1 102
——期权失效之储备间转移	—	—	—	（3）	—	—	3	—
2012年股息	—	—	—	—	—	—	（2 836）	（2 836）
于2013年12月31日余额	2 328	175 204	79	670	（3 797）	572	7 537	182 593
年度总综合收益	—	—	—	—	（520）	—	5 465	4 945
前香港《公司条例》下以权益结算之股份期权计划：								
——期权行使所发行的股份	—	19	—	（7）	—	—	—	12
于2014年3月3日转换为无面值								
股份制度	175 302	（175 223）	（79）	—	—	—	—	—
新香港《公司条例》下以权益结算之股份期权计划：								
——期权行使所发行的股份	1 471	—	—	（612）	—	—	—	859
——期权失效之储备间转移	—	—	—	（22）	—	—	22	—
2013年股息	—	—	—	—	—	—	（3 806）	（3 806）
于2014年12月31日余额	179 101	—	—	29	（4 317）	572	9 218	184 603

7. 合并现金流量表

（单位：人民币百万元）

	截至12月31日	
	2014年	**2013年**
经营活动的现金流量		
经营活动所产生的现金	97 062	86 610
已收利息	283	173
已付利息	（4 631）	（5 082）
已付所得税	（4 620）	（3 219）
经营活动所产生的净现金流入	88 094	78 482
投资活动的现金流量		
购入固定资产	（69 586）	（72 758）
出售固定资产及其他资产所得款	797	1 544
以公允值计量经其他综合收益入账的金融资产收取之股利	353	176
短期银行存款增加	（1）	（22）
购入其他资产	（3 807）	（6 050）
取得联营公司权益支付的现金净额	（3 075）	—
投资活动所支付的净现金流出	（75 319）	（77 110）
融资活动的现金流量		
行使股份期权获得之现金	871	1 102
发行短期融资券所得款	19 885	49 938
短期银行借款所得款	158 259	135 713
最终控股公司之借款所得款	—	1 344
关联公司之借款所得款	473	—
中期票据所得款	21 430	—
偿还短期融资券	（45 000）	（53 000）
偿还短期银行借款	（161 007）	（109 500）
偿还长期银行借款	（46）	（850）
偿还公司债券	—	（5 000）
偿还中期票据	—	（15 000）
融资租赁支付中的本金部分	（161）	（135）
支付股息予本公司权益持有者	（3 677）	（2 686）

（续表）

	截至12月31日	
	2014年	**2013年**
融资活动所产生的净现金（流出）/流入	（8 973）	1 926
现金及现金等价物的净增加	3 802	3 298
现金及现金等价物年初余额	21 506	18 250
外币汇率变动的影响	—	（42）
现金及现金等价物年末余额	25 308	21 506
现金及现金等价物分析：		
现金结余	3	3
银行结余	25 305	21 503
	25 308	21 506

（a）将税前利润调整为经营活动所产生的现金如下：

	截至12月31日	
	2014年	**2013年**
税前利润	15 931	13 714
调整项目：		
折旧及摊销	73 868	68 196
利息收入	（283）	（173）
财务费用	4 113	2 963
处置固定资产及其他资产损失/（收益）	1 064	（49）
以股份为基础的雇员酬金	–	50
计提的坏账准备和存货跌价准备	3 958	4 219
固定资产减值损失	65	129
以公允值计量经其他综合收益入账的金融资产收取之股利	（353）	（176）
其他投资损失	28	—
营运资金变动：		
应收账款增加	（2 927）	（4 911）
存货及易耗品减少/（增加）	675	（130）
其他资产增加	（1 897）	（4 460）
预付账款及其他流动资产增加	（211）	（201）
应收关联公司款（增加）/减少	（1）	7

（续表）

	截至12月31日	
	2014年	**2013年**
应收境内电信运营商款（增加）/减少	（1 523）	141
应付账款及预提费用增加	5 451	533
应交税金增加	2 068	227
预收账款（减少）/增加	（2 949）	7 496
递延收入增加/（减少）	238	（420）
其他债务增加/（减少）	22	（18）
应付最终控股公司款减少	（12）	（277）
应付关联公司款减少	（161）	（591）
应付境内电信运营商款（减少）/增加	（102）	341
经营活动所产生的现金	97 062	86 610

8. 财务概要

2010年至2014年的财务概要，包括摘选合并损益表及合并资产负债表2012年、2011年、2012年、2013年和2014年数据均按《国际财务报告准则》/《香港财务报告准则》编制（单位：人民币百万元，每股数除外）。

业绩（摘选损益表数据）

	2014年	**2013年**	**2012年**	**2011年**	**2010年**
收入	284 681	295 038	248 926	209 167	171 370
网间结算成本	（14 599）	（20 208）	（18 681）	（16 380）	（13 727）
折旧及摊销	（73 868）	（68 196）	（61 057）	（58 021）	（54 654）
网络、营运及支撑成本	（37 851）	（33 704）	（32 516）	（29 449）	（26 387）
雇员薪酬及福利开支	（34 652）	（31 783）	（28 778）	（26 601）	（23 348）
销售通信产品成本	（43 397）	（63 416）	（45 040）	（29 739）	（10 688）
其他经营费用	（61 411）	（61 964）	（51 252）	（43 586）	（37 597）
财务费用	（4 617）	（3 113）	（3 664）	（1 474）	（1 749）
利息收入	283	173	240	230	143
净其他收入	1 362	887	1 343	1 451	1 221
税前利润	15 931	13 714	9 521	5 598	4 584
所得税	（3 876）	（3 306）	（2 425）	（1 371）	（883）

（续表）

	2014年	2013年	2012年	2011年	2010年
年度盈利	12 055	10 408	7 096	4 227	3 701
应占：					
本公司权益持有者	12 055	10 408	7 096	4 227	3 701
本公司权益持有者应占每股盈利					
——基本（人民币元）	0.51	0.44	0.30	0.18	0.16
——摊薄（人民币元）	0.49	0.43	0.30	0.18	0.16
固定资产	438 321	431 625	430 997	381 859	365 654
以公允值计量经其他综合收益入账的					
金融资产	5 902	6 497	5 567	6 951	6 214
流动资产	56 574	52 210	48 174	38 803	42 327
应收账款	14 671	14 842	13 753	11 412	9 304
现金及现金等价物	25 308	21 506	18 250	15 106	22 597
总资产	545 072	529 171	516 124	456 233	441 269
流动负债	291 920	295 239	302 320	213 927	198 233
应付账款及预提费用	120 371	102 212	108 486	95 252	97 666
短期银行借款	91 503	94 470	70 025	32 372	36 785
短期融资券	9 979	35 000	38 000	38 000	23 000
一年内到期的中期票据	—	—	15 000	—	—
一年内到期的公司债券	—	—	5 000	—	—
可换股债券	11 167	11 002	11 215	11 118	11 558
长期银行借款	420	481	536	1 384	1 462
中期票据	21 460	—	—	15 000	15 000
公司债券	2 000	2 000	2 000	7 000	7 000
总负债	317 531	310 272	306 619	250 335	235 608
总权益	227 541	218 899	209 505	205 898	205 661

专 题 分 析

2014 年全球电信运营业运行分析

一、全球电信运营市场整体发展概况

1．行业持续复苏，移动数据引领收入增长

全球基础电信业持续复苏。由于全球经济筑底缓慢回升，2014 年全球基础电信业走势向好。基础电信收入增速由负转正，全年基础电信服务业收入 16 350 亿美元，同比增长 0.7%。其中，移动数据收入成为基础电信收入增长的最关键动力，2014 年移动数据在基础电信服务业中的占比增加两个百分点。2010—2014 年全球基础电信服务业和 GDP 增速如图 1 所示。

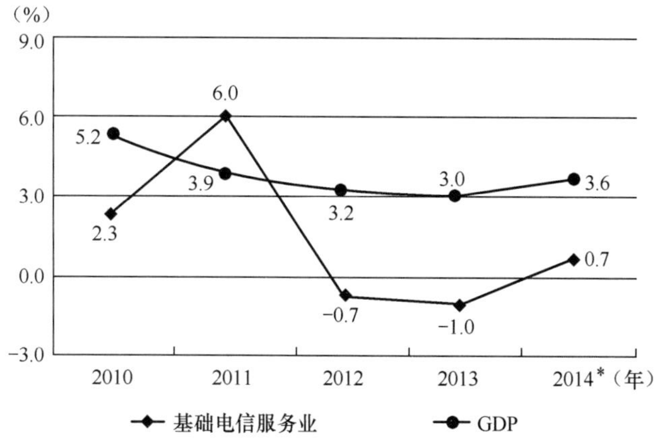

图 1　2010—2014 年全球基础电信服务业和 GDP 增速

资料来源：Gartner

电信业收入结构进入新阶段。用户对 OTT 业务的使用日益普遍，所产生的替代作用导致数据业务在整体电信收入中的比例持续提升。2014 年基础电信业非话收入占比突破 50%，比 2013 年提高 3.1 个百分点。受移动互联网业务发展的影响，移动数据成为全球电信业最主要的增长动力，拉动整体基础电信业增长 2 个百分点。移动话音依然是最大收入组成部分，但是其贡献份额比 2013 年减少 1.1%。固定话音收入的下滑最为明显，用户对固定话音业务使用量增长放缓带来的固定话音收入减少，导致整体电信业收入下降 2.1 个百分点。总体来看，移动替代固定趋势更加明显，2014 年移动收入占比超过 60%。2009—2014 年全球基础电信业收入结构如图 2 所示。

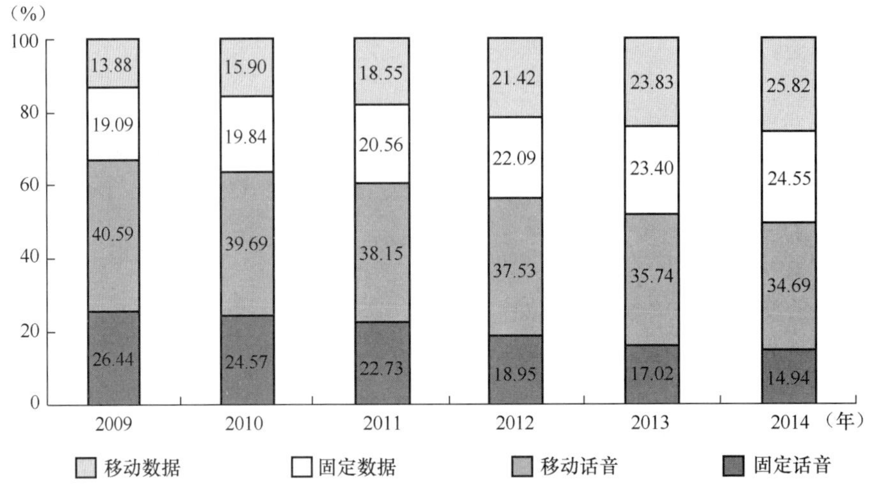

图 2　2009—2014 年全球基础电信业收入结构

资料来源：基于 IDATE 和 Informa 数据估算

2. 宽带用户加速普及，驱动流量迅猛增长

移动用户宽带化。2014 年全球移动用户规模达到 71.1 亿，普及率接近 100%。其中，移动宽带（3G 和 LTE）用户规模达到 28.1 亿，用户占比接近 40%，智能手机渗透率超过 30%，呈现加速增长态势。移动宽带的发展继续保持两位数的涨幅，55% 的移动宽带用户来自发展中国家，发展中国家的移动宽带普及速度相当于发达国家的 2 倍。全球 2G 用户持续下滑，用户规模由 45.7 亿下降到 43 亿。2010—2014 年全球移动用户增长及构成如图 3 所示。

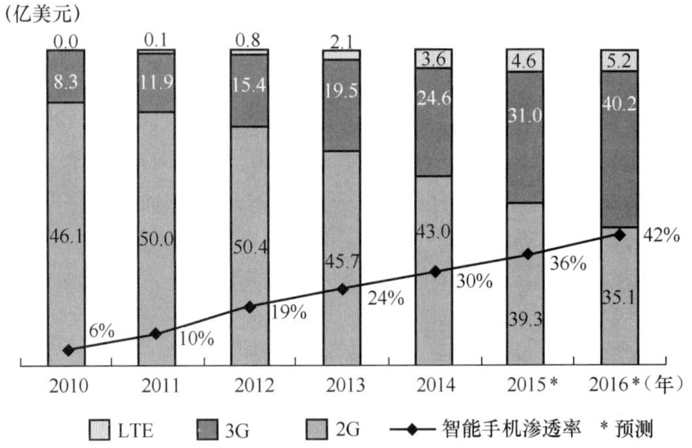

图 3　2010—2014 年全球移动用户增长及构成

资料来源：Informa、CDG、GSMA

光纤宽带进入普及期。由于语音和短信等传统业务收入一直在下滑，全球运营商日益重视高速宽带网络的发展。同时，世界各国政府也高度重视宽带网络的建设，国家宽带战略的实施推动了全球光纤市场的快速发展。近年来，全球固定宽带用户中光纤宽带占比持续提高，从 2008 年的 11% 增加到 2014 年的 34%。2008—2014 年全球固定宽带光纤占比如图 4 所示。

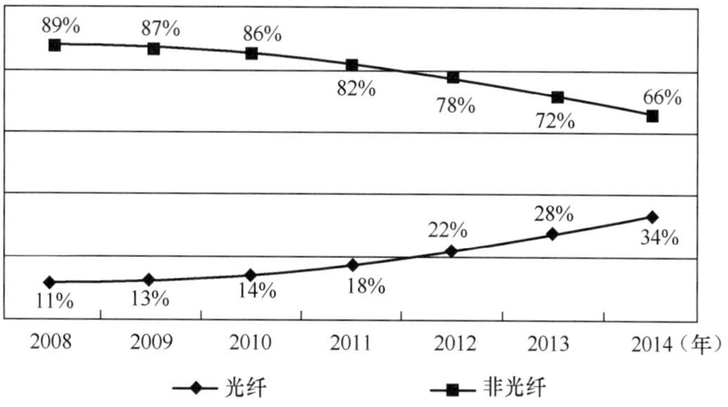

图 4　2008—2014 年全球固定宽带光纤占比

资料来源：Point Topic

3．光纤宽带对固网业务的拉动作用日益显著

光纤宽带在驱动流量的同时，也拉动固网业务收入的持续增长。传统固定电话业务在全球范围内不同程度走向饱和与衰退，固网业务的发展面临增长乏力的困境。在此背景下，光纤正成为带动固网业务复苏的核心驱动力。北美 Verizon 等企业的光纤用户已占到宽带用户的 70%，光纤接入收入占固网业务收入的比重已接近 70%，带动固网业务收入持续增长。北美部分运营商光纤宽带用户数及固网业务收入比较如图 5 所示。

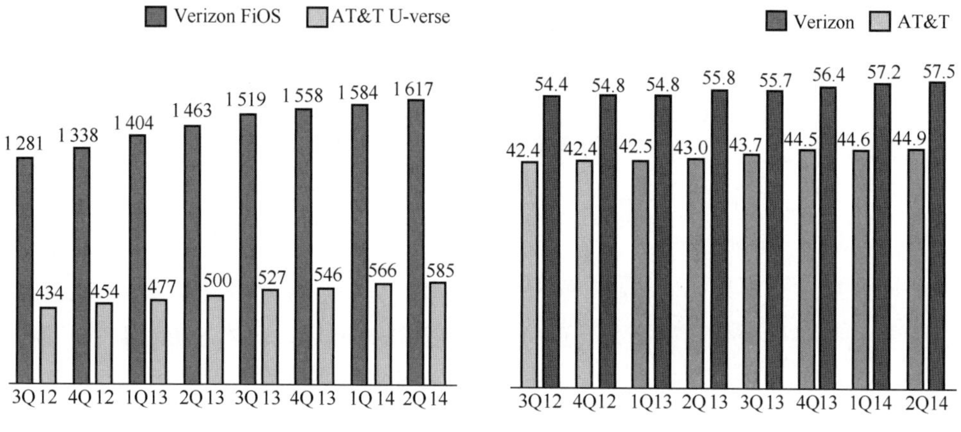

北美运营商光纤宽带用户数　　　　北美运营商固网业务收入

图 5　北美部分运营商光纤宽带用户数及固网业务收入比较

资料来源：运营商财报

4．运营企业在复苏中谋求转型

全球电信运营商在面对日益激烈的业内竞争的同时，还遭遇各类互联网企业的颠覆性竞争，用户发展和获利能力都受到直接影响。传统运营商通过多种方式实施转型，各地区表现与效果不尽相同。北美地区流量经营效果持续释放。北美是全球最大的 LTE 市场，拥有最高的智能终端普及率和光纤接入普及率。以 AT&T 和 Verizon 为代表的企业凭借流量经营取得收入增长。欧洲地区开始显现全面复苏迹象。由于漫游费管制影响减弱，以及海外市场的增长和经济复苏

的影响，大部分企业实现收入正向增长。日韩地区通过发展 4G 与并购推动增长。韩国与日本领跑全球LTE 市场发展，普及率分别达到70%和40%。由于LTE用户的ARPU（每用户平均收入）值为全球平均水平的 4 倍，因此对提振 ARPU 值、保有高价值用户将起到明显作用。此外，并购也是日韩企业推动增长的重要途径，如软银通过并购大举扩张，对内挤压 NTT DoCoMo 等传统主导企业。中国运营商收入增速大幅下滑。由于市场接近饱和带来的用户增长减缓，以及 OTT 业务（基于互联网的各种业务）的冲击，中国运营商的流量经营仍在摸索中，收入增速出现下滑。发展中市场的传统发展模式陷入困局。长期以来，发展中市场过度依赖规模增长，在用户市场未饱和地区收入仍可增长，然而，当用户增长停滞后，收入随之下滑。2014 年全球主要电信运营商收入增长速度如图 6 所示。

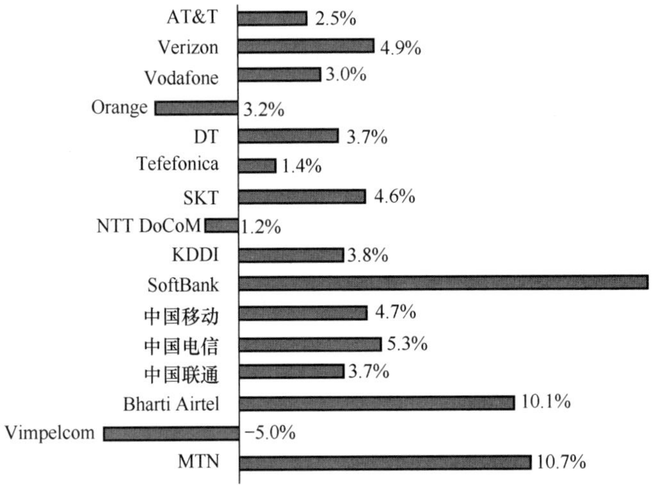

图 6　2014 年全球主要电信运营商收入增长速度

资料来源：运营商财报

从利润率来看，北美与日韩企业利润率较高，体现出流量经营的成功所带来的持续获利能力提高。北美与日韩的电信运营商保持两位数的利润率，其中，日本 Softbank 的利润率最高，达 30% 以上。中国电信运营商利润率偏低，三家基础电信运营商中，只有中国移动利润率高于典型企业平均水平（12.4%）。2014 年全球主要电信运营商利润率如图 7 所示。

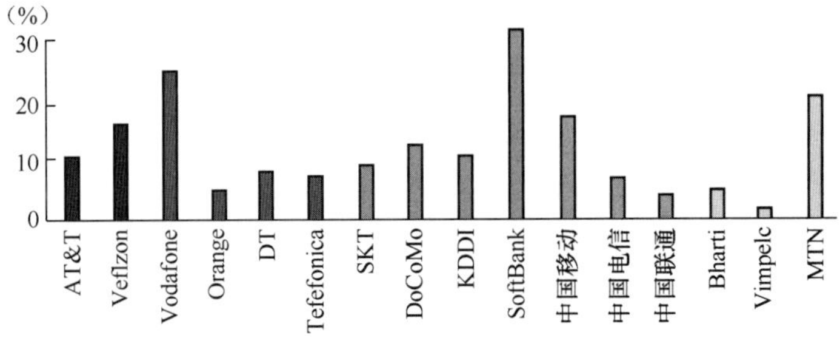

图 7　2014 年全球主要电信运营商利润率

资料来源：运营商财报

5. LTE 网络驱动投资

移动宽带建设驱动投资增长。全球主要运营商积极部署 LTE 网络，至 2014 年 9 月，全球共有 331 个 LTE 网络在 112 个国家商用。移动宽带网络建设掀起新一轮投资热潮，电信运营商纷纷加大投资以提高 4G 网络速度和覆盖率。在移动宽带和其他因素驱动下，2014 年全球电信投资比 2013 年增加 6.2%，投资总额达 3 774 亿美元。其中，我国电信投资额达到 652 亿美元，占全球电信投资额的 17.3%。2014 年全球及我国电信投资额如图 8 所示。

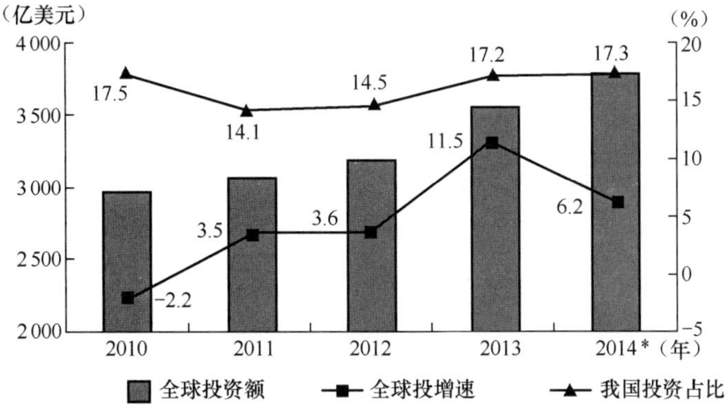

图 8　2014 年全球及我国电信投资额

资料来源：ITU，CATR

我国投资收入比高于全球平均水平。全球电信投资收入比多年维持在 16% 左右，而我国的投资收入比一直高于全球水平。2014 年，我国投资收入比为 33%，高于全球平均水平 15 个百分点。主要原因是我国电信业仍处于快速发展阶段，电信业的收入增长带来更大的网络投资驱动力。未来，随着我国电信市场的进一步成熟和发展，总体上电信投资收入比将会呈现下降趋势。2014 年全球及我国投资收入比如图 9 所示。

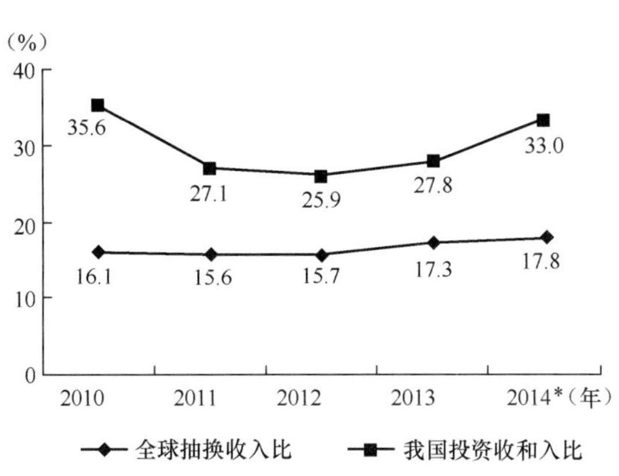

图 9　2014 年全球及我国投资收入比

资料来源：ITU，GSA

二、电信运营企业的发展战略与策略

1. 全球电信业正进入新一轮并购整合热潮

为应对传统业务萎缩带来的竞争加剧，主要运营商一方面通过并购扩大规模，另一方面迅速补齐向新领域拓展所需的关键资源和能力，寻找新的增长点。一是扩大规模，占领关键市场。接近饱和的市场难以容纳过多的企业数量，必须通过扩大规模寻找新的经济平衡点。如软银并购 Sprint，向其全球化战略目标迈进一步，跃居全球第三大运营商。二是布局工业互联网。通过强化网络优势、提高 IT 服务能力和创新 M2M 应用业务来布局工业互联网。如沃达丰并购 Cobra，提升 M2M 服务能力；NTT 收购 Virtela 和 RagingWire，提升企业云服务能力；葡萄牙电信收购 Axeda，提升其物联网技术能力。三是向产业链上下游延伸。面对移动互联网业务崛起，运营商以并购来扩大产业链上的影响力，收购互联网企业等内容提供商。如软银并购 Dramafever 视频网站，传奇影业，提升内容掌控能力；AT&T 收购 Direc TV 以扩大其视频业务。四是抢占 LTE 发展至高点。电信运营商通过并购在 LTE 网络部署和维护上节省现金流，迅速切入 LTE 市场。如俄罗斯第二大移动运营商 MegaFon 收购 Scartel，获取 LTE 无线频谱资产。全球电信业并购交易规模与数量如图 10 所示。

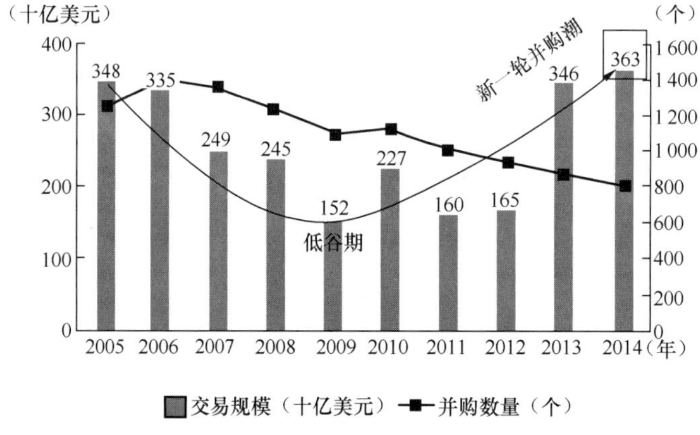

图 10　全球电信业并购交易规模与数量

资料来源：dealogic

2. 越来越多运营商提供高清话音与 VoLTE

随着移动互联网发展，应用种类不断丰富，移动数据业务为满足用户体验需要走进了宽带时代。而与之相反的是，话音业务并未获得明显的改变。但随着通信业竞争愈发激烈，用户对于通信的要求越来越高，目前越来越多的全球运营商开始提供高清话音服务。

来自 GSA（全球移动供应商协会）的最新报告（截至 2014 年 4 月）显示，高清话话音服务对全球移动网络供应商变得日益重要。全球138个国家的393个运营商推出了商用LTE网络，预计今年年底这一数字将增长到460个。LTE-A也快速发展，116个运营商投资了载波聚合技术，39个国家的64个运营商正式推出LTE-A商用业务。14家运营商已经推出高清的VoLTE业务。

在欧洲，运营商普遍支持高清话音，且在欧盟的28个成员国内有超过85%的地区可用高清话音网络，高清话音服务现正延伸到世界上的其他移动网络。

GSA预计，2015年有望在处理国际高清话音通话取得更大的进展，如固定和移动网络之间的高清话音呼叫，高清话音通话将成为今后主流的移动用户体验。提供高清话音服务运营商的地区分布如图11所示。

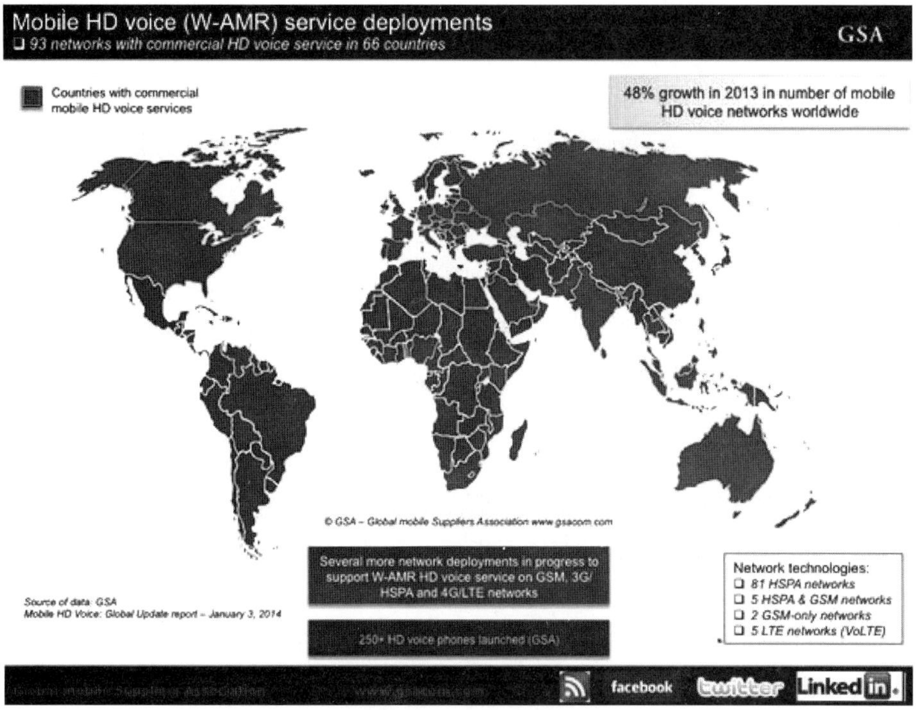

图11　提供高清话音服务运营商的地区分布

资料来源：GSA

随着LTE商用，不仅给了数据业务全新的机遇，也给了话音通信新生。人们改变话音编码的机会就在VoLTE上，新的话音编码至少能够达到7 000Hz以上，可以给人们提供更加高水平的话音质量。虽然双待机、CSFB等过渡性话音解决方案成功地支撑了LTE初期的发展，但全球LTE产业正在加速研发VoLTE，为向4G的完全演进做准备。

3. SDN成为下一代无线网络重要组成部分

SDN已经成为下一代无线网络的一个重要组成部分，自2013年年中以来，越来越多的运营商意识到，可以将SDN架构用于提高业务提供和资源分配的灵活性，如德国电信、Telstra等运营商开始在OSS/BSS和策略控制等网元引入SDN架构，加快提供新业务的速度和灵活性。2014年的MWC上，SDN成为了一个亮点。十余家公司宣布运营商级的SDN和网络功能虚拟化产品。

AT&T 已经宣布首批助其迁移至软件定义网络（SDN）并实现网络功能虚拟化（NFV）的厂商名单。其中包括全球最大的移动通信设备商爱立信、自称网络协作专家的 Tail-F Systems 和云计算网络公司 Metaswitch，它们将负责提供设计和部署建议。同时，AT&T 公司还与 Affirmed Networks 合作，致力于研发虚拟演进分组核心网络（vEPC），而爱立信还将在集成与转换服务方面为其提供专业咨询意见。AT&T 在开放网络峰会上宣布将利用 SDN 转向更灵活的组网策略，将推出用户定义的网络云。AT&T 计划提供基于用户需求的弹性网络服务，就像今天云服务提供商提供的云计算和存储服务一样。

传统电信网络可能需要相当长的时间（或许 10 年）来调整、适应 SDN 的新架构。但是，随着业务流量的快速增长和降低成本压力的不断加大，电信运营商可能会被迫加快其转变速度。除 AT&T 外， Telefonica、NTT 等运营商也都开始在其固定宽带接入、企业用户 VPN 接入等业务系统中引入 SDN 的架构。预计随着新一代移动宽带网络的部署，会有更多的运营商加快 SDN 的部署速度。

4. 运营商尝试大数据服务

运营商大数据对外服务能够帮助运营商创新商业模式和业务内容，寻找新的收入增长点。运营商对外提供的大数据服务集中在企业级大数据解决方案服务、大数据分析工具、用户数据有偿使用等方面。

● 企业级大数据解决方案服务

德国电信已经开始为企业和政府机构提供大数据服务和解决方案，典型案例如其执行的由德国经济与技术部（BMWi）以及德国教育与研发部（BMBF）共同资助的德国交通零塞车项目，为拥有 800 家门店的 10 000 种商品的美国百货连锁公司提供的大数据零售方案，以及为新加坡金融服务提供商提供的实时风险分析项目等。

又如，法国 Orange 在其承担的法国众多公共服务项目的 IT 系统建设中，尝试挖掘大数据的潜在价值，其承建的法国高速公路数据监测项目，每天都会产生 500 万条记录，Orange 对这些记录进行分析，并基于数据分析结果为行驶于高速公路上的车辆提供准确及时的路况信息，有效提高了道路通畅率。

西班牙电信大数据部门也计划面向不同行业推出系列产品，例如包含交通流量管理功能的智慧城市服务（Smart City）等。

● 大数据分析工具

西班牙电信面向政企客户推出的大数据产品智慧足迹（Smart Steps），可以基于完全匿名和聚合的移动网络数据，对某个时段、某个地点人流量的关键影响因素进行分析，洞察结果可为零售商在新店设计和选址、商品促销方式等提供决策支撑，从而帮助零售商更好地洞察客户需求，提升营销业绩。

又如，德国电信面向企业级客户提供了四项解决方案业务，包括企业商业智能、高性能企业商业智能、Hadoop 和 NoSQL 技术以及企业内容管理等，主要用于提升企业的商业智能。

● 匿名化用户数据的有偿使用

Verizon 推出的名为精准营销洞察（Precision Market Insights）的大数据应用，将向第三方售卖 Verizon 匿名化处理后的用户数据，目前已有多个商家购买了该项服务。

又如，AT&T 将用户在 WiFi 网络中的地理位置、网络浏览历史记录以及使用的应用等数据匿名化处理后售卖给广告客户，当用户距离广告商家很近时，就有可能收到该商家提供的折扣很大的电子优惠券。

再如，英国电信发布的安全数据分析服务 Assure Analytics，能够帮助企业收集、管理和评估大数据集，并将这些数据通过可视化的方式呈现给企业，帮助企业改进决策。

5．领先型运营商涉足工业互联网领域

● AT&T 凭借成熟 M2M 应用与 GE 开展合作

2012 年美国 M2M 通信市场中，AT&T 市场份额达到 48.1%，位居第一。2013 年上半年，AT&T 的设备连接（M2M）新增用户同比增长 50%，总用户增长 11%，主要集中在制造业、医疗、交通、工程建设和能源五大领域。

2013 年 10 月 9 日，AT&T 宣布和 GE 公司签署全球合作协议，将 GE 的机器设备接入 AT&T 的通信网络和云端，打造 GE 工业互联网应用的首款高速安全的无线通信系统。两家公司期望通过这款 M2M 无线通信系统，让使用者能够在全球任何地方对 GE 的机器设备进行远程跟踪、管理、记录和操作，提升制造企业的生产效率。

GE 选择 AT&T 作为合作伙伴，共同开发工业互联网应用，除了 AT&T 强大的通信网络能力以外，主要还考虑了 AT&T 成熟的 M2M 应用。AT&T 的 M2M 应用解决方案如图 12 所示。

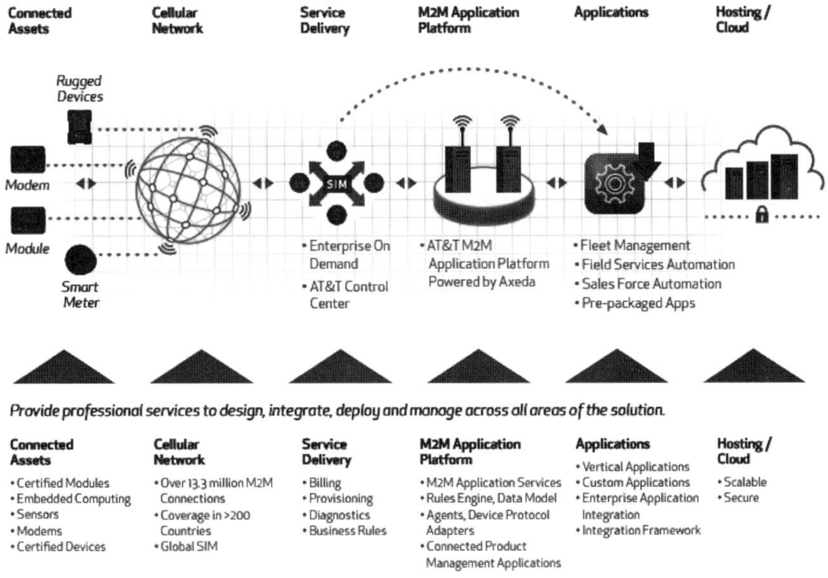

图 12　AT&T M2M 应用解决方案

资料来源：AT&T

AT&T 将设备的可接入性作为 M2M 的第一步，能够将多样的设备、模组、数据机、仪表链接到移动网络；第二，基于强大的网络能力，提供能覆盖 200 多个国家的全球通用 SIM 卡的服务，拥有超过 1 330 万个连接用户；第三，然后基于企业需求打造定制化的 SIM 卡并建立专门的控制中心，提供订单、供货、物流等商业服务；第四，通过 AT&T 的 M2M 平台，集成多个产品管理应用程序，包括车辆管理、外勤工作自动化、销售自动化以及预包装程序等应用；第五，通过可拓展的安全的云端支持，提高 M2M 的服务能力。下一步，AT&T 和 GE 公司计划通过工业互联网无线通信系统将 AT&T 的网络技术、单一全球 SIM、专业设备、安全防护和云端，集成到电动车充电桩、照明和能源等领域。此外，两家公司也计划进一步将 AT&T 的 M2M 应用基础整合到 GE 互联网应用平台 Predix 中，实现工业机器设备的远程控制。

● T-Mobile 以汽车制造为突破口树立 ICT 服务品牌

早在 2001 年，T-Mobile 就收购了 debisSystemhaus 公司成立专门的 IT 服务部门。在此基础上，基于德国汽车行业的优势，T-Mobile 组建 T-System 部门开展汽车行业的 ICT 服务。2006 年，T-System 收购了大众集团的 IT 服务子公司 Gedas，进一步增强在汽车行业的 ICT 服务实力。

T-System 采用流程导向的方法，为大批整车制造商和零件设备商提供产品生命周期管理、供应链管理、ENX（欧洲网络交换平台，用于整个产业链的信息交流与处理）解决方案等一站式服务，覆盖从产品开发、制造、供应链管理和物流、销售、营销到售后服务的整个价值链。

T-System 的行业应用产品如图 13 所示。

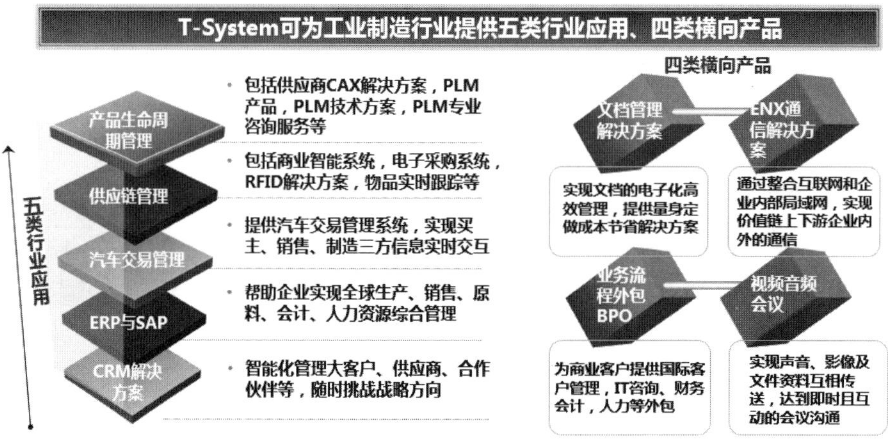

图 13　T-System 的行业应用产品
资料来源：通信信息研究所

凭借成熟的应用产品，T-System 已成为欧洲汽车 ICT 服务市场的领导者，更在全球汽车业界拥有活跃表现和极佳声誉。2012 年，T-System 其收入增速 6.5%，成为增速最高的业务单元。

此外，T-Mobile 还基于汽车 ICT 服务的经验，向众多行业辐射延伸，形成广泛影响力品牌。2012 年 6 月，T-Mobile 推出了全球首个 M2M 市场平台。目前，T-Mobile 的 ICT 服务覆盖 14 个行业，其中，工业制造业、行政服务部门、交通运输、仓储和邮政业、金融业的渗透率最高、产品覆盖最广，取得众多成功案例。

■ Verizon 通过兼并与合作进入工业互联网领域

伴随着云计算、物联网等技术的兴起，运营商 Verizon 以工业制造的 M2M 应用和车联网为切入口，开始向工业互联网领域不断扩张。

■ 2009 年，Verizon 与高通公司建立合资公司 nPhase（前身主要客户集中在工业领域，业务为 M2M 软件开发及服务，如输油管道机器监控、安装线机器人监控等），利用 Verizon 公司先进的连接技术与专业的设备认证技术及高通公司多样的 M2M 解决方案，为制造业市场提供相关服务。

■ 2010 年，Vodafone、Verizon Wireless 与 nPhase 公司就促进全球物联网（M2M）的发展达成战略合作。三方将合作发展一种简单，有效的针对全球用户的 M2M 无线通信解决方案，为智能制造等领域的用户开创新的服务种类。

■ 2013 年，Verizon 收购 Hughes Telematics，获得了无线物联网技术，可以将汽车接入互联网，进行实时监控并提供服务。2014 年，Verizon 计划在车联网领域进行开拓，连网汽车的数量预计在 2013—2016 年将翻两番，汽车将具有社交功能。

与此同时，Verizon 还建立了包括系统集成商、原始设备制造商、模组制造商、云服务提供商、部署服务提供商及其他运营商等在内的产业联盟，为工业制造提供了 6 项服务、4 套行业解决方案，帮助制造厂商在市场环境变化中保持活力。

三、全球电信运营市场主要走势判断

1. 全球信息通信服务业继续保持增长

全球经济复苏带动信息通信业回暖。根据世界银行的预测，2015 年全球经济将实现 3.9% 的增长，发达国家成为复苏主力。在经济形势总体趋好的背景下，全球基础电信业将持续反弹，基础电信业收入将增长 2.0%，与全球 GDP 增长预期差距缩小。除了规模增长，全球电信业务结构转型将继续深化，在移动宽带使用的引领下，移动业务收入成为全球电信增长引擎。同时，互联网企业也保持高速增长，全球前十大互联网企业的总收入将超过 3 000 亿美元，增长率将达到 25.2%。2011—2015 年全球基础电信业收入增长预测如图 14 所示。

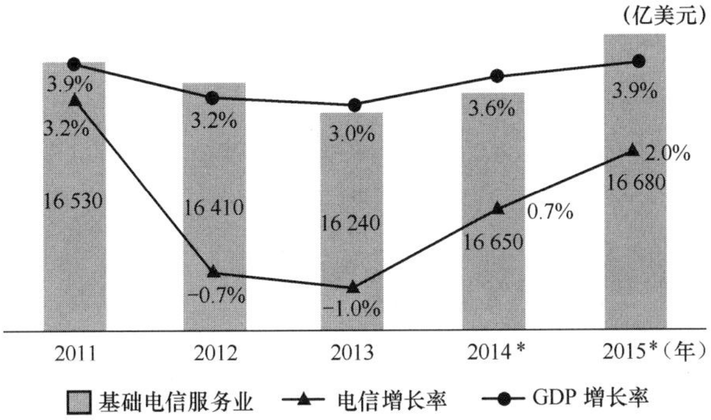

图 14 全球基础电信业收入增长预测

资料来源：Gartner, IDATE

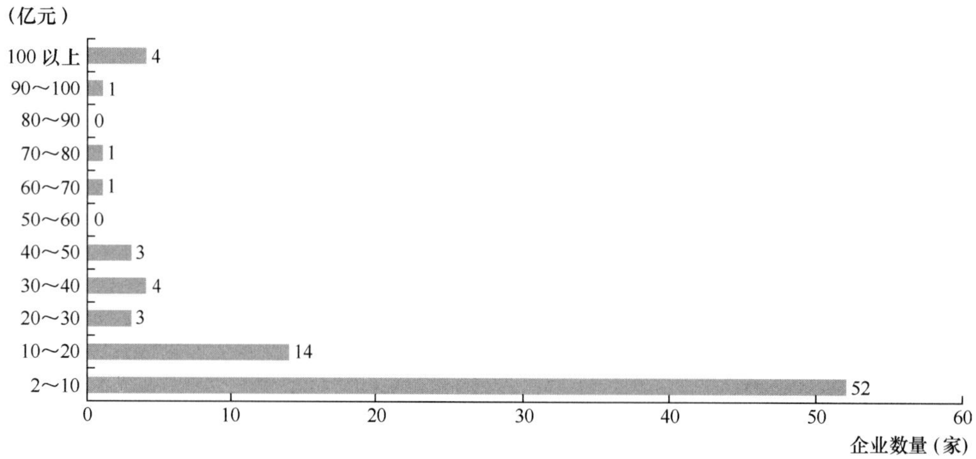

图 1　2014 年互联网百家企业互联网信息服务收入分布情况

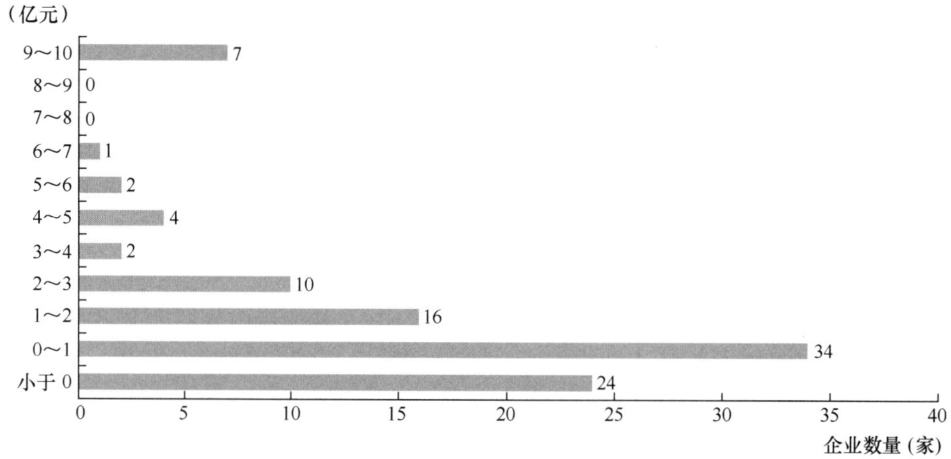

图 2　2014 年互联网百家企业营业利润分布情况

3. 产业集中态势明显，领军企业成绩斐然

2014 年，互联网百家企业中排名前三的企业，实现业务收入达 833.2 亿元，占百家企业收入的 41.5%。此外，超过一半的收入集中在前 5 家企业，排名前 5 位企业的业务收入合计 1 052.3 亿元，占百家企业收入规模的 52.4%；营业利润达 51.0 亿元，占百家企业利润总额的 33.8%，排名靠前的企业规模优势非常明显。互联网百家企业信息服务集中在网络游戏、网络广告、电子商务等业务领域。其中，网络广告为主营业务的企业有 37 家，网络游戏 41 家，电子商务 29 家，三大领域的互联网业务收入占百家企业业务收入的 78.9%。

4. 区域集聚效应突显，辐射拉动作用显著

2014 年互联网百家企业中，北京、上海、广东三大经济区域企业数量占比 75%，其中北京达到 30 家、上海达到 25 家、广东达到 20 家。北上广三大区域企业互联网业务收入总额达 1737.2 亿元，约占百家企业总量的 86%。浙江、江苏的互联网企业数量分别是 7 家和 11 家，

分别实现互联网信息服务收入 158.4 亿元和 37.2 亿元。此外，福建 2 家，四川 2 家，河南 1 家，如图 3 所示。总体上看，随着各地对于发展互联网产业的重视程度空前提升，互联网的产业布局也开始趋于均衡。

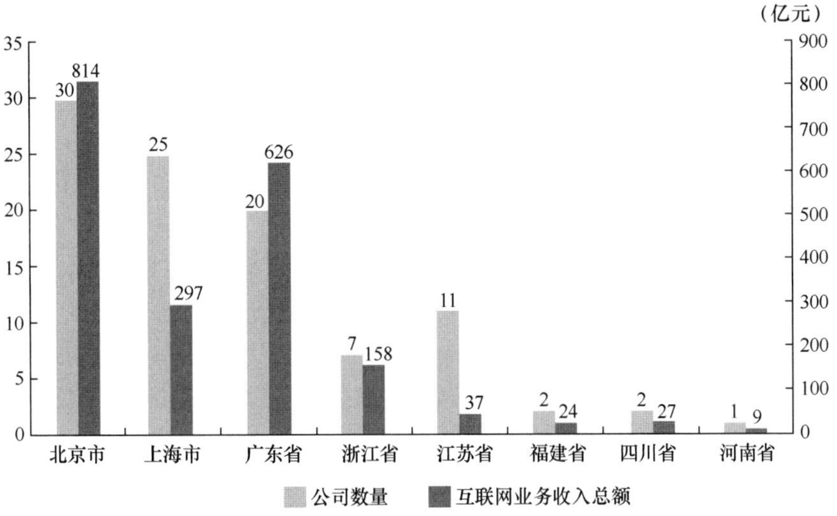

图 3　2014 年互联网百家企业各省分布情况

三、互联网百家企业各业务领域发展情况

1. 网络广告受新媒体驱动高速增长，百强企业占行业比重近 7 成

2014 年，互联网百家企业网络广告业务收入规模达到 329.3 亿元，较 2013 年百家企业的广告收入增长了 94.3%。百家企业占全行业网络广告收入规模的比重超过一半，达到 69.1%。在网络广告市场整体进入成熟稳定阶段之后，市场仍然呈现出一些新的发展态势。从增长速度来看，门户及社交媒体中的效果广告增长迅速。与此同时，互联网百强企业更多依靠数据分析和技术驱动，品牌广告主预算进一步向数字媒体倾斜，达成更加智能的广告匹配以及更加高效的广告资源配置，实现广告营收进一步提高。

2. 网络游戏收入占比下降，市场集中度保持较高水平

2014 年，互联网百家企业网络游戏业务收入规模达到 575.3 亿元，较 2013 年百家企业的游戏收入降低 6.73%。百家企业游戏收入占互联网信息收入的 28.7%，较 2013 年百家企业游戏收入占比降低了 36.4%。百家企业占全行业网络游戏收入规模的比重接近 80%，达到 78.2%，可看出网络游戏业务主要集中在规模较大的网络游戏企业。网络游戏市场结构持续优化，整体发展环境良好，企业保持稳定快速的增长，主要得益于四个方面：客户端网络游戏经历 10 多年发展，已经进入成熟发展阶段，实际收入仍保持增长；网页游戏方面，网络游戏企业积极开拓海外市场，2014 年国产游戏出口快速增长；移动游戏方面，随着中国智能手机渗透率的不断

2. 全球移动用户普及率有望超过 100%

中国信息通信研究院预测，2015 年全球移动用户数将超过 75 亿，普及率达到 101%，预计 2019 年将超过 83.5 亿。其中，WCDMA 用户未来几年仍将保持每年 3 亿左右的速度增长。GSM 用户未来几年将以较快速度减少。

全球 LTE 用户进入快速发展期，预计将在 2015 突破 10 亿，2019 年超过 30 亿户。2015 年我国 LTE 基站规模将超过 130 万，成为世界第一大 LTE 网络。预计 2015 年，我国总 LTE 用户数将有望达到 2.5 亿～ 3 亿户。2019 年我国 LTE 用户将超过 10 亿户，在总移动用户中的是渗透率将超过 66%。

3. 流量迅猛增长，移动化趋势加剧

根据 Cisco 预测，全球总流量将从 2014 年的 61EB/ 月增长到 2018 年的 128.5EB/ 月，月均流量将翻番，流量复合增长率达到 21%。在移动互联网业务的作用下，移动流量占比逐年增长，将从 2014 年的 4.1% 增长到 2018 年的 12%。

中国信息通信研究院预测，未来 5 年全球移动数据流量继续保持高速增长，国内人均流量需求持续提升。预计 2015 年全球每月移动流量超过 400 万 TB，2018 年将超过 1 600 万 TB；国内移动互联网月均流量 2015 年有望达到人均 330MB，2018 年有望超过 1 500MB，如图 15 所示。

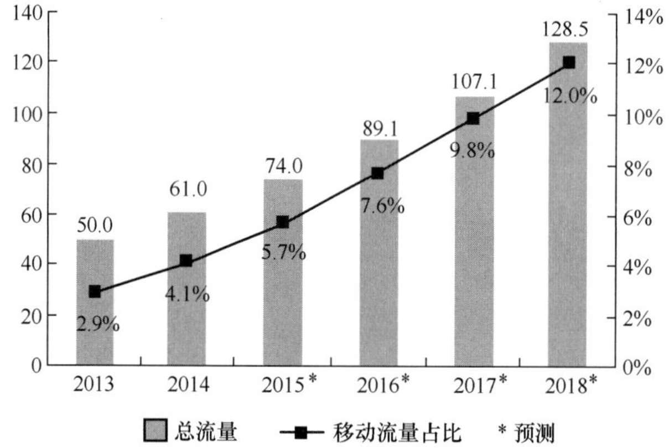

图 15　全球总流量及移动数据流量占比

资料来源：Cisco

2014 年互联网信息服务收入前百家企业发展报告

一、2014 年互联网百家企业发展主要指标

2014 年互联网信息服务业收入前百家企业（以下简称“互联网百家企业”）实现增值电信业务收入 2 224.7 亿元，同比增长 113.3%，互联网信息服务收入 2 008.8 亿元，同比增长 111.8%。实现利润 151.2 亿元，平均利润率达到 8.02%，从业人员规模接近 10 万人。互联网百家企业创造了全行业[1]近 45% 的收入，整体实力不断增强，发展势头迅猛，有力带动我国信息消费。

二、互联网百家企业发展整体概况

1. 收入规模大幅上涨，行业发展势头迅猛

2014 年，互联网百家企业实现互联网信息服务收入 2 008.8 亿元，同比增长 117.8%，在全行业收入占比达到 59.9%。实现营业收入 3 755.6 亿元，同比增长 242.7%。83 家企业互联网业务收入规模在 2 亿元以上，超过三成企业的互联网信息服务收入超过 10 亿元，4 家企业超过 100 亿元（如图 1 所示）。

2. 经济效益水平领先，盈利能力显著增强

2014 年，互联网百家企业实现营业利润 151.2 亿元，同比增长 44.09%。互联网百家企业平均营业利润达到 1.5 亿元。近 8 成的企业实现盈利，营业利润超过 5 亿元的企业有 10 家，营业利润超过 1 亿元的企业超过四分之一，如图 2 所示。互联网百家企业平均利润率达到 8.02%，其中，利润率超过 10% 企业有 40 家，利润率超过 5% 企业有 47 家。互联网百家企业人均互联网信息服务收入 207.7 万元，人均营业利润 15.6 万元。由于互联网企业成长发展的特点，部分企业为了保持营收的高速增长，投资规模较大，所以存在收不抵支的现象，百强中有两成企业存在亏损现象，但这些企业业务特色鲜明，规模优势显著，未来仍有较大的发展空间。

1　全行业指增值电信业，全行业收入指增值电信业务收入。

提高，移动游戏迎来了一个快速发展的阶段；主机游戏市场开启，新的家庭娱乐市场潜力巨大，百强企业抓住机遇，创新产品，带动行业发展。

3．电子商务市场发展迅猛，积极探索创新服务

2014 年，互联网百家企业电子商务平台收入规模达到 680.3 亿元，整体保持高速增长，较 2013 年百家电子商务收入增速超过 100%。百家企业占全行业电子商务平台收入规模的比重达到 7.21%，电子商务业务领域竞争更为激烈。2014 年互联网百家企业电子商务市场交易额达到 1 6011.07 亿元。内外因驱动电子商务市场保持快速增长，第一，国家扩大内需的重要举措，给中小企业带来了更多的发展机会，大大激活了 B2B 市场的低成本。第二，国务院发布加快生产性服务业的指导意见，鼓励深化大中型企业电子商务应用，促进大宗原材料网上交易、工业产品网上定制、上下游关联企业业务协同发展，创新组织结构和经营模式。第三，电子商务平台进一步深化信息服务，积极探索在线交易，全产业链服务能力不断加强。2013—2014 年互联网百家企业各领域收入情况如图 4 所示。

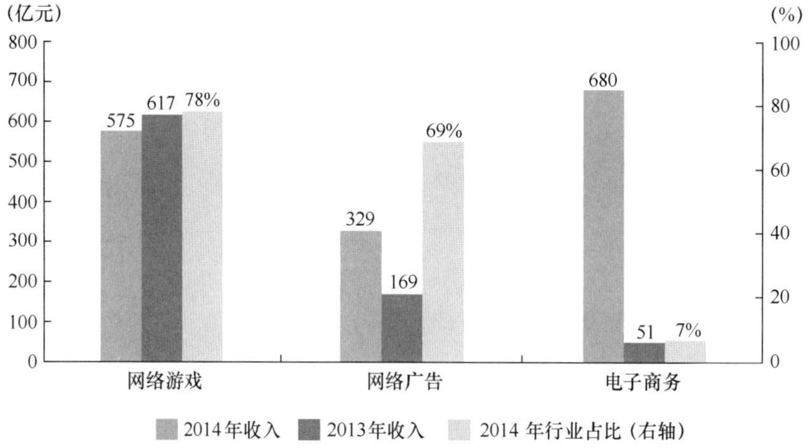

图 4　2013—2014 年互联网百家企业各领域收入情况

4．互联网数据中心服务商占据 5 席，为云计算发展提供良好基础

2014 年，互联网百家企业积极申请许可，进入互联网接入类市场。2014 年，互联网百家企业中，以互联网接入服务为主营业务的有 6 家，互联网数据中心 5 家，其中实现互联网接入服务收入 14.85 亿元。当前形势下，信息通信技术处于加速发展和跨界融合的爆发期，成为引领新一轮科技革命的主导力量。下一代国家信息基础设施的建设，是两化深度融合的坚实支撑。随着国家战略的大力支持，企业业务需求不断攀升和对数据要求的严格，以及新应用开发与部署的力度不断加大，这都将促进现有互联网接入服务高速发展。

四、互联网百家企业展望

互联网已经成为中国社会运行的基本要素和基础支撑，如毛细血管般渗透到国家社会生活的各个领域，以前所未有的深度和广度深刻改变着经济发展格局和信息传播格局，推动着社会管理创新，促进着国家治理体系和治理能力的现代化，给中国社会带来全新气象。伴随着互联网产业的繁荣兴盛，一批新的优秀的互联网企业将会发展壮大，成为促进互联网经济发展、社会信息化水平的重要力量，百家榜单将会刷新，业务结构呈现较大调整。

网络广告领域方面，技术革新和市场格局演变带来的驱动效应在倍增显现，广告形式和模式更为多元、新颖，市场空间更大，代理公司、技术公司、老牌企业和新秀企业之间的竞争今后将更加激烈，也必将推动中国网络广告行业不断向前探寻更宽广的发展空间。此外，移动游戏业务将逐步取代客户端、网页端等网络游戏业务，同时，海外市场将成为网络游戏新的增长点，主机游戏业务或为国内游戏研发开辟新道路。电子商务深刻影响了传统IT市场和传统产业，业务模式和商业模式的变革已在进行，新的商业模式推广将逐步成熟，新兴厂商的份额有望继续扩大。同时，随着国家战略的大力支持，企业业务需求不断攀升和对数据要求的严格，以及新应用开发与部署的力度不断加大，都将促进互联网接入服务或数据中心类企业高速发展。

2014 年贵州省信息通信业发展综述

一、贵州省经济总体发展情况

2014 年，贵州省坚持“加速发展、加快转型、推动跨越”主基调、工业强省和城镇化带动主战略，坚持发展为要、民生为本、企业为基、环境为重的工作理念，紧紧依靠全省各族人民，扎实开展同步小康创建活动，经济社会发展稳中有进、稳中有为、稳中向好，实现了良好开局。

2014 年，全省生产总值达到 9 251.01 亿元，同比增长 10.8%。其中，第一产业增加值 1 275.45 亿元，同比增长 6.6%；第二产业增加值 3 847.06 亿元，同比增长 12.3%；第三产业增加值 4 128.5 亿元，同比增长 10.4%。

项目推进有力，投资大幅增加。全年全社会固定资产投资（统计口径为计划总投资 500 万元及以上固定资产项目投资和房地产开发项目投资）8 778.4 亿元，同比增长 23.6%。其中，中央投资 605.60 亿元，增长 22.9%；地方投资 8 172.8 亿元，增长 23.6%。

努力开辟财源税源，财政收入稳步增长。全年全省财政总收入 2 132.16 亿元，比上年增长 11.2%。全省公共财政预算收入 1 366.42 亿元，同比增长 13.3%。其中，税收收入 1 026.45 亿元，同比增长 22.3%；非税收入 339.97 亿元，同比下降 7.3%。全省公共财政预算支出 3 542.13 亿元，同比增长 14.9%。

行业转型加快，邮电业持续较快发展。全年邮电业务总量 381.73 亿元，比上年增长 26.9%。其中，电信业务总量 353.98 亿元，增长 16.4%；邮政业务总量 27.75 亿元，增长 22.6%。

全年居民消费价格总水平比上年上涨 2.4%，在监测的八大类商品及服务项目中，除烟酒及用品价格比上年下降 0.2% 外，其余均有不同程度上升，其中食品价格上涨幅度最大，为 4.2%。

二、行业发展总体情况

（一）行业量收保持平稳，经济贡献持续提升

2014 年，我省基础电信业完成电信业务总量 353.98 亿元，同比增长 16.4%，人均电信业务

量达到 1 020.4 元 / 人，同比增长 16.4%。全年实现电信业务收入 222.02 亿元，同比增长 2.1%，自 2014 年 6 月受“营改增”政策影响，电信业务收入增速比去年下降 13.9 个百分点。行业增加值达到 102.9 亿元，对全省 GDP 直接贡献 1.1%，比 2013 年高 0.02 个百分点（见表 1）。

表 1　2008—2014 年贵州省电信业务总量、电信业务收入、行业增加值与全省 GDP 增速情况简表

指标/年份	单位	2008年	2009年	2010年	2011年	2012年	2013年	2014年
贵州省GDP	亿元	3 561.56	3 912.68	4 602.16	5 701.84	6 802.2	8 006.79	9 251.01
贵州省GDP增速	%	11.3	11.4	12.8	15%	13.6%	12.5%	10.8%
电信业务总量	亿元	361.11	453.33	167.14	204.24	244.11	278.15	353.98
电信业务总量增速	%	27.5%	25.5%	33.5%	22.2%	19.5%	14%	16.4%
电信业务收入	亿元	120.91	136.89	147.38	165.95	187.47	217.55	222.02
电信业务收入增速	%	22.4%	13.2%	7.7%	12.6%	13.9%	16%	2.1%
行业增加值	亿元	56.07	62.51	64.49	75.28	86.56	86.44	102.9

（二）用户规模稳步扩大，电话普及率持续提升

2014 年，全省新增电话用户 164.21 万户，电话用户总数达到 3 398.95 万户，同比增长 5.1%；电话用户普及率达到 97.98 部 / 百人，比 2013 年提高 4.73 个百分点。其中，移动电话用户新增 188.09 万户，用户总数达到 3 059.85 万户，同比增长 6.5%，移动电话普及率达到 88.21 部 / 百人；全省固定电话用户持续下降，全年减少 23.88 万户，总数降至 339.1 万户，固定电话普及率降至 9.78 部 / 百人（如图 1 所示）。

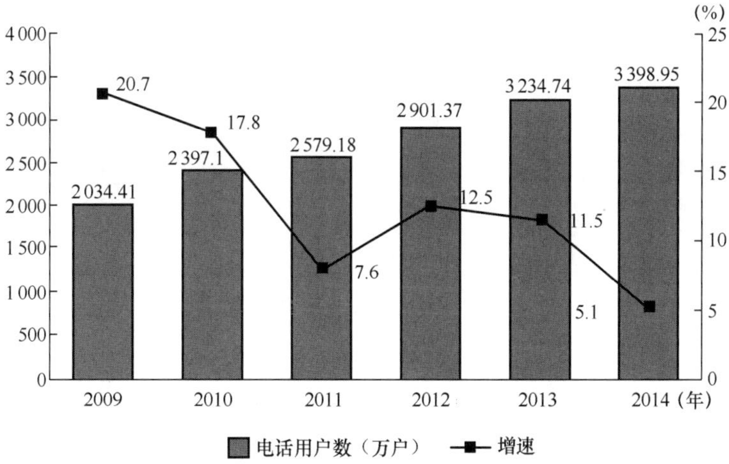

图 1　2009—2014 年贵州省电话用户发展情况

（三）固定资产投资保持平稳，移动通信网投资占比近五成

2014 年，随着 4G 移动通信技术的正式商用，我省基础通信业投资向移动通信网倾斜。全

年完成固定资产投资 86 亿元，比 2013 年新增投资 0.4 亿元。其中，增长最快的领域是移动通信网投资，共完成 41.1 亿元，同比增长 30.9%，占总投资额的 47.8%；传输投资和互联网及数据通信投资增速明显放缓，共完成投资 23.23 亿元和 10.53 亿元，同比增长 5.5% 和 3%，增速分别下降 6.2 个百分点和 22.1 个百分点，分别占总投资额的 27% 和 12.2%；固定通信网投资持续萎缩，全年投资 4.9 亿元，同比下降 0.2%，占总投资额的 5.7%；电信其他投资 5.7 亿元，占总投资额的 6.6%(如图 2 所示)。

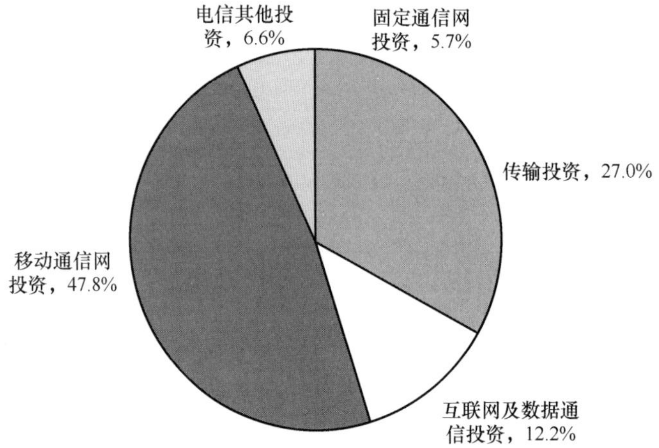

图 2　2014 年贵州省通信业固定资产投资结构

2014年行业投资收入比达到38.7%，比2013年下降0.6个百分点(如图3所示)。从整体来看，我省通信行业投资收入比从 2008 年的 47% 下降至 2014 年的 38.7%，降幅达 8.3%，说明行业整体效益逐年稳步提升。

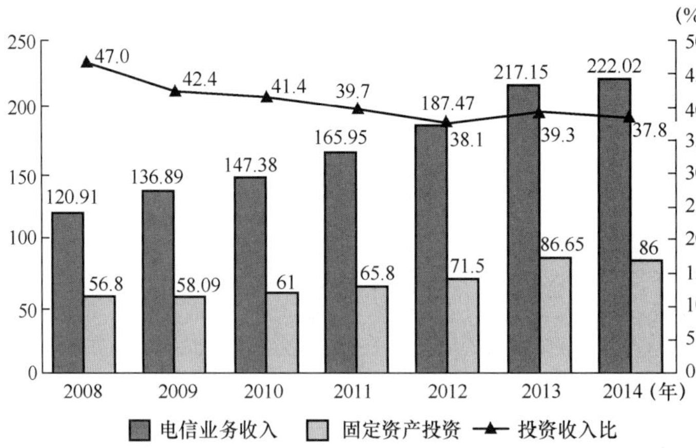

图 3　2008—2014 年贵州省基础通信业投资收入比

（四）以数据中心为引领，助推大数据产业综合实力逐渐壮大

2014 年，三大通信运营企业以数据中心建设为引领，进一步加快数据中心建设进度。一期

共建设用地面积 20.2 万平方米，总投资达到 87.07 亿元，规划机架 1.7 万个。其中，中国电信云计算贵州信息园以“云上贵州”发展为契机，加快资源型 ICT 业务和 IDC 业务的拓展，并与“食品安全云”等项目签订 IDC 租用协议。同时，腾讯公司和阿里巴巴公司也入驻 IDC 机房；中国联通（贵安）云计算基地以重点领域应用示范工程建设为重点，建成了“青岩”古镇示范点。同时，与贵航集团和省商务厅合作建设的“贵航工业云”和贵州省“电子口岸”平台顺利开通。

通过近两年的发展，我省信息通信业形成以三大通信运营企业数据中心为引领，助推大数据产业快速发展的新模式。2014 年，我省电子信息产业实现规模总量 1 460 亿元，同比增长 62%，其中，通信和广电网络完成业务总量 420 亿元；电子商务业务量实现 160 亿元，大数据产业综合实力逐渐壮大。

（五）积极推进“小康讯”行动计划，农村信息化建设深入推进

2014 年，全省通信行业深入贯彻落实省委、省政府“四在农家 • 美丽乡村”——小康讯基础设施建设任务，全年完成小康讯投资 5.6 亿元，实现 2 300 个行政村通宽带和 1 600 个自然村通电话，行政村通宽带和自然村通电话比例分别达到 90% 和 98%，分别比 2013 年提升 12.1 个百分点和 0.5 个百分点。

2014 年，全省信息通信业继续推进农村信息化建设，全年完成 30 个乡镇、59 个行政村信息化试点建设和 30 个农村学校宽带建设任务，完成 18 个村民多功能服务站建设。组织培训农村信息化各类人员约 4 100 余人次，开展信息大篷车“进村入户”信息支农活动 13 次。随着农村信息化建设的逐步深入，信息通信基础设施和信息化服务农业生产、提高农民收入，改善农民生活的作用将不断凸显。

（六）基础设施共建共享深入推进，节约投资成效显著

2014 年，随着《贵州省电信基础设施共建共享及联建办工作考奖办法》的制定以及联合省住建厅贯彻落实光纤到户两项国标，全面推进我省新建住宅小区的光纤到户工作，进一步加强我省通信行业“共建共享共治”的管理机制以及省内共建共享有关基础工作的执行力度。2014 年，全省实现共建共享铁塔 678 个、基站 1 409 个、管道杆路 3 309.24 公里，节约建设资金 10.8 亿元，共建比例达到 82%，共享比例达到 81.1%。

自 2008 年实施共建共享工作以来，全省铁塔共建共享累计 3 732 座；基站共建共享累计 10 346 座；传输线路、杆路、管道累计 48 501 公里；节约投资累计达到 39.13 亿元。

三、业务发展分析

（一）行业发展转型分析

2014 年，随着我省移动数据及互联网应用的不断创新和互联网业务融合发展的步伐加快，

带动我省基础电信业业务结构持续调整优化。

1．移动通信业务比重占比持续提升，增长贡献突出

移动通信业务收入比重持续提升。2014 年，我省基础通信业完成移动通信业务收入 184.59 亿元，同比增长 2.4%，在电信业务收入中占比达到 83.1%，比 2013 年提高 0.2 个百分点；固定通信业务收入实现 37.43 亿元，同比增长 0.5%，在电信业务收入中的占比达到 16.9%，比 2013 年下降 0.2 个百分点（如图 4 所示）。

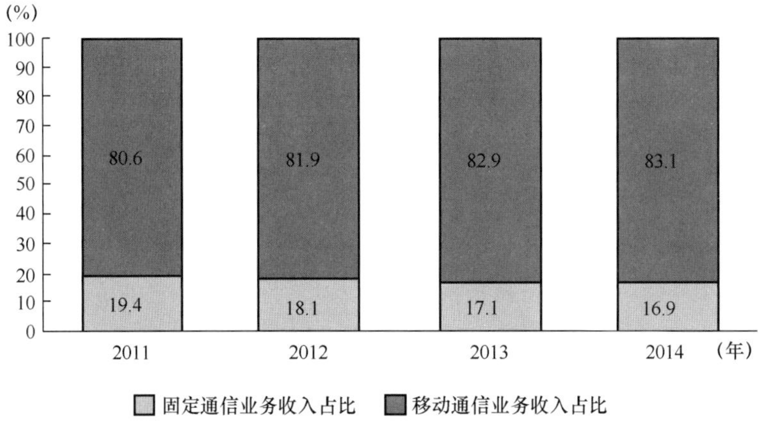

图 4　2011—2014 年贵州省固定和移动通信业务收入占比情况

移动通信业务收入增长贡献突出。2014 年，移动通信业务收入对电信业务收入贡献达到 95.5%，比 2013 年提高 6.4 个百分点，收入增长贡献明显。固定通信业务收入贡献率达到 4.5%，比 2013 年下降 6.4 个百分点（如图 5 所示）。

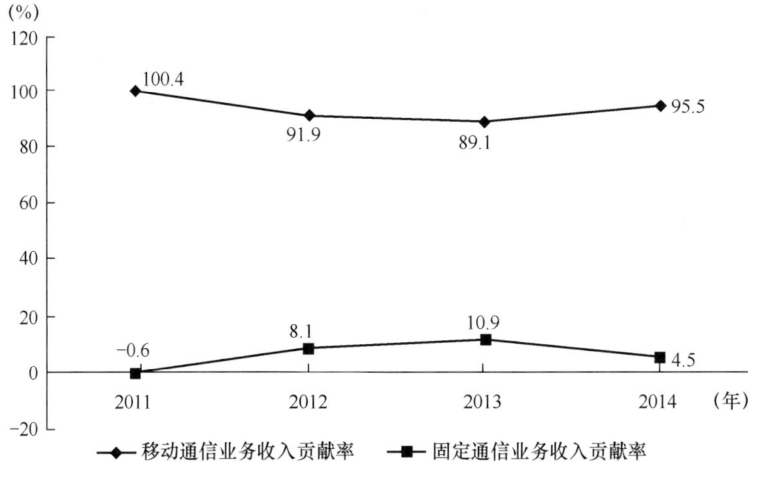

图 5　2011—2014 年贵州省固定和移动业务增长对电信业务收入增长的贡献

2．数据及互联网业务收入增长贡献突出，成为电信业务收入增长主要动力

数据及互联网业务收入增长贡献最为突出。2014 年，我省非话音业务收入达到 101.1 亿元，在电信业务收入中占比达到45.5%。其中，数据及互联网（固定和移动）业务收入达到82.1亿元，同比增长21.1%。在收入增长贡献方面，数据及互联网业务收入对电信业务收入增长的贡献率达到218.2%，比2013年同期提高126.7个百分点，成为拉动我省电信业务收入增长的最主要动力（如图6所示）。

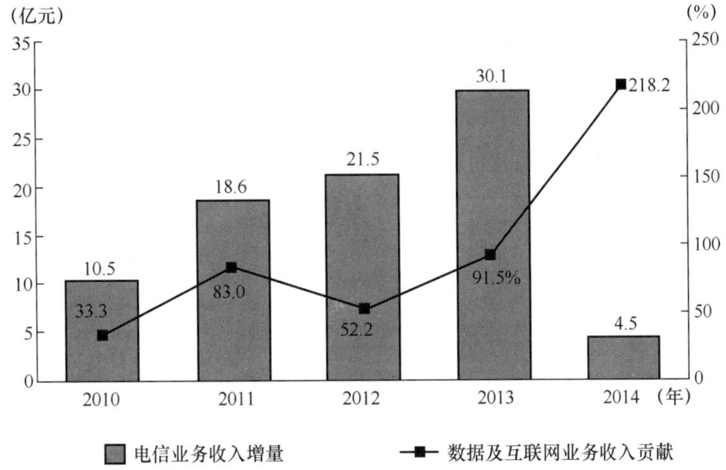

图6 2010—2014年贵州省数据及互联网业务收入贡献情况

在移动数据及互联网业务收入方面，2014年，我省固定数据及互联网业务收入达到24.9亿元，同比增长6.7%，移动数据及互联网业务收入达到57.1亿元，同比增长28.7%，增速较2013年末提高8.5个百分点。移动数据及互联网业务收入增速的增长，有效拉动我省数据业务的快速提升（如图7所示）。

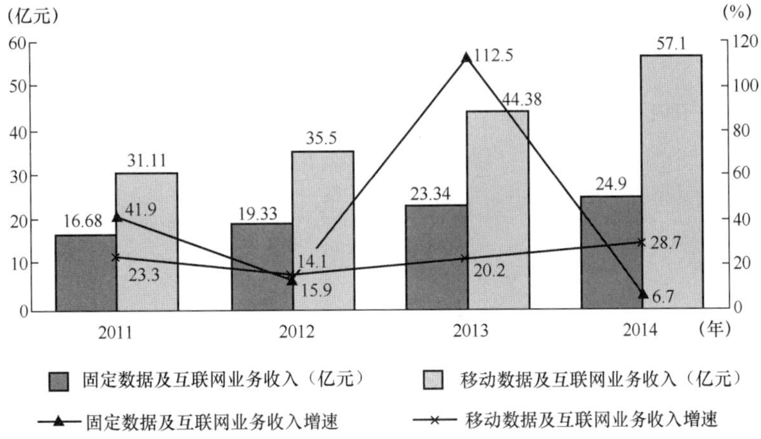

图7 2011—2014年贵州省固定和移动数据及互联网业务收入增速情况

3. 数据流量成为行业业务量增长主导，话音、短信等传统业务消费明显下滑

数据流量消费成为行业业务量增长主导。2014年，随着4G牌照的发放和移动互联网的发展，我省各通信运营企业继续稳步实施“流量经营”和“流量营销”策略，促进用户消费。2014年，全行业移动互联网接入流量累计达到3 418.3万G，同比增长70.8%，月户均流量由2013年的

110.6MB 增加到 149.5MB，同比增长 35.2%，用户的移动互联网流量消费潜力正不断的显现出来（如图 8 所示）。

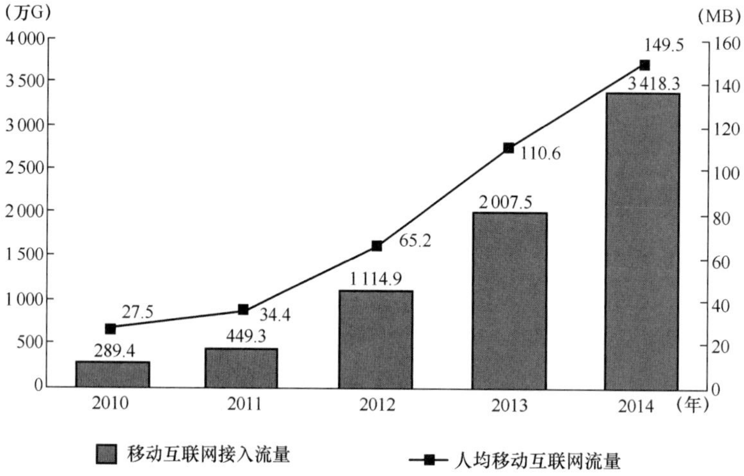

图 8　2010—2014 年贵州省移动互联网流量发展情况

话音、短信等传统业务增速明显下滑。受到数据流量快速增长替代的影响，话音、短信等传统业务，特别是移动话音和短信业务增速下滑态势明显。2014 年，全行业移动电话去话通话时长累计达到 62.9 亿分钟，同比增长 3.1%，增速比 2013 年下降 2.3 个百分点，固定本地电话通话时长累计达到 2.23 亿分钟，同比下降 4%；移动短信业务量共计 123.36 亿条，同比下降 11.9%，降幅比 2013 年同期扩大 9.8 个百分点。

4．移动数据 ARPU 值持续提升，移动话音 ARPU 值略有下降

随着 4G 的正式商用和移动互联网的快速发展，拉动我省移动数据 ARPU 值持续提升。2014 年，移动数据 ARPU 值达到 28.5 元 /(月 · 户)，比 2013 年提升 4 元 / 月（月 · 户）；移动话音 ARPU 值达到 38.1 元 /(月 · 户)，比 2013 年下降 0.2 元 /(月 · 户)（如图 9 所示）。

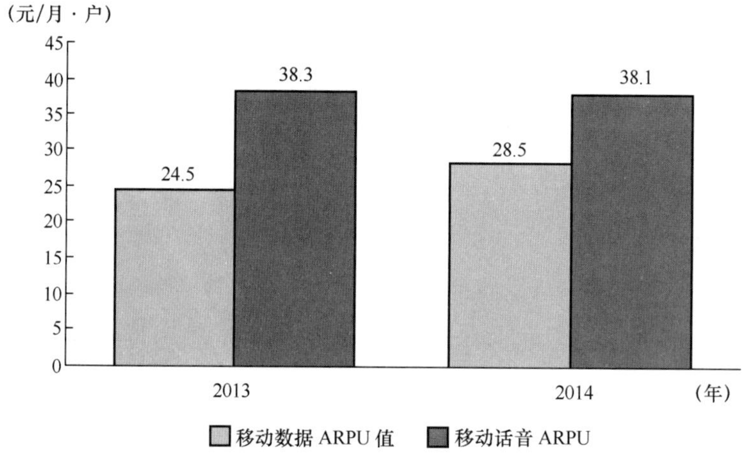

图 9　2013—2014 年贵州省移动数据和移动话音 ARPU 值对比情况

（二）电话用户发展情况

1．固定电话用户规模持续下降，农村电话用户降幅超城市

2014 年，随着移动电话用户和 3G/4G 用户的高速发展，固定电话用户规模持续下降。全省固定电话用户规模达到 339.1 万户，比 2013 年减少 23.88 万户，同比下降 6.6%（如图 10 所示）。在城市和农村电话用户方面，2014 年，我省城市电话用户达到 261.3 万户，同比下降 3.1%；农村电话用户达到 77.75 万户，同比下降 16.7%。

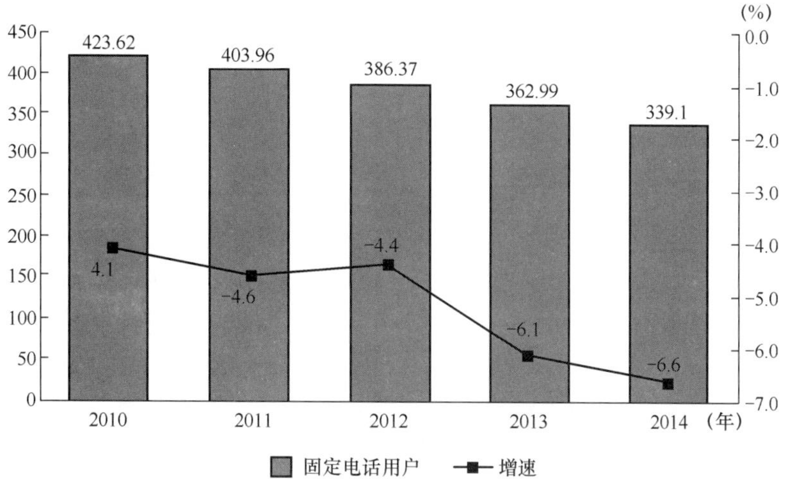

图 10　2010—2014 年贵州省固定电话用户数及增速

2．移动电话用户保持稳步增长，占比近九成

2014 年，我省共新增移动电话用户 188.09 万户，达到 3 059.85 万户，同比增长 6.5%，移动电话普及率达到 88.21 部 / 百人，比 2013 年提高 5.43 个百分点，移动电话用户在电话用户总数中的占比达到 90%（如图 11 所示）。

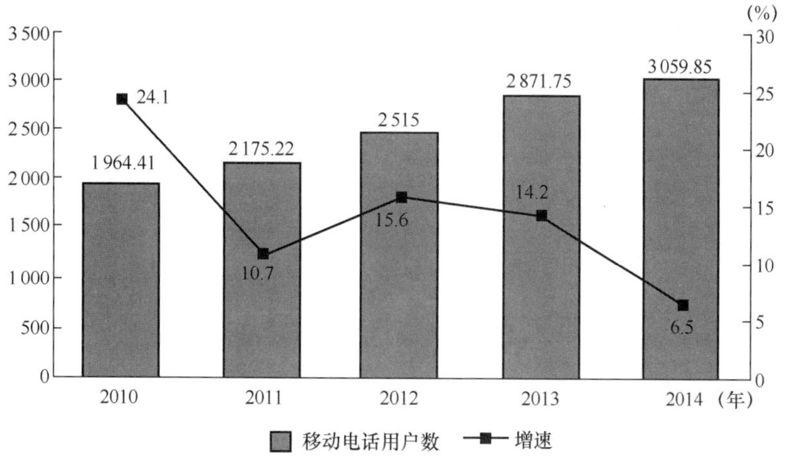

图 11　2010—2014 年贵州省移动电话用户数及增速

（三）3G/4G 业务及融合类业务发展情况

1．3G/4G 基础设施建设情况

2014 年，随着工信部 4G 移动通信网络运营牌照正式发放中国移动，移动贵州公司加大 4G 移动通信基站建设力度，而电信贵州公司和联通贵州省分公司也继续加强 3G 移动通信基站的建设。2014 年，全年新增 3G 基站 0.12 万个，累计达到 2.67 万个，同比增长 4.9%，4G 基站全年累计达到 1.54 万个。3G/4G 基站在我省移动通信基站中占比超过五成，达到 50.7%（如图 12 所示）。

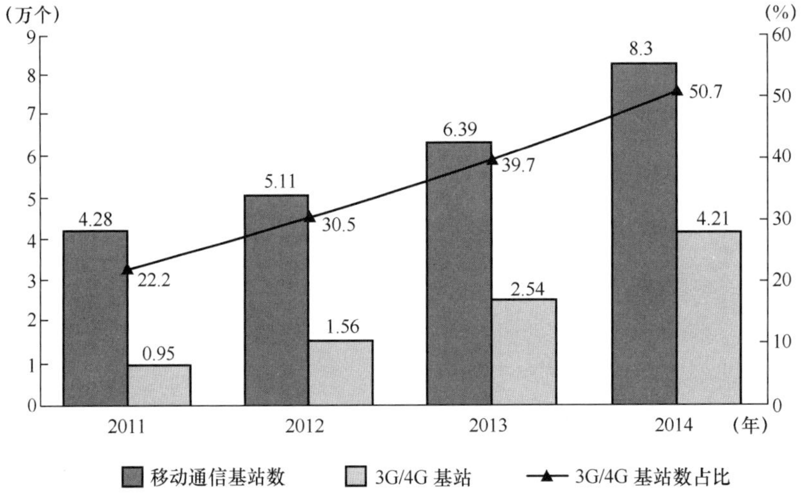

图 12　2011—2014 年贵州省移动电话基站数、3G/4G 基站数及其占比情况

通信网络覆盖持续提升。2014 年，3G/4G 网络覆盖的广度和深度继续扩大，4G 网络已 100% 覆盖全省所有乡镇。农村地区网络覆盖力度明显增强，城市地区室内覆盖成为重点建设内容，WLAN 网络热点覆盖继续推进，4G 网络进一步向村延伸。

2．3G/4G 用户与新业务发展情况

3G 移动电话用户新增规模放缓。2014 年，我省 3G 移动电话用户新增 252.92 万户，增幅比 2013 年同期缩窄 121.7 万户。

4G 移动电话用户保持快速增长。4G 移动电话用户达到 178.65 万户，月新增用户达到 14.89 万户，2014 年，4G 移动电话用户在全部移动电话用户中的渗透率达到 5.8%（如图 13 所示）。

手机上网用户带动移动互联网用户持续增长。2014 年，全行业移动互联网用户达到 2 004.79 万户，比 2013 年新增 239.38 万户。其中，手机上网用户达到 1 968.29 万户，比 2013 年新增 182.1 万户，同比增长 10.2%；3G/4G 上网用户达到 1 066.05 万户，比 2013 年新增 488.19 万户，同比增长 84.5%。从占比上看，2014 年，手机上网用户占全部移动互联网用户的比例超过九成，达到 98.2%，比 2013 年提高 0.3 个百分点，成为移动互联网用户增长的主要动力（如图 14 所示）。

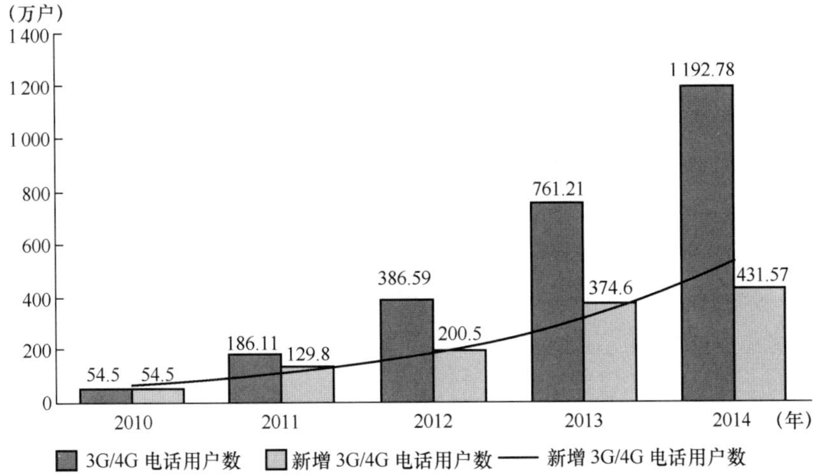

图 13　2010—2014 年贵州省 3G/4G 电话用户发展情况

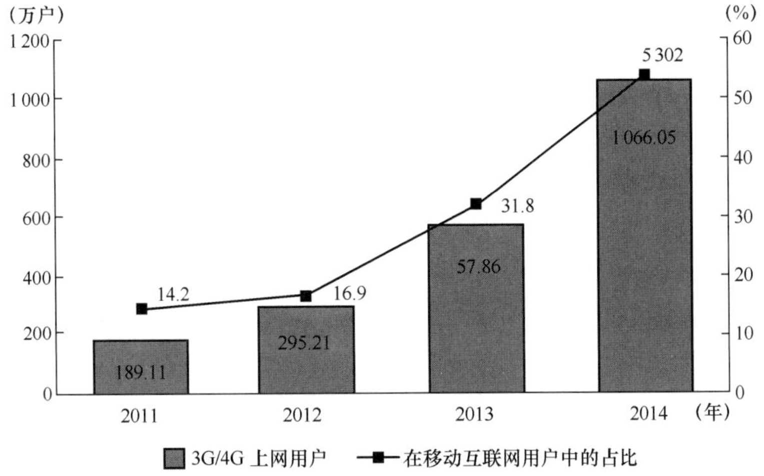

图 14　2011—2014 年贵州省 3G/4G 上网用户发展及在移动互联网用户中的占比情况

3. 融合类业务发展情况

移动互联网快速发展带动各类型新兴业务的发展，手机电视、手机支付和物联网终端等用户已初具规模。2014 年，我省固定与移动融合业务用户、手机电视用户、物联网终端用户和手机支付用户分别新增 96.87 万户、8.52 万户、6.88 万户和 17.43 万户，用户规模分别达到 307.68 万户、108.4 万户、22.1 万户和 19.37 万户。

（四）"宽带贵州"行动计划

1. 宽带基础设施建设情况

互联网出省带宽大幅增长。2014 年，我省互联网出省带宽大幅增长，新增出省带宽 888Gbit/s，达到 2 100Gbit/s，同比增长 73.3%（如图 15 所示）。

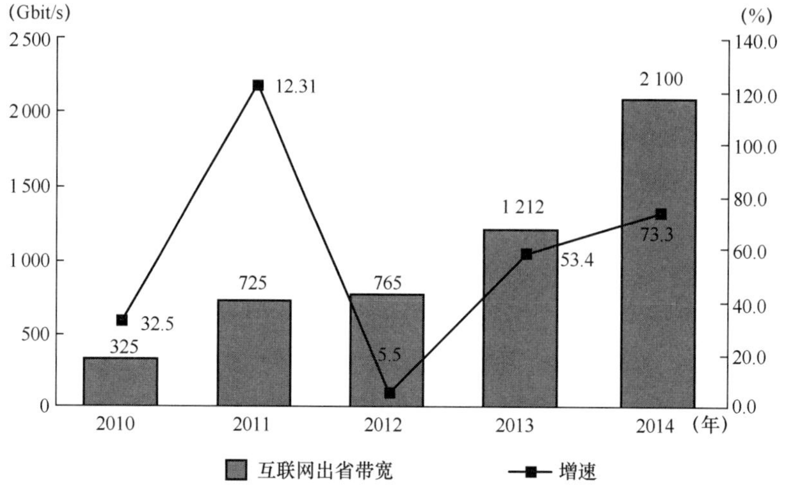

图 15　2010—2014 年贵州省互联网出省带宽及增长率

互联网宽带接入端口规模持续增长。2014 年，在“宽带贵州”行动计划的推动下，贵州省互联网规模和能力显著提升。互联网宽带接入端口迅速攀升至 668.4 万个，比 2013 年年底新增 86.4 万个，同比增长 14.8%（如图 16 所示）。

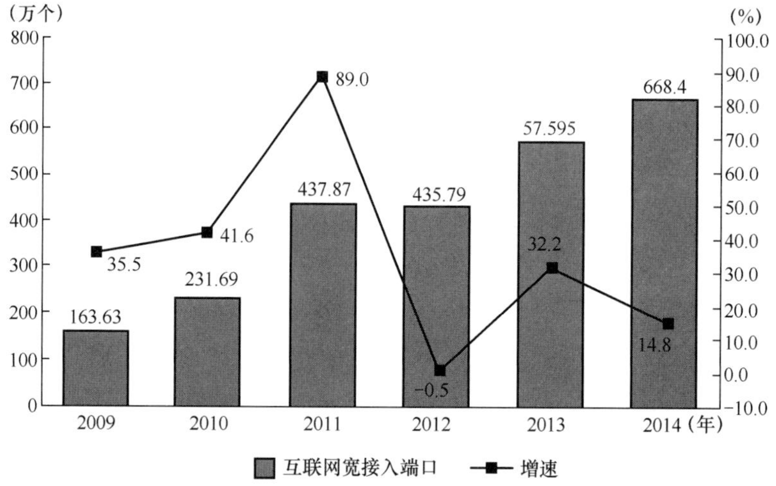

图 16　2009—2014 年贵州省互联网宽带接入端口数及增长率

城市 20Mbit/s 以上、农村 4Mbit/s 以上宽带接入能力占比持续提升。2014 年，全省城市地区 20Mbit/s 以上宽带接入能力占比达到 74%，比 2013 年增长 8 个百分点。农村地区 4Mbit/s 以上宽带接入能力占比达到 93%，比 2013 年增长 13 个百分点，城市和农村高速率接入能力占比均已超过“宽带贵州”行动计划的年度目标。

FTTH 和 WLAN 基础设施建设稳步提升。2014 年，我省 WLAN 公共运营热点数累计达到 8.12 万个，比 2013 年新增 0.87 万个，WLAN 网络较好的发挥了无线宽带网络补充的积极作用。在“宽带贵州”行动计划的推动下，我省光纤宽带网络建设继续稳步推进。2014 年，我省 FTTH 覆盖家庭数达到 257.8 万个，比 2013 年新增 185.8 万个。

FTTH 端口占比大幅提升。随着光纤宽带网络建设的不断推进，FTTH 端口数量显著增加。2014 年，全省共新增 FTTH 端口 53.45 万个，端口总数达到 123.7 万个。FTTH 端口在全部互联网宽带接入端口中占比达到 18.5%，比 2013 年提高 6.4 个百分点（如图 17 所示）。

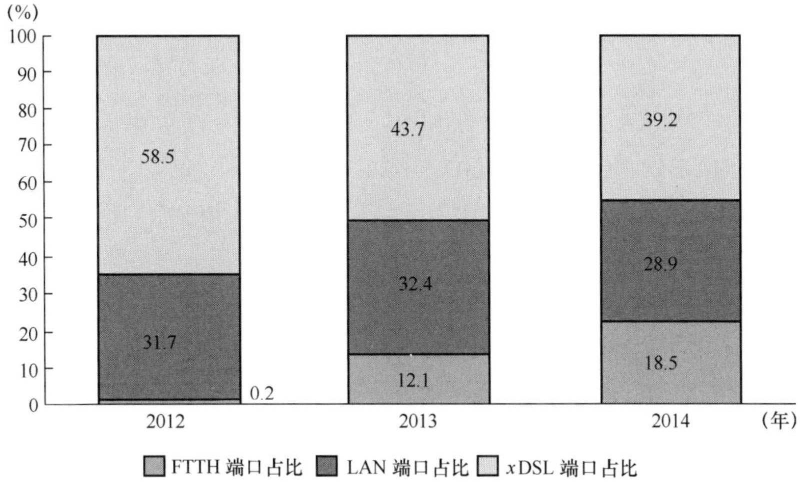

图 17　2012—2014 年贵州省各类型宽带接入端口占比情况

2. 宽带用户发展情况

固定宽带接入用户规模不断扩大。在“宽带贵州”行动计划的推动下，2014 年，我省互联网用户总数达到 2 352.55 万户，比 2013 年净增 239.38 万户，同比增长 11.3%。其中，固定互联网宽带接入用户达到 347.76 万户，比 2013 年净增 万户 55.4，同比增长 18.9%（如图 18 所示）。

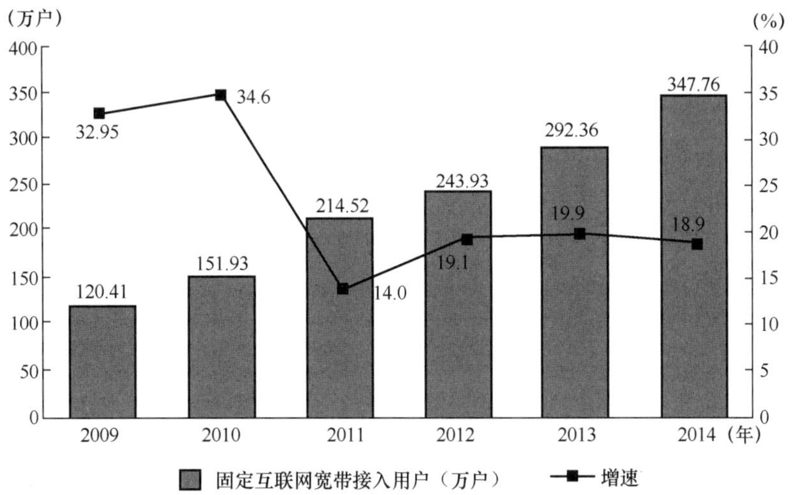

图 18　2009—2014 年贵州省固定互联网宽带用户总数和增长率情况比较

农村地区宽带用户增速超城市地区。2014 年，我省城市地区和农村地区的互联网宽带接入用户分别达到 287.19 万户和 60.56 万户，分别同比增长 15.9% 和 35.6%，农村地区宽带用户增速是城市地区的两倍以上。在家庭普及率方面，我省城市和农村地区的宽带家庭普及率分别达到 77.4% 和 8.7%，分别比 2013 年年末提高 10.6 个百分点和 2.3 个百分点。

FTTH/O 用户占比进一步提升。2014 年，省内各基础电信企业积极推进“宽带贵州”行动计划，FTTH/O 用户发展进一步加速。全年共新增 FTTH/O 用户 61.94 万户，用户规模达到 87.48 万户，同比增长 242.5%。FTTH 用户在全部互联网宽带接入用户中占比达到 25.2%，比 2013 年提高 16.5 个百分点。

宽带用户加快向 8Mbit/s 以上迁移。2014 年，我省 8Mbit/s 以上宽带用户达到 141.2 万户，占全省宽带用户的 40.6%，比 2013 年年末提升 27.5 个百分点，宽带用户 8M 以上迁移速度逐渐加快。同时，4Mbit/s 以上宽带用户占比进一步提升，达到 90.5%，比 2013 年占比提高 19.9 个百分点。行业宽带发展总体向高速率宽带迁移（如图 19 所示）。

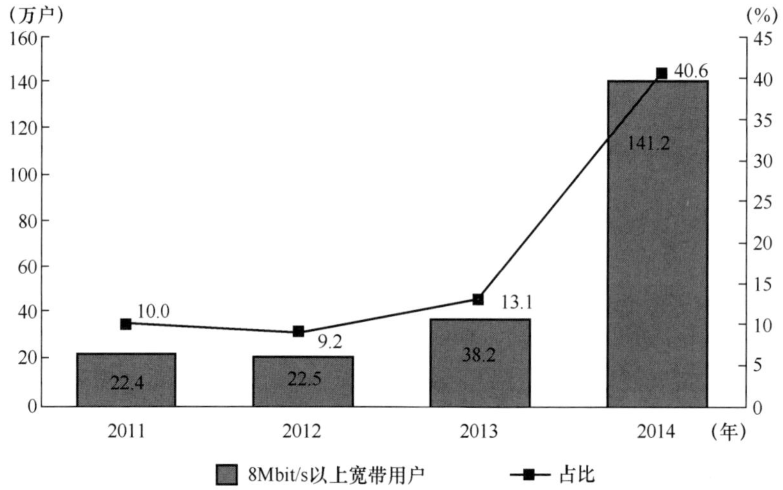

图 19　2011—2014 年贵州省 8M 及以上宽带用户情况及占比

互联网普及率持续提升。2014 年，我省互联网网民数净增 254 万人，达到 1 200 万人，同比增长 4.7%，网民规模持续扩大。与此同时，互联网普及率进一步提升，2014 年网民占全省人口比例为 34.6%，比 2013 年提高 7.5 个百分点（如图 20 所示）。

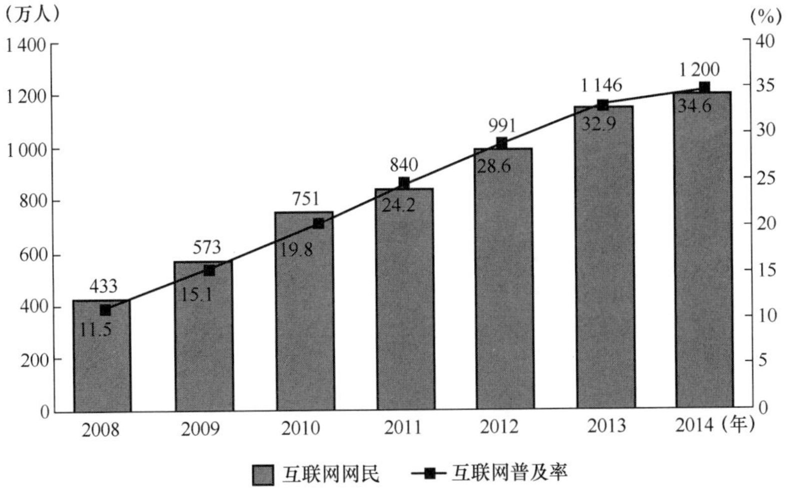

图 20 2008—2014 年贵州省互联网网民数及普及率发展情况

四、基础电信企业发展情况对比分析

（一）用户发展对比分析

1. 贵州移动电话用户快速增长，市场份额持续提升

2014 年，贵州电信、贵州移动和贵州联通的移动电话用户规模分别达到 429.66 万户、2 154.13 万户和 476.05 万户，贵州电信和贵州移动同比分别增长 5.1% 和 9.7%，贵州联通同比下降 4.5%。在市场份额方面，2014 年，贵州移动的市场份额上升 2 个百分点，贵州电信和贵州联通分别下降 0.2 个百分点和 1.8 个百分点（如图 21 所示）。

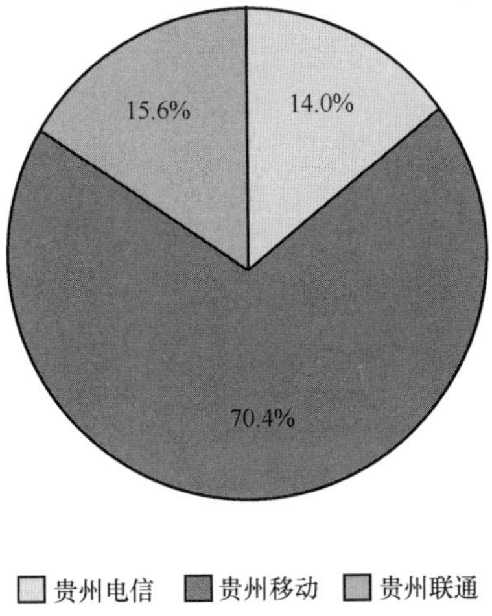

图 21 2014 年贵州省基础电信企业移动电话用户市场份额

2. 宽带用户规模稳步提升，市场结构进一步优化

2014 年，我省各通信运营企业宽带用户保持稳步增长。其中，贵州移动宽带用户规模大幅增长，达到 43.4 万户，同比增长 186.9%，市场占有率达到 12.5%，贵州电信宽带用户规模达到 221.5 万户，同比增长 3%，市场占有率达到 63.5%，较 2013 年下降 10 个百分点；贵州联通宽带用户规模达到 82.9 万户，同比增长 33.2%，市场占有率达到 23.8%（如图 22 所示）。

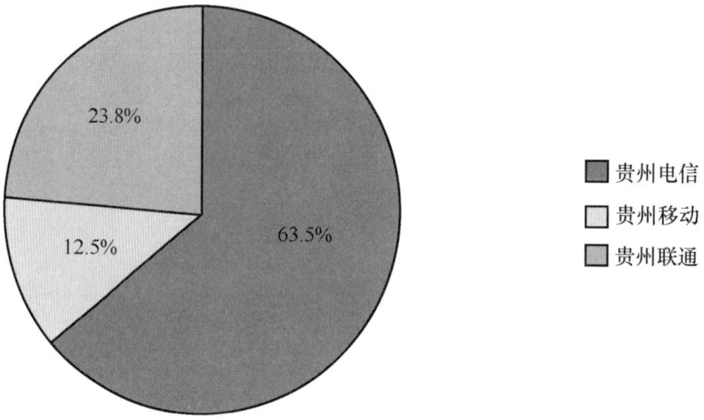

图 22　2014 年贵州省各通信运营企业宽带用户占比情况

（二）经营效益对比分析

1. 贵州移动业务收入占比小幅下降，市场份额持续向均衡化调整

2014 年，我省信息通信业市场份额持续向均衡化调整。贵州移动完成电信业务收入 133.87 亿元，同比增长 0.7%，市场份额占比达到 60.3%，较 2013 年下降 0.8 个百分点；贵州电信完成电信业务收入 50.88 亿元，同比下降 0.1%，市场份额占比达到 22.9%；贵州联通完成电信业务收入 33.97 亿元，同比增长 10.4%，市场份额占比达到 15.3%，贵州铁通完成电信业务收入 3.3 亿元，同比增长 15.1%，市场份额占比达到 1.5%（如图 23 所示）。

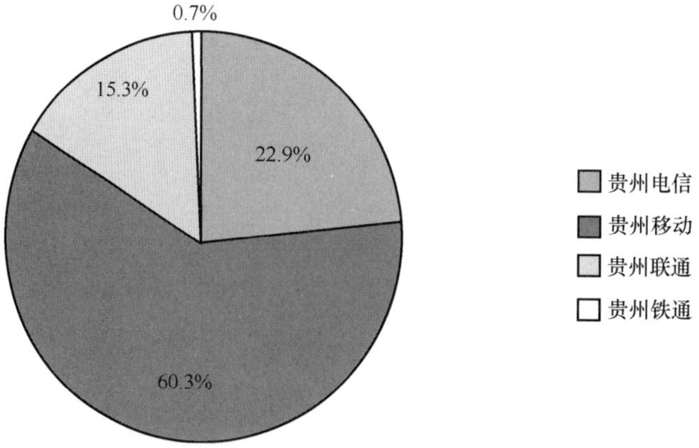

图 23　2014 年贵州省各通信运营企业收入市场份额占比情况

2. 固定资产投资保持平稳，各企业投资方向各有侧重

2014 年，各通信运营企业加大投资力度，贵州电信、贵州移动、贵州联通和贵州铁通公司全年分别完成固定资产投资 15.41 亿元，46.5 亿元、24.1 亿元和 0.2 亿元。分别占行业总投资的 17.9%、54.1%、27.8% 和 0.2%（如图 24 所示）。

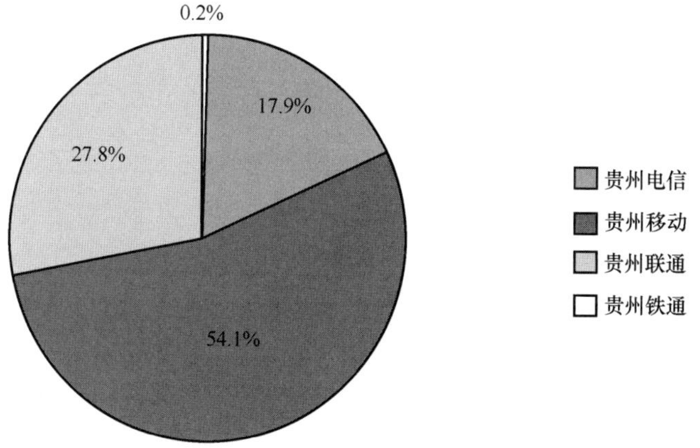

图 24　2014 年贵州省基础电信企业固定资产投资占比情况

各通信运营企业根据业务和网络发展需要，投资方向各有侧重。贵州移动和贵州联通侧重于移动通信投资，全年分别完成投资 26.7 亿元和 11 亿元，分别占公司固定资产投资总额的 57.4% 和 45.6%；贵州电信侧重于数据及互联网投资，全年累计完成投资 6.27 亿元，占公司固定资产投资总额的 40.7%。

五、民营企业发展情况分析

2014 年，全省通信民营企业数量达到 430 个（增值企业和通信建设企业），比 2013 年增加 65 个，从业人数共达到 13 018 人，共实现收入 21.5 亿元。其中，增值电信企业和通信建设企业业务收入分别实现 5.6 亿元和 14.74 亿元。从企业规模看，年收入超过 100 万的企业有 112 家，年收入超过 1 000 万的企业有 47 家，年收入超过亿元有 4 家。

（一）增值电信企业发展情况

2014 年，我省增值电信企业数量达到 360 个，比 2013 年增加 60 个。从业人数达到 6 000 人，同比增长 20%。

从市场规模来看，2014 年我省增值电信市场依然以小微企业为主，业务收入 100 万以下的增值电信企业达 287 家，占企业总数的 79.7%；业务收入在 100 万至 1 000 万之间的企业达 60 家，占企业总数的 16.6%，业务收入超过亿元的企业有 1 家。按照中小企业划型标准规定，有 96%

的增值电信企业属于小微企业（营业收入小于 1 000 万元的企业）。

（二）通信建设企业发展情况

2014 年，我省通信建设企业数量达到 70 个，比 2013 年增加 5 个。从业人数达到 7 018 人，同比增长 13.2%。

从市场规模来看，2014 年我省业务收入 100 万元以下的通信建设企业达到 18 家，占企业总数的 25.7%；业务收入在 100 万元至 1 000 万元的企业达 52 家，占企业总数的 74.29%，业务收入超过亿元的企业有 3 家。

六、主要指标排名和通信业地域发展分析

（一）我省主要指标全国排名情况

根据工业和信息化部统计数据，截至 2014 年，我省电信业务总量、电信业务收入增速分别排名全国第 15 位和第 4 位（见表 2、表 3）；固定资产投资完成额增速全国排名第 14 位，西部排名第 8 位；移动电话用户增速全国排名第 14 位，西部排名第 4 位；4G 电话用户增速排名全国第 21 位，西部排名第 6 位；固定互联网宽带接入用户增速排名全国第 24 位，西部排名第 8 位。

表 2　电信业务总量增速全国排名前 15 位省（市）情况

	电信业务总量		
	累　计	比2013年	增速排名
	（万元）	（±%）	
全　国	181 495 099.5	16.1	
云　南	5 392 824.9	28.2	1
湖　南	6 639 670.3	24.1	2
宁　夏	919 041.1	22.6	3
青　海	772 460.6	21.5	4
河　南	8 945 266.6	19.8	5
四　川	9 097 262.0	19.7	6
浙　江	11 456 625.1	19.6	7
陕　西	5 207 158.7	19.5	8
甘　肃	2 640 163.8	18.0	9
重　庆	3 709 566.3	17.7	10

（续表）

	电信业务总量		
	累　计	比2013年	增速排名
	（万元）	（±%）	
湖　北	6 216 929.6	17.4	11
北　京	6 870 230.5	17.2	12
江　苏	13 218 182.6	16.9	13
江　西	3 943 669.7	16.6	14
贵　州	3 539 814.8	16.4	15

表 3　电信业务收入增速全国排名前 10 位省份情况

	电信业务收入		
	合　计	比2013年	增速排名
	（万元）	（±%）	
全　国	115 410 914.8	-1.2	
西　藏	377 702.6	7.1	1
青　海	518 615.2	2.6	2
河　南	5 454 746.5	2.4	3
贵　州	2 220 210.0	2.1	4
甘　肃	1 655 020.9	2.0	5
重　庆	2 218 947.9	1.4	6
云　南	3 100 265.6	1.3	7
广　西	2 859 095.6	1.0	8
北　京	5 541 226.1	0.5	9
安　徽	3 718 126.6	0.3	10
湖　北	4 054 446.7	0.1	11
陕　西	3 289 049.4	0.0	12

（二）各市（州）通信发展分析

2014 年，我省各市（州）通信业保持平稳发展态势，各市州与贵阳、遵义两市差距正逐步缩小。

1. 黔西南量收增速领跑全省，贵阳、遵义占比超四成

2014 年，各市州电信业务总量保持平稳增长，在增速方面，黔西南州和铜仁市电信业务总

量增速分别达到 20.9% 和 20.4%，排名全省第一名和第二名（如图 25 所示）。在占比方面，贵阳和遵义两市分别占全省电信业务总量的 24.9% 和 17.5%，占比较 2013 年分别下降 0.5 个百分点和 0.4 个百分点，与各市州差距正逐步缩小。

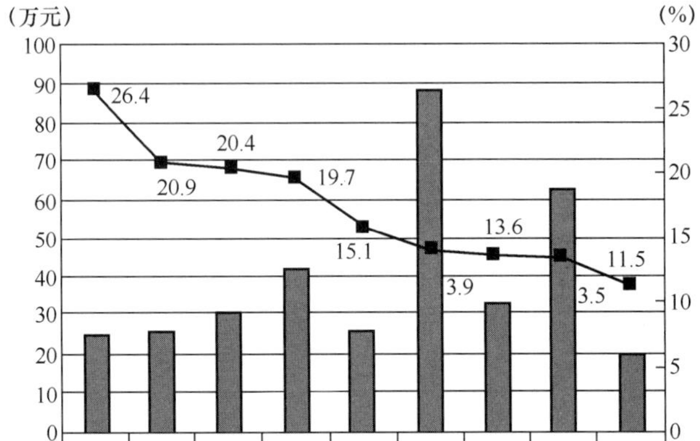

	黔西南	铜仁	黔南	毕节	六盘水	贵阳	黔东南	遵义	安顺
电信业务总量	24.79	26.06	30.60	41.56	25.79	88.29	33.81	61.87	19.83
电信业务总量增速	26.4%	20.9%	20.4%	19.7%	15.7%	13.9%	13.6%	13.5%	11.5%

图 25 2014 年贵州省各市（州）电信业务总量增速对比

从电信业务收入来看，2014 年，黔西南州延续了近几年来的良好发展势头，电信业务收入增速达到 6.3%，排名第一，高于全省 4.2 个百分点（如图 26 所示）。在收入占比方面，贵阳和遵义两市分别占全省电信业务总量的 25.4% 和 17.8%。

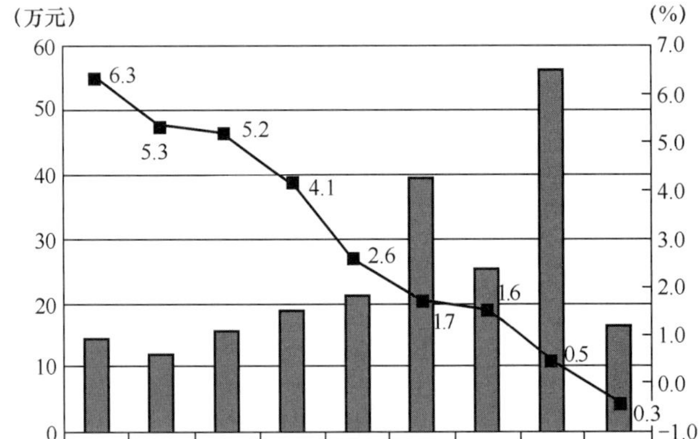

	黔西南	安顺	铜仁	黔南	黔东南	遵义	毕节	贵阳	六盘水
电信业务收入	14.68	12.11	16.27	18.67	20.84	39.54	25.64	56.34	16.62
电信业务收入增速	6.3%	5.3%	5.2%	4.1%	2.6%	1.7%	1.6%	0.5%	−0.3%

图 26 2014 年贵州省各市（州）电信业务收入增速对比

2. 贵阳电话用户普及率突破 200 部 / 百人，遵义电话普及率突破 100 部 / 百人

2014 年，贵阳市电话用户总数达到 913.04 万户，同比增长 6.8%，增速排名全省第一（如

图 27 所示）。在电话普及率方面，2014 年，贵阳市电话普及率突破 200 部 / 百人，达到 211.13 部 / 百人，遵义市电话普及率突破 100 部 / 百人，达到 101.77 部 / 百人（如图 28 所示）。

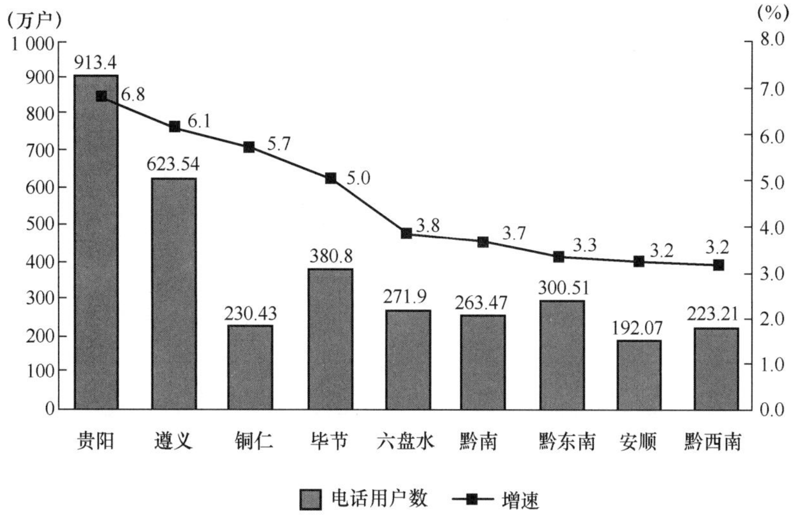

图 27　2014 年贵州省各市（州）电话用户速增速对比

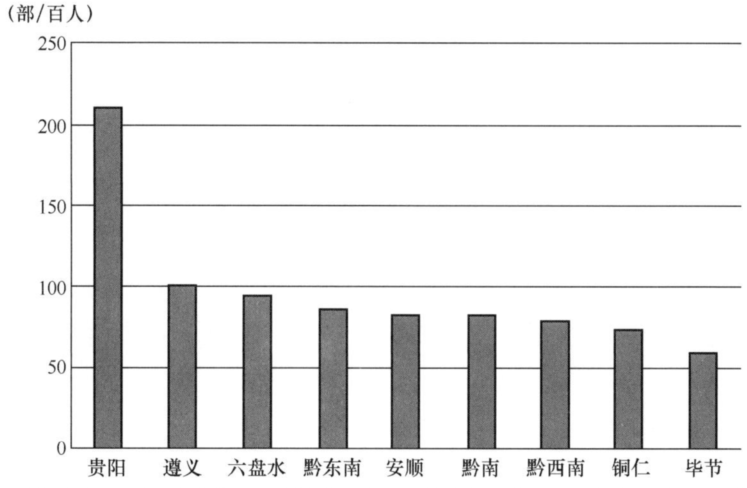

电话普及率	211.13	101.77	95.37	86.34	83.61	81.54	79.55	74.51	58.26

图 28　2014 年贵州省各市（州）电话普及率对比

3．贵阳固定互联网宽带用户突破 100 万，黔西南、安顺用户增速超 50%

2014 年，贵阳市固定互联网宽带接入用户突破 100 万户，达到 105.44 万户，同比增长 12.6%。在用户增速方面，黔西南州固定互联网宽带接入用户增速达到 54.4%，安顺市固定互联网宽带接入用户增速达到 53.7%，排名全省第一和第二（如图 29 所示）。

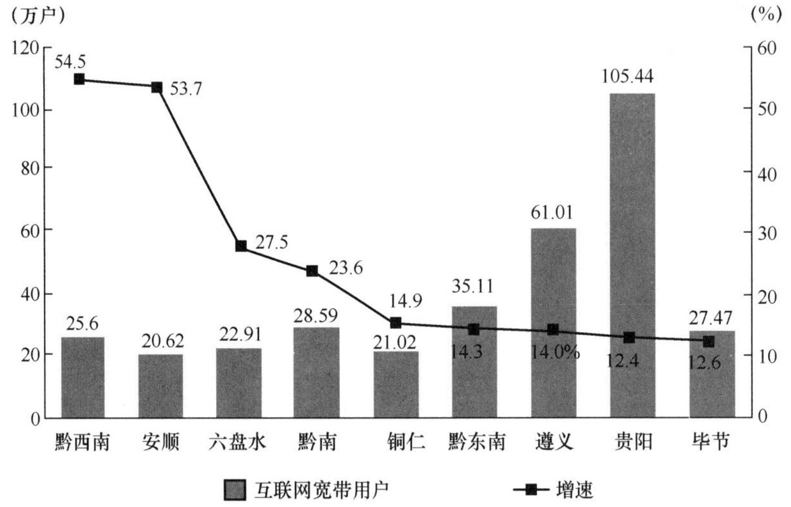

图 29 2014 年贵州省各市（州）固定互联网宽带接入用户增速对比

七、2014 年贵州省信息通信业管理工作情况

2014 年，全省信息通信业深入贯彻落实部省各项会议精神，加快改革发展，抢抓机遇，在贵州后发赶超的主旋律下，顺利完成了全行业各项工作计划目标任务。

（一）圆满完成省委省政府重点工程项目和工作任务。一是完成固定资产投资 86 亿元，超计划任务 7.5%。二是超额完成了“四在农家 • 美丽乡村”中“小康讯”通信部分建设投资 6.29 亿元，超计划任务 27.8%；完成 2 300 个行政村通宽带和 1 600 个自然村通电话的目标任务，并在 30 个乡镇、62 个行政村，推进农村信息化网络建设工作，为 30 所农村学校开通宽带。三是圆满完成“5 个 100 工程”通信建设工作目标任务。我省信息通信业对全省已建成的产业园区、农业园区全部实现通信网络覆盖，并基本具备 100 兆及以上宽带网络接入能力，其中产业园区基本具备无线局域网接入能力；4A 以上旅游景区已全部实现通信网络全覆盖，并基本完成人群主要集散区域的 4G 网络或公共无线网络热点覆盖。四是圆满完成“三网融合”试点工作目标任务。全省 9 个市州试点开展了“三网融合”业务。全年全省三网融合用户数量已接近 3 万户。

（二）“宽带贵州”行动计划实施效果明显。一是宽带基础设施能力提升显著。全省互联网宽带接入端口达到 668.4 万个，同比增长 14.8%；光纤到户（FTTH）端口达到 123.7 万个，同比增长 76.2%，覆盖家庭 275.8 万户；城市地区 20M 以上宽带接入能力占比达到 74%，同比提高了 8 个百分点；农村地区 4M 以上宽带接入能力占比达到 93%，同比提高了 13 个百分点；WLAN 公共运营接入点达到 8.12 万个，同比增长 11.9%。以贵阳市获批为“宽带中国”示范城市为契机，加强了互联网出省带宽等宽带基础设施建设，全省互联网出省带宽达到 2 100Gbps，同比增长 73.3%。二是 3G 网络覆盖增强，4G 网络部署加快。3G 基站达到 2.67 万个，4G 基站达到1.54万个。4G网络实现全省市州城区、县城的连续覆盖和100%的乡镇有效覆盖。三是宽带用户发展成效明显。互联网固定宽带接入用户347.76万户，同比增长18.9%，其中城市20M及以上宽带用户达到7.88万户；农村4M及以上宽带用户达到41.4万户，在农村宽带用户中占比达到68.3%。

（三）**通信运营企业转型步伐加快**。全省电信业务收入中，数据及互联网业务收入达82.05亿元，同比增长21.1%，在总收入中的占比达到37.0%，比2013年提高了5.8个百分点。移动互联网接入流量达到3 418.3万G，同比增长70.8%，人均移动互联网流量达到149.5MB，同比增长60.7%。其中来自3G/4G网络的接入流量占比超过40%。为应对互联网变革大潮，各通信运营企业对业务结构持续调整优化，加快自身转型步伐，取得积极进展。

（四）**圆满完成贵遵安通信同城化**。作为2014年通信行业的1号工程，在省领导的直接关心和工信部及各企业集团公司的支持下，尽管时间紧、任务重，全行业排除万难，在12月20日顺利实现了贵遵安码号并网升位。信息通信行业率先实现通信同城化，不仅对推进黔中经济区一体化，而且对促进贵州经济社会的发展、提升贵州形象均有不可估量的作用。据测算，通信同城化实施后，我省各通信运营企业每年向社会用户让利4亿元。省委赵克志书记在专报中作出批示“三市通信同城化工作任务艰巨、效果明显、成绩突出、予以表扬”。

（五）**助力推进大数据中心建设项目落地实施**。贵州大数据产业战略的超前布局和推进在全国名声鹊起，与中国电信、中国移动、中国联通数据中心落户贵阳休戚相关。2014年，中国电信（贵州）云计算产业园、中国移动（贵州）数据中心、中国联通贵安云数据基地一期主体结构已基本完成，完成机房土建7.6万平方米，完成投资2.3亿元。各企业围绕大数据产业发展的信息基础设施配套建设正在抓紧进行。

（六）**《贵州省信息基础设施条例》正式颁布实施**。《贵州省信息基础设施条例》经省人大十二届常委会审议通过并于2014年5月1日正式颁布实施，对国家《中华人民共和国电信条例》中关于基础设施规划、建设和保护等宏观条款明确了操作性内容。《人民邮电报》为此评论说：“《条例》不仅是贵州省信息通信基础设施建设的重要保障，也必将为国家立法和其他地方立法提供有益的借鉴。”同时，我们还牵头制定了公用电信设施损失赔偿计算标准，授权行业协会各市州代表处开展公用电信设施受损和赔补认定工作。

（七）**简政放权，激发市场活力**。一是取消了通信建设资质、人员资格、行政备案、资费审批等8个行政审批项目，并进一步将行政审批时限从60个工作日缩短为25个工作日。截至去年12月底，全年共认证通信建设单位资质申请30个；网上初审完成概预算、监理工程师700余人次，通信建设单位资质登记管理191个，审核安全生产人员资格证605人。二是加大对宽带业务、移动转售业务等通信民营企业扶持力度。截至2014年年底有贵州航洋通信等8家企业，在我省贵阳市、遵义市、六盘水市、都匀市等地区开展驻地网业务经营；同时，获准在贵州经营移动转售业务许可的有贵阳朗码、苏宁云商、北京国美、北京迪信通、天音通信、鹏博士电信、巴士在线等12家虚拟运营商，其中5家已开展业务，“170”号段用户已超过7 000户，成为贵州基础电信业务悄然兴起的新生力量。2014年年底，全省通信民营企业达

430 家。从企业规模看，年收入超过 100 万的企业有 112 家，年收入超过 1 000 万的企业有 47 家，年收入超过亿元有 4 家。三是全面放开电信资费实行市场调节价的政策。全省电信各项资费水平均呈下降趋势，互联网宽带接入费用较上一年同期下降了约 5 个百分点，企业推出的融合资费套餐资费水平比去年下降近 20 个百分点。四是全面贯彻实施省委人才战略，在省人社厅的支持下建立了全省通信工程专业高级职称的评审机制，完善了全行业初、中、高级专业技术人才队伍建设的手段和平台。同时，首次对 29 名高级职称申报者进行了评审，并有 1 759 人参加了初、中级通信工程专业资格水平考试。

（八）行业监管工作成效显著。在通信执法方面，全年共立案查处 28 起通信违规违法案件，其中电话用户实名登记违规案件 22 起，占比 78.6%；短信违规案件 3 起，占比 10.7%。在通信建设市场管理方面，专项检查 12 次，对 52 个项目进行监督抽查；重点对工程材料质量、违法转包分包、挂靠借用资质以及基本程序缺失等违法违规行为进行查处。共收到通信工程质量监督申报 707 项、通信工程竣工备案 154 项、招投标备案 303 项。对我省行业内评标专家入库实施资格初审，506 位专家通过审核，纳入工信部管理系统。在电信基础设施共建共享方面，截至 2014 年 12 月底，我省完成共建比例 82%；共享比例 81.1%，超额完成工信部年度考核目标。据统计，自 2008 年实施共建共享工作以来，我省共建共享铁塔累计 3 732 座，基站累计 10 346 座，传输线路、杆路、管道累计 48 501 公里，室内分布累计 1 741 个。全省已有超过 300 个小区，25 万用户住宅落实了光纤到户建设标准并纳入联建办的备案管理，全年共有 400 人次参加了光纤到户强标培训。全行业投资 4.3 亿元，对贵广高铁（贵州段）沿线 500 公里、95 个通信基站、73 条隧道进行同步建设，基本实现了贵广高铁（贵州段）电信、移动、联通网络覆盖。同时，沪昆高铁（贵州段）通信覆盖工程也在同步实施建设。共建共享取得了从主管部门行政推动到企业自觉实施的重要突破。在校园电信市场治理方面，通过制定校园市场五条禁令，组织各通信运营企业签订校园电信市场自律公约，重点治理贵阳、遵义等高校密集区域，畅通举报渠道和加大校园市场现场巡查力度，全省校园电信市场秩序渐归理性。特别是 2014 年年底，贵州省通信管理局与省教育厅联合下发文件，对校方及各通信运营企业在校园电信市场中的行为作了明确规范，对我省校园电信市场治理具有重要指导意义。在移动转售业务管理方面，贵州省通信管理局通过约谈等方式，加强对虚拟运营企业的服务质量、网络与信息安全等工作管理，督促虚拟运营企业规范经营。在电信服务质量管理方面，对受理申诉、回复用户、内部服务规范、受理时限等进行标准化管理。开展了全省电信服务质量用户满意度测评及现场评议和监督。全年我省通信咨询服务和用户申诉受理中心共计受理用户申诉、咨询 366 件，每百万用户申诉量 10.7 件，同比下降 5.7 件。在行风纠风建设方面，重点围绕治理垃圾短信、整治不良手机软件、规范服务协议、规范流量收费和规范订制收费行为等进行专项督查，联合团省委、妇联开展“青年文明号”“巾帼建功”创建活动。

（九）深入抓好网络与信息安全管理工作。全年我省备案网站总数达到 35 601 个，注销备案网站 1 976 个，网站备案率 99.9%；共计停止接入违规及未备案网站 1 887 个。开展了电话用户实名登记专项检查、打击“伪基站”、打击网上淫秽色情专项行动、移动互联网恶意程序整顿治理、互联网恶意代码清理整治、网络安全评估等专项工作，其中，电话用户实名登记全年共计检查网点数 6 100 个，暗访违规渠道 36 个，全省电话用户实名登记合格率由 2013 年不足 70% 上升到 93.4%，提升了 23.4 个百分点，有效保证了我省防恐维稳的需要。在与相关部门联合打击“伪基站”专项行动中，收缴违法设备 56 台套，并根据情节进行了行政处罚或移交公安机关进一步侦查，“伪基站”蔓延势头得到有效遏制。协调处置党政、企事业单位网站和重要系统网络安全攻击或隐患共计 157 起，发布《贵州省公共互联网网络安全信息通报》《贵州省通信行业网络安全通报》各 12 期。开展网络安全专项保障 11 次。据统计，2014 年，贵州电信、贵州移动、贵州联通共发送各类公益短信 572 次，合计 8.51 亿条。

（十）应急通信、信息动员有力推进。根据工信部部署，启动了我省一类保障队伍建设工作（由电信贵州公司负责组建）。开展了代号为“威宁 ·2014”的应急通信保障演练，实现了远程指挥调度的应急处置工作模式，进一步提高我省应急通信的快速反应能力。对省内重大活动、重大会议以及特大自然灾害和突发事件提供应急通信保障 160 多次，全省通信行业共计出动抢险和保障人员 33 610 人（次）、应急车辆 10 741 车（次）、应急通信设备 1 589 台（次）、发电油机 14 048 台（次）、发送应急短信 6 000 万条以上。继续提升我省国防信息动员信息化水平，完成信息动员有关数据采集更新，进一步完善了国防信息动员专业技术潜力数据库；编制印发《贵州省国防信息动员暨应急通信突出贡献嘉奖办法（试行）》。

八、2015 年贵州省信息通信业管理工作思路

2015 年总体工作要求：围绕工信部、省委省政府全面深化改革、推进依法治省、开放带动创新驱动发展战略的总目标、总要求，全面推进我省信息通信业以信息经济为新常态的转型升级发展。

总体工作思路：（一）通过积极争取中央在黔投资、加快宽带接入与移动转售业务等领域的民营资本引入、加强电信资费市场配置机制、支持新技术新业务创新、促进两化融合和产业跨界融合应用等举措，有力促进行业转型升级发展，大力发展信息经济。（二）按照陈敏尔省长“像抓交通、水利建设一样抓信息基础设施建设”的指示精神，抓好信息基础设施三年会战、“宽带贵州”行动计划实施，以大数据中心建设、三网融合、光纤入户改造工程、“双龙临空经济区”建设等为载体，加快我省以宽带网络为重点的信息通信基础设施建设。（三）加快推进以互联网为核心的监管转型。以战略思维、发展思维、创新思维、法治思维和底线思维加强顶层设计，着力提升四项能力（依法管理、科学管理、协同管理、基础管理能力），实现四个转变，即由事前管理为主向有机联动的事前、事中、事后全周期管理转变，由行政协调为主向法律、行政、技术、经济综合管理转变，由传统电信监管为主向以互联网为核心的大行业监管转变，由政府管理为主向政府统筹下多方参与的行业治理转变。（四）从国家战略高度加强网络与信息安全保障体系建设，加强网络与信息安全基础管理和行业监管，推进网络信息安全技术保障

手段建设和队伍建设，推动行业网络安全防护能力与水平提升，协同相关部门形成管理合力。（五）推进通信民生工程建设和公共服务管理。推进通信普遍服务、改善通信服务质量、保护消费者权益等与人们群众切身利益的重点工作落到实处，实现行业改革发展红利释放和惠及人民群众。加大应急通信保障、国防信息动员建设、党政专用通信服务。

2015 年全省信息通信业发展的主要预计宏观调控目标任务如下。

——**主要通信经济指标**：电信业务总量完成 392 亿元，同比增长 11%；电信业务收入完成 228 亿元，同比增长 2.7%；通信建设投资确保完成 70 亿元。

——**主要通信能力指标**：电话交换机容量突破 6 000 万门；光缆线路长度突破 50 万公里；移动通信基站数突破 10 万个（其中 4G 基站 2.6 万个）。互联网出省带宽突破 3 000Gbit/s；宽带接入端口突破 700 万个。

——**主要通信业务指标**：全省电话用户总数达到 3 500 万户，其中（移动电话用户达到 3 190 万户，3G/4G 电话用户突破 1 090/200 万户），电话普及率突破 100 部 / 百人；互联网用户达到 2 455 万户（固定宽带接入用户达到 400 万户，移动互联网用户达到 2 055 万户）。

围绕上述主要目标任务，2015 年工作思路如下。

（一）做好行业发展与宏观调控。制定落实 2015 行业宏观调控目标，并将重点发展指标任务分解落实到各通信运营企业。省内各通信运营企业要积极争取中央在黔投资和政策倾斜，做好大数据产业、“宽带贵州”、村通工程等重大项目申报和资金落实。统筹做好“十二五”规划收官及启动“十三五”规划编制工作，进一步加强信息通信基础设施专项规划编制工作，依法保障信息通信基础设施的规范建设和安全运行。一是按照“统一规划、合理布局、远近结合、共建共享”的原则，联合住建部门编制《贵州信息通信基础设施专项规划编制导则》，用于指导全省各地信息通信基础设施专项规划编制。二是运用大数据加强行业统计管理和运行分析，为行业实现优质发展和宏观管理提供支撑。施行将民营通信企业和移动转售业务企业的电信业务量、收纳入行业统计。

（二）将“依法治业、依法行政、公正执法”贯穿行业监管工作。按照法无授权不可为的原则，全面提高依法行政工作水平。加强《贵州省信息基础设施条例》的宣贯；加强行政执法人员的法律法规知识培训和执法能力培训；加强依法行政考核力度，将考核结果作为干部考核评估的重要依据。加强执法检查，坚决治理社会反映突出的垃圾短信、价格违规、强行订购增值业务、流量收费不清晰、用户实名登记、违法网站等服务热点问题；坚决治理企业为扩大市场份额、赢取竞争优势，采取商业诋毁、捆绑搭售、限定交易、拒绝交易、差别待遇等不正当竞争手段，扰乱市场竞争秩序，损害用户合法权益的违法违规行为；加大在招投标、共建共享、工程质量监督等通信建设领域及码号资源、互联网域名等通信资源领域的通信执法力度。强化落实国办发（2003)75 号文件、部 453 号文件及网络信息安全责任考核措施，重点促进市（州）县企业守法经营意识和行为。进一步完善政务信息公开机制，推进决策公开、执行公开、管理公开、服务公开、结果公开；加强管局网站管理，使之成为推行政务公开的重要平台和渠道。

（三）抓好“宽带贵州”行动计划实施和全力促进信息基础设施“三年会战”的落实。一是根据《贵州省信息基础设施条例》，协调地方政府出台落实基础设施“四同步”、依法保护赔补以及开放设施支持通信基站建设的措施政策。二是着重加强互联网出省带宽拓展、推进4G网络和光纤宽带基础设施建设，力争实现全省乡镇以上热点区域4G网络全面覆盖。开展贵阳与相关国家级互联网骨干直连点的互联通道建设，光纤到户覆盖家庭能力达到1 100万户，城市宽带接入能力20M占比达到90%，农村宽带接入能力4M占比达到100%；继续推进全省“5个100工程”通信覆盖及接入建设。三是组织推进“宽带中国”示范城市建设，争取国家新业务新技术试点和示范项目落地我省。四是按照“一年补短板、两年不落后、三年要领先”的总体要求，加快构建“出省宽、省内联、覆盖广、资费低”的信息通信基础设施体系，落实好信息基础设施“三年会战”建设任务。通过加大信息通信基础设施建设、通信资费同城化等形式，统筹和推进“双龙临空经济区”通信建设与发展。五是围绕大数据产业建设发展战略，加快推进数据中心项目建设进度，重点实施通信基础设施建设。做好对省内引进大数据及互联网重点项目的网络直联支撑工作。六是促进宽带提速降价，力争同业务类型、同速率的业务资费水平不高于西部平均水平。七是根据用户申诉投诉情况，利用宽带测速系统有针对性的对全省宽带质量进行拨测抽检，依法督促查办宽带服务质量问题，维护消费者合法权益。

（四）大力实施“小康讯”行动计划。打好行政村通宽带和自然村通电话无空白的“攻坚战”和“歼灭战”，确保全年完成最后2 257个行政村通宽带和1 142个自然村通电话，提前两年实现全省“村通”两个百分之百的目标任务。继续组织开展农村信息化试点和村级多功能信息服务站建设，进一步扩大农村信息化服务范围，丰富农村信息化服务内容。

（五）抓好通信建设市场管理和基础设施共建共享。一是继续坚持共建共享协调机制，继续深化“十共三个一”行业意识和工作原则，进一步巩固和发展“共思共识、共谈共签、共进共退、共理共治和共建共享”和“形成一个共识、搭建一个平台、把好一个关口”，促进行业节能减排。二是研究制定包含铁塔公司、广电网络公司、梅泰诺等通信建设主体在新形势下的共建共享协调工作机制，加强建设运营行为管控，督导各建设主体向通信运营企业提供无歧视站址和设施共享服务，防范第三方参与建设产生新垄断。三是督促企业加紧开展存量铁塔资产清查工作。根据国务院国资委工作协调组、工信部相关要求，自2015年1月1日起，铁塔公司将承接新建铁塔及附属设施和重大公用场所的新建室内分布系统，三家电信企业原则上不再自建。同时，三家电信企业和铁塔公司需在2015年8月底前完成存量铁塔资产的交割。各通信运营企业和铁塔公司必须统一思想，讲整体、讲大局、讲长远，按照工作方案时间进度要求加强沟通协调，组织和开展存量资产清查，协同推进相关工作。四是在贯彻落实新建小区光纤入户国家强制标准基础上，启动既有住宅小区光纤到户改造共建和开放共享工作。五是继续深化省、市两级驻地网联合建设办公室工作开展，充分发挥市（州）一级联建办在“共建共享共治”、规范建设市场秩序方面的牵头组织、协调推进作用。支持县级联建办建设。六是根据工业和信息化部要求，加强我省城市地下通信管线建设管理，制定我省贯彻实施意见，配合地方政府做好城市通信管线专项规划、规范建设行为、加强改造维护、推进管廊建设、开展资源普查等各项工作。七是强化招投标管理，做好部27号令宣贯，通过管理系统运行、开展专项检查、组织培训等措施不断提高招投标管理水平。八是帮助和支持企业在通信基础设施迁改赔补、计费检测等方面依法维权。

（六）加强电信市场监管，维护和谐行业生态。一是在电信资费领域充分发挥市场机制的资源配置作用。按照行业“十二五”规划，年内取消全省固定电话区间通话费。积极扶持有条件的民营企业进入驻地网领域，增加经营主体，进一步促进我省固定宽带业务资费下降。省内通信运营企业要结合我省实际，特别是针对“小康讯”行动计划实施，要推出本地化的低资费业务，让农村信息通信网络建得好、通得畅、用得起；移动转售企业要充分利用经营的灵活性推出新兴业务和便利业务，进一步促进市场有效竞争。各通信运营企业要站在支持我省大数据产业、扶持民营企业发展的高度，采取有效措施使同等业务性质互联网宽带接入价格不高于西部省份，对省内招商引入的以互联网为主导的融合型企业应给予优惠价格。同时，各通信运营企业要为符合条件的宽带经营企业按照市场规则提供接入资源，不得利用市场主导地位设置门槛、制定垄断价格。二是加强宣贯落实《贵州省通信管理局 贵州省教育厅关于进一步规范我省校园电信市场经营秩序的通知》（黔通联〔2014〕21 号）精神；进一步细化校园电信市场行业自律公约内容，完善违约处理机制，进一步规范校园市场电信市场。三是加快出台我省移动转售业务试点管理办法，将移动转售业务比照基础电信业务依法进行监管，确保市场有序竞争。移动转售企业必须严格执行电话用户实名登记、用户信息安全等相关管理制度，履行社会责任；鼓励移动转售企业提供个性化、差异化服务，激发我省电信市场活力。同时，各通信运营企业应探索与虚拟运营企业之间运营技术标准和业务规则，提前研判可能存在的纠纷问题。四是加强电信服务管理。结合企业实际需求，将电信用户满意度测评范围延伸到本地网，合理增加测评样本数和测评项目，进一步提高满意度测评的科学性和权威性；建立申诉受理反馈和电信市场监管联动机制，加强对申诉受理用户的大数据分析和预判，提高市场监管联动能力；深入开展行风建设，深入治理电信领域侵害消费者的突出问题。继续开展“青年文明号”、“巾帼文明岗”创建工作，弘扬行业新风，树立行业良好形象。五是加大三网融合业务监管力度。2014 年年末，贵州广播电视信息网络股份有限公司正式获得工信部基于有线电视网的电信业务许可（在贵阳市范围）。我局支持通信企业和广电网络公司以更加开放的姿态合作经营互联网业务，年内将以区、县为单元申报试点进一步扩大三网融合试点范围。在市场经营主体增加、市场活力激发的同时，我局将加大市场监管力度，防止恶性价格战、阻碍互联互通等不正当竞争行为。

（七）加强互联网管理。一是加强大数据发展背景下的网络与信息安全工作研究，加强包括“三网融合”管控平台在内的互联网行业监管能力及手段建设。探索开展“云”安全检测。二是根据工信部授权，制定好我省互联网域名注册机构资质审批管理的工作流程和基础数据管理工作。三是加强对 IP 地址等资源的制度化、规范化管理；做好我省 IPv6 在 LTE 网络中部署应用的协调推进工作。四是定期开展执法检查，继续做好网站备案管理工作，重点抓好网站备案信息真实性核验和互联网接入服务企业的网络与信息安全定级备案工作。五是继续推进企业网络安全评估评测工作；继续开展网络安全防护检查、打击互联网恶意程序等专项治理行动；扎实推进用户实名登记工作，重点加强“黑卡”专项治理和存量用户实名补登记工作。配合涉网部门开展打击网上违法违规行为活动。六是继续开展通信运营企业网络与信息安全责任考核，逐步拓展对增值电信企业的网络与信息安全监管。推进企业网络与信息安全在岗人员持证上岗工作。七是加强与省网信办等部门的联动，发挥政府职能主导作用，网络技术支撑作用、社团组织的辅助作用，联合开展互联网自律等活动；筹备召开“贵州省首届互联网大会”。

（八）做好应急通信保障、国防信息动员工作。统筹电信贵州公司做好贵州一类通信保障队伍的组建工作，争取在2015年6月底前完成组建。做好全年应急通信保障工作。组织开展信息动员和应急通信保障演练。明确各级信息动员机构人员职责权限，理顺信息动员主管部门与各有关部门之间的关系。把以信息技术为核心的通信企业、电子高新技术企业、科研机构、高校纳入信息动员管理体制。以提升服务保障能力为核心，从队伍建设、服务保障、技术维护、网络建设等方面进一步提升专用通信保障能力和水平。启动贵州省国防信息动员“十三五”专项规划编制工作。

（九）大力支持民营通信企业发展。支持民营企业以多种模式进入宽带接入市场，促进宽带市场多元化，加强用户驻地网企业经营行为、用户服务等的管理。大力支持服务外包、呼叫中心企业发展，配合贵阳市打造“黔中声谷”呼叫中心产业基地，为大数据发展提供有力支撑。加快通信建设资质认证管理与服务。引导和支持通信运营企业与民营通信企业增强合作，加强业务创新。

（十）做好行业发展和监管支撑服务工作。要形成行业宣传合力，加强对与省相关工作的专题策划宣传，如“网络强省”、“依法治业”、大数据产业发展、“宽带贵州”、“小康讯”等；加强社会关注热点、企业发展难点等内容的宣传和正面引导；宣传形式要由传统媒介向网站、政务微信等新媒介拓展。充分利用工信部码号审批系统，结合我省实际情况开展码号使用监督检查；强化三市通信同城化后局号和短号码管理。把握好计费、防雷和电磁辐射检测以行业管理为主的原则，加强与气象、环保部门的配合，与质监部门的协调，引导企业依法维权。年内力争实现初、中级职称考试成绩合格标准的省内划线；从论文发表、人才队伍和专家队伍建设等方面深入推进高级职称评审和管理工作；同时以网络信息安全、第三方代维队伍、省内呼叫产业基地为重点，延伸跨行业开展信息通信职业技能鉴定业务工作，为行业人才建设助力。统一规范全省工程质量网上申报和工程竣工网上备案工作；通信工程质量的检查范围从通信运营企业拓展到其他通信建设企业；通信企业要认真申报“企业安全生产合格证”考核认证，届时将开展专项检查；对新修改的《通信工程质量监督管理规定》（部第18号令）进行宣贯培训。继续抓好行业安全生产责任制、事故报告和预警机制的落实；当前安全生产形势仍然十分严峻，各企业要切实做好防火、防恐、网络设备运行、建设施工等安全管理工作，并做好节假日的值守安排。

第二部分　统计数据

公用通信网统计信息

2010—2014 年电信业主要指标发展情况（一）

指 标 名 称	单位	2010 年	2011 年	2012 年	2013 年	2014 年	5 年平均增长率（%）
电信综合价格下降水平	%	9.3	4.4	1.6	6.0	11.6	
电信业务总量	亿元	10 181.7	11 725.8	12 982.4	15 707.2	18 138.3	
电信业务收入	亿元	9 079.1	9 880.4	10 758.3	11 668.7	11 908.0	5.6
非话音收入所占比重	%	42.94	45.73	48.81	52.95	60.23	
电信固定资产投资	亿元	3 021.6	3 382.2	3 616.2	3 742.6	4 006.2	
占全社会投资比重	%	1.09	1.09	0.97	0.84	0.78	
全社会固定资产投资	亿元	278 121.9	311 485.1	374 694.7	447 074.4	512 761.0	
电信增加值	亿元	4 962.7	5 433.6	5 709.1	6 108.2	6 661.3	6.1
占GDP比重	%	1.24	1.15	1.10	1.07	1.05	
GDP	亿元	401 512.8	473 104.0	519 470.1	568 845.2	636 463.0	
固定电话用户	万户	29 434.2	28 509.8	27 815.3	26 698.5	24 943.0	−3.3
移动电话用户	万户	85 900.3	98 625.3	111 215.5	122 911.3	128 609.3	8.4
互联网宽带接入用户	万户	12 629.1	15 000.1	17 518.3	18 890.9	20 048.3	9.7
互联网网民人数	万人	45 700.0	51 300.0	56 400.0	61 758.0	64 875.0	7.3
女性网民所占比重	%	44.2	44.1	44.2	44.0	43.6	
固定本地电话通话时长	亿分钟		4 227.4	3 577.7	3 023.1	2 613.9	
固定长途电话通话时长	亿分钟	1 068.9	856.9	700.7	590.6	530.1	−13.1
移动电话通话时长	亿分钟	43 261.2	50 472.6	55 444.9	58 229.7	59 012.7	6.4
移动短信业务量	亿条	8 277.5	8 790.0	8 973.1	8 921.0	7 674.2	−1.5
移动互联网接入流量	万GB	39 935.9	54 083.1	87 926.1	126 715.7	206 193.6	38.9
网页长度（总字节数）	GB	1 833 476	3 160 028	4 902 328	7 133 363	8 879 006	37.1

注：1. 2012 年之前（含 2012 年）的电信业务总量按照 2010 年不变单价测算，2013 年电信业务总量按照 2013 年微调后的 2010 年不变单价测算。

2. 根据国家统计局编制的《中国统计摘要（2014）》，调整以前年度的全社会固定资产投资和 GDP，并重新计算相应的比重。

3. 固定长途电话通话时长和移动电话通话时长中分别包括了从固定和移动电话发起的 IP 电话通话时长。

2010—2014 年电信业主要指标发展情况（二）

指 标 名 称	单位	2010 年	2011 年	2012 年	2013 年	2014 年	5 年平均增长率（%）
光缆线路长度	万公里	996.2	1 211.9	1 479.3	1 745.4	2 061.3	15.7
长途光缆线路长度	万公里	81.8	84.2	86.8	89.0	92.8	2.6
本地网中继光缆线路长度	万公里	535.0	617.0	723.4	834.4	997.7	13.3
接入网光缆线路长度	万公里	379.4	510.7	669.2	821.9	970.7	20.7
局用交换机容量	万门	46 537.3	43 428.4	43 749.3	41 089.3	40 517.1	−2.7
移动电话基站数	万个	139.8	175.2	206.6	241.0	350.8	20.2
移动短消息中心容量	万条	517 727.6	561 726.5	622 055.7	696 593.4	713 067.8	6.6
互联网宽带接入端口	万个	18 781.1	23 239.4	32 108.4	35 945.3	40 546.1	16.6
IPv4地址数	万个	27 763.7	33 044.0	33 053.5	33 030.8	33 199.0	3.6
域名数	万个	865.7	774.8	1 341.2	1 844.1	2 060.1	18.9
其中：CN域名数	万个	435.0	352.9	750.8	1 082.9	1 108.9	20.6
网站数	万个	190.8	229.6	268.1	320.2	335.0	11.9
互联网国际出口带宽	Mbps	1 098 957	1 389 529	1 899 792	3 406 824	4 118 663	30.2
固定电话普及率	部/百人	22.1	21.3	20.6	19.6	18.2	
移动电话普及率	部/百人	64.4	73.6	82.5	90.3	94.0	
互联网普及率	%	34.3	38.3	42.1	45.8	47.9	
城市互联网普及率	%	49.6	54.6	57.4	60.3	62.8	
农村互联网普及率	%	18.6	20.7	24.2	28.1	28.8	

注：1. IPv4 地址数、域名数、网站数、互联网国际出口带宽和互联网普及率等数据均来源 CNNIC 发布的《第 35 次中国互联网络发展状况统计报告》。
2. 以前年度的互联网普及率根据最新发布的数据调整。

2014年电信业务总量、收入、投资、增加值分省情况

	电信业务总量		电信业务收入		电信固定资产投资		电信增加值	
	2014年（亿元）	比2013年（%）	2014年（亿元）	比2013年（%）	2014年（亿元）	比2013年（%）	2014年（亿元）	比2013年（%）
全　国	**18 138.3**	**15.5**	**11 908.0**	**-1.6**	**4 006.2**	**7.0**	**6 661.3**	**9.1**
东　部	**9 654.2**	**14.3**	**6 619.0**	**-3.0**	**1839.2**	**2.3**	**3 566.4**	**7.0**
北　京	686.7	15.6	586.2	1.2	158.4	13.6	313.7	10.5
天　津	207.5	12.9	167.4	−2.9	45.6	−19.4	89.5	4.6
河　北	728.1	11.7	493.4	−2.5	159.3	13.4	259.8	13.4
辽　宁	587.8	10.5	407.2	−6.7	132.1	1.5	207.9	5.2
上　海	595.5	11.7	546.9	−4.3	114.8	−16.1	286.7	3.6
江　苏	1 321.3	16.6	885.4	−3.2	261.3	5.5	468.4	4.4
浙　江	1 143.9	19.7	780.8	−2.7	216.1	6.3	401.9	5.1
福　建	694.3	11.2	448.9	−4.0	134.2	−6.2	233.1	8.9
山　东	1 066.8	12.7	671.7	−1.0	186.0	4.2	377.7	10.9
广　东	2 493.5	14.6	1 537.8	−3.8	399.4	1.7	883.4	6.0
海　南	128.8	9.5	93.4	−2.5	31.9	6.1	44.2	7.8
中　部	**4 200.2**	**16.8**	**2 754.4**	**-1.0**	**977.4**	**12.5**	**1 420.6**	**11.5**
山　西	394.6	10.2	270.9	−2.5	111.5	27.3	133.6	8.0
吉　林	297.5	10.4	189.3	−1.7	80.5	24.8	89.6	6.5
黑龙江	385.9	14.1	260.3	−4.9	97.0	−10.9	132.5	7.0
安　徽	549.2	15.3	383.6	−0.5	128.3	19.3	205.6	10.8
江　西	394.4	16.6	258.0	−1.0	93.0	1.1	129.1	12.5
河　南	894.5	20.0	556.1	1.9	207.3	25.7	293.7	17.4
湖　北	620.4	15.8	420.2	−0.8	132.6	11.8	219.0	10.8
湖　南	663.7	24.1	416.1	−1.2	127.2	2.2	217.6	12.2
西　部	**4 284.0**	**17.0**	**2 741.7**	**-0.3**	**1 081.8**	**7.5**	**1 306.1**	**11.7**
内蒙古	316.6	7.8	227.9	−2.6	87.5	15.9	107.0	11.9
广　西	465.9	14.8	292.6	−0.4	98.4	11.7	152.1	10.7
重　庆	370.9	16.5	227.6	0.4	82.9	−0.6	108.1	9.8
四　川	909.6	19.8	559.0	−0.2	187.4	1.1	264.5	8.6
贵　州	353.9	14.5	226.7	1.7	95.3	13.5	103.7	20.5
云　南	538.9	25.5	316.1	0.4	134.5	5.5	152.7	11.9
西　藏	45.4	14.6	44.0	5.9	29.8	23.0	7.6	134.9
陕　西	520.7	18.1	343.2	−0.7	131.8	12.5	177.1	12.9
甘　肃	264.0	16.1	173.1	1.8	70.2	−12.2	85.0	14.5
青　海	77.2	19.7	55.5	1.4	28.6	−6.5	22.9	15.9
宁　夏	91.9	21.4	62.0	−0.1	25.9	16.9	28.5	7.2
新　疆	329.0	10.3	214.1	−4.3	109.6	23.5	96.8	6.4
总部及直属			−207.2		107.8		368.3	

注：2014年电信业务总量按照2013年微调后的2010年不变单价测算，增长率为可比口径比较。

2009—2014 年电信用户发展情况

指 标 名 称	单位	2010 年	2011 年	2012 年	2013 年	2014 年	2014 年比 2013 年
固定电话用户	万户	29 434.2	28 509.8	27 815.3	26 698.5	24 943.0	-1 755.5
其中：无线市话用户	万户	2 863.2	1 785.2	1 224.9	870.9	154.3	-716.6
占固定电话用户比重	%	9.7	6.3	4.4	3.3	0.6	-2.6
城市电话用户	万户	19 658.1	19 121.7	18 893.4	18 456.8	17 627.9	-828.9
城市住宅电话用户	万户	11 973.4	11 411.6	11 013.2	10 474.3	9 896.1	-578.2
农村电话用户	万户	9 776.1	9 388.1	8 921.9	8 241.7	7 315.1	-926.6
农村住宅电话用户	万户	8 325.0	7 861.2	7 315.8	6 643.4	5 769.2	-874.2
移动电话用户	万户	85 900.3	98 625.3	111 215.5	122 911.3	128 609.3	5 698.0
其中：3G移动电话用户	万户	4 705.1	12 842.4	23 280.3	40 161.1	48 525.5	8 364.4
4G移动电话用户						9 728.4	9 728.4
3G/4G移动电话用户占比	%	5.5	13.0	20.9	32.7	45.3	12.6
互联网拨号用户	万户	590.1	550.7	569.8	485.1	441.6	-43.5
互联网宽带接入用户	万户	12 629.1	15 000.1	16 985.3	18 890.9	20 048.3	1 157.4
其中：*x*DSL用户	万户	10 071.6	11 467.7	11 464.9	10 716.5	8 938.6	-1 777.9
LAN用户	万户	2 332.1	3 399.8	3 413.4	3 980.2	4 180.5	200.3
FTTH/0用户	万户			2 038.1	4 082.2	6 831.6	2 749.4
其中：城市宽带接入用户	万户	9 963.5	11 691.4	13 260.9	14 153.6	15 174.6	1 021.0
农村宽带接入用户	万户	2 475.7	3 308.8	3 724.4	4 737.3	48 73.7	136.4
卫星移动通信系统用户	户	14 663	16 362	19 933	29 117	40 651	11 534.0

注：1．互联网拨号、互联网宽带接入用户为基础电信企业合计数。

2．互联网宽带接入用户自 2011 年起不包括 WLAN 用户，2012 年和 2013 年按调整后统计口径。

2014 年固定电话用户分省情况

（单位：万户）

	固定电话用户		其中：无线市话用户			固定电话用户中	
	2014 年	比 2013 年	2014 年	比 2013 年	所占比重（%）	城市用户	农村用户
全　国	**24 943.0**	**-1 755.5**	**154.3**	**-716.5**	**0.6**	**17 627.9**	**7 315.1**
东　部	**13 516.1**	**-984.1**	**62.8**	**-371.5**	**0.5**	**9 344.1**	**4 055.5**
北　京	831.3	−36.3	4.6	−1.7	0.5	713.4	160.2
天　津	360.6	7.8	2.6	−5.4	0.7	351.0	10.1
河　北	1 085.1	−67.3	6.0	−8.1	0.6	807.5	263.8
辽　宁	1 151.2	−71.2	5.6	−18.2	0.5	671.5	408.5
上　海	840.2	−29.1	1.9	−14.0	0.2	830.1	10.1
江　苏	2 133.6	−156.2	8.3	−48.0	0.4	1 222.9	910.7
浙　江	1 641.9	−139.4	12.7	−103.7	0.8	1 128.5	513.4
福　建	933.3	−50.2	0.0	−19.1	0.0	516.8	416.5
山　东	1 418.3	−289.3	21.1	−70.4	1.5	816.0	528.2
广　东	2 950.6	−149.3	0.0	−79.2	0.0	2 166.5	784.0
海　南	170.0	−3.6	0.0	−3.8	0.0	119.9	50.1
中　部	**6 081.3**	**-551.9**	**38.3**	**-278.5**	**0.6**	**4 302.7**	**1 896.8**
山　西	554.2	−30.2	2.5	−4.0	0.4	462.1	128.5
吉　林	574.8	−4.2	24.0	−8.2	4.2	507.5	141.5
黑龙江	640.5	−107.3	2.4	−64.9	0.4	514.8	102.8
安　徽	839.8	−136.9	1.7	−29.4	0.2	532.2	307.6
江　西	577.4	−45.1	0.1	−38.0	0.0	354.1	223.3
河　南	1 143.0	−81.3	6.6	−41.5	0.6	736.6	437.1
湖　北	907.4	−76.6	0.1	−47.3	0.0	613.0	294.4
湖　南	844.1	−70.3	0.9	−45.1	0.1	582.4	261.7
西　部	**5 345.7**	**-219.5**	**53.3**	**-66.6**	**1.0**	**3 981.1**	**1 362.8**
内蒙古	359.1	−18.1	10.7	−8.0	3.0	296.7	60.6
广　西	499.9	−46.4	0.0	−13.3	0.0	336.9	163.0
重　庆	579.5	−0.8	0.5	−8.1	0.1	437.8	141.8
四　川	1 294.2	−19.5	21.6	3.8	1.7	917.4	376.8
贵　州	339.1	−23.9	0.4	−6.1	0.1	261.4	77.8
云　南	429.8	−55.6	3.7	−11.5	0.9	312.3	117.5
西　藏	35.9	−4.6	1.6	−3.7	4.5	325.8	121.1
陕　西	750.8	−18.5	10.9	−8.3	1.5	165.1	2.6
甘　肃	341.3	−23.0	0.1	−4.4	0.0	472.9	193.4
青　海	100.2	−1.6	0.2	−3.6	0.2	224.8	79.9
宁　夏	102.7	−2.0	0.4	−0.3	0.4	85.6	13.8
新　疆	513.3	−5.4	3.2	−3.0	0.6	144.5	14.7

2014 年移动电话用户分省情况

（单位：万户）

	移动电话用户		其中：3G 移动电话用户			其中：4G 移动电话用户	
	2014 年	比 2013 年	2014 年	比 2013 年	所占比重（%）	2014 年	所占比重（%）
全　国	**128 609.3**	**5 698.1**	**48 525.5**	**8 364.4**	**37.7**	**9 728.4**	**7.6**
东　部	**63 718.1**	**2 016.0**	**23 534.2**	**3 089.6**	**36.9**	**5 453.1**	**8.6**
北　京	4 076.4	702.6	1 906.9	445.9	46.8	320.7	7.9
天　津	1 351.8	28.6	763.0	279.5	56.4	82.2	6.1
河　北	6 229.1	222.9	2 044.2	40.7	32.8	342.3	5.5
辽　宁	4 535.6	−48.1	1 606.3	187.1	35.4	256.1	5.6
上　海	3 292.7	92.1	1 340.5	193.1	40.7	323.7	9.8
江　苏	8 070.4	128.4	3 173.6	306.0	39.3	921.4	11.4
浙　江	7 370.6	298.8	2 554.0	194.1	34.7	904.2	12.3
福　建	4 276.7	−26.5	1 511.8	185.7	35.3	318.4	7.4
山　东	8 664.1	330.7	3 262.1	669.7	37.7	462.3	5.3
广　东	14 943.4	237.3	4 981.2	512.2	33.3	1 469.7	9.8
海　南	907.4	49.1	390.6	75.8	43.0	51.9	5.7
中　部	**33 602.6**	**2 151.8**	**13 076.1**	**2 944.1**	**38.9**	**2 101.8**	**6.3**
山　西	3 332.3	226.8	1 466.3	514.3	44.0	179.8	5.4
吉　林	2 612.3	240.2	929.1	323.1	35.6	115.7	4.4
黑龙江	3 457.8	437.3	1 094.4	257.1	31.7	165.1	4.8
安　徽	4 215.9	257.1	1 678.5	284.4	39.8	235.0	5.6
江　西	2 938.5	131.6	1 150.7	212.5	39.2	238.7	8.1
河　南	7 712.9	512.7	3 002.6	688.3	38.9	501.0	6.5
湖　北	4 606.8	190.0	1 716.6	207.3	37.3	368.5	8.0
湖　南	4 726.1	156.1	2 037.7	457.2	43.1	297.9	6.3
西　部	**31 287.9**	**1 531.5**	**11 914.6**	**2 331.9**	**38.1**	**2 173.5**	**6.9**
内蒙古	2 634.6	−56.0	853.7	117.4	32.4	136.0	5.2
广　西	3 553.8	268.2	1 359.0	291.7	38.2	284.1	8.0
重　庆	2 589.9	209.1	1 078.8	224.7	41.7	205.3	7.9
四　川	6 608.5	325.2	2 447.0	510.9	37.0	503.6	7.6
贵　州	2 885.3	222.8	1 014.1	252.9	35.1	178.7	6.2
云　南	3 748.5	352.8	1 286.5	201.9	34.3	312.9	8.3
西　藏	291.8	26.2	336.7	240.3	115.4	0.0	0.0
陕　西	3 607.2	94.8	1 132.3	−193.6	31.4	355.0	9.8
甘　肃	2 058.6	82.4	939.2	330.3	45.6	126.0	6.1
青　海	544.0	1.6	454.9	270.7	83.6	24.8	4.6
宁　夏	688.3	61.1	302.7	84.7	44.0	47.1	6.8
新　疆	2 077.4	−56.6	709.7	0.0	34.2	0.0	0.0

注：移动电话用户、3G 移动电话用户全国数大于分省数之和，是由于部分 3G 上网卡用户不能拆分到省所致。

2010—2014 年移动电话用户分省情况

（单位：万户）

	2010 年	2011 年	2012 年	2013 年	2014 年
全　国	**85 900.3**	**98 625.3**	**111 215.5**	**122 911.3**	**128 609.3**
东　部	**43 678.1**	**49 939.7**	**56 101.6**	**61 702.2**	**63 718.1**
北　京	2 129.8	2 576.0	3 168.0	3 373.8	4 076.4
天　津	1 089.8	1 235.6	1 325.2	1 323.2	1 351.8
河　北	4 353.5	5 094.5	5 513.1	6 006.2	6 229.1
辽　宁	3 341.8	3 836.5	4 291.3	4 583.6	4 535.6
上　海	2 361.6	2 620.6	3 008.3	3 200.7	3 292.7
江　苏	5 923.1	6 684.8	7 471.4	7 942.0	8 070.4
浙　江	5 047.3	5 756.0	6 442.6	7 071.8	7 370.6
福　建	3 021.8	3 553.2	4 049.2	4 303.3	4 276.7
山　东	6 190.4	7 118.1	7 588.9	8 333.4	8 664.1
广　东	9 624.6	10 792.8	12 468.0	14 706.1	14 943.4
海　南	594.3	671.6	775.6	858.3	907.4
中　部	**21 806.2**	**25 173.9**	**28 472.3**	**31 450.8**	**33 602.6**
山　西	2 205.2	2 446.9	2 764.6	3 105.5	3 332.3
吉　林	1 805.4	2 004.1	2 257.0	2 372.1	2 612.3
黑龙江	2 072.0	2 376.6	2 663.9	3 020.4	3 457.8
安　徽	2 798.7	3 259.4	3 609.8	3 958.9	4 215.9
江　西	1 811.3	2 322.1	2 573.4	2 806.9	2 938.5
河　南	4 402.0	5 062.0	5 787.6	7 200.2	7 712.9
湖　北	3 454.7	3 953.7	4 554.1	4 416.8	4 606.8
湖　南	3 257.0	3 749.1	4 262.0	4 570.0	4 726.1
西　部	**20 375.4**	**23 474.9**	**26 621.8**	**29 756.4**	**31 287.9**
内蒙古	2 034.0	2 316.2	2 550.1	2 690.6	2 634.6
广　西	2 214.5	2 532.7	2 884.1	3 285.6	3 553.8
重　庆	1 664.4	1 801.2	2 069.6	2 380.8	2 589.9
四　川	4 156.4	4 817.9	5 498.2	6 283.3	6 608.5
贵　州	1 800.6	2 044.3	2 321.4	2 662.6	2 885.3
云　南	2 244.5	2 589.5	2 895.8	3 395.8	3 748.5
西　藏	157.6	196.4	235.5	265.6	291.8
陕　西	2 518.2	2 907.2	3 264.8	3 512.5	3 607.2
甘　肃	1 390.1	1 614.7	1 763.5	1 976.2	2 058.6
青　海	397.8	463.5	537.2	542.4	544.0
宁　夏	437.3	520.5	591.0	627.2	688.3
新　疆	1 359.9	1 670.9	2 010.6	2 133.9	2 077.4

注：全国数大于分省数之和，是由于部分 3G 上网卡用户不能拆分到省所致。

2010—2014 年互联网宽带接入用户分省情况

（单位：万户）

	2010 年	2011 年	2012 年	2013 年	2014 年
全　国	**12 629.1**	**15 000.1**	**17 518.3**	**18 890.9**	**20 048.3**
东　部	**7 244.7**	**8 344.7**	**9 495.9**	**10 105.8**	**10 640.0**
北　京	498.4	510.8	473.7	480.4	482.4
天　津	173.0	186.7	204.8	188.4	208.8
河　北	667.0	824.5	963.9	1 031.6	1 127.6
辽　宁	595.6	655.1	707.9	726.9	772.1
上　海	486.7	493.5	541.0	511.1	532.2
江　苏	1 048.4	1 171.0	1 350.7	1 431.3	1 523.4
浙　江	869.5	1 019.7	1 152.6	1 242.7	1 276.1
福　建	471.6	605.2	738.0	835.6	899.2
山　东	966.9	1 154.1	1 364.1	1 465.1	1 523.9
广　东	1 400.0	1 643.9	1 903.6	2 081.7	2 174.1
海　南	67.6	80.4	95.5	110.9	120.3
中　部	**3 035.9**	**3 702.3**	**4 424.2**	**4 833.5**	**5 171.3**
山　西	353.1	416.1	504.8	521.3	571.1
吉　林	285.1	307.4	364.6	379.6	414.9
黑龙江	326.1	385.4	435.8	459.6	484.6
安　徽	341.9	432.6	507.0	546.8	563.8
江　西	253.4	313.0	372.0	410.1	434.2
河　南	642.5	784.5	927.6	1 000.5	1 087.9
湖　北	459.4	580.1	708.0	813.3	869.7
湖　南	374.5	483.1	604.4	702.4	744.9
西　部	**2 348.5**	**2 953.1**	**3 598.2**	**3 951.6**	**4 237.1**
内蒙古	190.5	231.0	274.8	284.4	316.8
广　西	330.1	414.8	507.1	559.6	592.4
重　庆	263.1	319.9	388.1	438.8	475.4
四　川	521.8	668.4	823.0	835.2	883.1
贵　州	149.7	204.8	243.9	292.4	310.9
云　南	224.1	298.0	375.5	404.7	424.9
西　藏	10.4	12.8	17.1	19.1	22.1
陕　西	308.3	369.8	439.6	506.2	552.4
甘　肃	112.2	133.6	163.3	192.2	213.9
青　海	34.9	41.6	49.9	54.9	61.4
宁　夏	43.0	52.2	60.9	71.1	78.2
新　疆	160.4	206.1	255.0	293.0	305.7

注：1. 互联网宽带接入用户为基础电信企业合计数。

2. 互联网宽带接入用户自 2011 年起不包括 WLAN 用户，2012 年和 2013 年按调整后统计口径。

2010—2014 年电信业务使用量发展情况

指标名称	单位	2010 年	2011 年	2012 年	2013 年	2014 年	2014 年比 2013 年（%）
固定本地电话通话时长	亿分钟	3 442.0	4 227.4	3 577.7	3 023.1	2 613.9	-13.5
固定长途电话通话时长	亿分钟	1 068.9	856.9	700.7	590.6	530.1	-10.2
移动电话通话时长（来去话合计）	亿分钟	43 261.2	50 472.6	55 444.9	58 229.7	59 012.7	1.3
移动电话去话通话时长	亿分钟	21 129.0	25 056.0	27 603.5	28 987.7	29 270.1	1.0
非漫游去话通话时长	亿分钟	19 762.1	23 083.2	24 999.7	25 911.0	25 865.6	-0.2
国内漫游去话通话时长	亿分钟	1 362.8	1 967.4	2 597.1	3 068.7	3 396.1	10.7
国际漫游去话通话时长	亿分钟	1.8	2.6	3.4	4.6	4.8	4.8
港澳台漫游去话通话时长	亿分钟	2.3	2.8	3.3	3.5	3.6	2.8
移动电话来话通话时长	亿分钟	22 132.2	25 416.6	27 841.4	29 241.9	29 742.6	1.7
移动短信业务量	亿条	8 277.5	8 790.0	8 973.1	8 921.0	7 674.2	-14.0
其中：点对点短信业务量	亿条	5 451.8	5 371.7	5 000.2	4 313.4	3 523.3	-18.3
移动彩信业务量	亿条	555.7	599.8	696.6	856.7	647.4	-24.4
其中：点对点彩信业务量	亿条	41.6	45.6	49.5	52.7	46.9	-11.0
移动互联网接入流量	万G	39 935.9	54 083.1	87 926.1	126 715.7	206 193.6	62.7
其中：无线上网卡流量	万G			42 861.8	33 827.0	25 875.6	-23.5
手机上网流量	万G			44 404.0	91 972.0	179 064.4	94.7
固定电话互联互通通话时长	亿分钟	2 977.9	2 470.6	2 151.2	1 912.4	1 751.4	-8.4
移动电话互联互通通话时长	亿分钟	5 537.1	6 879.3	7 756.3	8 722.8	9 076.6	4.1
短信互联互通业务量	亿条	1 267.1	1 561.0	1 505.0	1 419.7	1 223.7	-13.8

注：固定长途电话通话时长和移动电话通话时长中分别包括了从固定和移动电话发起的 IP 电话通话时长。

2014 年固定电话通话量分省情况

（单位：万分钟）

	固定本地电话通话时长		固定长途电话通话时长				
	2014 年	比 2013 年（%）	2014 年	比 2013 年（%）	其中：国内长途	国际	港澳台
全　国	**26 139 373.1**	**-13.5**	**5 301 000.0**	**-10.2**	**5 203 438.2**	**55 098.9**	**42 462.9**
东　部	**15 582 929.0**	**-14.2**	**3 445 799.7**	**-10.0**	**3 354 277.2**	**50 325.5**	**41 197.1**
北　京	1 357 050.9	−12.6	424 399.5	0.6	414 676.2	6 179.2	3 544.1
天　津	295 601.8	−25.0	45 486.2	−22.9	44 570.0	731.1	185.1
河　北	1 167 897.1	−7.4	174 085.6	−5.8	173 785.3	236.5	63.7
辽　宁	1 118 689.2	−22.5	140 219.6	−28.9	135 037.3	4 836.7	345.7
上　海	1 791 993.5	−15.5	438 804.7	−10.5	412 634.5	17 511.3	8 658.9
江　苏	1 919 145.6	−11.5	350 016.4	−2.9	345 086.9	3 435.6	1 494.0
浙　江	1 497 392.3	−16.8	298 633.6	−0.8	294 966.7	2 590.0	1 076.9
福　建	1 025 201.7	−9.9	173 820.0	−4.0	169 627.0	1 771.4	2 421.7
山　东	1 800 313.3	−10.8	221 385.1	−13.1	219 374.2	1 633.3	377.7
广　东	3 457 759.3	−14.8	1 148 308.2	−12.2	1 114 536.6	11 123.8	22 647.9
海　南	151 884.4	−25.2	30 640.7	−55.8	29 982.7	276.7	381.3
中　部	**5 377 425.6**	**-13.5**	**1 000 621.7**	**-5.0**	**997 466.8**	**2 510.1**	**644.9**
山　西	376 373.0	25.4	56 659.7	−21.3	56 612.4	33.1	14.2
吉　林	252 543.9	−16.6	65 452.4	−5.5	64 361.0	1 054.5	36.8
黑龙江	519 884.6	−32.6	71 024.2	−21.8	70 611.5	392.6	20.1
安　徽	777 231.2	−12.7	286 149.3	54.0	285 800.1	238.4	110.7
江　西	452 177.7	−10.7	102 054.5	−12.2	101 816.9	119.1	118.4
河　南	1 186 388.2	−16.7	127 457.2	−28.2	127 234.4	159.4	63.3
湖　北	822 648.2	−5.2	173 621.9	−13.6	173 151.4	341.1	129.4
湖　南	990 178.8	−14.1	118 202.7	−16.0	117 879.0	171.8	151.9
西　部	**5 179 004.0**	**-11.6**	**854 578.5**	**-16.6**	**851 694.3**	**2 263.3**	**620.9**
内蒙古	291 116.2	50.5	57 559.8	12.2	57 418.5	131.0	10.4
广　西	703 771.5	−11.4	92 797.7	−20.8	92 531.2	149.8	116.7
重　庆	575 456.1	−16.0	54 318.3	−9.9	53 942.4	257.4	118.5
四　川	1 212 755.0	−14.4	201 294.2	−9.6	200 789.7	330.5	174.0
贵　州	260 953.1	−2.6	52 099.2	−32.5	52 052.9	25.0	21.3
云　南	461 960.6	−12.2	79 023.4	−21.3	78 780.6	165.6	77.2
西　藏	26 042.9	−29.1	7 309.7	−35.4	7 300.4	8.6	0.8
陕　西	705 494.0	−10.8	113 737.3	−7.3	113 219.7	439.9	77.8
甘　肃	182 700.0	−14.4	44 990.8	−30.4	44 941.2	40.1	9.4
青　海	74 716.5	−24.9	21 616.9	−26.4	21 612.2	3.3	1.5
宁　夏	61 699.0	−24.9	19 512.0	−12.7	19 491.8	15.7	4.5
新　疆	622 339.2	−17.2	110 319.4	−24.1	109 613.9	696.6	8.8

2014 年移动电话通话量分省情况（一）

（单位：万分钟）

	移动电话通话时长		其中			
			去话通话时长		来话通话时长	
	2013 年	比 2013 年（%）	2013 年	比 2013 年（%）	2013 年	比 2013 年（%）
全　国	**590 127 141.3**	**1.3**	**292 701 007.5**	**1.0**	**297 426 133.8**	**1.7**
东　部	**287 336 621.8**	**0.0**	**145 095 689.5**	**-0.4**	**142 240 932.3**	**0.3**
北　京	15 948 934.7	3.0	8 576 036.6	4.6	7 372 898.0	1.2
天　津	6 608 764.8	-1.1	3 377 173.8	-1.5	3 231 591.0	-0.7
河　北	27 091 169.3	1.5	13 323 520.3	0.5	13 767 649.0	2.5
辽　宁	21 374 898.8	-0.4	10 818 872.0	0.0	10 556 026.8	-0.7
上　海	12 868 118.4	-0.5	6 630 664.7	-0.9	6 237 453.6	0.0
江　苏	36 096 950.6	0.9	18 090 185.8	0.4	18 006 764.8	1.4
浙　江	32 641 138.9	-0.3	16 699 284.5	-0.9	15 941 854.4	0.3
福　建	21 100 503.2	-1.5	10 580 791.7	-2.0	10 519 711.6	-1.0
山　东	40 031 000.4	2.5	19 842 618.2	1.8	20 188 382.2	3.2
广　东	68 753 916.1	-2.1	34 712 281.1	-2.4	34 041 635.0	-1.9
海　南	4 821 226.7	-1.5	2 444 260.7	-2.8	2 376 966.0	-0.1
中　部	**148 205 328.4**	**2.7**	**70 921 315.8**	**2.4**	**77 284 012.6**	**2.9**
山　西	15 265 438.0	0.1	7 551 130.6	-1.1	7 714 307.4	1.4
吉　林	12 362 718.3	-1.5	6 024 565.5	-2.3	6 338 152.8	-0.8
黑龙江	15 670 088.1	0.3	7 556 704.2	0.0	8 113 383.9	0.6
安　徽	17 305 958.7	4.0	8 169 998.7	3.9	9 135 960.0	4.1
江　西	13 716 405.3	2.4	6 613 142.1	2.4	7 103 263.2	2.4
河　南	32 688 147.7	5.0	15 239 684.4	5.1	17 448 463.3	4.9
湖　北	18 560 628.7	3.8	8 936 626.5	3.7	9 624 002.2	3.8
湖　南	22 635 943.7	3.5	10 829 463.9	3.3	11 806 479.9	3.6
西　部	**154 585 168.0**	**2.7**	**76 683 984.1**	**2.3**	**77 901 183.9**	**3.1**
内蒙古	12 909 168.4	-3.2	6 398 746.5	-4.4	6 510 421.9	-2.1
广　西	15 631 968.3	1.8	7 595 205.1	1.7	8 036 763.2	1.9
重　庆	13 583 087.4	4.4	6 713 588.7	4.4	6 869 498.7	4.5
四　川	31 868 862.2	4.0	15 470 495.2	4.0	16 398 367.0	4.1
贵　州	15 034 725.5	5.2	7 440 770.3	4.9	7 593 955.2	5.5
云　南	17 939 735.9	2.3	9 013 141.8	1.8	8 926 594.1	2.9
西　藏	1 458 084.7	3.8	764 588.0	3.2	693 496.6	4.4
陕　西	16 972 422.7	0.8	8 607 960.4	0.1	8 364 462.3	1.5
甘　肃	10 182 500.9	5.8	4 990 466.0	5.6	5 192 034.9	6.1
青　海	2 664 834.0	3.5	1 354 756.6	3.2	1 310 077.5	3.9
宁　夏	3 205 007.3	5.7	1 611 117.6	5.1	1 593 889.7	6.3
新　疆	13 134 770.8	1.8	6 723 147.9	1.5	6 411 623.0	2.2

2014 年移动电话通话量分省情况（二）

（单位：万分钟）

	移动电话去话通话时长中					
	按长途地区分		按漫游地区分			
	国内长途	国际长途	非漫游	国内漫游	国际漫游	港澳台漫游
全　国	**69 586 622.0**	**161 033.2**	**258 656 250.5**	**33 960 882.8**	**47 663.0**	**36 220.0**
东　部	**38 600 489.1**	**134 399.6**	**127 186 726.9**	**17 840 270.3**	**37 225.9**	**31 466.5**
北　京	3 128 259.5	15 312.2	7 183 410.5	1 384 130.1	6 262.3	2 233.7
天　津	812 649.1	2 889.8	3 087 626.6	287 855.9	1 252.7	438.6
河　北	2 323 087.4	2 211.6	12 134 613.8	1 187 816.0	803.9	286.6
辽　宁	1 910 944.9	4 324.4	10 008 141.6	808 468.5	1 885.8	376.1
上　海	2 121 282.4	20 924.2	5 788 235.2	833 374.1	8 911.1	144.4
江　苏	4 831 954.6	9 777.1	15 857 634.3	2 227 817.9	3 119.0	1 614.7
浙　江	4 766 932.0	12 417.7	14 668 223.6	2 024 651.5	5 182.9	1 226.6
福　建	2 693 910.1	7 448.4	9 416 091.7	1 161 484.6	1 492.2	1 723.2
山　东	3 709 655.3	4 585.1	18 072 187.9	1 768 923.5	1 107.1	399.7
广　东	11 919 567.0	53 513.9	28 637 576.7	6 045 037.2	6 867.8	22 799.3
海　南	382 246.8	995.2	2 332 985.1	110 711.0	341.1	223.5
中　部	**15 123 034.3**	**12 220.9**	**62 752 902.5**	**8 160 359.8**	**5 274.6**	**2 778.9**
山　西	1 420 905.9	677.3	6 755 125.3	795 533.2	233.2	238.8
吉　林	1 051 841.8	1 163.3	5 482 703.1	541 293.2	371.3	197.9
黑龙江	1 328 104.9	1 448.1	6 972 637.0	583 264.8	548.9	253.5
安　徽	1 948 628.7	1 005.5	7 037 766.0	1 131 649.5	363.2	220.1
江　西	1 440 113.0	1 379.1	5 902 130.5	710 058.9	731.9	220.8
河　南	3 405 987.4	2 606.1	13 157 035.4	2 080 736.1	1 179.6	733.3
湖　北	2 166 698.4	2 124.2	7 807 091.7	1 128 200.0	689.4	645.4
湖　南	2 360 754.2	1 817.4	9 638 413.5	1 189 624.2	1 157.1	269.1
西　部	**15 863 184.2**	**14 412.7**	**68 716 594.3**	**7 960 252.7**	**5 162.5**	**1 974.6**
内蒙古	1 288 801.7	763.0	5 788 523.2	609 678.7	353.9	190.7
广　西	1 443 414.4	3 313.3	6 823 545.0	770 618.7	626.5	414.9
重　庆	1 071 106.4	1 197.5	6 120 475.3	592 248.2	576.3	288.9
四　川	3 494 609.0	2 322.6	13 620 556.3	1 848 564.3	934.9	439.8
贵　州	1 530 245.2	750.4	6 732 614.6	707 574.7	303.0	278.0
云　南	1 898 759.4	2 261.4	8 240 623.8	771 721.5	763.5	33.1
西　藏	244 215.5	45.4	619 857.3	144 720.3	7.5	2.9
陕　西	1 746 638.3	1 459.6	7 703 729.1	903 230.4	747.7	253.2
甘　肃	1 131 091.3	318.2	4 444 434.6	545 775.7	199.4	56.5
青　海	403 837.4	99.0	1 159 196.3	195 480.8	75.3	4.1
宁　夏	454 266.8	95.3	1 388 471.4	222 597.0	43.3	5.9
新　疆	1 156 198.8	1 787.0	6 074 567.6	648 042.6	531.1	6.6

2014 年移动互联网接入流量分省情况

（单位：万G）

	移动互联网接入流量		其中：按上网方式		
	2014 年	比 2013 年（%）	无线上网卡流量	手机上网流量	
				2014 年	比 2013 年（%）
全　国	**206 193.6**	**62.7**	**25 875.6**	**179 064.4**	**94.7**
东　部	**111 335.8**	**57.8**	**15 075.3**	**95 539.4**	**89.9**
北　京	7 793.9	38.7	2 056.2	5 672.0	99.1
天　津	3 027.8	68.8	1 073.0	1 953.2	100.6
河　北	7 184.6	55.5	522.2	6 574.2	67.5
辽　宁	6 421.3	50.7	1 255.9	5 125.1	93.5
上　海	5 802.3	47.2	945.7	4 837.6	84.6
江　苏	15 972.8	74.5	1 039.0	14 858.8	92.2
浙　江	16 068.6	61.0	3 543.0	12 512.3	116.6
福　建	7 359.0	55.2	721.1	6 454.4	77.4
山　东	10 684.0	27.7	1 773.9	8 737.4	79.5
广　东	29 287.8	73.4	1 777.0	27 449.7	89.0
海　南	1 733.7	45.8	368.4	1 364.7	83.5
中　部	**46 815.6**	**63.6**	**5 554.0**	**40 824.7**	**100.5**
山　西	3 722.5	54.5	417.6	3 297.0	83.3
吉　林	2 785.1	61.9	520.0	2 243.4	108.2
黑龙江	3 813.0	81.7	490.5	3 301.8	107.0
安　徽	5 961.6	60.4	184.4	5 762.3	68.1
江　西	4 495.2	88.8	186.2	4 260.3	96.1
河　南	10 532.5	49.2	1 579.5	8 951.6	104.2
湖　北	7 403.4	41.5	1 244.5	5 941.2	96.9
湖　南	8 102.2	102.3	931.4	7 067.1	144.6
西　部	**48 032.8**	**74.8**	**5 236.9**	**42 700.3**	**100.4**
内蒙古	3 613.9	51.0	903.6	2 670.2	85.8
广　西	4 921.3	73.0	389.4	4 530.9	85.4
重　庆	3 693.0	45.3	280.2	3 406.7	59.1
四　川	9 064.8	91.7	314.1	8 729.6	103.9
贵　州	3 418.3	70.8	334.7	3 080.3	89.9
云　南	7 231.1	101.1	757.6	6 469.8	171.3
西　藏	527.9	47.7	182.3	345.5	114.0
陕　西	6 769.7	81.9	611.6	6 152.7	108.9
甘　肃	2 815.3	61.0	153.8	2 659.0	79.0
青　海	1 069.7	140.9	290.3	778.9	131.1
宁　夏	1 311.0	57.8	259.0	1 045.4	121.8
新　疆	3 596.5	58.8	760.4	2 831.3	77.4

2014 年移动短信和彩信业务量分省情况

	移动短信业务量			移动彩信业务量		
	2014 年（万条）	比 2013 年（%）	点对点短信（万条）	2014 年（万条）	比2013年（%）	点对点彩信（万条）
全　国	**76 742 363.8**	**-14.0**	**35 233 434.6**	**6 473 617.8**	**-24.4**	**469 281.2**
东　部	**43 675 746.1**	**-13.7**	**16 988 214.8**	**2 888 916.6**	**-25.8**	**209 150.8**
北　京	4 533 873.8	-1.2	1 411 344.8	323 691.0	-16.0	23 338.3
天　津	621 414.4	-32.2	404 977.4	35 259.8	-29.4	2 796.3
河　北	2 670 271.1	-14.4	1 516 171.0	130 888.9	-21.3	20 025.7
辽　宁	1 783 383.8	-20.0	942 481.4	89 508.2	-60.8	7 142.3
上　海	2 226 413.1	-31.6	1 112 440.4	194 995.1	7.2	10 191.6
江　苏	5 245 676.8	-9.8	2 420 721.6	840 069.3	-25.8	25 339.4
浙　江	7 709 310.2	-12.8	1 961 867.3	290 625.5	-18.9	38 034.7
福　建	5 447 918.1	-7.3	1 188 164.1	365 578.4	-27.9	8 109.1
山　东	4 133 440.4	-6.1	1 897 389.0	199 621.8	-15.9	15 560.2
广　东	8 805 192.7	-19.9	3 800 046.2	375 413.8	-36.4	55 579.2
海　南	498 851.9	-14.5	332 611.6	43 264.9	-24.1	3 034.1
中　部	**15 249 482.4**	**-15.3**	**9 187 501.7**	**1 802 390.4**	**-11.4**	**78 666.2**
山　西	2 535 025.6	-12.9	1 005 560.8	267 096.3	4.3	11 159.7
吉　林	1277 226.0	-13.6	552 002.8	59 190.7	-15.9	7 004.6
黑龙江	1 010 262.2	-26.4	806 393.1	39 547.5	-40.0	5 229.7
安　徽	2 192 718.3	-16.9	1 655 172.7	83 377.4	9.9	10 664.7
江　西	1 334 031.5	-13.3	899 685.1	205 440.0	-16.5	6 803.6
河　南	2 513 889.7	-14.0	1 711 154.1	133 166.6	3.3	13 026.9
湖　北	1 948 964.6	-9.0	1 435 120.9	374 733.7	-29.9	10 884.2
湖　南	2 437 364.5	-18.9	1 122 412.2	639 838.3	-2.4	13 892.9
西　部	**17 817 135.3**	**-13.5**	**9 057 718.1**	**1 782 310.8**	**-32.5**	**181 464.2**
内蒙古	1 282 504.4	-17.8	767 471.6	136 224.3	-28.6	17 090.5
广　西	1 728 640.7	-15.3	705 985.0	135 324.5	-61.3	16 998.7
重　庆	1 202 955.2	-9.2	758 116.2	205 045.7	41.4	10 324.3
四　川	3 274 619.8	-13.1	2 308 622.4	463 919.2	-31.5	48 735.3
贵　州	1 235 125.4	-11.8	671 739.0	58 592.2	-28.9	13 620.6
云　南	3 561 125.6	-7.3	1 003 727.2	256 829.7	-35.6	24 544.3
西　藏	186 851.3	-3.1	99 654.3	11 589.0	-14.7	2 328.3
陕　西	1 977 848.9	-26.6	1 032 824.9	265 014.5	-40.9	17 329.0
甘　肃	1 849 157.9	-10.0	678 204.3	48 055.8	-37.1	13 383.0
青　海	289 950.0	-5.6	173 405.5	42 387.8	-19.6	7 875.3
宁　夏	430 148.7	-5.8	296 620.8	51 462.4	16.6	2 511.0
新　疆	798 207.5	-16.2	561 346.8	107 865.9	-32.5	6 723.9

2014 年互联互通业务量分省情况

	固定电话互联互通通话时长		移动电话互联互通通话时长		短信互联互通业务量	
	2014 年（万分钟）	比 2013 年（%）	2014 年（万分钟）	比 2013 年（%）	2014 年（万条）	比 2013 年（%）
全　国	**17 514 018.7**	**-8.4**	**90 765 609.5**	**4.1**	**12 236 555.0**	**-13.8**
东　部	**10 413 284.6**	**-6.6**	**42 545 421.0**	**3.3**	**5 865 192.0**	**-17.8**
北　京	896 539.5	-9.0	2 846 342.8	5.0	466 642.9	-19.3
天　津	232 157.6	-13.4	1 266 615.8	1.6	148 855.5	-17.1
河　北	763 728.5	-1.9	4 478 592.2	5.3	463 543.9	-18.1
辽　宁	699 725.7	-12.4	3 204 054.9	-0.1	297 536.7	-25.1
上　海	989 395.5	-8.3	2 229 651.9	6.5	383 822.4	-25.7
江　苏	1 009 422.7	-11.1	5 497 179.3	3.3	864 060.3	-14.3
浙　江	1 335 047.9	26.7	4 413 329.9	5.6	667 839.9	-12.5
福　建	573 010.5	-9.2	3 590 141.6	3.1	473 915.2	-12.9
山　东	1 147 304.9	-6.3	5 866 770.6	4.8	623 424.5	-9.0
广　东	2 662 280.3	-13.3	8 446 261.9	0.1	1 363 227.3	-23.7
海　南	104 671.6	-12.3	706 480.1	6.3	112 323.4	2.2
中　部	**3 997 375.1**	**-8.9**	**24 290 420.4**	**6.3**	**3 311 379.0**	**-10.9**
山　西	317 655.0	-4.7	2 270 324.5	0.1	322 507.0	-15.3
吉　林	288 976.0	-10.8	2 034 792.1	1.7	228 758.6	-16.6
黑龙江	407 270.5	-8.8	2 449 291.7	4.6	251 583.2	-24.0
安　徽	417 271.5	-8.2	2 971 523.3	8.0	584 663.1	-10.5
江　西	296 404.6	-11.0	1 985 972.8	5.6	271 832.5	-8.8
河　南	1 131 047.1	-9.1	5 378 296.6	11.0	591 278.4	-3.1
湖　北	567 034.8	-3.2	3 337 528.1	4.9	571 790.3	-6.6
湖　南	571 715.7	-14.0	3 862 691.4	7.8	488 966.0	-12.2
西　部	**3 105 223.0**	**-13.5**	**23 929 775.7**	**3.3**	**3 059 984.0**	**-8.5**
内蒙古	218 238.9	-3.2	1 843 022.5	1.4	281 179.0	-15.4
广　西	446 345.0	-22.8	2 478 569.4	4.2	258 736.1	-9.2
重　庆	341 995.9	-6.5	2 450 097.4	10.1	255 669.6	-7.1
四　川	590 304.5	-17.5	4 735 600.4	-6.4	681 659.7	-2.5
贵　州	178 273.6	-11.0	2 002 400.2	7.5	235 021.9	1.2
云　南	243 419.9	-13.7	1 851 419.4	4.8	235 481.1	-13.9
西　藏	13 238.0	-28.3	254 867.2	15.1	37 126.9	13.0
陕　西	432 341.2	-5.2	2 970 405.4	3.6	422 238.9	-19.9
甘　肃	162 157.5	-13.7	1 748 160.4	12.4	239 297.3	-8.9
青　海	49 472.3	-18.9	536 444.8	5.9	83 541.1	-4.3
宁　夏	56 570.2	-8.1	558 902.3	9.3	120 342.5	8.8
新　疆	372 865.9	-15.1	2 499 886.2	4.3	209 690.1	-7.8

2010—2014 年电信通信能力发展情况

指　标　名　称	单位	2010 年	2011 年	2012 年	2013 年	2014 年	2014 年比 2013 年（%）
光缆线路长度	万公里	996.2	1 211.9	1 479.3	1 745.4	2 061.3	18.1
长途光缆线路长度	万公里	81.8	84.2	86.8	89.0	92.8	4.3
本地网中继光缆线路长度	万公里	535.0	617.0	723.4	834.4	997.7	19.6
接入网光缆线路长度	万公里	379.4	510.7	669.2	821.9	970.7	18.1
光缆纤芯长度	万芯公里	19 558.4	24 175.6	29 620.8	37 425.9	45 054.9	20.4
长途光缆纤芯长度	万芯公里	2 074.7	2 174.5	2 295.0	2 398.5	2 544.1	6.1
本地网中继光缆纤芯长度	万芯公里	10 810.9	12 971.3	15 527.0	20 373.2	25 311.9	24.2
接入网光缆纤芯长度	万芯公里	6 672.8	9 029.8	11 798.8	14 654.2	17 198.9	17.4
固定长途电话交换机容量	万路端	1 641.5	1 602.3	1 579.7	1 280.5	982.9	-23.2
局用交换机容量	万门	46 537.3	43 428.4	43 749.3	41 089.3	40 517.1	-1.4
接入网设备容量	万门	22 580.6	20 995.1	23 371.5	22 572.4	25 882.2	14.7
移动电话交换机容量	万户	150 284.9	171 636.0	184 023.8	196 557.3	205 024.9	4.3
移动电话基站	万个	139.8	175.2	206.6	241.0	350.8	45.5
其中：3G基站	万个	45.9	63.2	82.0	109.3	127.8	16.9
4G基站数	万个					84.9	
移动电话话音信道	万个	7 328.8	8 706.0	9 284.8	9 733.2	9 947.0	2.2
移动短消息中心容量	万条	517 727.6	561 726.5	622 055.7	696 593.4	713 067.8	2.4
互联网宽带接入端口	万个	18 781.1	23 239.4	32 108.4	35 945.3	40 546.1	12.8
*x*DSL端口	万个	14 013.3	15 542.1	15 858.3	14 742.8	13 833.3	-6.2
FTTH/0端口	万个			7 289.5	11 505.0	16 384.6	42.4

注：互联网宽带端口为基础电信企业合计数。

2014 年光缆线路长度分省情况

（单位：公里）

	光缆线路长度				
	2014 年	比 2013 年（%）	长途光缆	本地网中继光缆	接入网光缆
全　国	**20 612 529**	**18.1**	**928 398**	**9 977 248**	**9 706 883**
东　部	**9 251 901**	**20.7**	**246 163**	**4 043 872**	**4 961 866**
北　京	241 643	9.9	3 977	99 345	138 322
天　津	148 839	14.3	3 481	50 077	95 281
河　北	878 407	8.7	35 736	391 669	451 002
辽　宁	634 592	21.4	24 583	362 399	247 610
上　海	407 678	28.2	5 098	107 596	294 984
江　苏	2 081 008	19.9	36 249	793 885	1 250 874
浙　江	1 656 973	43.3	25 744	865 892	765 337
福　建	738 003	12.8	22 471	274 448	441 085
山　东	999 449	23.2	34 873	538 587	425 989
广　东	1 345 387	12.0	50 650	501 646	793 092
海　南	119 922	14.0	3 302	58 327	58 293
中　部	**5 607 412**	**17.3**	**249 059**	**3 094 525**	**2 263 828**
山　西	677 419	12.9	29 809	470 898	176 711
吉　林	310 694	17.1	23 544	171 863	115 288
黑龙江	498 303	14.8	45 619	297 702	154 981
安　徽	817 239	15.0	29 537	273 125	514 577
江　西	584 039	22.0	19 998	446 688	117 353
河　南	1 027 113	22.4	31 430	568 340	427 343
湖　北	757 282	14.7	30 344	420 070	306 868
湖　南	935 322	18.0	38 778	445 838	450 706
西　部	**5 753 217**	**14.8**	**433 175**	**2 838 853**	**2 481 189**
内蒙古	399 841	13.3	66 744	214 656	118 441
广　西	555 157	9.8	38 472	191 414	325 271
重　庆	538 637	23.1	7 134	297 156	234 348
四　川	1 343 113	25.1	56 905	488 892	797 316
贵　州	461 266	-7.5	36 252	290 722	134 292
云　南	589 580	9.5	43 676	364 756	181 147
西　藏	101 580	25.2	38 297	24 953	38 329
陕　西	590 536	14.4	28 926	338 791	222 819
甘　肃	430 521	10.5	31 377	239 753	159 391
青　海	126 793	16.0	38 975	59 820	27 998
宁　夏	88 892	20.0	9 600	28 725	50 568
新　疆	527 301	21.9	36 819	299 215	191 268

2014 年光缆纤芯长度分省情况

（单位：芯公里）

	光缆纤芯长度				
	2014 年	比 2013 年（%）	长途光缆	本地网中继光缆	接入网光缆
全　国	**450 549 312**	**20.4**	**25 440 608**	**253 119 289**	**171 989 415**
东　部	**236 156 007**	**21.6**	**8 702 380**	**129 076 187**	**98 377 440**
北　京	11 023 777	19.2	180 670	6 330 268	4 512 839
天　津	4 733 597	13.9	136 263	1 903 665	2 693 669
河　北	16 133 859	9.6	1 271 245	7 431 398	7 431 217
辽　宁	15 211 213	23.0	701 237	10 424 607	4 085 369
上　海	18 641 803	33.3	226 541	9 104 424	9 310 838
江　苏	39 688 784	17.7	1 506 587	20 983 962	17 198 235
浙　江	35 793 326	41.4	1 081 086	21 174 194	13 538 046
福　建	15 995 583	18.9	668 308	5 762 321	9 564 955
山　东	30 544 787	18.8	978 416	19 645 630	9 920 741
广　东	45 998 610	16.8	1 933 424	24 923 513	19 141 674
海　南	2 390 667	14.2	18 605	1 392 205	979 857
中　部	**102 016 725**	**15.6**	**6 774 090**	**58 812 432**	**36 430 202**
山　西	10 569 812	22.7	736 080	6 495 267	3 338 465
吉　林	5 705 273	8.7	596 932	3 330 817	1 777 525
黑龙江	7 787 485	19.9	1 053 498	4 147 677	2 586 310
安　徽	15 396 206	13.7	882 041	6 360 267	8 153 898
江　西	8 221 461	8.4	529 324	6 117 990	1 574 147
河　南	20 801 251	12.8	883 509	11 886 979	8 030 762
湖　北	14 832 693	20.4	959 871	9 683 575	4 189 247
湖　南	18 702 544	16.7	1 132 836	10 789 860	6 779 849
西　部	**112 376 582**	**22.4**	**9 964 137**	**65 230 670**	**37 181 774**
内蒙古	9 420 244	77.7	1 313 421	6 504 923	1 601 900
广　西	9 531 485	6.5	801 444	4 202 965	4 527 076
重　庆	11 330 568	33.9	182 609	7 359 853	3 788 106
四　川	21 832 601	23.5	1 487 236	10 147 309	10 198 056
贵　州	9 362 266	-8.8	1 378 263	5 978 914	2 005 088
云　南	10 935 411	23.0	815 186	7 210 304	2 909 921
西　藏	1 710 467	31.7	661 333	475 348	573 785
陕　西	14 228 810	28.8	874 146	9 539 327	3 815 336
甘　肃	8 924 164	12.9	688 533	5 015 902	3 219 728
青　海	2 865 518	30.3	856 051	1 400 471	608 996
宁　夏	1 797 850	21.4	294 397	705 187	798 267
新　疆	10 437 198	25.1	611 517	6 690 167	3 135 514

2014 年固定通信能力分省情况

	固定长途电话交换机容量		局用交换机容量		其中 接入网设备容量	
	2014 年（万路端）	比 2013 年（万路端）	2014 年（万门）	比 2013 年（万门）	2014 年（万门）	比 2013 年（万门）
全　国	**982.9**	**-297.6**	**40 517.1**	**-572.2**	**25 882.2**	**3 309.8**
东　部	**460.8**	**-105.2**	**18 453.6**	**-3 488.4**	**10 358.0**	**-1 465.9**
北　京	56.6	0.00	1 519.7	−163.6	765.8	−120.3
天　津	11.8	−1.9	717.7	23.1	564.9	70.9
河　北	31.8	0.0	1 511.4	−55.7	1 012.4	38.1
辽　宁	48.6	−0.1	2 081.3	39.8	1 391.6	101.6
上　海	71.6	−2.6	1 274.5	−85.9	505.7	48.7
江　苏	37.6	0.0	2 784.5	−573.4	1 207.5	−43.4
浙　江	85.2	0.0	1 769.9	−842.9	725.0	−501.8
福　建	9.5	−45.6	1 246.7	−301.3	780.2	−95.9
山　东	40.1	−5.6	2 245.8	−517.0	1 471.2	−314.1
广　东	64.0	−44.3	3 157.6	−928.9	1 833.1	−597.3
海　南	4.1	−5.1	144.6	−82.4	100.6	−52.4
中　部	**307.1**	**-81.8**	**14 189.5**	**4 710.6**	**10 602.9**	**5 595.5**
山　西	30.2	0.0	890.7	−77.1	532.2	−22.1
吉　林	8.6	−13.8	886.6	9.0	546.9	24.7
黑龙江	36.0	−5.2	7 401.8	6 057.3	6 953.3	6 135.4
安　徽	14.4	−6.4	749.0	−79.0	328.2	11.6
江　西	20.8	−13.5	708.9	−128.6	508.6	−53.5
河　南	133.7	−10.9	1 298.4	−545.0	789.8	−368.6
湖　北	17.0	−32.1	1 196.4	−286.6	515.6	−133.3
湖　南	46.4	0.0	1 057.6	−239.4	428.4	1.2
西　部	**210.5**	**-110.7**	**7 872.1**	**-1 794.4**	**4 921.3**	**-819.8**
内蒙古	21.2	0.1	541.3	−291.8	371.5	−234.7
广　西	32.5	−25.7	1 765.3	−63.6	1 557.6	117.6
重　庆	6.5	−15.4	857.3	−168.2	481.8	−14.2
四　川	37.4	−13.7	1 159.8	−247.6	699.7	−62.5
贵　州	18.3	−7.2	746.7	−172.3	474.7	−147.0
云　南	22.4	0.0	735.0	−68.9	463.0	−31.3
西　藏	1.4	−0.2	128.8	−4.9	96.2	1.5
陕　西	20.0	−24.2	678.4	−336.9	355.5	−240.4
甘　肃	7.6	−19.8	360.6	−164.0	84.0	−64.3
青　海	9.8	−3.2	53.6	−92.1	11.0	−41.0
宁　夏	6.1	0.0	160.0	−37.1	57.8	−24.6
新　疆	27.2	−1.2	685.4	−146.9	268.7	−78.9
总部及直属	4.6	0.0	2.0	0.0	0.0	0.0

2014 年移动通信能力分省情况

	移动电话交换机容量		移动电话基站		其中		移动电话话音信道	移动短消息中心容量
					3G 基站	4G 基站		
	2014 年（万户）	比 2013 年（万户）	2014 年（万个）	比 2013 年（万个）	2014 年（万个）	2014 年（万个）	2014 年（万个）	2014 年（万条）
全　国	**205 024.9**	**8 467.6**	**350.8**	**109.8**	**127.8**	**84.9**	**9 947.0**	**713 067.8**
东　部	**93 734.0**	**2 123.9**	**167.4**	**55.0**	**61.0**	**43.0**	**4 765.3**	**357 679.9**
北　京	4 910.0	90.0	9.9	3.7	3.6	2.6	296.9	20 500.6
天　津	2 355.0	0.0	3.7	1.2	1.5	1.0	171.5	5 709.6
河　北	11 550.7	291.9	12.7	3.6	4.9	2.5	415.9	29 736.0
辽　宁	6 406.2	147.5	12.7	4.4	4.5	3.4	360.4	25 308.0
上　海	4 228.0	305.0	6.4	1.7	2.6	1.6	232.8	11 353.7
江　苏	10 473.1	116.6	25.3	9.3	8.6	6.6	713.3	53 352.0
浙　江	11 141.2	334.0	24.9	7.5	9.2	6.3	661.9	23 084.0
福　建	7 895.0	169.0	14.6	4.7	5.2	3.9	329.9	33 840.0
山　东	11 824.4	400.0	21.4	7.1	7.8	5.5	567.7	79 074.0
广　东	21 418.1	270.0	32.7	10.8	11.9	9.0	931.3	71 186.0
海　南	1 532.4	0.0	3.0	0.9	1.2	0.7	83.8	4 536.0
中　部	**54 368.4**	**4 965.5**	**91.8**	**29.4**	**33.2**	**22.8**	**2 383.9**	**163 432.2**
山　西	5 021.2	−234.6	10.9	3.5	3.6	2.6	244.4	9 894.2
吉　林	3 895.0	81.0	6.3	2.0	2.1	1.6	175.8	11 505.6
黑龙江	7 185.2	1 796.5	8.1	2.6	3.2	1.8	231.7	17 596.8
安　徽	7 561.9	0.0	11.9	4.5	4.5	3.1	345.4	30 096.0
江　西	4 085.9	−2.5	10.1	2.5	3.9	1.9	232.8	36 012.0
河　南	11 097.0	2 128.9	18.2	5.6	6.4	4.7	486.0	24 697.4
湖　北	8 255.8	1 020.7	13.1	4.5	4.6	3.6	324.1	15 336.0
湖　南	7 266.4	175.5	13.3	4.3	4.7	3.6	343.7	18 294.1
西　部	**56 922.5**	**1 378.2**	**91.5**	**25.5**	**33.7**	**19.0**	**2 797.8**	**191 955.7**
内蒙古	5 885.3	−251.0	6.7	1.8	2.6	1.1	231.9	17 064.0
广　西	4 623.3	161.2	9.9	2.6	3.7	2.1	268.9	16 560.0
重　庆	3 887.6	77.6	7.4	2.0	2.7	1.6	191.6	11 700.0
四　川	15 269.3	448.7	17.8	5.4	6.1	4.4	588.1	33 875.7
贵　州	4 928.0	−26.0	8.5	2.1	2.7	1.7	223.8	12 006.0
云　南	5 894.1	−28.5	12.1	3.3	4.2	2.3	295.7	21 312.0
西　藏	393.0	0.0	1.1	0.2	0.3	0.1	38.2	1 008.0
陕　西	5 136.1	174.2	11.8	4.2	5.2	2.8	277.4	37 872.0
甘　肃	2 633.8	0.0	5.5	0.8	1.7	1.1	212.9	20 070.0
青　海	1 268.0	138.0	2.1	0.8	0.8	0.6	94.0	3 348.0
宁　夏	1 146.0	−12.0	1.7	0.6	0.7	0.5	63.4	5 004.0
新　疆	5 858.0	696.0	6.8	1.9	3.1	0.8	311.9	12 136.0

2014 年互联网宽带接入端口分省情况

（单位：万个）

	互联网宽带接入端口		其中				FTTH/O 端口
			xDSL 端口		LAN 端口		
	2014 年	比 2013 年	2014 年	比 2013 年	2014 年	比 2013 年	2014 年
全　国	**40 546.1**	**4 600.8**	**13 833.3**	**-909.6**	**5 779.0**	**524.3**	**16 384.6**
东　部	**21 775.5**	**2 168.9**	**7 019.2**	**-467.7**	**3 039.2**	**393.1**	**9 475.2**
北　京	1 159.9	−26.9	282.9	−44.0	47.6	−1.9	693.3
天　津	397.7	43.7	87.8	−22.6	18.2	12.6	277.8
河　北	2 204.7	155.4	413.6	−94.7	39.7	2.0	1 216.6
辽　宁	2 083.5	452.2	558.6	−8.7	140.9	11.2	1 005.3
上　海	1 404.5	29.9	233.9	−39.1	200.3	−28.5	951.7
江　苏	3 503.3	440.1	1 127.3	−68.8	816.0	284.8	1 389.4
浙　江	2 632.6	185.2	951.9	−64.0	453.1	61.7	1 135.9
福　建	1 618.7	179.3	520.5	−18.3	343.1	22.0	647.5
山　东	2 949.1	412.1	542.6	−124.7	652.0	7.1	1 143.8
广　东	3 597.7	272.5	2 183.3	15.8	319.5	21.7	930.6
海　南	223.9	25.3	116.9	1.3	8.8	0.5	83.4
中　部	**9778.4**	**1 223.2**	**3 379.0**	**-289.8**	**1 533.4**	**66.1**	**3 449.4**
山　西	996.8	115.1	253.9	−67.8	158.8	−0.4	438.8
吉　林	806.0	110.9	198.3	8.1	176.7	21.0	190.0
黑龙江	1 044.0	178.8	263.2	2.2	148.3	10.5	279.4
安　徽	1 175.7	51.1	443.5	−63.2	179.3	−21.5	508.3
江　西	975.1	106.5	516.6	1.2	151.8	1.2	225.6
河　南	2 016.4	269.4	598.2	−113.9	166.7	18.1	866.4
湖　北	1 266.1	112.8	495.2	−29.7	288.6	15.3	427.1
湖　南	1 498.3	278.7	610.2	−26.7	263.1	21.9	513.8
西　部	**8 992.2**	**1 208.7**	**3 435.0**	**-152.1**	**1 206.5**	**65.1**	**3 460.0**
内蒙古	739.9	62.7	138.2	−22.8	98.6	3.1	275.9
广　西	1 126.2	147.3	324.3	−10.4	300.9	19.8	427.2
重　庆	963.4	184.5	415.1	5.8	72.0	4.7	341.4
四　川	2 200.4	424.7	648.1	−116.4	154.3	8.2	1 248.5
贵　州	580.6	86.4	262.0	7.8	105.2	6.7	123.7
云　南	741.3	4.5	365.8	−40.1	115.7	−2.5	213.7
西　藏	48.1	4.0	17.4	0.5	14.7	5.6	14.1
陕　西	1 070.4	129.5	545.4	16.5	192.7	10.1	243.3
甘　肃	473.2	12.9	275.8	−1.1	88.1	3.2	87.2
青　海	134.2	16.4	56.0	−0.9	6.1	1.0	63.9
宁　夏	180.3	30.0	83.9	−2.1	1.3	−0.5	87.0
新　疆	734.3	105.7	303.3	11.1	56.8	5.6	334.1

2010—2014 年电信财务、投资、服务水平发展情况

指标名称	单位	2010 年	2011 年	2012 年	2013 年	2014 年	2014 年比 2013 年（%）
电信业务收入	万元	90 791 361	98 804 120	107 582 895	116 686 662	119 079 749	-1.6
其中：增值电信业务收入	万元	18 346 025	20 694 546	21 639 505	23 294 534	23 480 728	0.3
固定通信业务收入	万元	27 959 621	27 057 896	28 024 632	29 841 735	33 139 974	-1.4
移动通信业务收入	万元	62 831 741	71 746 225	79 558 264	86 844 928	85 939 775	-1.6
电信业务成本	万元	43 610 150	49 801 512	52 403 387	57 806 485	65 548 541	6.1
电信利润总额	万元	14 584 602	16 682 595	17 973 112	12 131 168	16 515 595	-6.3
电信增加值	万元	49 626 837	54 336 271	57 091 147	61 082 349	66 613 289	9.1
电信资产总额	万元	221 945 968	234 085 228	251 773 375	265 199 411	282 283 475	6.4
电信固定资产原值	万元	266 939 463	287 710 839	314 555 154	331 894 471	353 482 243	6.5
电信固定资产净值	万元	127 107 277	133 423 230	141 195 578	146 481 990	153 441 148	6.3
电信固定资产投资完成额	万元	30 215 950	33 821 538	36 162 164	37 425 689	40 062 002	7.0
固定通信投资	万元	1 291 214	1 961 538	2 286 540	437 747	374 953	-14.3
移动通信投资	万元	12 652 019	13 584 886	13 754 525	13 317 547	18 084 371	35.8
互联网及数据通信投资	万元	4 058 110	4 383 863	4 179 085	5 111 215	4 002 364	-21.7
创新及增值平台投资	万元	2 372 558	2 442 856	1 560 395	1 657 183	1 414 104	-14.7
业务支撑系统投资	万元	1 319 908	1 468 161	1 546 884	1 661 670	1 486 113	-10.6
传输投资	万元	4 622 996	5 668 008	8 301 250	9 428 384	9 612 320	2.0
局房及营业场所投资	万元	1 952 936	1 939 842	2 014 550	2 740 405	2 568 707	-6.3
电信其他投资	万元	1 946 210	2 372 383	2 518 937	3 071 538	2 519 069	-18.0
移动电话漫游国家和地区							
中国电信	个	220	258	258	258	258	
中国移动	个	237	237	237	242	251	
中国联通	个	239	246	247	250	251	
固定电话普及率	部/百人	22.1	21.3	20.7	19.6	18.2	
城市固定电话普及率	部/百人	31.2	30.0	27.4	25.2	24.0	
移动电话普及率	部/百人	64.4	73.6	82.6	90.3	94.0	
互联网宽带接入普及率	%	9.5	11.2	13.0	13.9	14.7	
开通互联网宽带业务的行政村比重	%	80.1	84.0	87.9	91.0	93.5	

注：财务指标的增长率为可比口径比较，其中收入指标的增长率为未扣除营改增影响。

2014 年电信主要经济效益分省情况（一）

（单位：万元）

	电信业务收入	其中	电信业务收入中		电信业务成本
		增值业务收入	固定通信	移动通信	
全　国	**119 079 749.2**	**23 480 727.6**	**33 139 974.3**	**85 939 774.9**	**65 548 540.8**
东　部	**66 052 980.1**	**12 498 537.2**	**19 682 802.2**	**46 370 177.8**	**35 443 565.7**
北　京	57 255 098.0	1 178 086.8	2 226 789.6	3 498 308.4	3 141 427.3
天　津	1 673 581.7	287 686.3	522 522.4	1 151 059.3	1 018 684.5
河　北	4 933 750.5	792 080.9	1 174 529.8	3 759 220.7	2 703 090.8
辽　宁	4 072 060.6	778 987.8	1 148 973.5	2 923 087.2	2 304 660.7
上　海	5 469 407.9	867 514.0	2 462 710.0	3 006 698.0	3 111 645.1
江　苏	8 853 850.6	1 892 187.7	2 403 636.1	6 450 214.4	4 543 602.1
浙　江	7 807 504.2	1 690 755.6	2 263 340.6	5 544 163.5	4 218 075.2
福　建	4 488 899.5	966 290.3	1 164 015.3	3324 884.3	2 400 381.4
山　东	6 716 869.7	1 239 850.6	1 670 489.0	5 046 380.7	3 478 494.5
广　东	15 378 453.3	2 646 398.7	4 440 493.5	10 937 959.8	7 937 015.3
海　南	933 503.9	158 698.6	205 302.4	728 201.5	586 488.7
中　部	**27 544 461.6**	**5 244 417.4**	**6 092 058.6**	**21 452 403.1**	**15 340 047.5**
山　西	2 708 761.8	501 263.2	612 179.2	2 096 582.6	1649 515.4
吉　林	1 893 033.6	281 036.5	506 650.9	1 386 382.7	1 279 262.5
黑龙江	2 602 871.7	415 868.0	686 534.6	1 916 337.1	1 649 183.8
安　徽	3 835 831.0	754 464.8	818 004.4	3 017 826.6	1 939 984.6
江　西	2 579 846.3	575 242.3	556 578.7	2 023 267.6	1 358 778.8
河　南	5 560 732.8	1 111 586.4	1 032 989.5	4 527 743.3	3 022 957.7
湖　北	4 201 926.4	772 669.2	1 066 007.2	3 135 919.2	2 280 474.9
湖　南	4 161 458.3	832 286.9	813 114.3	3 348 344.1	2 159 889.6
西　部	**27 417 440.5**	**4 848 153.8**	**6 138 637.4**	**21 278 803.1**	**16 235 541.7**
内蒙古	2 278 922.5	396 256.5	487 348.0	1 791 574.5	1 433 083.4
广　西	2 926 459.1	511 092.9	737 270.7	2 189 188.4	1 631 232.1
重　庆	2 275 616.6	389 429.5	540 151.9	1 735 464.6	1 383 912.7
四　川	5 589 810.6	1 004 558.2	1 321 358.8	4 268 451.8	3 304 820.0
贵　州	2 266 533.3	335 956.6	420 581.1	1 845 952.2	1 402 465.3
云　南	3 161 425.3	762 132.5	619 229.0	2 542 196.3	1 678 119.4
西　藏	440 242.8	65 875.2	116 432.9	323 809.9	366 539.8
陕　西	3 431 514.9	556 113.6	771 136.2	2 660 378.7	1 832 022.5
甘　肃	1 731 349.3	322 535.1	361 866.4	1 369 482.8	1 027 313.6
青　海	554 723.7	93 117.9	151 455.9	403 267.9	380 500.6
宁　夏	619 568.1	79 848.8	146 934.9	472 633.2	374 826.6
新　疆	2 141 274.2	331 237.1	464 871.6	1 676 402.7	1 420 705.7
总部及直属	−1 935 133.0	889 619.5	1 226 476.2	−3 161 609.1	−1 470 614.0

2014 年电信主要经济效益分省情况（二）

（单位：万元）

	电信利润总额	增加值	资产总额	固定资产原值	固定资产净值
全　国	**16 515 594.5**	**35 494 664.1**	**282 283 474.8**	**353 482 243.0**	**153 441 148.0**
东　部	**12 874 944.9**	**2 968 617.0**	**137 641 146.8**	**176 480 959.7**	**71 793 596.8**
北　京	1 164 419.5	3 137 457.8	11 054 296.3	14 209 684.9	5 876 302.4
天　津	226 324.2	895 230.4	3 535 054.5	4 929 091.2	2 180 130.0
河　北	695 032.1	2 598 153.3	9 673 852.2	14 100 109.5	5 670 910.3
辽　宁	469 866.3	2 078 778.7	8 419 835.8	13 278 348.3	5 353 061.7
上　海	1 010 318.3	2 866 798.7	10 714 872.5	14 297 478.5	5 517 655.3
江　苏	1 677 782.6	4 683 773.1	16 156 453.8	22 568 756.2	9 353 381.8
浙　江	1 442 341.9	4 018 782.4	15 745 031.4	19 859 526.4	8 253 859.5
福　建	757 152.5	2 331 114.5	9 145 249.2	12 086 015.9	5 009 235.0
山　东	1 270 262.5	3 777 412.8	13 392 871.9	19 494 288.6	7 859 519.1
广　东	4 087 337.1	8 834 072.4	37 840 024.7	39 120 720.4	15 556 459.2
海　南	74 108.0	441 930.9	1 963 604.6	2 536 939.9	1 163 082.7
中　部	**3 437 155.1**	**14 206 089.1**	**54 285 087.8**	**77 541 627.8**	**33 921 524.5**
山　西	217 018.8	1 335 892.6	5 455 292.8	8 341 470.5	3 750 426.2
吉　林	2 517.8	895 763.3	4 091 712.4	7 459 338.5	3 046 511.0
黑龙江	101 530.6	1 324 706.6	5 302 722.2	9 366 390.0	4 088 803.0
安　徽	695 804.5	2 055 943.4	7 300 992.6	9 681 178.2	4 416 841.1
江　西	293 832.1	1 291 034.7	4 825 902.5	6 785 956.1	2 976 261.6
河　南	811 003.7	2 937 261.5	11 274 093.6	15 341 412.2	6 586 215.1
湖　北	657 738.7	2 189 727.1	7 731 924.6	10 849 297.0	4 589 077.3
湖　南	657 708.9	2 175 759.8	8 302 447.1	9 716 585.2	4 467 389.3
西　部	**2 140 515.6**	**13 060 858.9**	**52 098 778.0**	**74 254 791.6**	**34 633 962.1**
内蒙古	19 031.5	1 069 971.7	4 509 087.9	7 448 294.9	3 237 068.4
广　西	374 492.9	1 521 402.7	5 418 327.6	7 583 018.8	3 411 914.8
重　庆	225 837.0	1 081 421.0	4 016 815.0	6 534 485.0	2 890 924.8
四　川	526 886.0	2 644 859.8	10 139 304.8	13 260 303.3	6 244 650.4
贵　州	184 103.9	1 036 709.7	4 144 799.8	5 458 058.2	2 687 218.5
云　南	345 416.7	1 527 418.5	6 221 060.6	8 224 864.6	3 814 443.6
西　藏	-145 175.0	76 118.5	1 059 982.8	1 388 165.2	749 884.8
陕　西	480 129.6	1 771 405.6	6 352 836.8	8 767 221.4	4 107 759.8
甘　肃	111 256.4	849 518.8	3 397 251.5	5 244 639.8	2 527 001.0
青　海	-38 398.9	228 849.5	1 305 884.4	1 639 291.3	910 367.2
宁　夏	22 786.9	284 969.9	1 171 172.8	1 821 203.6	834 968.7
新　疆	34 148.5	968 213.5	4 362 254.2	6 885 245.6	3 217 760.1
总部及直属	-1 937 021.0	3 851 676.8	38 258 462.4	25 204 863.6	13 092 064.9

2014 年电信固定资产投资分省情况

（单位：万元）

	电信固定资产投资	其中							
		固定通信	移动通信	互联网及数据	创新及增值平台	业务支撑系统	传输投资	局房及营业场所	其他投资
全　国	**40 062 001.7**	**374 952.5**	**18 084 370.5**	**4 002 363.7**	**1 414 104.4**	**1 486 113.3**	**9 612 320.4**	**2 568 707.5**	**2 519 069.4**
东　部	**18 391 554.9**	**67 568.1**	**8 219 127.2**	**2 585 889.0**	**812 037.6**	**657 369.1**	**4 324 095.1**	**1 442 871.3**	**282 597.3**
北　京	1 584 407.6	21 801.6	741 630.7	199 768.8	35 140.8	65 025.1	371 216.8	184 614.4	−34 790.6
天　津	455 930.4	1 980.4	187 406.5	75 248.6	16 498.6	35 073.0	111 183.0	40 795.0	−12 254.6
河　北	1 593 183.8	2 606.4	674 767.9	262 787.2	19 860.5	53 585.9	433 510.9	134 594.4	11 470.6
辽　宁	1 320 880.9	3 492.7	549 700.0	282 828.3	32 950.1	33 281.6	310 554.2	72 756.0	35 318.1
上　海	1 148 419.7	10 921.4	428 129.1	163 580.7	96 246.4	69 271.3	248 182.8	115 852.2	16 235.9
江　苏	2 613 296.5	5 185.3	1 172 876.3	351 424.2	180 443.0	63 604.0	579 927.4	246 746.5	13 090.0
浙　江	2 160 730.0	2 290.9	1 000 547.0	286 049.8	103 677.0	68 269.2	481 710.5	188 626.2	29 559.5
福　建	1 342 071.5	3 563.6	726 716.3	202 123.4	68 038.1	37 622.1	203 049.6	92 937.3	8 021.1
山　东	1 859 683.7	4 117.1	799 216.5	281 058.3	62 422.5	57 370.8	528 729.8	86 476.8	40 292.0
广　东	3 994 439.9	10 729.5	1 786 646.8	452 340.8	189 394.1	159 849.3	969 859.3	253 669.1	171 951.0
海　南	318 510.9	879.4	151 490.1	28 679.2	7 366.6	14 417.0	86 171.0	25 803.4	3 704.4
中　部	**9 774 441.5**	**13 538.6**	**4 718 649.8**	**1 279 501.5**	**240 649.1**	**319 639.5**	**2 261 312.7**	**812 461.2**	**128 689.1**
山　西	1 115 254.2	521.0	554 955.4	150 322.6	19 776.5	29 503.4	245 716.4	116 668.2	−2 209.3
吉　林	805 343.2	1 474.4	362 956.4	121 626.5	16 889.5	45 177.0	169 845.0	67 960.1	19 414.2
黑龙江	970 363.0	4 523.6	419 763.3	173 983.1	13 467.9	33 832.5	245 279.2	59 739.4	19 773.9
安　徽	1 283 473.5	1 790.7	676 747.1	165 737.2	19 615.0	49 803.0	286 731.9	81 019.1	2 029.5
江　西	929 844.0	1 588.6	404 243.8	94 466.5	30 538.3	36 084.3	247 705.1	105 680.3	9 537.2
河　南	2 072 712.2	906.1	1 067 442.6	241 791.4	49 207.5	36 634.4	536 852.6	122 885.5	16 992.3
湖　北	1 325 582.6	1 843.9	691 544.6	160 751.6	50 752.6	46 548.7	228 388.5	122 840.8	22 911.9
湖　南	1 271 868.7	890.3	540 996.6	170 822.6	40 401.9	42 056.1	300 794.1	135 667.8	40 239.4
西　部	**10 817 549.1**	**16 250.3**	**4 614 254.6**	**1 408 561.5**	**344 926.1**	**386 747.7**	**2 877 642.3**	**816 122.5**	**353 044.1**
内蒙古	875 222.0	1 626.8	345 384.3	129 493.5	11 743.0	23 011.6	261 974.1	94 224.7	7 764.1
广　西	983 644.4	2 736.7	401 553.3	121 860.9	24 519.1	51 164.9	309 267.1	61 505.9	11 036.4
重　庆	829 144.2	880.9	394 059.2	123 077.4	31 252.1	34 034.3	181 961.6	62 384.2	1 494.5
四　川	1 873 508.2	3 994.9	712 097.9	250 766.1	84 120.3	70 933.2	564 235.4	114 765.1	72 595.2
贵　州	952 804.4	2 150.2	422 984.6	135 250.5	20 853.4	27 561.0	240 403.4	74 726.6	28 874.7
云　南	1 344 852.1	386.9	643 854.7	168 073.0	33 229.1	44 531.1	336 594.1	77 392.8	40 790.5
西　藏	297 874.5	160.8	90 020.4	36 309.1	10 897.3	7 521.5	63 138.7	20 123.5	69 703.0
陕　西	1 318 394.3	1 002.5	556 367.5	145 749.2	26 053.1	30 716.8	350 167.9	171 994.5	36 343.0
甘　肃	702 313.1	283.5	333 408.4	52 467.4	38 721.1	28 632.9	187 477.4	42 771.5	18 550.9
青　海	285 559.7	424.1	137 208.4	24 737.8	43 251.0	15 318.3	48 793.5	18 502.3	−2 675.8
宁　夏	258 716.2	964.8	118 526.9	44 355.7	5 071.2	19 806.6	53 207.1	10 092.4	6 691.6
新　疆	1 095 516.1	1 638.2	458 789.0	176 420.9	15 215.5	33 515.5	280 421.9	67 639.1	61 876.0
总部及直属	1 078 456.2	277 595.6	532 339.0	−1 271 588.4	16 491.7	122 357.0	149 270.2	−502 747.7	1 754 738.9

2014 年电信通信水平分省情况

	固定电话普及率（部 / 百人）	城市固定电话普及率（部 / 百人）	移动电话普及率（部 / 百人）	互联网宽带接入普及率（%）	城市互联网宽带接入普及率（%）	农村互联网宽带接入普及率（%）	家庭互联网宽带接入普及率（%）
全　国	**18.2**	**24.0**	**94.0**	**14.7**	**20.6**	**7.7**	**40.7**
东　部	**23.9**	**27.0**	**112.7**	**18.8**	**21.4**	**14.4**	**51.5**
北　京	38.6	36.1	189.5	22.4	20.3	35.5	65.0
天　津	23.8	28.7	89.1	13.8	16.6	0.7	49.7
河　北	14.7	23.1	84.4	15.3	19.8	11.0	47.5
辽　宁	26.2	25.4	103.3	17.6	21.3	10.2	46.5
上　海	34.6	38.6	135.7	21.9	24.5	0.0	55.2
江　苏	26.8	24.6	101.4	19.1	18.3	20.6	47.6
浙　江	29.8	32.9	133.8	23.2	24.7	20.4	53.1
福　建	24.5	23.1	112.4	23.6	25.6	20.6	64.9
山　东	14.5	16.8	88.5	15.6	20.3	10.0	43.4
广　东	27.5	30.8	139.3	20.3	22.6	15.5	59.5
海　南	18.8	25.8	100.4	13.3	19.0	7.0	43.6
中　部	**14.2**	**20.1**	**78.4**	**12.1**	**19.4**	**4.9**	**35.0**
山　西	15.2	22.2	91.3	15.7	27.2	2.9	49.6
吉　林	20.9	29.5	94.9	15.1	22.9	5.8	43.1
黑龙江	16.7	24.5	90.2	12.6	19.3	3.6	34.6
安　徽	13.8	18.7	69.3	9.3	14.4	4.5	25.3
江　西	12.7	16.6	64.7	9.6	14.5	4.8	30.5
河　南	12.1	17.4	81.7	11.5	18.7	5.9	35.1
湖　北	15.6	20.1	79.2	15.0	22.8	5.5	41.3
湖　南	12.5	18.5	70.1	11.1	18.4	4.3	29.9
西　部	**14.5**	**24.0**	**84.9**	**11.5**	**20.1**	**4.2**	**31.0**
内蒙古	14.3	20.6	105.2	12.6	16.7	6.9	33.1
广　西	10.5	16.3	74.8	12.5	22.7	4.1	35.2
重　庆	19.4	25.5	86.6	15.9	22.9	6.1	38.5
四　川	15.9	25.5	81.2	10.8	17.9	5.1	28.1
贵　州	9.7	20.2	82.2	8.9	19.5	2.4	25.9
云　南	9.1	16.9	79.5	9.0	18.2	2.7	24.8
西　藏	11.3	45.0	91.9	6.9	29.3	0.0	24.2
陕　西	19.9	28.9	95.6	14.6	23.1	5.7	38.5
甘　肃	13.2	26.1	79.5	8.3	16.8	2.5	24.3
青　海	17.2	30.9	93.2	10.5	20.1	1.5	30.4
宁　夏	15.5	25.9	104.0	11.8	20.8	2.1	36.0
新　疆	22.3	38.9	90.4	13.3	24.3	4.5	34.1

注：普及率采用 2014 年常住人口数和 2010 年人口普查的家庭数。

2010—2014 年固定电话普及率分省情况

（单位：部/百人）

	2010 年	2011 年	2012 年	2013 年	2014 年
全　国	**22.1**	**21.3**	**20.6**	**19.6**	**18.2**
东　部	**29.8**	**27.8**	**27.2**	**25.8**	**23.9**
北　京	50.5	45.0	43.7	41.0	38.6
天　津	29.9	25.7	26.1	24.0	23.8
河　北	17.8	17.3	16.7	15.7	14.7
辽　宁	33.1	30.9	29.3	27.8	26.2
上　海	48.5	40.2	38.5	36.0	34.6
江　苏	32.3	30.1	30.2	28.8	26.8
浙　江	38.3	35.8	34.5	32.4	29.8
福　建	28.8	27.5	27.3	26.1	24.5
山　东	21.0	19.8	19.2	17.5	14.5
广　东	32.9	30.1	29.9	29.1	27.5
海　南	20.8	20.1	19.7	19.4	18.8
中　部	**18.0**	**17.4**	**16.6**	**15.5**	**14.2**
山　西	21.0	19.1	19.1	16.1	15.2
吉　林	21.7	21.1	21.1	21.0	20.9
黑龙江	21.3	20.7	20.2	19.5	16.7
安　徽	20.1	20.9	18.3	16.2	13.8
江　西	16.0	15.1	14.4	13.8	12.7
河　南	15.0	14.3	13.7	13.0	12.1
湖　北	17.9	17.8	17.4	17.0	15.6
湖　南	16.8	15.4	14.5	13.7	12.5
西　部	**16.6**	**16.3**	**15.8**	**15.0**	**14.5**
内蒙古	17.1	15.4	14.8	15.1	14.3
广　西	14.6	14.1	12.9	10.3	10.5
重　庆	20.4	19.8	19.7	19.5	19.4
四　川	17.3	17.2	16.7	16.2	15.9
贵　州	11.4	11.6	11.0	10.4	9.7
云　南	12.3	11.7	11.3	10.4	9.1
西　藏	15.1	13.5	13.4	12.9	11.3
陕　西	20.7	20.8	20.6	20.4	19.9
甘　肃	15.6	15.5	14.7	14.1	13.2
青　海	18.5	18.5	18.0	17.6	17.2
宁　夏	17.9	17.1	16.4	16.0	15.5
新　疆	24.5	23.7	23.4	22.9	22.3

2010—2014 年移动电话普及率分省情况

（单位：部/百人）

	2010 年	2011 年	2012 年	2013 年	2014 年
全　国	**64.4**	**73.6**	**82.5**	**90.3**	**94.0**
东　部	**82.8**	**90.7**	**101.2**	**109.8**	**112.7**
北　京	121.4	131.3	156.9	159.5	189.5
天　津	88.7	95.1	97.8	89.9	89.1
河　北	61.9	70.8	76.1	81.9	84.4
辽　宁	77.4	87.7	97.9	104.4	103.3
上　海	122.9	113.8	128.2	132.5	135.7
江　苏	76.7	85.0	94.6	100.0	101.4
浙　江	97.4	105.7	117.9	128.6	133.8
福　建	83.3	96.2	108.8	114.0	112.4
山　东	65.4	74.2	78.7	85.6	88.5
广　东	99.9	103.4	118.7	138.2	139.3
海　南	68.8	77.3	88.4	95.9	100.4
中　部	**51.7**	**59.5**	**67.2**	**73.7**	**78.4**
山　西	64.3	68.5	76.9	85.6	91.3
吉　林	65.9	73.0	82.1	86.2	94.9
黑龙江	54.2	62.0	69.5	78.8	90.2
安　徽	45.6	54.7	60.5	65.7	69.3
江　西	40.9	52.0	57.3	62.1	64.7
河　南	46.4	53.8	61.6	76.5	81.7
湖　北	60.4	69.0	79.1	76.2	79.2
湖　南	50.8	57.1	64.6	68.3	70.1
西　部	**55.5**	**65.1**	**73.5**	**80.0**	**84.9**
内蒙古	84.0	93.7	102.7	107.7	105.2
广　西	45.6	54.9	62.1	62.2	74.8
重　庆	58.2	62.4	70.9	80.2	86.6
四　川	50.8	59.9	68.3	77.5	81.2
贵　州	47.4	58.8	66.9	76.0	82.2
云　南	49.1	56.3	62.5	72.5	79.5
西　藏	54.4	65.2	77.7	85.1	91.9
陕　西	66.8	77.8	87.2	93.3	95.6
甘　肃	52.8	63.1	68.8	76.5	79.5
青　海	71.4	82.3	94.6	93.9	93.2
宁　夏	70.0	82.2	92.5	95.9	104.0
新　疆	63.0	76.5	91.0	94.2	90.4

2014年地（市）电信业务发展情况

	固定电话用户	固定电话普及率	移动电话用户	移动电话普及率	互联网宽带接入用户	互联网宽带接入普及率
	（户）	（部/百人）	（户）	（部/百人）	（户）	（部/百人）
北京市	**8 312 600**	**38.63**	**40 764 206**	**189.46**	**4 824 018**	**22.42**
天津市	**3 606 225**	**23.78**	**13 517 943**	**89.12**	**2 088 081**	**13.77**
河北省	**10 851 057**	**14.70**	**62 290 581**	**84.36**	**11 276 380**	**15.27**
石家庄市	1 514 702	14.58	10 376 363	99.89	2 138 580	20.59
唐山市	1 517 847	19.80	6 947 951	90.65	1 336 627	17.44
秦皇岛市	659 812	21.83	3 164 340	104.70	577 166	19.10
邯郸市	811 796	8.74	7 171 022	77.19	1 082 269	11.65
邢台市	873 474	12.13	4 831 631	67.12	916 689	12.73
保定市	1 629 786	14.36	9 046 034	79.73	1 736 169	15.30
张家口市	539 351	12.26	3 337 882	75.90	560 142	12.74
承德市	373 033	10.64	2 848 144	81.27	461 243	13.16
沧州市	1 145 539	15.82	6 050 475	83.55	923 391	12.75
廊坊市	976 788	22.01	5 107 671	115.10	907 615	20.45
衡水市	808 929	18.42	3 409 066	77.63	636 489	14.49
山西省	**5 542 311**	**15.19**	**33 323 324**	**91.35**	**5 711 295**	**15.66**
太原市	1 238 641	29.11	6 601 129	155.13	1 311 701	30.83
大同市	468 012	13.93	3 045 399	90.63	503 789	14.99
阳泉市	220 580	15.99	1 375 788	99.76	279 461	20.26
长治市	478 154	14.21	2 935 199	87.21	450 216	13.38
晋城市	351 528	15.34	2 179 623	95.10	319 436	13.94
朔州市	204 353	11.78	1 542 272	88.94	185 748	10.71
晋中市	607 360	18.48	2 898 883	88.20	567 334	17.26
运城市	638 268	12.27	3 861 035	74.21	677 437	13.02
忻州市	343 326	11.06	2 454 434	79.07	352 503	11.36
临汾市	568 840	13.04	3 535 892	81.03	588 175	13.48
吕梁市	423 249	11.21	2 897 413	76.72	475 495	12.59
内蒙古自治区	**3 590 789**	**14.34**	**26 346 056**	**105.18**	**3 167 805**	**12.65**
呼和浩特市	750 219	25.46	3 951 849	134.09	528 276	17.93

（续表）

	固定电话用户	固定电话普及率	移动电话用户	移动电话普及率	互联网宽带接入用户	互联网宽带接入普及率
	（户）	（部 / 百人）	（户）	（部 / 百人）	（户）	（部 / 百人）
包头市	439 539	16.10	3 275 976	120.01	432 491	15.84
乌海市	136 378	24.85	733 169	133.60	106 721	19.45
赤峰市	484 651	11.22	3 507 867	81.20	452 910	10.48
通辽市	285 465	9.13	2 906 774	93.02	336 804	10.78
鄂尔多斯市	245 466	12.25	2 501 118	124.80	185 787	9.27
呼伦贝尔市	446 335	17.62	2 657 541	104.90	398 921	15.75
巴彦淖尔市	264 642	15.84	1 827 437	109.36	200 882	12.02
乌兰察布市	247 679	11.61	1 822 277	85.40	196 709	9.22
兴安盟	116 100	7.23	1 555 727	96.90	147 269	9.17
锡林郭勒盟	124 186	11.94	1 294 684	124.50	139 083	13.37
阿拉善盟	50 129	20.98	311 637	130.43	41 952	17.56
辽宁省	**11 512 391**	**26.22**	**45 355 473**	**103.29**	**7 720 632**	**17.58**
沈阳市	2 391 760	32.97	10 057 817	138.65	1 430 118	19.71
大连市	2 403 016	40.68	8 485 597	143.63	1 320 903	22.36
鞍山市	857 148	24.44	3 543 078	101.04	652 060	18.59
抚顺市	566 241	25.80	2 038 497	92.89	411 932	18.77
本溪市	378 290	24.68	1 500 316	97.90	360 479	23.52
丹东市	713 503	29.66	2 238 900	93.08	422 934	17.58
锦州市	815 051	26.46	2 734 661	88.77	570 679	18.52
营口市	552 193	23.52	2 367 926	100.87	457 719	19.50
阜新市	440 965	23.01	1 744 080	91.01	353 411	18.44
辽阳市	409 623	22.73	1 801 776	100.00	348 145	19.32
盘锦市	348 806	27.08	1 561 526	121.24	245 148	19.03
铁岭市	437 709	14.47	2 305 523	76.23	347 499	11.49
朝阳市	659 742	19.40	2 550 635	75.00	399 751	11.76
葫芦岛市	538 346	19.20	2 425 141	86.50	399 859	14.26
吉林省	**5 747 668**	**20.88**	**26 123 376**	**94.91**	**4 149 031**	**15.07**
长春市	1 818 256	24.02	8 877 029	117.26	1 347 437.78	17.80
吉林市	927 431	21.51	4 108 818	95.29	728 350.74	16.89
四平市	474 538	14.12	2 892 095	86.06	372 580.27	11.09

（续表）

	固定电话用户	固定电话普及率	移动电话用户	移动电话普及率	互联网宽带接入用户	互联网宽带接入普及率
	（户）	（部 / 百人）	（户）	（部 / 百人）	（户）	（部 / 百人）
辽源市	261 082	21.41	1 090 054	89.40	161 729.19	13.26
通化市	520 449	23.20	1 923 914	85.75	327 963.94	14.62
白山市	373 938	29.27	1 136 007	88.93	198 415.16	15.53
松原市	376 582	12.98	2 426 853	83.67	268 352.39	9.25
白城市	370 149	18.53	1 742 007	87.21	280 134.94	14.02
延边朝鲜族自治州	625 243	29.34	1 926 598	90.40	464 066.59	21.78
黑龙江省	**6 404 749**	**16.71**	**34 577 580**	**90.21**	**4 846 053**	**12.64**
哈尔滨市	2 386 792	24.04	10 928 843	110.09	1 592 375	16.04
齐齐哈尔市	652 424	11.69	3 704 310	66.40	519 441	9.31
鸡西市	325 181	17.49	1 728 880	92.99	236 064	12.70
鹤岗市	131 440	12.12	1 172 345	108.07	141 981	13.09
双鸭山市	245 768	16.34	1 395 001	92.73	211 380	14.05
大庆市	340 838	12.10	3 187 660	113.15	317 638	11.28
伊春市	181 939	14.67	951 908	76.75	168 602	13.59
佳木斯市	434 342	17.47	2 522 233	101.46	341 222	13.73
七台河市	104 872	11.34	834 577	90.26	125 975	13.62
牡丹江市	484 237	18.17	2 428 160	91.13	441 423	16.57
黑河市	256 776	14.86	1 448 997	83.84	202 439	11.71
绥化市	757 839	13.21	3 860 951	67.30	456 026	7.95
大兴安岭地区	102 301	20.01	413 715	80.90	91 487	17.89
上海市	**8 401 843**	**34.64**	**32 927 379**	**135.74**	**5 321 451**	**21.94**
江苏省	**21 336 123**	**26.80**	**80 703 502**	**101.39**	**15 233 532**	**19.14**
南京市	2 825 194	34.62	10 424 425	127.73	2 269 763	27.81
无锡市	2 132 327	33.01	8 325 316	128.88	1 529 977	23.68
徐州市	1 459 101	17.04	7 510 110	87.68	1 076 538	12.57
常州市	1 517 342	32.36	5 201 761	110.93	1 168 597	24.92
苏州市	3 405 266	32.32	14 687 366	139.38	2 957 042	28.06
南通市	2 353 843	32.23	6 447 697	88.30	1 290 696	17.68
连云港市	949 583	21.56	3 665 190	83.21	681 845	15.48
淮安市	889 891	18.55	3 759 886	78.37	585 678	12.21

（续表）

	固定电话用户	固定电话普及率	移动电话用户	移动电话普及率	互联网宽带接入用户	互联网宽带接入普及率
	（户）	（部 / 百人）	（户）	（部 / 百人）	（户）	（部 / 百人）
盐城市	1 448 977	20.08	5 698 037	78.96	919 793	12.75
扬州市	1 340 358	30.04	4 224 208	94.67	827 962	18.55
镇江市	972 774	30.83	3 173 675	100.58	619 793	19.64
泰州市	1 310 810	28.30	3 828 818	82.67	752 918	16.26
宿迁市	730 657	15.25	3 756 969	78.43	552 930	11.54
浙江省	**16 419 064**	**29.81**	**73 706 235**	**133.82**	**12 760 851**	**23.17**
杭州市	3 128 117	35.55	13 822 406	157.10	2 447 721	27.82
宁波市	2 909 452	38.10	11 647 688	152.51	2 128 346	27.87
温州市	2 177 562	23.80	11 813 484	129.10	1 810 935	19.79
嘉兴市	1 282 810	28.26	5 623 087	123.85	1 081 229	23.82
湖州市	1 012 286	34.82	3 544 532	121.93	626 619	21.55
绍兴市	1 621 219	32.81	5 577 868	112.88	1 101 133	22.28
金华市	1 380 045	25.54	7 490 547	138.65	1 336 105	24.73
衢州市	499 843	23.55	1 990 617	93.80	360 174	16.97
舟山市	396 760	34.83	1 477 967	129.75	290 537	25.51
台州市	1 494 876	24.90	8 367 743	139.36	1 243 253	20.71
丽水市	516 094	24.33	2 350 296	110.78	334 799	15.78
安徽省	**8 398 280**	**13.81**	**42 159 295**	**69.31**	**5 638 165**	**9.27**
合肥市	1 666 469	21.97	7 591 332	100.10	1 109 039	14.62
芜湖市	642 068	17.93	2 939 803	82.11	480 610	13.42
蚌埠市	469 953	14.74	2 266 749	71.08	326 222	10.23
淮南市	342 117	14.62	1 721 627	73.57	286 396	12.24
马鞍山市	443 301	20.19	1 766 711	80.45	317 648	14.46
淮北市	294 993	13.86	1 569 992	73.77	231 132	10.86
铜陵市	172 386	23.50	697 657	95.10	140 513	19.15
安庆市	818 516	15.39	3 039 559	57.13	454 391	8.54
黄山市	321 076	23.75	1 031 788	76.32	168 151	12.44
滁州市	542 936	13.79	2 813 329	71.44	361 326	9.17
阜阳市	619 917	8.12	4 412 195	57.78	407 129	5.33
宿州市	483 489	8.98	3 435 397	63.84	341 033	6.34

（续表）

	固定电话用户（户）	固定电话普及率（部/百人）	移动电话用户（户）	移动电话普及率（部/百人）	互联网宽带接入用户（户）	互联网宽带接入普及率（部/百人）
六安市	546 315	9.67	3 107 101	55.00	319 384	5.65
亳州市	333 612	6.81	2 720 062	55.49	252 811	5.16
池州市	246 729	17.40	1 042 621	73.52	154 219	10.87
宣城市	454 403	17.81	2 003 372	78.53	288 161	11.30
福建省	**9 333 178**	**24.52**	**42 767 348**	**112.37**	**8 991 700**	**23.63**
福州市	1 945 861	26.76	9 430 571	129.70	2 079 506	28.60
厦门市	1 359 113	37.01	5 910 786	160.98	1 460 904	39.79
莆田市	659 723	23.46	2 872 877	102.18	656 865	23.36
三明市	527 740	21.13	2 289 789	91.67	461 171	18.46
泉州市	2 222 074	26.81	9 507 778	114.70	1 936 462	23.36
漳州市	928 310	18.95	4 536 848	92.62	773 848	15.80
南平市	543 223	20.65	2 516 005	95.63	531 582	20.21
龙岩市	546 485	21.26	2 552 227	99.30	480 035	18.68
平潭	79 993	19.67	378 740	93.12	66 297	16.30
宁德市	520 656	18.31	2 771 727	97.49	545 030	19.17
江西省	**5 773 497**	**12.71**	**29 384 843**	**64.69**	**4 342 385**	**9.56**
南昌市	1 193 192	23.27	5 170 347	100.82	884 521	17.25
景德镇市	223 694	13.89	1 137 822	70.66	236 987	14.72
萍乡市	274 400	14.65	1 317 851	70.34	213 005	11.37
九江市	789 246	16.52	3 074 892	64.35	512 167	10.72
新余市	157 735	13.70	933 537	81.08	161 136	14.00
鹰潭市	147 905	13.01	731 663	64.36	133 061	11.71
赣州市	965 582	11.41	5 515 287	65.19	695 112	8.22
吉安市	485 924	10.01	2 715 201	55.91	380 624	7.84
宜春市	573 558	10.51	3 343 285	61.28	388 083	7.11
抚州市	242 335	6.13	2 034 824	51.46	299 389	7.57
上饶市	719 926	10.86	3 410 133	51.43	438 300	6.61
山东省	**14 182 764**	**14.49**	**86 640 683**	**88.50**	**15 239 036**	**15.57**
济南市	1 753 846	25.24	8 863 650	127.56	1 868 022.81	26.88
青岛市	2 058 339	23.23	10 441 674	117.83	1 992 950.67	22.49

（续表）

	固定电话用户	固定电话普及率	移动电话用户	移动电话普及率	互联网宽带接入用户	互联网宽带接入普及率
	（户）	（部 / 百人）	（户）	（部 / 百人）	（户）	（部 / 百人）
淄博市	910 511	19.88	4 516 039	98.60	791 044.01	17.27
枣庄市	549 125	14.57	2 972 989	78.88	563 322.24	14.95
东营市	515 735	24.92	2 478 786	119.79	530 217.39	25.62
烟台市	1 260 794	18.06	7 181 818	102.90	1 282 610.03	18.38
潍坊市	1 426 580	15.46	8 331 926	90.30	1 246 806.21	13.51
济宁市	762 321	9.34	6 265 691	76.78	1 024 470.85	12.55
泰安市	747 370	13.52	4 237 664	76.66	699 614.65	12.66
威海市	655 246	23.39	3 116 372	111.23	706 810.77	25.23
日照市	318 524	11.27	2 454 910	86.86	479 829.76	16.98
莱芜市	242 176	18.48	1 066 246	81.38	209 692.46	16.01
临沂市	850 867	8.42	7 553 790	74.74	1 200 359.19	11.88
德州市	623 187	11.09	4 015 994	71.49	637 169.09	11.34
聊城市	512 325	8.69	4 246 729	72.00	652 367.34	11.06
滨州市	590 683	15.57	3 243 589	85.50	567 204.75	14.95
菏泽市	405 135	4.86	5 652 817	67.84	786 543.77	9.44
河南省	**11 430 443**	**12.11**	**77 129 265**	**81.74**	**10 879 294**	**11.53**
郑州市	2 351 239	26.04	12 815 948	141.95	2 206 119	24.43
开封市	428 264	9.21	3 376 598	72.63	434 183	9.34
洛阳市	1 172 608	17.79	5 758 101	87.35	984 530	14.94
平顶山市	477 071	9.68	3 773 888	76.61	464 715	9.43
安阳市	785 852	15.47	4 518 688	88.96	688 972	13.56
鹤壁市	256 467	16.12	1 316 406	82.73	226 860	14.26
新乡市	992 767	17.50	5 293 014	93.29	802 425	14.14
焦作市	507 040	14.41	3 009 061	85.50	551 497	15.67
濮阳市	342 228	9.52	2 934 623	81.62	406 244	11.30
许昌市	514 734	11.98	3 358 219	78.18	477 698	11.12
漯河市	259 366	10.12	1 880 168	73.34	297 411	11.60
三门峡市	254 725	11.41	1 897 946	85.03	278 276	12.47
南阳市	781 718	7.68	6 558 731	64.45	758 890	7.46
商丘市	656 911	8.97	5 776 444	78.92	677 852	9.26

（续表）

	固定电话用户（户）	固定电话普及率（部/百人）	移动电话用户（户）	移动电话普及率（部/百人）	互联网宽带接入用户（户）	互联网宽带接入普及率（部/百人）
云浮市	389 730	16.14	1 505 566	62.35	271 818	11.26
广西壮族自治区	**4 998 524**	**10.51**	**35 537 797**	**74.75**	**5 924 322**	**12.46**
南宁市	1 015 955	14.95	7 567 575	111.35	1 676 842	24.67
柳州市	452 364	11.85	3 509 850	91.92	681 025	17.84
桂林市	605 100	12.52	3 879 288	80.28	699 938	14.48
梧州市	250 827	8.56	1 713 662	58.49	294 556	10.05
北海市	231 443	14.74	1 687 660	107.48	275 714	17.56
防城港市	128 256	14.42	899 846	101.15	136 787	15.38
钦州市	297 661	9.52	1 861 916	59.55	276 146	8.83
贵港市	396 623	9.47	2 395 691	57.19	336 801	8.04
玉林市	625 689	11.21	3 405 904	61.03	458 138	8.21
百色市	311 673	8.87	2 328 739	66.29	304 805	8.68
贺州市	135 451	6.82	1 218 682	61.36	168 220	8.47
河池市	255 418	7.49	2 152 609	63.09	283 331	8.30
来宾市	142 312	6.65	1 405 399	65.67	170 679	7.98
崇左市	149 752	7.41	1 510 976	74.79	161 340	7.99
海南省	**1 699 713**	**18.81**	**9 074 173**	**100.44**	**1 202 789**	**13.31**
海口市	671 981	31.41	3 155 479	147.51	506 473	23.68
三亚市	243 171	33.68	1 237 952	171.46	159 762	22.13
三沙市	163	40.85	3 366	843.61	54	13.53
五指山市	16 141	15.47	105 168	100.81	16 350	15.67
琼海市	112 149	22.89	461 631	94.20	75 272	15.36
儋州市	112 482	11.84	704 888	74.18	79 516	8.37
文昌市	95 800	17.67	466 079	85.99	59 010	10.89
万宁市	88 686	16.06	408 241	73.93	54 211	9.82
东方市	48 454	11.78	312 026	75.83	27 458	6.67
定安县	31 604	11.08	206 400	72.34	23 380	8.19
屯昌县	25 047	9.70	172 387	66.77	17 789	6.89
澄迈县	44 909	9.50	358 700	75.87	34 835	7.37
临高县	38 731	8.94	266 967	61.62	22 962	5.30

（续表）

	固定电话用户	固定电话普及率	移动电话用户	移动电话普及率	互联网宽带接入用户	互联网宽带接入普及率
	（户）	（部 / 百人）	（户）	（部 / 百人）	（户）	（部 / 百人）
白沙黎族自治县	18 932	11.25	127 725	75.89	13 295	7.90
昌江黎族自治县	33 906	15.06	181 358	80.56	23 000	10.22
乐东黎族自治县	38 871	8.42	343 625	74.41	29 594	6.41
陵水黎族自治县	40 570	12.61	302 143	93.94	31 783	9.88
保亭黎族苗族自治县	19 335	13.13	128 222	87.05	14 559	9.88
琼中黎族苗族自治县	18 781	10.78	131 816	75.69	13 486	7.74
重庆市	**5 795 258**	**19.37**	**25 898 922**	**86.58**	**4 753 997**	**15.89**
四川省	**1 942 149**	**15.90**	**66 084 801**	**81.18**	**8 831 235**	**10.85**
成都市	4 575 885	32.25	20 057 137	141.37	2 834 477	19.98
自贡市	457 917	16.90	1 811 464	66.87	306 206	11.30
攀枝花市	315 284	25.62	1 166 999	94.83	206 944	16.82
泸州市	521 063	12.27	3 075 665	72.44	380 304	8.96
德阳市	505 439	14.29	2 897 196	81.93	472 683	13.37
绵阳市	750 379	16.16	4 158 025	89.56	592 394	12.76
广元市	366 169	14.49	1 952 048	77.27	235 144	9.31
遂宁市	313 966	9.63	1 858 789	57.04	226 493	6.95
内江市	525 713	14.17	2 185 506	58.93	289 470	7.80
乐山市	579 846	17.82	2 748 746	84.50	396 160	12.18
南充市	763 630	12.11	3 755 367	59.56	556 985	8.83
眉山市	403 047	13.56	2 198 606	73.99	295 916	9.96
宜宾市	541 166	12.13	3 264 119	73.18	401 338	9.00
广安市	328 880	10.24	2 065 856	64.34	216 895	6.76
达州市	570 621	10.35	3 295 597	59.77	374 843	6.80
雅安市	245 889	16.09	1 271 880	83.22	179 200	11.73
巴中市	256 048	7.73	1 919 507	57.96	166 973	5.04
资阳市	337 482	9.38	2 161 323	60.09	243 527	6.77
阿坝藏族羌族自治州	117 456	12.93	658 636	72.49	97 549	10.74
甘孜藏族自治州	92 981	8.27	701 755	62.42	78 036	6.94

（续表）

	固定电话用户	固定电话普及率	移动电话用户	移动电话普及率	互联网宽带接入用户	互联网宽带接入普及率
	（户）	（部 / 百人）	（户）	（部 / 百人）	（户）	（部 / 百人）
凉山彝族自治州	373 388	8.20	2 880 581	63.27	279 704	6.14
贵州省	**3 391 033**	**9.67**	**28 853 392**	**82.25**	**3 108 555**	**8.86**
贵阳市	1 028 958	23.80	7 758 903	179.44	985 401	22.79
六盘水市	215 771	7.54	2 356 164	82.35	215 160	7.52
遵义市	718 456	11.73	5 123 836	83.67	569 907	9.31
安顺市	197 278	8.58	1 656 598	72.05	177 071	7.70
毕节市	288 196	4.43	3 298 652	50.65	246 802	3.79
铜仁市	191 257	6.17	1 972 582	63.68	178 026	5.75
黔西南布依族苗族自治州	172 836	6.14	1 978 184	70.33	221 763	7.88
黔东南苗族侗族自治州	312 211	8.98	2 486 038	71.47	279 738	8.04
黔南布依族苗族自治州	266 233	8.23	2 222 395	68.69	234 731	7.25
云南省	**4 298 162**	**9.12**	**37 485 372**	**79.52**	**4 248 763**	**9.01**
昆明市	1 410 769	21.61	9 738 555	149.19	1 321 326	20.24
曲靖市	359 601	6.05	4 018 055	67.63	434 891	7.32
玉溪市	174 512	7.49	1 914 282	82.13	299 323	12.84
保山市	143 047	5.64	1 744 236	68.81	159 616	6.30
昭通市	175 822	3.31	2 679 134	50.37	184 198	3.46
丽江市	147 248	11.70	959 272	76.19	127 933	10.16
普洱市	207 329	8.05	1 856 534	72.13	147 652	5.74
临沧市	170 215	6.90	1 666 305	67.55	120 249	4.87
楚雄彝族自治州	186 834	6.89	1 757 912	64.80	259 033	9.55
红河哈尼族彝族自治州	348 795	7.65	3 193 780	70.05	363 063	7.96
文山壮族苗族自治州	240 751	6.77	2 167 973	61.00	189 018	5.32
西双版纳傣族自治州	146 288	12.71	1 314 487	114.25	169 965	14.77
大理白族自治州	319 606	9.15	2 394 225	68.53	284 765	8.15
德宏傣族景颇族自治州	184 780	15.05	1 248 700	101.69	125 824	10.25
怒江傈僳族自治州	43 045	8.03	375 353	69.99	32 715	6.10
迪庆藏族自治州	39 520	9.77	456 569	112.88	29 192	7.22
西藏自治区	**358 526**	**11.29**	**2 918 211**	**91.90**	**220 663**	**6.95**
拉萨市	180 053	35.42	1 089 646	214.38	102 894	20.24

（续表）

	固定电话用户	固定电话普及率	移动电话用户	移动电话普及率	互联网宽带接入用户	互联网宽带接入普及率
	（户）	（部 / 百人）	（户）	（部 / 百人）	（户）	（部 / 百人）
昌都地区	32 795	16.56	400 631	202.30	23 128	11.68
山南地区	32 074	9.31	284 958	82.76	20 186	5.86
日喀则地区	43 240	5.90	507 946	69.26	27 788	3.79
那曲地区	22 406	24.13	328 509	353.76	15 887	17.11
阿里地区	12 897	1.91	86 926	12.90	10 835	1.61
林芝地区	35 062	7.31	218 596	45.56	19 945	4.16
陕西省	**7 507 857**	**19.89**	**36 072 076**	**95.55**	**5 524 403**	**14.63**
西安市	3 229 092	36.89	14 623 198	167.08	2 461 539	28.12
铜川市	134 341	15.99	667 060	79.40	94 166	11.21
宝鸡市	649 068	17.35	2 664 618	71.24	422 795	11.30
咸阳市	616 723	12.50	3 678 757	74.58	505 948	10.26
渭南市	824 603	15.51	3 629 805	68.26	658 426	12.38
延安市	347 028	15.78	2 137 526	97.23	233 502	10.62
汉中市	533 081	15.60	2 346 314	68.68	354 766	10.38
榆林市	537 452	16.04	3 380 433	100.90	345 507	10.31
安康市	366 879	13.95	1 742 154	66.25	273 962	10.42
商洛市	269 590	11.49	1 202 210	51.24	173 589	7.40
甘肃省	**3 413 039**	**13.17**	**20 586 153**	**79.46**	**2 138 668**	**8.25**
兰州市	957 907	26.37	4 619 340	127.15	648 147	17.84
嘉峪关市	109 736	46.85	377 691	161.24	77 113	32.92
金昌市	90 922	19.45	466 846	99.88	78 698	16.84
白银市	235 274	13.71	1 218 701	71.02	136 483	7.95
天水市	331 108	10.12	2 046 199	62.52	176 373	5.39
武威市	214 116	11.74	1 235 298	67.76	132 688	7.28
张掖市	304 693	25.26	1 118 383	92.72	168 091	13.94
平凉市	207 035	9.97	1 382 520	66.59	127 424	6.14
酒泉市	201 656	18.25	1 101 536	99.67	130 192	11.78
庆阳市	219 294	9.87	1 700 941	76.57	143 769	6.47
定西市	158 821	5.77	1 792 049	65.06	107 672	3.91
陇南市	171 968	6.68	1 676 339	65.16	104 150	4.05

（续表）

	固定电话用户（户）	固定电话普及率（部 / 百人）	移动电话用户（户）	移动电话普及率（部 / 百人）	互联网宽带接入用户（户）	互联网宽带接入普及率（部 / 百人）
临夏回族自治州	148 938	7.54	1 300 083	65.83	68 050	3.45
甘南藏族自治州	61 571	8.88	550 227	79.32	39 818	5.74
青海省	**1 001 527**	**17.17**	**5 439 887**	**93.24**	**613 525**	**10.52**
西宁市	650 944	32.77	2 467 734	124.23	399 732	20.12
海东地区	119 072	7.14	1 041 563	62.42	56 686	3.40
海北藏族自治州	30 169	10.39	264 938	91.20	20 590	7.09
黄南藏族自治州	18 293	6.98	211 647	80.81	12 617	4.82
海南藏族自治州	40 576	8.87	395 927	86.60	25 484	5.57
果洛藏族自治州	13 399	7.13	162 806	86.69	10 316	5.49
玉树藏族自治州	13 274	3.38	281 335	71.71	10 880	2.77
海西蒙古族藏族自治州	54 574	19.95	305 793	111.78	34 544	12.63
格尔木市	61 226	47.20	308 144	237.57	42 960	33.12
宁夏回族自治区	**1 027 348**	**15.53**	**6 882 668**	**104.04**	**782 011**	**11.82**
银川市	516 670	25.23	2 908 244	141.99	380 201	18.56
石嘴山市	143 377	19.34	817 680	110.29	118 129	15.93
吴忠市	145 405	11.05	1 225 551	93.15	123 585	9.39
固原市	98 383	7.77	983 242	77.70	68 644	5.42
中卫市	123 513	11.18	947 951	85.78	91 452	8.28
新疆维吾尔自治区	**5 132 878**	**22.33**	**20 773 898**	**90.38**	**3 056 994**	**13.30**
乌鲁木齐市	1 445 645	56.09	4 633 544	179.78	917 586	35.60
克拉玛依市	116 208	40.69	557 892	195.34	85 227	29.84
吐鲁番地区	164 565	26.30	651 317	104.09	66 942	10.70
哈密地区	199 991	33.76	745 395	125.81	126 195	21.30
昌吉回族自治州	431 011	30.75	1 671 429	119.23	262 694	18.74
博尔塔拉蒙古自治州	143 812	29.70	521 351	107.67	92 148	19.03
巴音郭楞蒙古自治州	417 914	30.39	1 477 830	107.47	257 579	18.73
阿克苏地区	352 353	14.67	1 818 201	75.69	205 416	8.55
克孜勒苏柯尔克孜自治州	63 218	11.29	392 083	70.01	34 871	6.23
喀什地区	360 231	8.66	2 202 012	52.93	167 905	4.04
和田地区	155 334	7.28	1 273 489	59.72	76 368	3.58

（续表）

	固定电话用户	固定电话普及率	移动电话用户	移动电话普及率	互联网宽带接入用户	互联网宽带接入普及率
	（户）	（部/百人）	（户）	（部/百人）	（户）	（部/百人）
伊犁哈萨克自治州	589 687	20.20	2 489 627	85.27	331 954	11.37
塔城地区	223 466	21.34	699 530	66.81	152 949	14.61
阿勒泰地区	218 277	32.90	686 607	103.48	131 639	19.84
石河子市	251 166	40.51	953 591	153.80	147 521	23.79

注：部分省（区）的地市用户数之和不等于全省总数，是由于个别公司无法将用户数拆分到地市一级所致。

增值电信业务统计信息

2010—2014 年全国增值电信企业发展情况

指　标　名　称	单位	2010 年	2011 年	2012 年	2013 年	2014 年
增值电信企业个数	个	20 071	21 291	20 815	22 099	24 001
其中：国有控股企业	个	1 418	1 615	1 455	1 901	1 967
民营控股企业	个	17 298	19 199	18 436	19 591	20 016
其中：互联网数据中心业务（IDC）企业	个	270	279	244	274	357
呼叫中心业务企业	个	1 431	1 648	1 099	1 138	1 138
互联网接入服务业务（ISP）企业	个	1 200	1 168	914	957	1 083
移动网信息服务企业	个	8 699	9 290	5 618	5 307	4 506
互联网信息服务企业	个	13 061	13 962	9 238	9 823	10 599
增值电信业务收入	万元	12 235 867.7	18 138 694.0	25 107 201.4	33 169 995.4	42 293 542.9
其中：互联网数据中心业务（IDC）收入	万元	314 973.2	493 337.5	512 216.7	590 157.4	645 951.6
呼叫中心业务收入	万元	625 786.8	776 705.3	1 088 713.6	1 199 335.3	113 3423.6
互联网接入服务业务（ISP）收入	万元	722 925.5	1 206 164.4	1 160 932.8	1 639 202.9	1945 373.8
移动网信息服务收入	万元	2 827 809.1	3 291 304.9	3 346 652.2	4 331 806.2	4345 542.7
其中：个性化回铃音业务收入	万元	214 757.6	133 957.2	159 176.0	97 322.4	59 743.6
互联网信息服务收入	万元	6 582 642.5	11 267 697.8	15 649 342.4	21 863 039.5	30263 166.0
其中：网络广告业务收入	万元	1 634 583.3	2 187 648.0	2 556 807.6	3 661 879.2	4645 092.7
网络游戏业务收入	万元	2 162 764.0	3 689 857.3	6 741 159.5	6 088 308.5	7228 460.3
电子商务平台收入	万元			3 369 045.3	5 987 391.1	10 786 179.7
增值电信企业从业人数	人	763 548	771 988	788 256	839 916	807 999

2014 年全国增值电信业务发展情况

指标名称	单位	2014 年	比 2013 年	同比增长（%）
增值电信企业个数	个	24 001	1 902	8.6
其中：国有控股企业	个	1 967	66	3.5
民营控股企业	个	20 016	425	2.2
其中：互联网数据中心业务（IDC）企业	个	357	83	30.3
呼叫中心业务企业	个	1 138	0	0.0
互联网接入服务业务（ISP）企业	个	1 083	126	13.2
移动网信息服务企业	个	4 506	-801	-15.1
互联网信息服务企业	个	10 599	776	7.9
增值电信业务收入	万元	42 293 542.9	9 123 547.5	27.5
其中：互联网数据中心业务（IDC）收入	万元	645 951.6	55 794.2	9.5
呼叫中心业务收入	万元	1 133 423.6	-65 911.7	-5.5
互联网接入服务业务（ISP）收入	万元	1 945 373.8	306 170.9	18.7
移动网信息服务收入	万元	4 345 542.7	13 736.6	0.3
其中：个性化回铃音业务收入	万元	59 743.6	-37 578.8	-38.6
移动广告业务收入	万元	221 608.1	75 447.1	51.6
移动游戏业务收入	万元	711 567.7	407 071.2	133.7
互联网信息服务收入	万元	30 263 166.0	8 400 126.5	38.4
其中：网络广告业务收入	万元	4 645 092.7	983 213.4	26.8
网络游戏业务收入	万元	7 228 460.3	1 140 151.8	18.7
电子商务平台收入	万元	10 786 179.7	4798 788.6	80.1
互联网接入服务业务宽带接入用户	户	16 556 541	5 709 469	52.6
增值电信企业从业人数	人	807 999	-31 917	-3.8

2014 年互联网宽带接入用户分省情况

（单位：万户）

	互联网宽带接入用户		其中：FTTH/0 用户		互联网宽带接入用户中	
	2014 年	比 2013 年	2014 年	比 2013 年	城市用户	农村用户
全　国	**20 048.3**	**1157.5**	**6 831.6**	**2 749.3**	**15 174.6**	**4 873.7**
东　部	**10 640.0**	**534.2**	**4023.5**	**1 429.5**	**7 641.1**	**2 998.9**
北　京	482.4	2.0	263.5	68.3	377.7	104.7
天　津	208.8	20.4	130.1	38.6	206.9	2.0
河　北	1 127.6	96.1	530.3	245.7	704.9	422.8
辽　宁	772.1	45.1	281.7	147.5	621.1	151.0
上　海	532.2	21.0	409.2	53.5	532.2	0.0
江　苏	1 523.4	92.0	644.2	189.8	935.2	588.2
浙　江	1 276.1	33.4	478.5	122.5	871.0	405.1
福　建	899.2	63.6	282.4	72.8	591.4	307.8
山　东	1 523.9	58.8	535.0	342.7	1 070.4	453.5
广　东	2 174.1	92.4	437.9	136.6	1 639.9	534.2
海　南	120.3	9.4	30.7	11.5	90.6	29.7
中　部	**5 171.3**	**337.8**	**1454.9**	**697.8**	**4 122.5**	**1 048.8**
山　西	571.1	49.8	220.4	90.9	521.5	49.7
吉　林	414.9	35.3	102.7	40.7	341.2	73.7
黑龙江	484.6	25.1	84.7	50.7	425.2	59.4
安　徽	563.8	17.1	220.4	88.6	420.1	143.7
江　西	434.2	24.1	105.1	58.1	322.6	111.6
河　南	1 087.9	87.5	319.7	194.9	773.5	314.4
湖　北	869.7	56.4	204.8	75.8	723.5	146.3
湖　南	744.9	42.6	197.2	98.2	594.8	150.1
西　部	**4 237.1**	**285.5**	**1353.2**	**622.0**	**3 411.1**	**826.0**
内蒙古	316.8	32.3	89.7	48.2	245.0	71.8
广　西	592.4	32.8	189.3	70.4	483.9	108.5
重　庆	475.4	36.6	122.8	73.6	399.4	76.0
四　川	883.1	47.9	540.4	259.6	654.5	228.7
贵　州	310.9	18.5	53.7	28.1	259.3	51.6
云　南	424.9	20.2	86.2	34.4	348.2	76.7
西　藏	22.1	3.0	5.8	2.9	22.1	0.0
陕　西	552.4	46.2	70.4	32.5	447.0	105.4
甘　肃	213.9	21.7	29.5	11.3	175.2	38.7
青　海	61.4	6.5	24.1	9.8	56.8	4.6
宁　夏	78.2	7.1	31.0	15.6	71.6	6.6
新　疆	305.7	12.7	110.4	35.6	248.2	57.5

注：1. 互联网宽带接入用户为基础电信企业合计数。

2. 互联网宽带接入用户自 2011 年起不包括 WLAN 用户，2012 年和 2013 年按调整后统计口径。

2010—2014 年固定电话用户分省情况

（单位：万户）

	2010 年	2011 年	2012 年	2013 年	2014 年
全　国	**29 434.2**	**28 509.8**	**27 815.3**	**26 698.5**	**24 943.0**
东　部	**15 734.8**	**15 291.6**	**15 082.6**	**14 500.2**	**13 516.1**
北　京	885.6	883.9	883.2	867.6	831.3
天　津	366.8	333.9	353.7	352.8	360.6
河　北	1 251.4	1 242.7	1 207.7	1 152.4	1 085.1
辽　宁	1 428.0	1 352.1	1 285.1	1 222.4	1 151.2
上　海	931.8	926.4	902.9	869.2	840.2
江　苏	2 498.8	2 370.9	2 387.2	2 289.8	2 133.6
浙　江	1 985.5	1 947.9	1 882.5	1 781.3	1 641.9
福　建	1 045.7	1 015.0	1 017.3	983.5	933.3
山　东	1 992.3	1 896.6	1 854.2	1 707.6	1 418.3
广　东	3 169.1	3 147.1	3 135.8	3 099.9	2 950.6
海　南	179.8	175.0	173.0	173.6	170.0
中　部	**7 600.2**	**7 346.1**	**7 021.8**	**6 633.2**	**6 081.3**
山　西	720.7	682.2	685.2	584.4	554.2
吉　林	595.2	579.3	578.8	579.0	574.8
黑龙江	813.5	793.5	776.1	747.8	640.5
安　徽	1 231.0	1 243.9	1 091.4	976.7	839.8
江　西	709.6	673.9	644.2	622.4	577.4
河　南	1 426.9	1 341.4	1 288.7	1 224.4	1 143.0
湖　北	1 026.4	1 020.3	1 003.6	984.0	907.4
湖　南	1 077.0	1 011.6	953.9	914.4	844.1
西　部	**6 099.2**	**5 872.1**	**5 710.9**	**5 565.2**	**5 345.7**
内蒙古	414.1	379.5	368.3	377.2	359.1
广　西	708.9	650.9	599.3	546.3	499.9
重　庆	582.7	571.3	575.7	580.3	579.5
四　川	1 419.1	1 382.9	1 347.1	1 313.7	1 294.2
贵　州	431.2	404.0	380.4	363.0	339.1
云　南	562.5	540.1	524.3	485.4	429.8
西　藏	43.9	40.5	40.5	40.4	35.9
陕　西	781.9	775.5	772.1	769.3	750.8
甘　肃	411.9	396.4	377.8	364.3	341.3
青　海	103.2	104.2	102.5	101.8	100.2
宁　夏	111.9	108.5	105.0	104.7	102.7
新　疆	528.0	518.3	517.9	518.7	513.3

（续表）

	固定电话用户 （户）	固定电话普及率 （部 / 百人）	移动电话用户 （户）	移动电话普及率 （部 / 百人）	互联网宽带接入用户 （户）	互联网宽带接入普及率 （部 / 百人）
信阳市	560 455	8.76	4 132 288	64.61	495 689	7.75
周口市	518 819	5.89	5 388 190	61.16	537 584	6.10
驻马店市	457 027	6.58	4 647 678	66.91	482 275	6.94
济源市	113 144	16.19	693 264	99.17	108 335	15.50
湖北省	**9 074 397**	**15.60**	**46 067 666**	**79.21**	**8 697 336**	**14.95**
武汉市	2 717 841	26.85	13 427 681	132.64	2 785 825	27.52
黄石市	441 778	18.08	1 996 211	81.68	385 732	15.78
十堰市	431 924	12.89	2 541 094	75.85	409 346	12.22
宜昌市	620 604	15.17	3 395 419	83.01	617 594	15.10
襄阳市	769 602	13.89	3 906 133	70.48	726 787	13.11
鄂州市	199 756	18.94	758 287	71.90	188 969	17.92
荆门市	357 862	12.40	2 059 085	71.33	351 381	12.17
孝感市	602 601	12.48	2 811 346	58.24	499 150	10.34
荆州市	662 315	11.58	3 786 985	66.23	785 180	13.73
黄冈市	843 011	13.55	3 476 783	55.89	562 249	9.04
咸宁市	409 511	16.56	1 653 928	66.89	367 747	14.87
随州市	284 927	13.08	1 518 605	69.70	293 682	13.48
恩施土家族苗族自治州	300 119	9.10	2 652 644	80.46	333 514	10.12
仙桃市	195 005	16.46	805 143	67.96	164 977	13.93
潜江市	101 542	10.69	680 859	71.65	108 328	11.40
天门市	122 835	9.20	554 120	41.52	108 123	8.10
神农架林区	13 164	17.19	43 343	56.59	8 752	11.43
湖南省	**8 441 186**	**12.53**	**47 260 876**	**70.15**	**7 449 238**	**11.06**
长沙市	1 946 261	27.46	10 360 249	146.19	1 500 024	21.17
株洲市	660 056	17.03	3 288 954	84.84	572 941	14.78
湘潭市	374 844	13.57	2 387 877	86.42	408 067	14.77
衡阳市	835 620	11.67	3 899 276	54.47	640 530	8.95
邵阳市	693 776	9.75	3 427 935	48.20	543 039	7.64
岳阳市	741 744	13.51	3 989 389	72.65	579 491	10.55

（续表）

	固定电话用户	固定电话普及率	移动电话用户	移动电话普及率	互联网宽带接入用户	互联网宽带接入普及率
	（户）	（部 / 百人）	（户）	（部 / 百人）	（户）	（部 / 百人）
常德市	613 720	10.69	3 439 858	59.93	724 472	12.62
张家界市	168 381	11.28	1 001 514	67.08	189 102	12.67
益阳市	401 045	9.29	2 699 149	62.53	341 728	7.92
郴州市	557 811	12.12	3 416 534	74.21	504 481	10.96
永州市	350 856	6.74	2 522 446	48.48	392 715	7.55
怀化市	462 678	9.72	2 958 077	62.15	393 932	8.28
娄底市	415 653	10.95	2 649 686	69.82	402 818	10.61
湘西土家族苗族自治州	218 741	8.54	1 219 926	47.65	255 898	9.99
广东省	**29 505 727**	**27.51**	**149 433 689**	**139.35**	**21 741 153**	**20.27**
广州市	5 395 255	42.01	29 054 402	226.21	4 170 304	32.47
韶关市	571 361	19.90	2 354 100	82.01	419 650	14.62
深圳市	5 452 699	51.68	29 597 688	280.54	3 711 512	35.18
珠海市	784 464	49.56	3 639 584	229.92	697 659	44.07
汕头市	1 318 724	24.22	6 222 480	114.29	896 889	16.47
佛山市	2 670 810	36.75	12 651 175	174.06	2 059 815	28.34
江门市	1 384 232	30.91	5 072 146	113.26	908 371	20.28
湛江市	686 737	9.66	4 937 967	69.48	709 623	9.98
茂名市	707 993	11.85	3 527 789	59.05	546 280	9.14
肇庆市	750 755	18.86	3 294 926	82.77	559 608	14.06
惠州市	1 188 962	25.44	5 465 921	116.96	1 109 817	23.75
梅州市	610 953	14.23	2 640 925	61.50	422 769	9.85
汕尾市	377 828	12.71	1 892 624	63.65	220 312	7.41
河源市	461 838	15.36	1 756 749	58.41	310 245	10.31
阳江市	480 578	19.44	2 025 669	81.96	358 445	14.50
清远市	445 353	11.85	2 997 321	79.76	397 387	10.58
东莞市	3 225 375	38.89	18 311 292	220.77	1 982 681	23.90
中山市	1 115 725	35.35	6 101 849	193.34	1 066 654	33.80
潮州市	606 708	22.46	2 496 786	92.44	371 306	13.75
揭阳市	893 247	15.00	3 886 730	65.26	550 008	9.24

2014 年增值电信业务主要指标分省情况

	增值电信企业个数		增值电信业务收入		增值电信从业人数	
	2014 年（个）	比 2013 年（个）	2014 年（万元）	比 2013 年增长（%）	2014 年（人）	比 2013 年（人）
全　国	**24 001**	**1 902**	**42 293 542.9**	**27.5**	**807 999**	**-31 917**
东　部	**17 052**	**521**	**39 328 563.0**	**35.8**	**664 292**	**-10 321**
北　京	5 100	-315	14 220 194.9	45.9	177 671	-22 497
天　津	218	30	303 029.8	99.0	6 184	2 173
河　北	725	22	115 743.9	-26.9	15 690	-261
辽　宁	1 053	250	168 157.0	-30.5	17 413	-393
上　海	1 118	67	5 025 268.8	12.7	71 405	4 710
江　苏	1 718	227	3 384 721.6	37.0	70 525	2 665
浙　江	1 665	108	4 316 990.6	83.8	45 365	-874
福　建	822	258	1 021 373.8	29.7	28 736	-1 127
山　东	718	-29	352 555.5	21.8	47 748	2 678
广　东	3 688	-114	10 319 243.1	25.8	180 169	2 623
海　南	227	17	101 283.8	2.0	3 386	-18
中　部	**3 993**	**1 096**	**1 241 559.0**	**40.6**	**73 575**	**-21 220**
山　西	128	-27	15 777.9	-2.4	2 080	-19 726
吉　林	635	409	54 653.5	4.3	15 312	-4 175
黑龙江	787	114	173 446.5	232.7	5 875	-1 768
安　徽	338	14	337 385.1	51.1	12 921	2 378
江　西	152	-4	38 072.2	-21.9	2 394	72
河　南	444	52	200 884.1	41.7	10 241	1 198
湖　北	957	517	196 698.2	24.6	12 247	1 809
湖　南	552	21	224 641.2	17.7	12 505	-1 008
西　部	**2 956**	**285**	**1 723 421.0**	**1.4**	**70 132**	**-376**
内蒙古	244	99	37 026.7	-19.6	4 979	1 286
广　西	251	3	86 917.3	18.3	5 359	-590
重　庆	444	197	246 616.7	18.4	13 367	-712
四　川	892	34	1 033 172.3	-5.4	22 241	-1 680
贵　州	459	69	97 752.4	18.7	8 025	882
云　南	211	-13	64 054.2	9.3	4 286	49
西　藏						
陕　西	83	-171	110 077.8	18.1	7 383	-280
甘　肃	66	13	14 390.6	15.4	918	176
青　海	29	1	3 014.0	44.2	373	87
宁　夏	123	56	6 161.9	26.2	937	363
新　疆	154	-3	24 237.4	-5.7	2264	43

专用通信网统计信息

2014年专用通信网电信业务量分省情况

	固定电话用户（户）	其中：住宅电话用户（户）	宽带接入用户（户）
全　国	**2 419 481**	**1 328 486**	**1 425 011**
东　部	**809 124**	**602 490**	**484 481**
北　京	129 705	67 649	58 036
天　津	54 443	9 765	17 641
河　北	118 788	94 057	80 284
辽　宁	185 516	90 247	110 865
上　海			
江　苏	86 877	22 010	42
浙　江	37 998	7 037	9
福　建			
山　东	115 399	279 937	187 097
广　东	80 137	31 788	30 486
海　南	261		21
中　部	**1 191 106**	**492 995**	**755 716**
山　西	87 000	56 000	65 000
吉　林	100 241	100 241	100 241
黑龙江	649 361	171 937	435 289
安　徽	79 708	34 931	38 056
江　西			
河　南	274 796	129 886	117 130
湖　北			
湖　南			
西　部	**419 251**	**233 001**	**184 814**
内蒙古	23 624	6 105	9 598
广　西			
重　庆			
四　川			
贵　州			
云　南	23 866	16 913	69
西　藏	72	43	113
陕　西			
甘　肃	130 447	75 549	53 539
青　海			
宁　夏	40 142	24 421	13 794
新　疆	201 100	109 970	107 701

2014 年专用通信网通信能力分省情况

	长途光缆线路长度（公里）	本地网中继光缆线路长度（公里）	接入网光缆线路长度（公里）	长途电话交换机容量（路端）	本地电话交换机容量（门）	宽带接入端口（个）
全　国	**171 228**	**128 299**	**28 401**	**95 907**	**4 649 225**	**1 549 789**
东　部	**61 077**	**58 986**	**15 647**	**38 720**	**1 834 851**	**438 419**
北　京		306	5 441		181 000	25 009
天　津	1	3 863	1	10 000	89 000	11 022
河　北	2 306	1 623	2 189	108	139 137	84 147
辽　宁	44 030	8 346	1 305	38	367 800	115 624
上　海						
江　苏	600	92	62	6 300	123 784	16
浙　江	5 458	42 533	3 405	6 266	350 220	47 392
福　建						
山　东	199	1 578	1 886	1 846	441 300	101 690
广　东	8 483	287	1 295	14 162	140 562	53 423
海　南		358	63		2 048	96
中　部	**44 785**	**52 643**	**9 030**	**16 372**	**2 180 822**	**889 000**
山　西		420			220 000	153 257
吉　林	9 861	1 883	1 072	0	53	278 025
黑龙江	34 869	16 436	4 721	16 372	1 186 115	249 031
安　徽		1 104	50		171 628	39 116
江　西						
河　南	54	32 800	3 187	0	603 026	169 571
湖　北						
湖　南						
西　部	**65 367**	**16 670**	**3 724**	**40 815**	**633 552**	**222 370**
内蒙古	1 614	67	148	21	55 000	5
广　西						
重　庆						
四　川						
贵　州						
云　南	47 771	1 197	0	1 164	86 142	94
西　藏			46	0	3 000	1 536
陕　西						
甘　肃	10 512	4 147	2 139	19 920	204 245	98 634
青　海						
宁　夏	610	4 637	50	3 840	65 115	23 985
新　疆	4 860	6 623	1 341	15 870	220 050	98 116

2014年专用通信网基本情况分省情况

	固定资产原值（万元）	固定资产净值（万元）	固定资产投资完成额（万元）	通信从业人员（人）
全　国	**2 366 006.6**	**1 040 516.2**	**139 920.5**	**23 721**
东　部	**1 445 777.3**	**599 705.2**	**73 375.0**	**9 495**
北　京	13 363.6	3 750.0	388.0	602
天　津	87 211.0	34 849.0	7432.0	623
河　北	30 949.7	11 033.3	623.0	958
辽　宁	380 155.0	119 983.0	12 901.0	3 020
上　海				
江　苏	1 410.0	1 137.0	1 185.0	505
浙　江	653 974.0	304 615.0	28 499.0	553
福　建				
山　东	81 292.0	36 343.0	20 490.0	1 937
广　东	187 741.0	87 995.0	0.0	1 234
海　南	9 681.0		1 857.0	63
中　部	**604 174.0**	**278 623.9**	**41 201.3**	**9 477**
山　西	57 347.0	33 986.0		330
吉　林	128 478.2	43 192.1	14 774.0	405
黑龙江	253 375.5	114 899.7	10 926.0	5 980
安　徽	8 383.2	2 760.1		316
江　西				
河　南	156 590.2	83 786.0	15 501.3	2 446
湖　北				
湖　南				
西　部	**316 055.3**	**162 187.0**	**25 344.2**	**4 749**
内蒙古	13 926.8	1 609.2	24.5	1 145
广　西				
重　庆				
四　川				
贵　州				
云　南	136 578.3	88 454.2	10 230.7	520
西　藏	1 646.3	1 646.3	237.7	73
陕　西				
甘　肃	39 885.0	16 559.0		1 278
青　海				
宁　夏	53 351.9	25 656.3	12 493.3	378
新　疆	70 667.0	28 262.0	2 358.0	1 355

互联网统计信息

2010—2014 年互联网主要指标发展情况

指　标　名　称	单位	2010 年	2011 年	2012 年	2013 年	2014 年
互联网网民数	万人	45 700	51 300	56 400	61 758	64 875
其中：手机网民数	万人	30 300	35 600	41 997	50 006	55 678
手机网民所占比重	%	66.2	69.4	74.5	81.0	85.8
男性网民所占比重	%	55.8	55.9	55.8	56.0	56.4
女性网民所占比重	%	44.2	44.1	44.2	44.0	43.6
城市网民所占比重	%	72.7	73.5	72.4	71.4	72.5
农村网民所占比重	%	27.3	26.5	27.6	28.6	27.5
互联网普及率	%	34.3	38.3	42.1	45.8	47.9
城市互联网普及率	%	49.6	54.6	57.4	60.3	62.8
农村互联网普及率	%	18.6	20.7	24.2	28.1	28.8
IPv4地址数	万个	27 763.7	33 044.0	33 053.5	33 030.8	33 199.0
域名数	万个	865.6	774.8	1 341.2	1 844.1	2 060.1
其中：CN域名数	万个	435.0	352.9	750.8	1 082.9	1 108.9
网站数	万个	190.8	229.6	268.1	320.2	335.0
网页总数	万个	6 000 806	8 658 230	12 274 682	15 004 076	18 991 865
静态网页	万个	3 190 874	5 936 498	6 037 935	8 969 675	11 274 475
动态网页	万个	2 809 932	2 721 732	6 236 747	6 034 402	7 717 390
网页长度（总字节数）	GB	1 833 476	3 160 028	4 902 328	7 133 363	8 879 006
互联网国际出口带宽	Mbit/s	1 098 957	1 389 529	1 899 792	3 406 824	4 118 663

2014 年互联网主要指标分省情况

	域名数（个）	其中：CN 域名数（个）	网站数（个）	网页数（万个）	网页长度（总字节数）（GB）
全　国	**20 595 503**	**11 084 208**	**3 348 926**	**18 991 864.9**	**8 879 005.9**
东　部	**14 287 001**	**7 647 092**	**2 308 096**	**16 476 965.5**	**7 877 525.4**
北　京	2 654 888	1 212 146	457 032	5 516 153.3	3 219 987.4
天　津	153 507	52 724	36 213	793 676.1	380 349.3
河　北	359 846	134 404	94 171	678 615.3	253 269.9
辽　宁	302 609	118 357	96 599	240 854.6	83 386.3
上　海	1 023 124	381 538	314 374	1 131 036.1	661 538.5
江　苏	836 449	308 077	164 935	1 451 157.2	566 050.0
浙　江	911 562	384 831	218 630	2 663 566.9	1 130 350.8
福　建	902 089	398 560	223 442	176 838.4	70 331.3
山　东	3041 693	2 318 028	158 028	627 574.6	283 100.9
广　东	3904 905	2 318 586	532 787	3 021 830.0	1 183 985.5
海　南	196 329	19 841	11 885	175 663.0	45 175.5
中　部	**2879 361**	**1 439 999**	**388 490**	**1 852 918.4**	**649 093.1**
山　西	131 922	47 276	36 039	453 314.0	173 091.6
吉　林	107 369	40 136	20 649	130 892.1	38 297.6
黑龙江	790 851	595 629	28 160	34 804.7	21 227.4
安　徽	356 011	141 864	40 029	155 013.4	47 452.6
江　西	180 127	88 181	23 140	307 100.6	67 402.1
河　南	632 911	223 325	123 824	510 325.6	207 867.7
湖　北	354 941	152 484	67 815	190 176.2	69 053.2
湖　南	325 229	151 104	48 834	71 291.9	24 700.9
西　部	**1 778 271**	**711 142**	**276 824**	**661 980.9**	**352 387.3**
内蒙古	63 131	23 997	12 036	27 920.2	34 328.3
广　西	264 330	170 014	25 454	133 090.1	91 209.4
重　庆	227 627	85 139	33 610	56 027.7	20 245.2
四　川	670 677	198 001	122 172	80 618.3	40 063.8
贵　州	86 004	48 832	9 809	2 002.1	606.9
云　南	111 535	50 860	14 315	295 017.9	140 036.5
西　藏	8 645	2 928	965	201.5	212.1
陕　西	202 147	83 251	37 911	49 839.2	19 945.0
甘　肃	48 074	14 454	7 174	5 731.2	2 516.7
青　海	15 940	2 861	2 111	827.1	324.4
宁　夏	22 989	6 849	3 665	1 733.6	587.5
新　疆	57 172	23 956	7 602	8 972.0	2 311.5
其　他	1 650 870	1 285 975	375 516		

注：CN 下域名总数不含 .EDU.CN 下网站。

2010—2014 年互联网网民数分省情况

（单位：万人）

	2010 年	2011 年	2012 年	2013 年	2014 年
全　国	**45 700**	**51 300**	**56 400**	**61 758**	**64 875**
东　部	**24 117**	**27 414**	**29 394**	**31 506**	**32 940**
北　京	1 218	1 379	1 458	1 556	1 593
天　津	648	719	793	866	904
河　北	2 197	2 597	3 008	3 389	3 603
辽　宁	1 916	2 092	2 199	2 453	2 580
上　海	1 239	1 525	1 606	1 683	1 716
江　苏	3 306	3 685	3 952	4 095	4 274
浙　江	2 786	3 052	3 221	3 330	3 458
福　建	1 848	2 102	2 280	2 402	2 471
山　东	3 332	3 625	3 866	4 329	4 634
广　东	5 324	6 300	6 627	6 992	7 286
海　南	303	338	384	411	421
中　部	**11 667**	**12 897**	**14 481**	**16 234**	**17 126**
山　西	1 250	1 405	1 589	1 755	1 838
吉　林	882	966	1 062	1 163	1 243
黑龙江	1 127	1 206	1 329	1 514	1 599
安　徽	1 392	1 585	1 869	2 150	2 225
江　西	950	1 088	1 267	1 468	1 543
河　南	2 417	2 582	2 856	3 283	3 474
湖　北	1 902	2 129	2 309	2 491	2 625
湖　南	1 747	1 936	2 200	2 410	2 579
西　部	**9 946**	**11 000**	**12 525**	**14 018**	**14 776**
内蒙古	747	854	965	1 093	1 142
广　西	1 226	1 353	1 586	1 774	1 848
重　庆	990	1 068	1 195	1 293	1 357
四　川	1 998	2 229	2 562	2 835	3 022
贵　州	751	840	991	1 146	1 222
云　南	1 021	1 140	1 321	1 528	1 643
西　藏	81	90	101	115	123
陕　西	1 295	1 429	1 551	1 689	1 745
甘　肃	655	700	795	894	951
青　海	188	208	238	274	289
宁　夏	175	207	258	283	295
新　疆	819	882	962	1 094	1 139

2010—2014 年互联网普及率分省情况

（单位：%）

	2010 年	2011 年	2012 年	2013 年	2014 年
全　国	**34.3**	**38.3**	**42.1**	**45.8**	**47.9**
北　京	69.4	70.3	72.2	75.2	75.3
天　津	52.7	55.6	58.5	61.3	61.4
河　北	31.2	36.1	41.5	46.5	49.1
辽　宁	44.4	47.8	50.2	55.9	58.8
上　海	64.5	66.2	68.4	70.7	71.1
江　苏	42.8	46.8	50.0	51.7	53.8
浙　江	53.8	56.1	59.0	60.8	62.9
福　建	50.9	57.0	61.3	64.1	65.5
山　东	35.2	37.8	40.1	44.7	47.6
广　东	55.3	60.4	63.1	66.0	68.5
海　南	35.1	38.9	43.7	46.4	47.0
山　西	36.5	39.3	44.2	48.6	50.6
吉　林	32.2	35.2	38.6	42.3	45.2
黑龙江	29.5	31.5	34.7	39.5	41.7
安　徽	22.7	26.6	31.3	35.9	36.9
江　西	20.2	24.4	28.5	32.6	34.1
河　南	25.5	27.5	30.4	34.9	36.9
湖　北	33.3	37.2	40.1	43.1	45.3
湖　南	27.3	29.5	33.3	36.3	38.6
内蒙古	30.8	34.6	38.9	43.9	45.7
广　西	25.2	29.4	34.2	37.9	39.2
重　庆	34.6	37.0	40.9	43.9	45.7
四　川	24.4	27.7	31.8	35.1	37.3
贵　州	19.8	24.2	28.6	32.9	34.9
云　南	22.3	24.8	28.5	32.8	35.1
西　藏	27.9	29.9	33.3	37.4	39.4
陕　西	34.3	38.3	41.5	45.0	46.4
甘　肃	24.8	27.4	31.0	34.7	36.8
青　海	33.6	36.9	41.9	47.8	50.0
宁　夏	28.0	32.8	40.3	43.7	45.1
新　疆	37.9	40.4	43.6	49.0	50.3

国际电信统计信息（国际电联统计数据）

2010—2014年全球电信业主要指标发展情况（一）

指 标 名 称	单位	2010年	2011年	2012年	2013年	2014年
（固定）电话主线运营数	百万线	1 229.0	1 201.0	1 178.4	1 138.1	1 099.4
其中：发达国家	百万线	552.9	539.6	526.0	510.1	500.2
发展中国家	百万线	676.1	661.4	652.4	628.0	599.2
其中：非洲	百万线	12.1	11.9	11.5	10.1	10.6
阿拉伯国家	百万线	34.7	34.6	34.4	32.6	30.1
亚太地区	百万线	553.1	536.5	528.1	501.5	480.2
独联体国家	百万线	73.7	73.5	72.3	69.4	67.4
欧洲	百万线	263.5	257.6	250.4	245.5	239.5
美洲	百万线	273.7	268.3	264.0	261.0	255.7
蜂窝移动电话用户数	百万户	5 290.1	5 863.1	6 232.0	6 666.4	6 954.1
其中：发达国家	百万户	1 403.5	1 410.5	1 447.0	1 481.0	1 504.2
发展中国家	百万户	3 886.6	4 452.5	4 784.9	5 185.4	5 449.9
其中：非洲	百万户	365.8	438.4	507.1	580.0	645.5
阿拉伯国家	百万户	309.6	348.8	378.5	404.5	408.7
亚太地区	百万户	2 614.0	3 000.3	3 204.9	3 468.8	3 662.7
独联体国家	百万户	376.8	357.8	367.6	386.3	389.2
欧洲	百万户	708.7	729.7	742.8	748.8	753.8
美洲	百万户	880.8	952.4	994.4	1 041.0	1 056.5
互联网网民数	百万人	2 019.0	2 224.0	2 494.0	2 704.7	2 936.7
其中：发达国家	百万人	824.0	841.0	921.0	961.4	997.2
发展中国家	百万人	1 195.0	1 383.0	1 573.0	1 743.3	1 939.5
其中：非洲	百万人	79.3	105.3	124.2	147.8	171.7
阿拉伯国家	百万人	85.5	93.1	105.4	118.1	129.1
亚太地区	百万人	872.2	988.1	1 124.4	1 229.3	1 366.0
独联体国家	百万人	95.4	114.5	142.9	154.5	162.2
欧洲	百万人	410.1	419.5	434.5	446.9	465.7
美洲	百万人	455.9	483.0	539.4	584.0	616.4
固定（有线）互联网宽带接入用户数	百万户	526.3	588.0	635.3	709.5	748.3
其中：发达国家	百万户	290.7	305.7	320.6	344.3	354.5
发展中国家	百万户	235.6	282.2	314.8	365.2	393.8
其中：非洲	百万户	1.3	1.6	1.9	2.9	3.5
阿拉伯国家	百万户	6.7	7.8	9.2	11.6	12.8
亚太地区	百万户	213.7	250.8	276.0	314.2	337.5
独联体国家	百万户	22.4	25.9	31.1	35.9	37.1
欧洲	百万户	145.3	153.5	159.4	172.4	178.9
美洲	百万户	130.9	142.1	151.2	164.5	170.1

注：数据来自ITU，根据最新发布数据对往年数据调整。

2010—2014 年全球电信业主要指标发展情况（二）

指 标 名 称	单位	2010 年	2011 年	2012 年	2013 年	2014 年
每百人（固定）电话主线运营数	线/百人	17.79	17.17	16.66	15.90	15.19
其中：发达国家	线/百人	44.63	43.40	42.18	40.79	39.87
发展中国家	线/百人	11.92	11.50	11.19	10.63	10.01
其中：非洲	线/百人	1.50	1.43	1.34	1.14	1.17
阿拉伯国家	线/百人	9.84	9.82	9.58	8.89	8.07
亚太地区	线/百人	14.24	13.67	13.32	12.53	11.88
独联体国家	线/百人	26.24	26.11	25.67	24.61	23.86
欧洲	线/百人	42.76	41.63	40.33	39.39	38.31
美洲	线/百人	29.20	28.33	27.59	27.00	26.20
每百人蜂窝移动电话用户数	户/百人	76.56	83.84	88.08	93.14	96.07
其中：发达国家	户/百人	113.29	113.46	116.03	118.41	119.91
发展中国家	户/百人	68.54	77.43	82.10	87.79	91.07
其中：非洲	户/百人	45.40	52.33	58.94	65.64	71.16
阿拉伯国家	户/百人	87.89	99.13	105.40	110.44	109.70
亚太地区	户/百人	67.29	76.46	80.86	86.66	90.63
独联体国家	户/百人	134.16	127.17	130.48	136.98	137.72
欧洲	户/百人	115.02	117.94	119.61	120.15	120.54
美洲	户/百人	93.98	100.57	103.93	107.71	108.23
每百人互联网网民数	%	29.22	31.81	35.24	37.79	40.57
其中：发达国家	%	66.51	67.68	73.84	76.87	79.50
发展中国家	%	21.07	24.05	26.99	29.51	32.41
其中：非洲	%	9.84	12.56	14.44	16.72	18.93
阿拉伯国家	%	24.27	26.45	29.35	32.24	34.65
亚太地区	%	22.45	25.18	28.37	30.71	33.80
独联体国家	%	33.95	40.68	50.73	54.78	57.39
欧洲	%	66.57	67.80	69.97	71.72	74.47
美洲	%	48.64	51.00	56.37	60.43	63.15
每百人固定（有线）互联网宽带接入用户数	户/百人	7.62	8.41	8.98	9.91	10.34
其中：发达国家	户/百人	23.46	24.59	25.71	27.53	28.26
发展中国家	户/百人	4.16	4.91	5.40	6.18	6.58
其中：非洲	户/百人	0.16	0.19	0.22	0.33	0.38
阿拉伯国家	户/百人	1.89	2.21	2.57	3.17	3.43
亚太地区	户/百人	5.50	6.39	6.96	7.85	8.35
独联体国家	户/百人	7.97	9.19	11.03	12.72	13.13
欧洲	户/百人	23.58	24.81	25.67	27.66	28.61
美洲	户/百人	13.97	15.00	15.80	17.02	17.43

注：数据来自 ITU，根据最新发布数据对往年数据调整。

2010—2014 年主要国家每百人电话主线数
2010—2014 main telephone lines per 100 inhabitants

（单位：线/百人）

国家和地区	2010 年	2011 年	2012 年	2013 年	2014 年
中国	21.65	20.84	20.20	19.27	17.90
日本	51.53	50.79	50.47	47.99	50.09
韩国	58.91	60.47	61.42	61.57	59.54
印度尼西亚	17.01	15.84	15.39	12.30	11.72
菲律宾	3.57	3.74	3.61	3.20	3.09
泰国	10.29	10.01	9.55	9.04	8.46
新加坡	39.30	38.87	37.48	36.35	35.52
马来西亚	16.30	15.73	15.69	15.26	14.61
印度	2.91	2.69	2.50	2.32	2.13
巴基斯坦	3.51	3.25	3.27	3.50	2.65
沙特阿拉伯	15.28	16.69	16.97	17.13	13.36
伊朗	34.67	36.81	37.63	38.33	38.98
埃及	12.32	10.98	10.60	8.31	7.57
南非	9.45	9.34	9.25	7.34	8.10
德国	63.72	62.01	60.51	58.87	56.89
英国	53.83	53.27	52.88	52.88	52.35
法国	64.24	63.49	62.11	60.79	60.03
意大利	37.24	36.40	35.72	34.59	33.68
俄罗斯	31.27	30.78	29.45	28.34	27.67
荷兰	43.53	42.80	42.97	42.52	42.41
波兰	20.07	17.94	15.57	14.33	13.18
西班牙	43.70	42.76	41.87	41.31	40.56
瑞典	50.46	47.44	43.83	41.04	39.67
瑞士	62.67	61.89	59.04	56.86	53.63
土耳其	22.46	20.82	18.73	18.09	16.52
乌克兰	28.10	27.69	26.76	26.15	24.64
美国	47.93	45.51	43.65	41.63	40.12
加拿大	53.90	52.99	50.88	48.10	46.65
墨西哥	16.90	16.75	17.04	17.20	17.04
巴西	21.59	21.85	22.30	22.48	21.84
阿根廷	24.56	23.87	23.01	23.31	22.58
澳大利亚	47.42	46.49	45.43	44.34	38.89
新西兰	43.04	42.59	42.15	41.06	40.65

注：数据来自 ITU，根据最新发布数据对往年数据调整。

2010—2014 年主要国家每百人移动电话用户数
2010—2014 mobile cellular subscribers per 100 inhabitants

（单位：户/百人）

国家和地区	2010 年	2011 年	2012 年	2013 年	2014 年
中国	63.17	72.07	80.76	88.71	92.27
日本	96.81	104.27	110.91	116.32	120.23
韩国	104.77	107.74	109.43	111.00	115.54
印度尼西亚	87.79	102.46	114.22	125.36	126.18
菲律宾	88.98	99.09	105.45	104.50	111.22
泰国	108.02	116.33	127.29	140.05	144.44
新加坡	145.40	150.12	152.13	155.92	158.13
马来西亚	119.74	127.48	141.33	144.72	148.83
印度	62.39	73.20	69.92	70.78	74.48
巴基斯坦	57.28	61.81	67.06	70.13	73.33
沙特阿拉伯	189.17	194.51	187.36	184.20	179.56
伊朗	72.59	74.30	76.10	84.25	87.79
埃及	90.50	105.08	119.92	121.51	114.31
南非	97.90	123.20	130.56	145.64	149.68
德国	106.48	109.66	111.59	120.92	120.42
英国	123.63	123.60	124.76	124.61	123.58
法国	91.39	94.08	97.38	98.50	100.36
意大利	154.80	158.15	159.63	158.82	154.25
俄罗斯	165.50	142.05	145.33	152.84	155.14
荷兰	115.43	118.98	117.97	116.16	116.42
波兰	122.92	131.29	141.55	149.08	156.45
西班牙	111.28	113.06	108.36	106.89	107.85
瑞典	117.16	121.22	124.57	125.53	127.84
瑞士	123.16	127.38	132.06	136.78	140.54
土耳其	85.63	89.41	91.46	92.96	94.79
乌克兰	117.11	121.34	130.34	138.06	144.08
美国	91.31	94.44	96.01	97.08	98.41
加拿大	75.68	77.83	79.57	80.61	82.98
墨西哥	77.52	79.24	83.35	84.82	82.54
巴西	100.88	119.00	125.00	135.31	138.95
阿根廷	141.38	149.09	156.56	162.53	158.74
澳大利亚	100.43	104.61	105.59	106.84	131.23
新西兰	107.83	109.20	110.36	105.78	112.05

注：数据来自 ITU，根据最新发布数据对往年数据调整。

2010—2014 年主要国家每百人互联网网民数
2010—2014 Internet users per 100 inhabitants

（单位：%）

国家和地区	2010 年	2011 年	2012 年	2013 年	2014 年
中国	34.30	38.30	42.30	45.80	49.30
日本	78.21	79.05	79.50	89.71	90.58
韩国	83.70	83.76	84.07	84.77	84.33
印度尼西亚	10.92	12.28	14.52	14.94	17.14
菲律宾	25.00	29.00	36.24	37.00	39.69
泰国	22.40	23.67	26.46	28.94	34.89
新加坡	71.00	71.00	72.00	81.00	82.00
马来西亚	56.30	61.00	65.80	66.97	67.50
印度	7.50	10.07	12.58	15.10	18.00
巴基斯坦	8.00	9.00	9.96	10.90	13.80
沙特阿拉伯	41.00	47.50	54.00	60.50	63.70
伊朗	15.90	19.00	22.73	29.95	39.35
埃及	21.60	25.60	26.40	29.40	31.70
南非	24.00	33.97	41.00	46.50	49.00
德国	82.00	81.27	82.35	84.17	86.19
英国	85.00	85.38	87.48	89.84	91.61
法国	77.28	77.82	81.44	81.92	83.75
意大利	53.68	54.39	55.83	58.46	61.96
俄罗斯	43.00	49.00	63.80	67.97	70.52
荷兰	90.72	91.42	92.86	93.96	93.17
波兰	62.32	61.95	62.31	62.85	66.60
西班牙	65.80	67.60	69.81	71.64	76.19
瑞典	90.00	92.77	93.18	94.78	92.52
瑞士	83.90	85.19	85.20	86.34	87.00
土耳其	39.82	43.07	45.13	46.25	51.04
乌克兰	23.30	28.71	35.27	41.00	43.40
美国	71.69	69.73	79.30	84.20	87.36
加拿大	80.30	83.00	83.00	85.80	87.12
墨西哥	31.05	37.18	39.75	43.46	44.39
巴西	40.65	45.69	48.56	51.04	57.60
阿根廷	45.00	51.00	55.80	59.90	64.70
澳大利亚	76.00	79.49	79.00	83.00	84.56
新西兰	80.46	81.23	82.00	82.78	85.50

注：数据来自 ITU，根据最新发布数据对往年数据调整。

2010—2014 年主要国家（固定）电话主线运营数
2010—2014 main telephone lines in operation

（单位：万线）

国家和地区	2010 年	2011 年	2012 年	2013 年	2014 年
中国	29 438.3	28 511.5	27 815.3	26 698.5	24 943.0
日本	6 561.9	6 466.9	6 422.5	6 101.9	6 361.0
韩国	2 854.3	2 946.9	3 009.9	3 033.3	2 948.1
印度尼西亚	4 093.1	3 861.7	3 798.3	3 072.3	2 963.8
菲律宾	333.5	355.6	349.3	314.9	309.3
泰国	683.5	666.1	637.7	605.6	569.0
新加坡	199.6	201.8	198.8	196.7	196.0
马来西亚	461.0	452.3	458.9	453.6	441.0
印度	3 509.0	3 283.5	3 094.1	2 903.3	2 700.0
巴基斯坦	607.9	572.2	586.2	637.1	489.8
沙特阿拉伯	416.6	463.3	480.2	494.0	392.2
伊朗	2 581.5	2 776.7	2 875.8	2 968.9	3 058.8
埃及	961.8	871.4	855.7	682.1	631.6
南非	486.1	485.4	484.7	387.6	430.3
德国	5 290.0	5 140.0	5 010.0	4 870.0	4 702.1
英国	3 340.9	3 325.2	3 319.7	3 338.4	3 323.8
法国	4 062.2	4 037.0	3 971.0	3 908.0	3 880.5
意大利	2 253.6	2 210.5	2 174.9	2 109.8	2 057.0
俄罗斯	4 491.6	4 415.1	4 216.8	4 047.3	3 942.6
荷兰	723.2	713.3	718.2	712.5	712.6
波兰	766.7	685.3	595.1	547.7	503.6
西班牙	2 018.1	1 988.9	1 957.5	1 938.4	1 908.9
瑞典	473.4	448.2	416.9	392.8	382.1
瑞士	490.8	489.9	472.2	459.3	437.5
土耳其	1 620.1	1 521.1	1 386.0	1 355.2	1 252.9
乌克兰	1 294.1	1 268.1	1 218.2	1 183.1	1 046.1
美国	14 965.2	14 331.9	13 859.5	13 323.3	12 941.8
加拿大	1 839.4	1 827.4	1 772.6	1 692.1	1 657.2
墨西哥	1 991.9	1 999.7	2 058.8	2 103.7	2 109.9
巴西	4 214.1	4 302.6	4 430.5	4 503.8	4 412.8
阿根廷	991.4	972.3	945.6	966.2	943.9
澳大利亚	1 062.5	1 057.3	1 047.1	1 035.0	919.0
新西兰	188.0	188.0	188.0	185.0	185.0

注：数据来自 ITU，根据最新发布数据对往年数据调整。

2010—2014 年主要国家移动电话用户数
2010—2014 mobile cellular subscribers

（单位：万户）

国家和地区	2010 年	2011 年	2012 年	2013 年	2014 年
中国	85 900.3	98 625.3	111 215.5	122 911.3	128 609.3
日本	12 328.7	13 276.1	14 112.9	14 788.8	15 269.6
韩国	5 076.7	5 250.7	5 362.4	5 468.1	5 720.8
印度尼西亚	21 129.0	24 980.6	28 196.4	31 322.7	31 900.0
菲律宾	8 315.0	9 419.0	10 197.8	10 282.4	11 132.6
泰国	7 172.6	7 744.9	8 501.2	9 384.9	9 709.6
新加坡	738.5	779.4	806.8	843.8	872.4
马来西亚	3 385.9	3 666.1	4 132.5	4 300.5	4 492.9
印度	75 219.0	89 386.2	86 472.1	88 630.4	94 400.9
巴基斯坦	9 918.6	10 889.5	12 015.1	12 773.7	13 576.2
沙特阿拉伯	5 156.4	5 400.0	5 300.0	5 310.4	5 273.6
伊朗	5 405.2	5 604.3	5 815.8	6 524.6	6 889.1
埃及	7 066.1	8 342.5	9 679.9	9 970.5	9 531.6
南非	5 037.2	6 400.0	6 839.4	7 686.5	7 954.0
德国	8 840.0	9 090.0	9 240.0	10 003.4	9 952.9
英国	7 673.0	7 716.2	7 832.9	7 867.4	7 846.1
法国	5 778.5	5 981.6	6 226.0	6 332.4	6 487.5
意大利	9 366.6	9 604.1	9 718.9	9 686.3	9 420.0
俄罗斯	23 768.9	20 375.2	20 806.5	21 830.0	22 103.0
荷兰	1 917.9	1 982.9	1 971.7	1 946.7	1 956.2
波兰	4 695.2	5 016.0	5 408.6	5 697.3	5 979.6
西班牙	5 138.9	5 259.1	5 066.5	5 015.9	5 076.1
瑞典	1 099.2	1 145.4	1 184.8	1 201.4	1 231.2
瑞士	964.4	1 008.3	1 056.1	1 104.9	1 146.5
土耳其	6 177.0	6 532.2	6 768.1	6 966.1	7 188.8
乌克兰	5 392.9	5 557.6	5 934.4	6 245.9	6 117.0
美国	28 511.8	29 740.4	30 483.8	31 069.8	31 744.4
加拿大	2 582.5	2 684.0	2 772.0	2 836.0	2 948.0
墨西哥	9 138.3	9 458.3	10 072.7	10 376.2	10 218.8
巴西	19 693.0	23 435.8	24 832.4	27 110.0	28 072.9
阿根廷	5 708.2	6 072.3	6 432.8	6 736.2	6 635.7
澳大利亚	2 250.0	2 378.9	2 433.8	2 494.0	3 101.0
新西兰	471.0	482.0	492.2	476.6	510.0

注：数据来自 ITU，根据最新发布数据对往年数据调整。

2010—2014 年主要国家固定（有线）互联网宽带接入用户数
2010—2014 fixed broadband Internet subscribers

（单位：万户）

国家和地区	2010 年	2011 年	2012 年	2013 年	2014 年
中国	12 633.7	15 648.7	17 518.3	18 890.9	20 048.3
日本	3 410.2	3 569.6	3 613.2	3 672.5	3 722.5
韩国	1 719.4	1 786.0	1 825.3	1 873.8	1 919.9
印度尼西亚	228.0	273.6	298.3	325.2	300.9
菲律宾	172.2	840.9	1 363.0	1 787.8	2 324.2
泰国	325.2	389.5	451.9	519.2	551.7
新加坡	133.8	140.8	143.3	149.3	153.3
马来西亚	209.8	250.7	292.1	293.9	306.1
印度	1 099.0	1 335.1	1 498.2	1 492.8	1 574.6
巴基斯坦	78.9	116.6	151.7	162.8	200.9
沙特阿拉伯	171.2	192.3	252.2	293.5	304.4
伊朗	98.8	212.0	380.4	516.1	742.6
埃及	145.2	184.5	228.9	267.6	306.8
南非	74.3	90.7	110.7	161.5	170.6
德国	2 616.2	2 725.7	2 795.7	2 862.4	2 957.3
英国	1 915.2	2 058.9	2 168.6	2 304.0	2 373.0
法国	2 133.7	2 274.9	2 398.0	2 494.0	2 597.0
意大利	1 309.8	1 351.9	1 376.3	1 401.3	1 437.0
俄罗斯	1 570.0	1 763.5	2 092.3	2 374.5	2 486.5
荷兰	632.9	649.8	665.4	679.2	689.3
波兰	585.8	697.2	784.6	869.1	910.8
西班牙	1 065.2	1 116.8	1 152.5	1 225.2	1 283.4
瑞典	300.0	302.7	307.3	311.8	329.3
瑞士	291.4	307.8	321.2	343.8	375.0
土耳其	709.8	759.1	786.9	889.3	886.6
乌克兰	295.6	317.0	364.5	399.7	357.3
美国	8 452.2	8 831.7	9 251.4	9 603.1	9 798.1
加拿大	1 081.7	1 128.3	1 169.0	1 209.4	1 242.8
墨西哥	1 058.3	1 156.6	1 243.4	1 336.7	1 431.3
巴西	1410.1	1 783.3	1 912.0	2 136.1	2 316.2
阿根廷	402.8	457.2	514.9	603.7	614.1
澳大利亚	551.0	555.2	573.5	583.6	608.6
新西兰	109.2	117.8	127.2	131.6	138.6

注：数据来自 ITU，根据最新发布数据对往年数据调整。

第三部分　附　录

统计指标解释

一、公用通信网

电信业务总量

是以货币形式表示的电信企业为社会提供各类电信服务的总数量，是用于观察电信业务发展变化总趋势的综合性总量指标。计量单位：元。

电信业务总量是以各类业务的实物量分别乘以相应的不变单价，求出各类业务的货币量加总求得。

不变单价是一定时期内计算业务总量的同度量因素，是根据基年各类电信业务量与相对应的电信业务收入测算的平均单价。不变单价的作用是在一定时期内保持电信业务总量不受价格变动的影响，能够比较准确地综合反映电信业务的发展情况。电信主管部门根据国家统一规定先后制定过七次全国不变单价，基本为 10 年一次。2010 年电信业务总量根据最新制定的 2010 年电信业务不变单价计算。

固定电话用户

是指报告期末在电信企业营业网点办理开户登记手续并已接入固定电话网上的全部电话用户。包括普通电话用户、无线市话用户、公共电话用户、窄带综合业务数字网（N-ISDN）用户、集中用户交换机（CENTREX）用户、模拟中继线用户等。计量单位：户。

固定电话用户按行政区划分为城市电话用户和农村电话用户。

城市电话用户是指按行政区划属于中央直辖市、省辖市、地级市、县级市的市区、市郊区及县城区范围内的电话用户数。包括分布在农村地区但以县团级以上建制的独立工矿区、林区、驻军的电话用户。

农村电话用户是指按行政区划属于城市范围以外的乡（镇）、村电话用户。

住宅电话用户是指私人付费或安装在居民住宅并按照私人或住宅电话用户登记注册和收费的各类电话用户。

无线市话用户是指在本电信运营企业营业网点办理开户登记手续，利用无线接入话机，采用 PHS/PAS 制式，通过无线通信方式接入公众电话网、占用固定电话号码资源的电话用户，即通常所说的小灵通用户。

公用电话用户是指装设在街道、宾馆、机场、车站等公共场所以及电信营业厅等地，供人民群众共同使用，并按照公用电话登记注册和收费的电话用户。包括安装在街道等公共场所的智能网专用接入终端用户。

移动电话用户

是指报告期末在电信企业营业网点办理开户登记手续，通过移动电话交换机进入移动电话网，占用移动电话号码的各类电话用户。包括各类签约用户、智能网预付费用户、无线上网卡用户。计量单位：户。

3G 移动电话用户是指在计费系统拥有使用信息，占用 3G 网络资源的在网用户。

4G 移动电话用户是指在计费系统拥有使用信息，占用 4G 网络资源的在网用户。

互联网拨号用户

是指报告期末通过 PSTN、N-ISDN 等，采用拨号方式接入公众互联网的用户。包括已在电信企业营业网点（或代理商及与电信企业合作经营的 ISP、ICP）办理开户登记手续的、使用个人账号接入公众互联网的全部注册拨号用户；使用公用账号拨通上网特服号接入公众互联网的全部主叫电话号码用户；使用电信企业发行的各种上网储值卡、（银行与本电信企业签有协议的）银行卡等接入公众互联网的全部卡式用户。计量单位：户。

互联网宽带接入用户

是指报告期末在电信企业登记注册，通过 *x*DSL、FTT*x*+LAN、FTTH/O 以及其他宽带接入方式和普通专线接入公众互联网的用户。计量单位：户。

***x*DSL 用户**是指在电信企业登记注册通过 *x*DSL 方式接入公众互联网的用户。包括 *x*DSL 虚拟拨号用户和 *x*DSL 专线用户。

LAN 用户是指在电信企业登记注册，通过 FTT*x*+LAN 方式接入公众互联网的用户。包括 FTT*x*+LAN 业务终端方式用户、FTT*x*+LAN 业务专线方式用户。

FTTH/O 用户是指报告期末在电信企业登记注册，通过 FTTH 或 FTTO 方式接入公众互联网的用户。

城市宽带接入用户是指行政区划属于中央直辖市、省辖市、地级市、县级市的市区、市郊区及县城区范围内的宽带接入用户，还包括分布在农村地区的县团级以上建制的独立工矿区、林区、驻军的宽带接入用户。

农村宽带接入用户是指行政区划属于城市范围以外的乡（镇）、村宽带接入用户。

卫星移动通信系统用户

是指报告期末在电信企业已办理注册登记手续，通过移动电话交换机进入卫星移动电话网，占用卫星移动电话号码的电话用户。计量单位：户。

固定电话通话量

本地电话通话时长是指电信企业固定电话用户作主叫，拨打本地网内的所有去话通话时长。包括拨打本地网内本电信企业或其他电信企业的固定或移动电话用户，经本电信企业或其他电信企业固定或移动本地电路接续的全部去话通话时长。包括本地网内区间电话通话时长、本地网内区内电话通话时长和本地网内拨号上网通话时长。计量单位：分钟。

固定长途电话通话时长是指电信企业固定电话用户作主叫，拨打本地网以外的所有去话通话时长。包括国内长途电话通话时长、国际电话去话通话时长和港澳台电话去话通话时长，包括固定 IP 电话通话时长。计量单位：分钟。

“分钟”按计费通话时长（6 秒为一个计费单元）累计后折合为分钟数统计。

移动电话通话量

是指移动电话用户在移动电话网上发生的所有通话量。包括移动电话用户在非漫游和漫游出访状态下发生的本地、国内长途、国际及港澳台的主、被叫通话量。计量单位：分钟。

“分钟”按计费通话时长（本地电话 1 分钟为一个计费单元；国内长途、国际及港澳台电话 6 秒为一个计费单元）累计后折合为分钟数统计。

移动电话去话通话时长是指电信企业移动电话用户作主叫，在非漫游、漫游出访状态下拨打其他电话用户的所有去话通话时长。漫游来访的异地移动电话用户去话通话时长由计收话费的电信企业统计。根据漫游状态的不同分为移动非漫游去话通话时长、移动国内漫游去话通话时长、移动国际漫游去话通话时长、移动港澳台漫游去话通话时长。

移动电话来话通话时长是指电信企业移动电话用户在非漫游、漫游出访状态下接听其他电话用户的所有来话通话时长。

移动短信业务量

是指移动电话用户通过移动通信网络短信平台使用短信业务的通信量。计量单位：条。

点对点短信量是指电信企业移动电话用户经过短消息中心发送成功的点对点短信条数。包括本电信企业移动电话用户成功发送给本电信企业或其他电信企业移动电话用户和无线市话用户的短信息业务量。

移动彩信业务量

是指电信企业移动电话用户通过移动通信网络彩信平台使用移动彩信业务的通信量。计量单位：条。

点对点彩信量是指电信企业移动电话用户经过彩信网关发送成功的点对点彩信条数。包括电信企业移动电话用户成功发送给本电信企业或其他电信企业移动电话用户的彩信业务量。

固定电话互联互通通话时长

是指从电信企业固定电话网内发起的经网间关口局疏通的去往其他电信企业固定或移动电话网的电话通话时长。计量单位：分钟。

移动电话互联互通通话时长

是指从本电信企业移动电话网内发起的经网间关口局疏通的去往其他电信企业固定或移动电话网的通话时长。计量单位：分钟。

移动短信互联互通业务量

是指本电信企业固定或移动电话用户发起，通过短信互通网关发送到其他电信企业固定或移动电话用户的各类短信通信量。计量单位：条。

长途光缆

是指由一定数量的光纤按照一定方式组成缆心，外包有护套，用以实现光信号传输的一种用于长途通信的通信线路，包括架空、直埋、管道、水底、海底的光缆。分别按长途光缆线路长度、长途光缆纤芯长度统计。

长途光缆线路长度是指长途光缆线路的实际长度，架空的光缆按实际杆路长度统计，埋设地下、水底、海底的光缆按沟长统计。计量单位：公里。

长途光缆纤芯长度是指长途光缆纤芯数与长途光缆长度的乘积。计量单位：芯公里。

本地网中继光缆

是指本地网内各业务节点（如局用交换机、远端模块、数据通信节点机等）之间的光缆，包括本地电话网内本地电话交换机至长途电话交换机之间、各本地电话交换机之间及各业务节点之间的架空、直埋、管道、水底等光缆。分别按本地网中继光缆线路长度、本地网中继光缆纤芯长度统计。

本地网中继光缆线路长度是指本地网内各业务节点之间从起点至终点所经由的光缆线路实际长度。架空光缆按实际杆路长度统计，埋设地下、水底的光缆按埋设光缆的沟长统计。计量单位：公里。

本地网中继光缆纤芯长度是指本地网光缆纤芯数与光缆长度的乘积。计量单位：芯公里。

接入网光缆

是指本地网内各业务节点（如局用交换机、远端模块、数据通信节点机等）至用户节点（光终端设备）之间的光缆。分别按接入网光缆线路长度、接入网光缆纤芯长度统计。

接入网光缆线路长度是指本地网内各业务节点至用户节点之间的光缆杆路或沟长的实际长

度。计量单位：公里。

接入网光缆纤芯长度是指接入网光缆纤芯数与光缆长度的乘积。计量单位：芯公里。

长途电话交换机容量

是指电信企业用于接入长途电话网的电话交换机的设备额定容量。计量单位：路端。

局用交换机容量

是指安装在电信企业内用于接续本地固定电话的电话交换机容量，包括接入网设备容量（安装在电信运营企业用于连接语音用户的远端节点的设备容量）。计量单位：门。

移动电话交换机容量

是指移动电话交换机根据一定话务模型和交换机处理能力计算出来的最大同时服务用户的数量。按报告期末已割接入网正式投入使用的设备实际容量统计。计量单位：户。

移动电话基站

是指为小区服务的无线收发信设备，处理基站与移动台之间的无线通信，在移动交换机与移动台之间起中继作用，监视无线传输质量的全套设备。计量单位：个。

3G 基站数是指报告期末本电信企业 3G 移动通信网络上实际使用的 Node-B 数量。

移动电话话音信道数

是指基站发射和接收移动电话信号的无线传输通道数。按报告期末已割接入网投入使用的设备实际信道数统计。计量单位：个。

移动短消息中心容量

是指本电信企业短消息中心一小时内，处理短信息最大条数。计量单位：条。

互联网宽带接入端口

是指用于接入互联网用户的各类实际安装运行的接入端口的数量，包括 *x*DSL 用户接入端口、LAN 接入端口、FTTH/O 端口及其他类型接入端口等，不包括窄带拨号接入端口。计量单位：个。

电信业务收入

是指电信企业经营基础电信业务和增值电信业务所取得的资费收入，以及电信企业之间网间互联电信业务的结算收入。计量单位：元。

电信业务成本

是指电信企业在通信生产过程中实际发生的与通信生产直接相关的各项费用支出。包括直接从事通信生产人员的工资、职工福利费、折旧费、修理费、低值易耗品摊销、业务费、电路及网元租赁费等，不包括管理人员和营销人员工资。计量单位：元。

电信利润总额

是指电信企业在生产经营过程中，通过销售过程将商品卖给购买方，实现收入，收入扣除当初的投入成本以及其他一系列费用，再加减非经营性质的收支及投资收益，即为企业的利润总额。计量单位：元。

统计方法：利润总额＝营业利润＋投资收益（减投资损失）＋补贴收入＋营业外收入－营业外支出。

增加值

是指电信行业在核算期内从事生产经营或劳务的最终成果，即电信行业在核算期内为国家和社会新创造的价值总额。电信行业增加值采用“收入法”计算。计量单位：元。

资产总额

是指过去的交易或事项形成并由电信企业拥有或控制的所有资源，该资源预期会给企业带来经济利益，按其流动性分为流动资产和非流动资产。计量单位：元。

固定资产原值

是指电信企业在建造、购置、安装、改建、扩建、技术改造某项固定资产时所支出的全部货币总额。它一般包括买价、包装费、运杂费和安装费等。计量单位：元。

固定资产净值

是指固定资产原值扣除历年已提折旧额后的净额。计量单位：元。

固定资产投资完成额

是指以货币形式表现的在一定时期内建造和购置固定资产的工作量以及有关的费用总称。包括用于电信通信枢纽以及电信房屋、设备及线路等建设的投资，主要分为以下八类。

固定通信投资是指专门用于固定通信网络建设的投资，包括无线市话网投资，不包括数据通信网投资。

移动通信投资是指专门用于移动通信网络建设的投资。

互联网及数据通信投资是指用于互联网和数据业务网络的投资，包括 IP 数据网投资和基础数据网投资，包括核心路由器、边缘路由器、服务路由器（SR）和 BAS 的投资和其他投资。

创新及增值平台投资是指用于承载网、业务网和增值平台等方面的投资。

业务支撑系统投资是指用于信令网、智能网、同步网、BOSS、MIS、OA 等网络的设备和软件投资。

传输投资是指专门用于传输网建设的投资，如管道、光缆、传输系统及其他投资，包括传输设备、光缆线路、微波投资。

局房及营业场所投资是指用于生产用房、办公经营用房和营业厅的投资。

电信其他投资是指用于管理、共用等不属于上述方面的其他投资。

移动电话漫游国家和地区

是指在移动电话用户出国（境）时，可以用原有的手机和 SIM 卡，并且沿用在中国的电话号码，在当地继续接听来电并随时随地打出电话的国家和地区，即统计期末所有与本企业签署漫游协议，提供漫游服务的国家和地区。计量单位：个。

固定电话普及率

是指报告期行政区域总人口中，平均每百人拥有的固定电话用户数（不包括专用通信网电话和接入用户交换机的电话）。计量单位：部 / 百人。

计算公式：

$$\text{固定电话普及率}=\frac{\text{固定电话话机总数（部）}}{\text{行政区域总人口数（人）}}\times 100\%$$

注：人口数取自国家统计局统计资料。

城市固定电话普及率

是指报告期城市行政区域总人口中，平均每百人拥有的固定电话用户数（不包括专用通信网电话和接入用户交换机的电话）。计量单位：部 / 百人。

计算公式：

$$\text{城市固定电话普及率}=\frac{\text{城市固定电话话机总数（部）}}{\text{城市辖区内人口总数（人）}}\times 100\%$$

注：人口数取自公安部公布的人口资料。

移动电话普及率

是指报告期行政区域总人口中，平均每百人拥有的移动电话数。计量单位：部 / 百人。

计算公式：

$$\text{移动电话普及率}=\frac{\text{移动电话用户总数（部）}}{\text{行政区域总人口数（人）}}\times 100\%$$

注：人口数取自国家统计局统计资料。

二、增值电信业务

增值电信企业

是指在中国大陆境内经营全国或区域性增值电信业务的服务商。计量单位：个。

国有控股企业是指在企业全部资本中，国家资产投资或持股比例超过 50%，且以国有控股企业性质注册增值电信业务经营许可的企业，包括国有独资企业。

外商投资企业是指外国投资者同中国投资者在中国境内依法以中外合资经营形式，共同投资设立的企业，且以外商投资企业性质注册增值电信业务经营许可的企业。

民营控股企业是指除国有控股、外商投资增值电信企业以外，以民营控股企业性质注册增值电信业务经营许可的企业。

港、澳、台投资企业是指企业工商登记注册类型为港、澳、台商投资的增值电信企业。包括与港澳台商合资经营、合作经营，港澳台商独资经营以及港澳台商投资股份有限公司的企业。

因特网数据中心业务（IDC）企业是指利用相应的机房设施，以外包出租的方式为用户的服务器等因特网或其他网络的相关设备提供放置、代理维护、系统配置及管理服务，以及提供数据库系统或服务器等设备的出租及其存储空间的出租、通信线路和出口带宽的代理租用和其他应用服务的服务商。

存储转发类业务企业是指利用存储转发机制为用户提供信息发送业务的服务商。存储转发类业务包括语音信箱、X.400 电子邮件、传真存储转发等业务。

呼叫中心业务企业是指受企事业单位委托，利用与公用电话网或因特网连接的呼叫中心系统和数据库技术，经过信息采集、加工、存储等建立信息库，通过固定网、移动网或因特网等公众通信网络向用户提供有关该企事业单位的业务咨询、信息咨询和数据查询等服务的服务商。呼叫中心业务还包括呼叫中心系统和话务员座席的出租服务。

因特网接入服务业务（ISP）企业是指利用接入服务器和相应的软硬件资源建立业务节点，并利用公用电信基础设施将业务节点与因特网骨干网相连接，为各类用户提供接入因特网的服务的服务商。因特网接入服务业务包括为因特网信息服务业务（ICP）经营者等利用因特网从事信息内容提供、网上交易、在线应用等提供接入因特网的服务，以及为普通上网用户等需要上网获得相关服务的用户提供接入因特网的服务。

信息服务业务企业是指通过信息采集、开发、处理和信息平台的建设，通过固定网、移动网或因特网等公众通信网络直接向终端用户提供语音信息服务（声讯服务）或在线信息和数据检索等信息服务的业务的服务商。信息服务的类型主要包括内容服务、娱乐 / 游戏、商业信息和定位信息等服务。面向的用户可以是固定通信网络用户、移动通信网络用户、因特网用户或其他数据传送网络的用户。

（1）统计范围：根据《电信业务分类目录》，增值电信业务企业包括在线数据处理与交易处理业务企业、国内多方通信服务业务企业、国内因特网虚拟专用网业务企业、因特网数据中心业务企业等第一类电信增值业务企业；存储转发类业务企业、呼叫中心业务企业、因特网接入服务业务企业、信息服务业务企业等第二类增值电信业务企业；以及无线寻呼业务企业、国内甚小口径终端地球站（VSAT）通信业务企业等比照增值电信业务管理的基础电信业务企业。

（2）注意事项：a. 增值电信企业包括在工业和信息化部电信管理局领取跨地区经营许可证的增值电信企业和在省（区、市）通信管理局领取本省（区、市）内经营许可证的增值电信企业。不包括同时经营增值电信业务的三家基础电信企业；b. 在统计增值电信企业总数时，对于一个企业拥有多项增值电信业务经营许可的情况，只计算为一个企业，不重复计算。增值电信企业总数应小于或等于各分类业务的企业数量之和；c. 各分类业务的企业数的统计，按拥有该分类业务经营许可的情况计算。对于拥有同一个业务分类中的多项业务经营许可的情况，只计算为一个企业，不重复计算。

增值电信业务收入

是指增值电信企业经营各项增值电信业务所获得的业务收入总和。计量单位：元。

注意事项：不包括增值电信企业从事非增值电信业务所获得的收入。

因特网数据中心业务（IDC）收入是指增值电信企业经营因特网数据中心业务所获得的业务收入。计量单位：万元。

呼叫中心业务收入是指增值电信企业经营呼叫中心业务所获得的业务收入。

存储转发类业务收入是指增值电信企业经营存储转发类业务所获得的业务收入。

因特网接入服务业务（ISP）收入是指增值电信企业经营因特网接入服务所获得的业务收入。

信息服务业务收入是指增值电信企业经营信息服务业务所获得的业务收入。包括固定网信息服务业务收入、移动网信息服务业务收入和因特网信息服务业务收入。

其中，**SMS 短信业务收入**是指增值电信企业经营 SMS 短信业务所获得的业务收入。

其中，**WAP 业务收入**是指增值电信企业经营 WAP 业务所获得的业务收入。

其中，**个性化回铃音业务收入**是指增值电信企业经营个性化回铃音业务所获得的业务收入。计量单位：万元。

其中，**网络广告业务收入**是指增值电信企业经营网络广告业务所获得的业务收入。

其中，**网络游戏业务收入**是指增值电信企业经营网络游戏业务所获得的业务收入。

其中，**搜索引擎业务收入**是指增值电信企业对互联网上的信息资源进行搜集整理，为用户提供互联网上信息检索服务所获得的收入，包括搜索引擎广告收入、网址导航收入、提供搜索引擎技术服务所获得的收入等。

其中，**网络视频业务收入**指增值电信企业在运营的视频网站上，向互联网用户提供在线视频服务所取得的收入，包括点播、下载、包月等各项业务收费所得收入。

增值电信企业从业人数

是指增值电信企业中直接从事增值电信业务的员工数。计量单位：人。

注意事项：不包括增值电信企业中从事非增值电信业务的员工。

三、专用通信网

本地电话用户

是指在报告期末接入区域专用电话网上的电话用户。

住宅电话用户是指安装在居民住宅并按照私人或住宅电话用户管理的各类电话用户。

注意：a. 普通电话按正机数统计；b. 住宅电话用户不包括安装在居民住宅，属于经营性的电话用户。

互联网拨号用户

是指在报告期末通过本专用通信网接入国内、国际 Internet，享用 Internet 上的丰富资源和各种服务的用户。

统计范围：包括报告期末在本专用网上连接的所有用户。

宽带接入用户

是指在报告期末通过 *x*DSL、FTT*x*+LAN、WLAN 等方式接入本专用宽带网上的用户。

统计范围：包括报告期末在本专用网上连接的所有用户。

长途光缆线路

长途光缆线路是指由一定数量的光纤按照一定方式组成的缆心，外包有护套，用以实现光信号传输的一种用于长途通信的通信线路，包括架空、直埋、管道、水底的光缆。

长途光缆线路长度是指长途光缆线路的实际长度。架空的光缆按实际杆路长度统计，埋设地下、水底的光缆按沟长统计。

本地线路

本地网中继光缆线路长度是指区域网（本地网）内各业务节点之间起点至终点所经由的光

缆线路实际长度。

接入网光缆线路长度是指区域网（本地网）内各业务节点至用户节点之间的光缆杆路或沟长的实际长度。

统计范围：a. 区域网（本地网）中继光缆包括专用电话网内本地电话交换机至长途电话交换机之间、各本地电话交换机之间及各业务节点之间的架空、直埋、管道、水底等光缆。b. 接入网光缆包括本地网内各业务节点（如局用交换机、远端模块、数据通信节点机等）至用户节点（光终端设备）之间的光缆，分为有线接入和无线接入两种。

本地电话交换机容量

是指安装在本专用网上用于接续本地固定电话的电话交换机容量。

统计范围：a. 包括人工或自动交换机（含远端模块）以及接入网局用交换机的全部容量。b. 包括虽没有建立固定资产账户但已经交付业务部门使用的局用交换机，不包括工程已竣工尚未交付使用业务部门使用的局用交换机。c. 不包括仅作汇接用，不向用户开放的交换机容量。d. 分期投产的设备，按实际交付使用的用户设备容量统计；拆去或加装用户设备的交换机，按实际设备用户容量统计。e. 与长途电话交换机合用的交换机，产权明确的，按产权归属统计，产权不明确的，按主要用途统计。

注意：a. 程控交换机按用户板容量统计；b. 人工电话交换机按空塞或号牌统计；c. 机械式自动交换机容量按用户机键统计。

固定资产原值

是指专用网在建造、购置、安装、改建、扩建、技术改造某项固定资产时所支出的全部货币总额。它一般包括买价、包装费、运杂费和安装费等。

固定资产净值

是指固定资产原值扣除历年已提折旧额后的净额。

通信从业人员

是指在报告期末专用网内从事通信的在岗职工人数。

固定资产完成投资额

固定资产投资是指为了建造、购置或更新改造固定资产而进行的经济活动。

固定资产投资完成额是以货币形式表现的在一定时期内建造和购置固定资产的工作量以及有关的费用总称。它是固定资产投资统计的主要指标，是反映固定资产投资规模、结构和发展速度的综合指标，又是观察工程进度和考核投资效果的重要依据。

四、国际电联统计指标

电话主线运营数

是指将用户终端设备与公众交换网进行连接的并在电话交换设备上拥有专门端口的（固定）电话线。该术语与通信文件中常用的主站或直接交换线（DEL）为同义词术语。电话主线可能不同于接入线或用户线。该指标中涵盖综合业务数字网（ISDN）通道的数量。固定无线用户也应包括其中。

蜂窝移动电话用户数

是指使用蜂窝技术向公众交换电话网（PSTN）提供接入的公众移动电话业务的便携式电话签约付费用户，其中可以包括模拟和数字蜂窝系统。这些用户还包括 IMT-2000（第三代，3G）用户。公众移动数据业务或无线寻呼业务的用户不应包括其中。

互联网网民数

是指通过定期调查进行估算的互联网上网人数。通常而言，调查会说明某一特定年龄组人口的百分比（如，15—74 岁）。应提供该年龄组的互联网网民总数，而非由人口总数乘以该年龄组互联网网民的百分比。在没有调查数据的情况下，可以根据用户数量推算出一个估算数字。

中华人民共和国
2014 年国民经济和社会发展统计公报 [1]

中华人民共和国国家统计局

2015 年 2 月 26 日

2014 年，面对复杂多变的国际环境和艰巨繁重的国内发展改革稳定任务，党中央、国务院团结带领全国各族人民，牢牢把握国内外发展大势，坚持稳中求进工作总基调，全力推进改革开放，着力创新宏观调控，奋力激发市场活力，努力培育创新动力，国民经济在新常态下平稳运行，结构调整出现积极变化，发展质量不断提高，民生事业持续改善，实现了经济社会持续稳定发展。

一、综合

2014 年年末全国大陆总人口为 136 782 万人，比 2013 年年末增加 710 万人，其中城镇常住人口为 74 916 万人，占总人口比重为 54.77%。2014 年全年出生人口 1 687 万人，出生率为 12.37‰；死亡人口 977 万人，死亡率为 7.16‰；自然增长率为 5.21‰。全国人户分离的人口 [2] 为 2.98 亿人，其中流动人口 [3] 为 2.53 亿人。2014 年年末人口数及其构成见表 1。

表 1　2014 年年末人口数及其构成

指　　标	年末人口数（万人）	比重（%）
全国总人口	136 782	100.0
其中：城镇	74 916	54.77
乡村	61 866	45.23

（续表）

指　　标	年末人口数（万人）	比重（%）
其中：男性	70 079	51.2
女性	66 703	48.8
其中：0—15岁（含不满16周岁）[4]	23 957	17.5
16—59岁（含不满60周岁）	91 583	67.0
60周岁及以上	21 242	15.5
其中：65周岁及以上	13 755	10.1

国民经济稳定增长。初步核算，2014 年全年国内生产总值 [5]636 463 亿元，比 2013 年增长 7.4%。其中，第一产业增加值 58 332 亿元，增长 4.1%；第二产业增加值 271 392 亿元，增长 7.3%；第三产业增加值 306 739 亿元，增长 8.1%。第一产业增加值占国内生产总值的比重为 9.2%，第二产业增加值比重为 42.6%，第三产业增加值比重为 48.2%。2010—2014 年国内生产总值及其增长速度如图 1 所示。

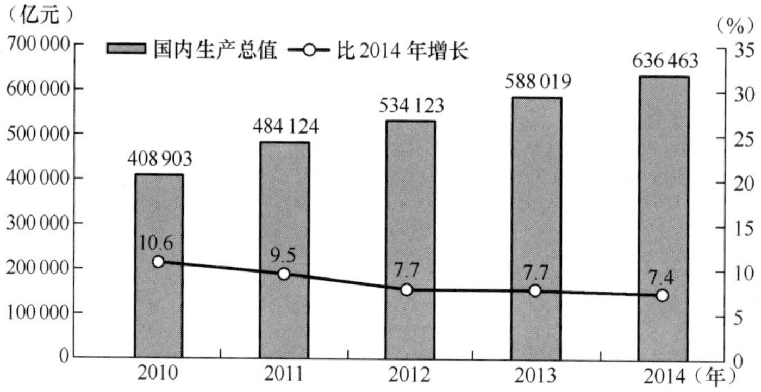

图 1　2010—2014 年国内生产总值及其增长速度

就业继续增加。2014 年年末全国就业人员 77 253 万人，其中城镇就业人员 39 310 万人。2014 年全年城镇新增就业 1 322 万人。2014 年年末城镇登记失业率为 4.09%。全国农民工 [6] 总量为 27 395 万人，比 2013 年增长 1.9%。其中，外出农民工 16 821 万人，增长 1.3%；本地农民工 10 574 万人，增长 2.8%。2010—2014 年城镇新增就业人数如图 2 所示。

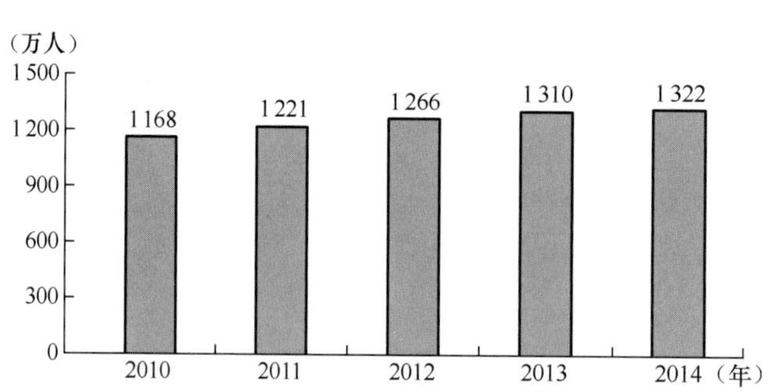

图 2　2010—2014 年城镇新增就业人数

劳动生产率稳步提高。2014 年全年国家全员劳动生产率[7]为 72 313 元 / 人，比 2013 年提高 7.0%。2010—2014 年国家全员劳动生产率如图 3 所示。

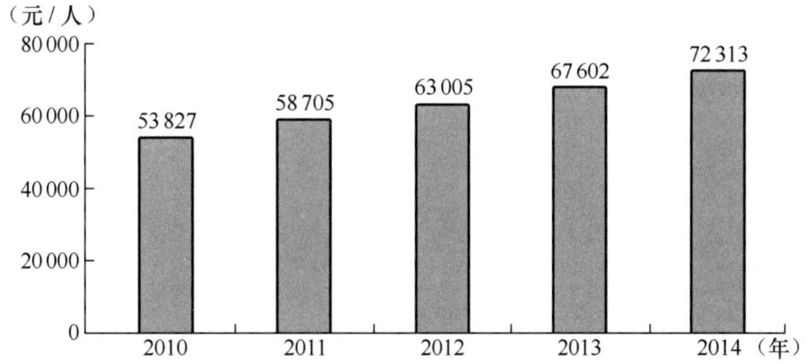

图 3　2010—2014 年国家全员劳动生产率

价格水平涨幅较低。2014 年全年居民消费价格比 2013 年上涨 2.0%，其中食品价格上涨 3.1%。固定资产投资价格上涨 0.5%。工业生产者出厂价格下降 1.9%。工业生产者购进价格下降 2.2%。农产品生产者价格[8]下降 0.2%。2014 年居民消费价格月度涨跌幅度如图 4 所示。2014 年居民消费价格比上年涨跌幅度（见表 2）。

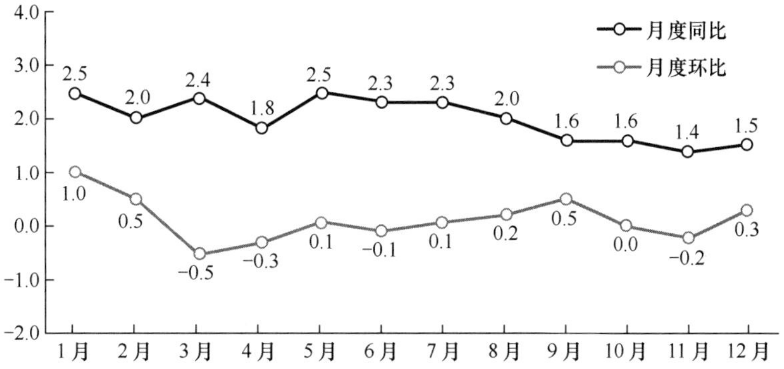

图 4　2014 年居民消费价格月度涨跌幅度

表 2　2014 年居民消费价格比上年涨跌幅度

（单位：%）

指　　标	全　国	城　市	农　村
居民消费价格	2.0	2.1	1.8
其中：食　品	3.1	3.3	2.6
烟酒及用品	−0.6	−0.7	−0.5
衣　着	2.4	2.4	2.4
家庭设备用品及维修服务	1.2	1.2	1.2
医疗保健和个人用品	1.3	1.2	1.5
交通和通信	−0.1	−0.2	0.0
娱乐教育文化用品及服务	1.9	1.9	1.7
居　住[9]	2.0	2.1	1.9

70 个大中城市新建商品住宅销售价格月同比上涨城市个数上半年各月均为 69 个，下半年月同比上涨城市个数逐月减少，12 月为 2 个，月同比价格下降城市个数增加至 68 个。2014 年新建商品住宅月同比价格上涨、持平、下降城市个数变化情况如图 5 所示。

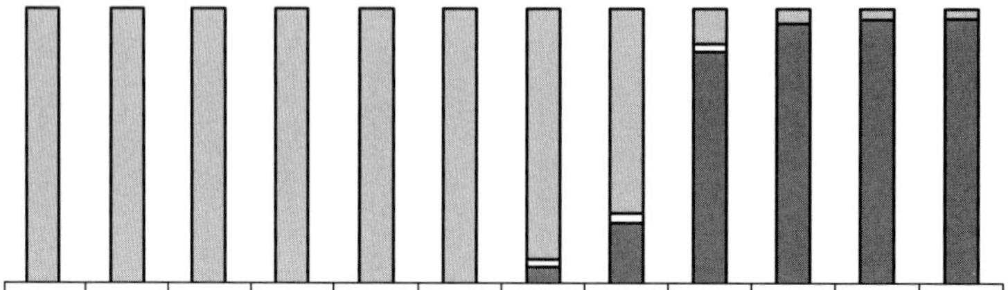

	1月	2月	3月	4月	5月	6月	7月	8月	9月	10月	11月	12月
上涨	69	69	69	69	69	69	65	48	10	3	2	2
持平	0	0	0	0	0	0	2	3	2	0	0	0
下降	1	1	1	1	1	1	3	19	58	67	68	68

图 5　2014 年新建商品住宅月同比价格上涨、持平、下降城市个数变化情况

财政收入稳定增长。2014 年全年全国一般公共财政收入 140 350 亿元，比 2013 年增加 11 140 亿元，增长 8.6%，其中税收收入 119 158 亿元，增加 8 627 亿元，增长 7.8%。2010—2014 年全国一般公共财政收入如图 6 所示。

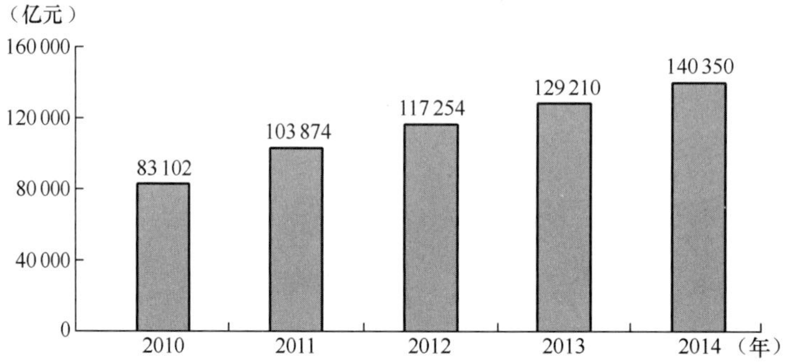

图 6　2010—2014 年全国一般公共财政收入

注：图中 2010—2013 年数据为全国一般公共财政收入决算数，2014 年为执行数。

外汇储备略有增加。2014 年年末国家外汇储备 38 430 亿美元，比 2013 年年末增加 217 亿美元。全年人民币平均汇率为 1 美元兑 6.142 8 元人民币，比 2013 年升值 0.8%。2010—2014 年年末国家外汇储备如图 7 所示。

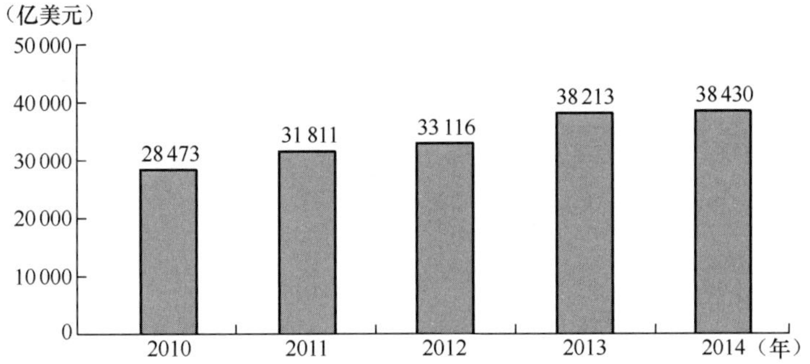

图 7　2010—2014 年年末国家外汇储备

二、农业

2014 年全年粮食种植面积 11 274 万公顷，比 2013 年增加 78 万公顷。棉花种植面积 422 万公顷，减少 13 万公顷。油料种植面积 1 408 万公顷，增加 6 万公顷。糖料种植面积 191 万公顷，减少 9 万公顷。

粮食再获丰收。2014 年全年粮食产量 60 710 万吨，比 2013 年增加 516 万吨，增产 0.9%。其中，夏粮产量 13 660 万吨，增产 3.6%；早稻产量 3 401 万吨，减产 0.4%；秋粮产量 43 649 万吨，增产 0.1%。2014 年全年谷物产量 55 727 万吨，比 2013 年增产 0.8%。其中，稻谷产量 20 643 万吨，增产 1.4%；小麦产量 12 617 万吨，增产 3.5%；玉米产量 2 1567 万吨，减产 1.3%。2010—2014 年粮食产量粮食如图 8 所示。

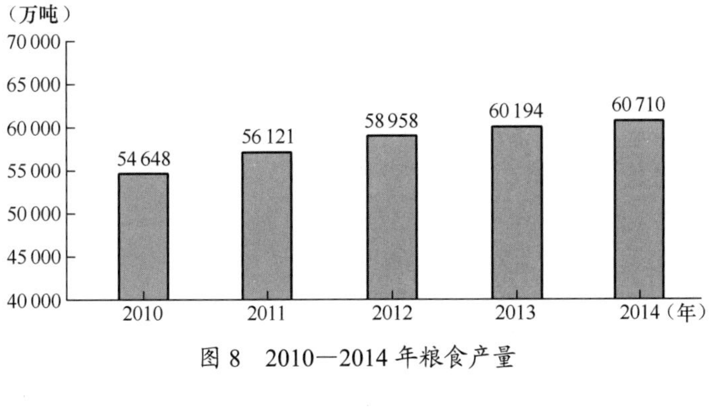

图 8　2010—2014 年粮食产量

2014 年全年棉花产量 616 万吨，比 2013 年年减产 2.2%。油料产量 3 517 万吨，与 2013 年持平。糖料产量 13 403 万吨，减产 2.5%。茶叶产量 209 万吨，增产 8.7%。

2014 年全年肉类总产量 8 707 万吨，比 2013 年增长 2.0%。其中，猪肉产量 5 671 万吨，增长 3.2%；牛肉产量 689 万吨，增长 2.4%；羊肉产量 428 万吨，增长 4.9%；禽肉产量 1 751 万吨，下降 2.7%。禽蛋产量 2 894 万吨，增长 0.6%。牛奶产量 3 725 万吨，增长 5.5%。2014 年年末生猪存栏 46 583 万头，下降 1.7%；生猪出栏 73 510 万头，增长 2.7%。

2014 年全年水产品产量 6 450 万吨，比 2013 年增长 4.5%。其中，养殖水产品产量 4 762 万吨，增长 4.9%；捕捞水产品产量 1 688 万吨，增长 3.5%。

2014 年全年木材产量 8 178 万立方米，比 2013 年下降 3.1%。

2014 年全年新增耕地灌溉面积 132 万公顷，新增节水灌溉面积 223 万公顷。

三、工业和建筑业

工业生产平稳增长。2014 年全年全部工业增加值 227 991 亿元，比 2013 年增长 7.0%。规模以上工业增加值增长 8.3%。在规模以上工业中，分经济类型看，国有及国有控股企业增长 4.9%；集体企业增长 1.7%，股份制企业增长 9.7%，外商及港澳台商投资企业增长 6.3%；私营企业增长 10.2%。分门类看，采矿业增长 4.5%，制造业增长 9.4%，电力、热力、燃气及水生产和供应业增长 3.2%。2010—2014 年全部工业增加值及其增长速度如图 9 所示。

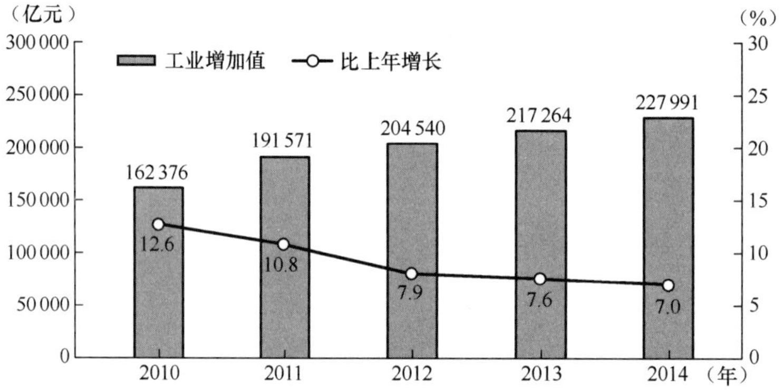

图 9　2010—2014 年全部工业增加值及其增长速度

2014 年全年规模以上工业中，农副食品加工业增加值比上年增长 7.7%，纺织业增长 6.7%，通用设备制造业增长 9.1%，专用设备制造业增长 6.9%，汽车制造业增长 11.8%，计算机、通信和其他电子设备制造业增长 12.2%，电气机械和器材制造业增长 9.4%。六大高耗能行业增加值比 2013 年增长 7.5%。其中，非金属矿物制品业增长 9.3%，化学原料和化学制品制造业增长 10.3%，有色金属冶炼和压延加工业增长 12.4%，黑色金属冶炼和压延加工业增长 6.2%，电力、热力生产和供应业增长 2.2%，石油加工、炼焦和核燃料加工业增长 5.4%。高技术制造业[10]增加值比上年增长 12.3%，占规模以上工业增加值的比重为 10.6%。装备制造业[11]增加值增长 10.5%，占规模以上工业增加值的比重为 30.4%。2014 年主要工业产品产量及其增长速度见表 3。

表3　2014年主要工业产品产量及其增长速度[12]

产品名称	单　位	产　量	比2013年增长（%）
纱	万吨	3 379.2	5.6
布	亿米	893.7	-0.4
化学纤维	万吨	4 389.8	5.5
成品糖	万吨	1 642.7	3.1
卷　烟	亿支	26 098.5	1.9
彩色电视机	万台	14 128.9	10.9
其中：液晶电视机	万台	13 865.9	13.3
家用电冰箱	万台	8 796.1	-5.0
房间空气调节器	万台	14 463.3	10.7
一次能源生产总量	亿吨标准煤	36.0	0.5
原　煤	亿吨	38.7	-2.5
原　油	万吨	21 142.9	0.7
天然气[13]	亿立方米	1 301.6	7.7
发电量	亿千瓦小时	56 495.8	4.0
其中：火电	亿千瓦小时	42 337.3	-0.3
水电	亿千瓦小时	10 643.4	15.7
核电	亿千瓦小时	1 325.4	18.8
粗　钢	万吨	82 269.8	1.2
钢　材[14]	万吨	112 557.2	4.0
十种有色金属	万吨	4 380.1	7.4
其中：精炼铜（电解铜）	万吨	764.4	15.0
原铝（电解铝）	万吨	2 435.8	10.3
氧化铝	万吨	4 777.3	7.3
水　泥	亿吨	24.8	2.3
硫　酸（折100%）	万吨	8 846.3	8.5
纯　碱	万吨	2 514.2	3.4
烧　碱（折100%）	万吨	3 059.0	4.5
乙　烯	万吨	1 696.7	6.1
化　肥（折100%）	万吨	6 887.2	-2.0
发电机组（发电设备）	万千瓦	15 053.0	6.0
汽　车	万辆	2 372.5	7.3
其中：基本型乘用车（轿车）	万辆	1 248.3	3.1
大中型拖拉机	万台	64.4	-3.3
集成电路	亿块	1 015.5	12.4
程控交换机	万线	3 123.1	15.7
移动通信手持机	万台	162 719.8	6.8
微型计算机设备	万台	35 079.6	-0.8

2014 年年末全国发电装机容量 136 019 万千瓦，比 2013 年年末增长 8.7%。其中[15]，火电装机容量 91 569 万千瓦，增长 5.9%；水电装机容量 30 183 万千瓦，增长 7.9%；核电装机容量 1 988 万千瓦，增长 36.1%；并网风电装机容量 9 581 万千瓦，增长 25.6%；并网太阳能发电装机容量 2 652 万千瓦，增长 67.0%。

2014 年全年规模以上工业企业实现利润 64 715 亿元，比 2013 年增长 3.3%，其中国有及国有控股企业 14 007 亿元，下降 5.7%；集体企业 538 亿元，增长 0.4%，股份制企业 42 963 亿元，增长 1.6%，外商及港澳台商投资企业 15 972 亿元，增长 9.5%；私营企业 22 323 亿元，增长 4.9%。

2014 年全年全社会建筑业增加值 44 725 亿元，比 2013 年增长 8.9%。全国具有资质等级的总承包和专业承包建筑业企业实现利润 6 913 亿元，增长 13.7%，其中国有及国有控股企业 1 639 亿元，增长 11.7%。2010—2014 年建筑业增加值及其增长速度如图 10 所示。

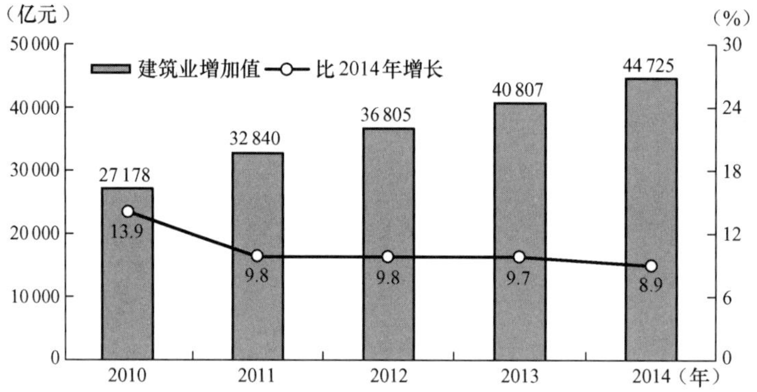

图 10　2010—2014 年建筑业增加值及其增长速度

四、固定资产投资

固定资产投资增速放缓。2014 年全年全社会固定资产投资 512 761 亿元，比 2013 年增长 15.3%[16]，扣除价格因素，实际增长 14.7%。其中，固定资产投资（不含农户）502 005 亿元，增长 15.7%，农户投资 10 756 亿元，增长 2.0%。东部地区投资[17]206 454 亿元，比 2013 年增长 15.4%；中部地区投资 124 112 亿元，增长 17.6%；西部地区投资 129 171 亿元，增长 17.2%；东北地区投资 46 096 亿元，增长 2.7%。2010—2014 年全社会固定资产投资如图 11 所示。2014 年分行业固定资产投资（不含农户）及其增长速度见表 4。

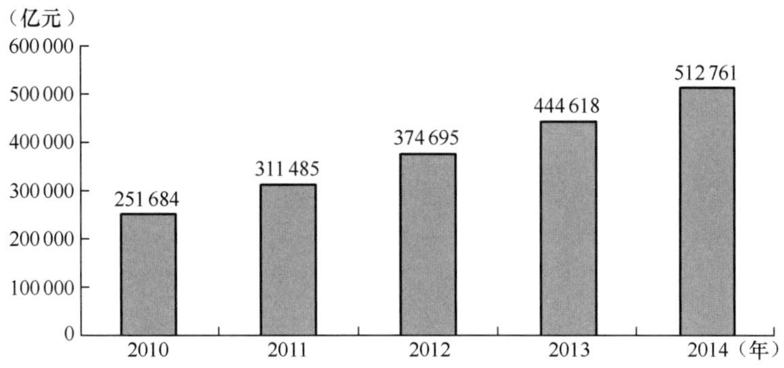

图 11　2010—2014 年全社会固定资产投资

表 4　2014 年分行业固定资产投资（不含农户）及其增长速度

行　业	投资额（亿元）	比2013年增长（%）
总　计	502 005	15.7
农、林、牧、渔业	14 697	31.3
采矿业	14 681	0.7
制造业	166 918	13.5
电力、热力、燃气及水生产和供应业	22 916	17.1
建筑业	4 450	27.2
批发和零售业	15 669	25.7
交通运输、仓储和邮政业	42 984	18.6
住宿和餐饮业	6 237	4.2
信息传输、软件和信息技术服务业	4 187	38.6
金融业	1 360	10.5
房地产业[19]	123 690	11.1
租赁和商务服务业	7 970	36.2
科学研究和技术服务业	4 205	34.7
水利、环境和公共设施管理业	46 274	23.6
居民服务、修理和其他服务业	2 262	14.2
教育	6 678	24.0
卫生和社会工作	3 983	27.6
文化、体育和娱乐业	6 192	18.9
公共管理、社会保障和社会组织	6 652	13.6

在固定资产投资（不含农户）中，第一产业投资 11 983 亿元，比 2013 年增长 33.9%；第二产业投资 208 107 亿元，增长 13.2%；第三产业投资 281 915 亿元，增长 16.8%。民间固定资产投资[18]321 576 亿元，增长 18.1%，占固定资产投资（不含农户）的比重为 64.1%。2014 年固定资产投资新增主要生产与运营能力见表 5。

表 5　2014 年固定资产投资新增主要生产与运营能力

指　标	单　位	绝对数
新增220千伏及以上变电设备	万千伏安	22 394
新建铁路投产里程	公里	8 427
其中：高速铁路[20]	公里	5 491
增、新建铁路复线投产里程	公里	7 892
电气化铁路投产里程	公里	8 653
新建公路里程	公里	65 260
其中：高速公路	公里	7 394
港口万吨级码头泊位新增吞吐能力	万吨	43 553
新增民用运输机场	个	9
新增光缆线路长度	万公里	301

2014 年全年房地产开发投资 95 036 亿元，比 2013 年增长 10.5%。其中，住宅投资 64 352 亿元，增长 9.2%；办公楼投资 5 641 亿元，增长 21.3%；商业营业用房投资 14 346 亿元，增长 20.1%。

2014 年全年全国城镇保障性安居工程基本建成住房 511 万套，新开工 740 万套。2014 年房地产开发和销售主要指标完成情况及其增长速度见表 6。

表 6　2014 年房地产开发和销售主要指标完成情况及其增长速度

指　标	单　位	绝对数	比2013年增长（%）
投资额	亿元	95 036	10.5
其中：住宅	亿元	64 352	9.2
其中：90平方米及以下	亿元	20 335	4.6
房屋施工面积	万平方米	726 482	9.2
其中：住宅	万平方米	515 096	5.9
房屋新开工面积	万平方米	179 592	-10.7
其中：住宅	万平方米	124 877	-14.4
房屋竣工面积	万平方米	107 459	5.9
其中：住宅	万平方米	80 868	2.7
商品房销售面积	万平方米	120 649	-7.6
其中：住宅	万平方米	105 182	-9.1
本年到位资金	亿元	121 991	-0.1
其中：国内贷款	亿元	21 243	8.0
其中：个人按揭贷款	亿元	13 665	-2.6

五、国内贸易

市场销售稳定增长。2014 年全年社会消费品零售总额[21]262 394 亿元，比 2013 年增长 12.0%，扣除价格因素，实际增长 10.9%。按经营地统计，城镇消费品零售额 226 368 亿元，增长

11.8%；乡村消费品零售额 36 027 亿元，增长 12.9%。按消费类型统计，商品零售额 234 534 亿元，增长 12.2%；餐饮收入额 27 860 亿元，增长 9.7%。2010—2014 年社会消费品零售总额如图 11 所示。

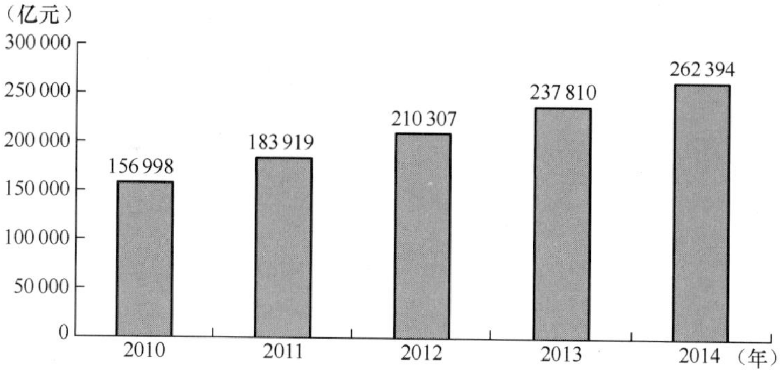

图 12　2010—2014 年社会消费品零售总额

在限额以上企业商品零售额中，粮油、食品、饮料、烟酒类零售额比 2013 年增长 11.1%，服装、鞋帽、针纺织品类增长 10.9%，化妆品类增长 10.0%，金银珠宝类与 2013 年持平，日用品类增长 11.6%，家用电器和音像器材类增长 9.1%，中西药品类增长 15.0%，文化办公用品类增长 11.6%，家具类增长 13.9%，通信器材类增长 32.7%，石油及制品类增长 6.6%，建筑及装潢材料类增长 13.9%，汽车类增长 7.7%。

2014 年全年网上零售额[22]27 898 亿元，比 2013 年增长 49.7%，其中限额以上单位网上零售额 4 400 亿元，增长 56.2%。

六、对外经济[23]

2014 年全年货物进出口总额 264 334 亿元，比 2013 年增长 2.3%。其中，出口 143 912 亿元，增长 4.9%；进口 120 423 亿元，下降 0.6%。进出口差额（出口减进口）23 489 亿元，比 2013 年增加 7 395 亿元。2014 年货物进出口详情见图 13、见表 7 ～表 10。

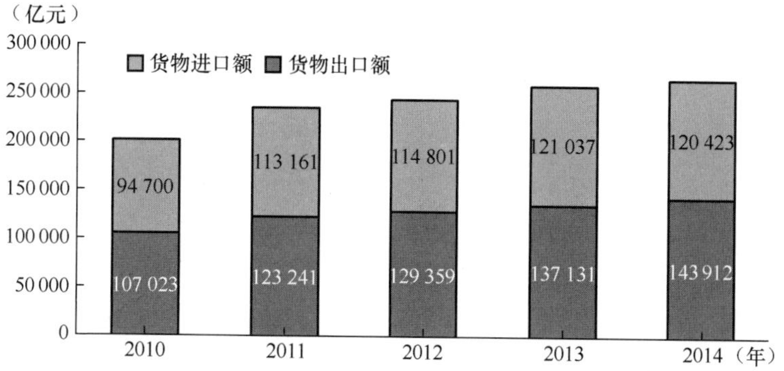

图 13　2010—2014 年货物进出口总额

表 7　2014 年货物进出口总额及其增长速度

指　　标	金额（亿元）	比2013年增长（%）
货物进出口总额	264 334	2.3
货物出口额	143 912	4.9
其中：一般贸易	73 944	9.6
加工贸易	54 320	1.8
其中：机电产品	80 527	2.6
高新技术产品	40 570	-1.0
货物进口额	120 423	-0.6
其中：一般贸易	68 162	-1.0
加工贸易	32 211	4.5
其中：机电产品	52 509	0.7
高新技术产品	33 876	-2.2
进出口差额（出口减进口）	23 489	—

表 8　2014 年主要商品出口数量、金额及其增长速度

商品名称	单位	数量	比2013年增长（%）	金额（亿元）	比2013年增长（%）
煤（包括褐煤）	万吨	574	-23.5	43	-35.5
钢材	万吨	9378	50.5	4 350	31.6
纺织纱线、织物及制品	—	—	—	6 888	3.8
服装及衣着附件	—	—	—	11 445	4.2
鞋类	—	—	—	3 455	9.7
家具及其零件	—	—	—	3 195	-0.7
自动数据处理设备及其部件	万台	191 836	2.6	11 159	-1.3
手持或车载无线电话	万台	131 199	10.6	7 085	20.2
集装箱	万个	302	12.1	553	13.0
液晶显示板	万个	245 080	-25.0	1 952	-12.4
汽车	万辆	90	-2.8	770	3.5

表 9　2014 年主要商品进口数量、金额及其增长速度

商品名称	数量（万吨）	比2013年增长（%）	金额（亿元）	比2013年增长（%）
谷物及谷物粉	1 951	33.8	382	20.7
大豆	7 140	12.7	2 474	5.0
食用植物油	650	-19.7	364	-27.3

（续表）

商品名称	数量（万吨）	比2013年增长（%）	金额（亿元）	比2013年增长（%）
铁矿砂及其精矿	93 251	13.8	5 748	-12.8
氧化铝	528	37.7	118	35.5
煤（包括褐煤）	29 122	-10.9	1 366	-24.4
原油	30 838	9.5	14 017	2.8
成品油	3 000	-24.2	1 439	-27.7
初级形状的塑料	2 535	3.0	3 167	4.0
纸浆	1 796	6.6	741	4.9
钢材	1 443	2.5	1 101	4.0
未锻轧铜及铜材	483	7.4	2 188	0.8

表 10 2014 年对主要国家和地区货物进出口额及其增长速度

国家和地区	出口额（亿元）	比2013年增长（%）	进口额（亿元）	比2013年增长（%）
欧盟	22 787	8.3	15 031	9.7
美国	24 328	6.4	9 764	3.1
东盟	16 712	10.3	12 794	3.3
中国香港	22 307	-6.6	792	-21.5
日本	9 187	-1.4	10 027	-0.5
韩国	6 162	8.9	11 677	2.8
中国台湾	2 843	12.7	9 337	-3.9
俄罗斯	3 297	7.2	2 555	3.7
印度	3 331	10.7	1 005	-4.6

2014 年全年服务进出口[24]总额 6 043 亿美元，比 2013 年增长 12.6%。其中，服务出口 2 222 亿美元，增长 7.6%；服务进口 3 821 亿美元，增长 15.8%。服务进出口逆差 1 599 亿美元。

2014 年全年非金融领域新设立外商直接投资企业 23 778 家，比 2013 年增长 4.4%。实际使用外商直接投资金额 7 364 亿元，按美元计价为 1 196 亿美元，增长 1.7%。2014 年非金融领域外商直接投资及其增长速度见表 11。

表 11 2014 年非金融领域外商直接投资及其增长速度

行　　业	企业数（家）	比2013年增长（%）	实际使用金额（亿美元）	比2013年增长（%）
总　　计	23 778	4.4	1195.6	1.7
其中：农、林、牧、渔业	719	-5.0	15.2	-15.4
制造业	5 178	-20.4	399.4	-12.3

（续表）

行　　业	企业数（家）	比2013年增长（%）	实际使用金额（亿美元）	比2013年增长（%）
电力、燃气及水生产和供应业	208	4.0	22.0	-9.3
交通运输、仓储和邮政业	376	-6.2	44.6	5.7
信息传输、计算机服务和软件业	981	23.2	27.6	-4.4
批发和零售业	7 978	8.6	94.6	-17.8
房地产业	446	-15.9	346.3	20.2
租赁和商务服务业	3 963	18.0	124.9	20.5
居民服务和其他服务业	181	9.0	7.2	9.3

2014 年全年非金融领域对外直接投资额 6 321 亿元，按美元计价为 1 029 亿美元，比 2013 年增长 14.1%。

表 12　2014 年非金融领域对外直接投资额及其增长速度

行　　业	对外直接投资金额（亿美元）	比2013年增长（%）
总　　计	1 028.9	14.1
其中：农、林、牧、渔业	17.4	19.2
采矿业	193.3	-4.1
制造业	69.6	-19.8
电力、热力、燃气及水生产和供应业	18.4	36.3
建筑业	70.2	7.5
批发和零售业	172.7	26.3
交通运输、仓储和邮政业	29.3	17.2
信息传输、软件和信息技术服务业	17.0	100.0
房地产业	30.9	45.8
租赁和商务服务业	372.5	26.5

2014 年全年对外承包工程业务完成营业额 8 748 亿元，按美元计价为 1 424 亿美元，比 2013 年增长 3.8%。对外劳务合作派出各类劳务人员 56.2 万人，增长 6.6%。

七、交通、邮电和旅游

交通运输平稳增长。2014 年全年货物运输总量 439 亿吨，比 2013 年增长 7.1%。货物运输周转量 184 619 亿吨公里，增长 9.9%。2014 年全年规模以上港口完成货物吞吐量 111.6 亿吨，比 2013 年增长 4.8%，其中外贸货物吞吐量 35.2 亿吨，增长 5.9%。规模以上港口集装箱吞吐量 20 093 万标准箱，增长 6.1%。2014 年各种运输方式完成货物运输量及其增长速度见表 13。

表 13　2014 年各种运输方式完成货物运输量及其增长速度

指　标	单　位	绝对数	比2013年增长（%）
货物运输总量	亿　吨	439.1	7.1
铁路	亿　吨	38.1	-3.9
公路	亿　吨	334.3	8.7
水运	亿　吨	59.6	6.4
民航	万　吨	593.3	5.7
管道	亿　吨	6.9	5.2
货物运输周转量	亿吨公里	184 619.2	9.9
铁路	亿吨公里	27 530.2	-5.6
公路	亿吨公里	61 139.1	9.7
水运	亿吨公里	91 881.1	15.7
民航	亿吨公里	186.1	9.3
管道	亿吨公里	3 882.7	10.9

2014 年全年旅客运输总量 221 亿人次，比 2013 年增长 3.9%。旅客运输周转量 29 994 亿人公里，增长 8.8%。2014 年各种运输方式完成旅客运输量及其增长速度见表 14。

表 14　2014 年各种运输方式完成旅客运输量及其增长速度

指　标	单　位	绝对数	比2013年增长（%）
旅客运输总量	亿人次	220.7	3.9
铁路	亿人次	23.6	11.9
公路	亿人次	190.5	2.8
水运	亿人次	2.6	12.3
民航	亿人次	3.9	10.6
旅客运输周转量	亿人公里	29 994.2	8.8
铁路	亿人公里	11 604.8	9.5
公路	亿人公里	11 981.7	6.5
水运	亿人公里	74.4	8.9
民航	亿人公里	6 333.3	12.0

2014 年年末全国民用汽车保有量达到 15 447 万辆（包括三轮汽车和低速货车 972 万辆），比 2013 年末增长 12.4%，其中私人汽车保有量 12 584 万辆，增长 15.5%。民用轿车保有量 8 307 万辆，增长 16.6%，其中私人轿车 7 590 万辆，增长 18.4%。

邮电业务快速增长。2014 年全年完成邮电业务总量 [25]21 846 亿元，比 2013 年增长 19.0%。其中，邮政业务总量 3 696 亿元，增长 35.6%；电信业务总量 18 150 亿元，增长 16.1%。邮政业 2014 年全年完成邮政函件业务 56.1 亿件，包裹业务 0.6 亿件，快递业务量 139.6 亿件；快递业务收入 2 045 亿元。电信业全年新增移动电话交换机容量 [26]7 980 万户，达到 204 537 万户。2014 年年末全国电话用户总数达到 153 552 万户，其中固定电话用户 24 943 万户，移动电话用户 128 609 万户。固定电话普及率下降至 18.3 部 / 百人，移动电话普及率上升至 94.5 部 / 百人。固定互联网宽带接入用户 [27]20 048 万户，比 2013 年增加 1 157 万户；移动宽带用户 [28]58 254 万户，增加 18 093 万户。互联网上网人数 6.49 亿人，增加 3 117 万人，其中手机上网人数 [29]5.57 亿人，增加 5 672 万人。互联网普及率达到 47.9%。2010—2014 年固定互联网宽带接入用户和移动宽带用户数如图 14 所示。

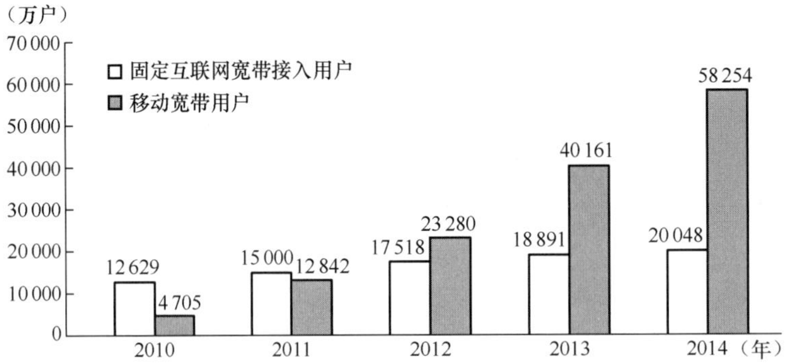

图 14　2010—2014 年固定互联网宽带接入用户和移动宽带用户数

2014 年全年国内游客 36.1 亿人次，比 2013 年增长 10.7%，国内旅游收入 30 312 亿元，增长 15.4%。入境游客 12 849 万人次，下降 0.5%。其中，外国人 2 636 万人次，增长 0.3%；中国香港、澳门和台湾同胞 10 213 万人次，下降 0.6%。在入境游客中，过夜游客 5 562 万人次，与 2013 年基本持平。国际旅游外汇收入 569 亿美元，增长 10.2%。国内居民出境 11 659 万人次，增长 18.7%，其中因私出境 11 003 万人次，增长 19.6%。

八、金融

金融市场运行总体平稳。2014 年年末广义货币供应量（M2）余额为 122.8 万亿元，比 2013 年末增长 12.2%；狭义货币供应量（M1）余额为 34.8 万亿元，增长 3.2%；流通中货币（M0）余额为 6.0 万亿元，增长 2.9%。

2014 年全年社会融资规模 [30] 为 16.5 万亿元，按可比口径计算，比 2013 年少 8 598 亿元。2014 年年末全部金融机构本外币各项存款余额 117.4 万亿元，比年初增加 10.2 万亿元，其中人民币各项存款余额 113.9 万亿元，增加 9.5 万亿元。全部金融机构本外币各项贷款余额 86.8 万亿元，增加 10.2 万亿元，其中人民币各项贷款余额 81.7 万亿元，增加 9.8 万亿元，详见表 15。

表 15　2014 年年末全部金融机构本外币存贷款余额及其增长速度

指　　标	年末数（亿元）	比2013年年末增长（%）
各项存款余额	1 173 735	9.6
其中：住户存款	506 890	8.9
其中：人民币	502 504	8.9
非金融企业存款	400 420	5.4
各项贷款余额	867 868	13.3
其中：境内短期贷款	336 371	7.9
境内中长期贷款	471 818	15.0

2014 年年末主要农村金融机构（农村信用社、农村合作银行、农村商业银行）人民币贷款余额 105 742 亿元，比年初增加 14 105 亿元。全部金融机构人民币消费贷款余额 153 660 亿元，增加 23 938 亿元。其中，个人短期消费贷款余额 32 491 亿元，增加 5 902 亿元；个人中长期消费贷款余额 121 169 亿元，增加 18 037 亿元。

2014 年全年上市公司通过境内市场累计筹资 8 397 亿元，比 2013 年增加 1 512 亿元。其中，首次公开发行 A 股 125 只，筹资 669 亿元；A 股再筹资（包括配股、公开增发、非公开增发 [31]、认股权证）4 165 亿元，增加 1 362 亿元；上市公司通过发行可转债、可分离债、公司债、中小企业私募债筹资 3 563 亿元，减少 519 亿元。2014 年全年公开发行创业板股票 51 只，筹资 159 亿元。

2014 年全年发行公司信用类债券 [32]5.15 万亿元，比 2013 年增加 1.48 万亿元。

2014 年全年保险公司原保险保费收入 [33]20 235 亿元，比 2013 年增长 17.5%。其中，寿险业务原保险保费收入 10 902 亿元，健康险和意外伤害险业务原保险保费收入 2 130 亿元，财产险业务原保险保费收入 7 203 亿元。支付各类赔款及给付 7 216 亿元。其中，寿险业务给付 2 728 亿元，健康险和意外伤害险赔款及给付 700 亿元，财产险业务赔款 3 788 亿元。

九、人民生活和社会保障

城乡居民收入继续增加。2014 年全年全国居民人均可支配收入 20 167 元，比 2013 年增长 10.1%，扣除价格因素，实际增长 8.0%。按常住地分，城镇居民人均可支配收入 [34]28 844 元，比 2013 年增长 9.0%，扣除价格因素，实际增长 6.8%；城镇居民人均可支配收入中位数[35]为 26 635 元，增长 10.3%。农村居民人均可支配收入 10 489 元，比 2013 年增长 11.2%，扣除价格因素，实际增长 9.2%；农村居民人均可支配收入中位数为 9 497 元，增长 12.7%。全年农村居民人均纯收入为 9 892 元。全国居民人均消费支出 14 491 元，比 2013 年增长 9.6%，扣除价格因素，实际增长 7.5%。按常住地分，城镇居民人均消费支出 19 968 元，增长 8.0%，扣除价格因素，实际增长 5.8%；农村居民人均消费支出 8 383 元，增长 12.0%，扣除价格因素，实际增长 10.0%。

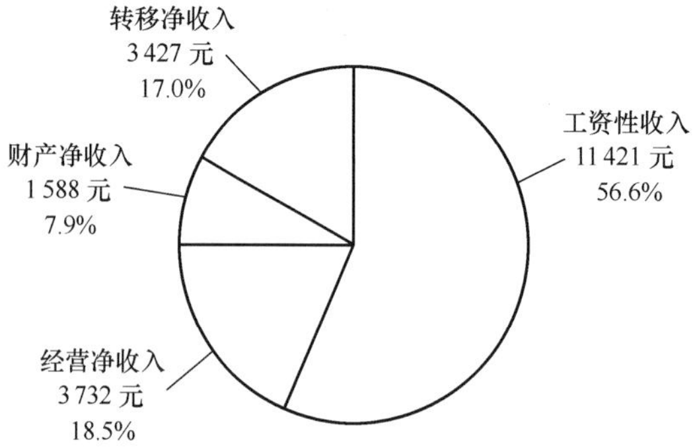

图 15　2014 年按收入来源分的全国居民人均可支配收入及占比

社会保障建设取得新进展。2014 年年末全国参加城镇职工基本养老保险人数 34 115 万人，比 2013 年年末增加 1 897 万人。参加城乡居民基本养老保险人数 50 107 万人，增加 357 万人。参加基本医疗保险人数 59 774 万人，增加 2702 万人。其中，参加职工基本医疗保险人数 28 325 万人，增加 882 万人；参加居民基本医疗保险人数 31 449 万人，增加 1 820 万人。参加失业保险人数 17 043 万人，增加 626 万人。2014 年年末全国领取失业保险金人数 207 万人。参加工伤保险人数 20 621 万人，增加 703 万人，其中参加工伤保险的农民工 7 362 万人，增加 98 万人。参加生育保险人数 17 035 万人，增加 643 万人。按照年人均收入 2 300 元（2010 年不变价）的农村扶贫标准计算，2014 年农村贫困人口为 7017 万人，比 2013 年减少 1 232 万人。

十、教育、科学技术和文化体育

教育科技和文化体育事业较快发展。2014 年全年研究生招生 62.1 万人，在校研究生 184.8 万人，毕业生 53.6 万人。普通本专科招生 721.4 万人，在校生 2 547.7 万人，毕业生 659.4 万人。中等职业教育[36]招生 628.9 万人，在校生 1 802.9 万人，毕业生 633.0 万人。普通高中招生 796.6 万人，在校生 2 400.5 万人，毕业生 799.6 万人。初中招生 1 447.8 万人，在校生 4 384.6 万人，毕业生 1 413.5 万人。普通小学招生 1 658.4 万人，在校生 9 451.1 万人，毕业生 1 476.6 万人。特殊教育招生 7.1 万人，在校生 39.5 万人，毕业生 4.9 万人。幼儿园在园幼儿 4 050.7 万人。2010—2014 年普通本专科、中等职业教育及普通高中招生人数如图 16 所示。

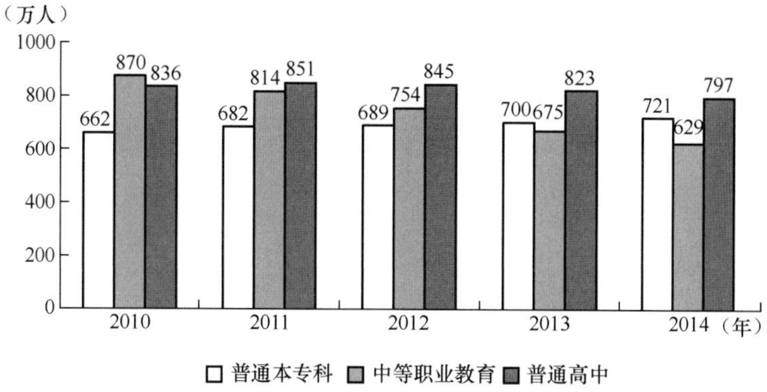

图 16 2010—2014 年普通本专科、中等职业教育及普通高中招生人数

2014 年全年研究与试验发展（R&D）经费支出 13 312 亿元，比 2013 年增长 12.4%，与国内生产总值之比为 2.09%，其中基础研究经费 626 亿元。2014 年全年国家安排了 3 997 项科技支撑计划课题，2 129 项“863”计划课题。截至年底，累计建设国家工程研究中心 132 个，国家工程实验室 154 个，国家认定企业技术中心 1 098 家。2014 年全年国家新兴产业创投计划[37]累计支持设立 213 家创业投资企业，资金总规模 574 亿元，投资创业企业 739 家。全年受理境内外专利申请 236.1 万件，授予专利权 130.3 万件。截至年底，有效专利 464.3 万件。全年共签订技术合同 29.7 万项，技术合同成交金额 8 577 亿元，比 2013 年增长 14.8%。

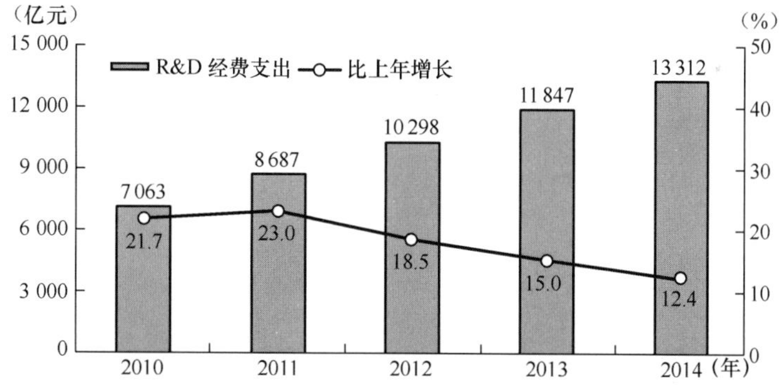

图 17 2010—2014 年研究与试验发展（R&D）经费支出

表 16 2014 年专利申请受理、授权和有效专利情况

指 标	专利数（万件）	比2013年增长（%）
专利申请受理数	236.1	−0.7
其中：境内专利申请受理数	218.6	−1.0
发明专利申请受理数	92.8	12.5
境内发明专利	79.0	13.9
专利申请授权数	130.3	−0.8

（续表）

指　标	专利数（万件）	比2013年增长（%）
其中：境内专利授权	119.2	-1.5
发明专利授权	23.3	12.3
境内发明专利	15.8	14.1
年末有效专利数	464.3	10.7
其中：境内有效专利	391.8	11.1
有效发明专利	119.6	15.7
境内有效发明专利	66.3	21.7

2014 年全年成功发射卫星 16 次。探月工程三期再入返回试验圆满完成。高分二号卫星成功发射。

2014 年年末全国共有产品检测实验室 27 051 个，其中国家检测中心 597 个。全国现有产品质量、体系认证机构 183 个，已累计完成对 118 354 个企业的产品认证。全国共有法定计量技术机构 4 056 个，全年强制检定计量器具 6 162 万台（件）。全年制定、修订国家标准 1 530 项，其中新制定 1 067 项。全国共有地震台站 1 687 个，区域地震台网 32 个。全国共有海洋观测站 79 个。测绘地理信息部门公开出版地图 1 678 种。

2014 年年末全国文化系统共有艺术表演团体 2 008 个，博物馆 2760 个。全国共有公共图书馆 3 110 个，总流通[38]52 252 万人次；文化馆 3 311 个。有线电视用户 2.31 亿户，有线数字电视用户 1.87 亿户。2014 年年末广播节目综合人口覆盖率为 98.0%，电视节目综合人口覆盖率为 98.6%。2014 年全年生产电视剧 429 部 15 983 集，电视动画片 138 496 分钟。全年生产故事影片 618 部，科教、纪录、动画和特种影片[39]140 部。出版各类报纸 465 亿份，各类期刊 32 亿册，图书 84 亿册（张），人均图书拥有量[40]6.12 册（张）。2014 年年末全国共有档案馆 4 246 个，已开放各类档案 12 835 万卷（件）。

根据第六次全国体育场地普查结果[41]，全国共有体育场地 169.5 万个，场地面积[42]19.9 亿平方米。全年我国运动员在 22 个运动大项中获得 98 个世界冠军，共创 10 项世界纪录。全年我国残疾人运动员在 19 项国际赛事中获得 122 个世界冠军。

十一、卫生和社会服务

卫生和社会服务事业不断改善。2014 年年末全国共有医疗卫生机构 982 443 个，其中医院 25 865 个，乡镇卫生院 36 899 个，社区卫生服务中心（站）34 264 个，诊所（卫生所、医务室）188 415 个，村卫生室 646 044 个，疾病预防控制中心 3 491 个，卫生监督所（中心）2 975 个。卫生技术人员 739 万人，其中执业医师和执业助理医师 282 万人，注册护士 292 万人。医疗卫生机构床位 652 万张，其中医院 484 万张，乡镇卫生院 117 万张。2010—2014 年卫生技术人员人数如图 18 所示。

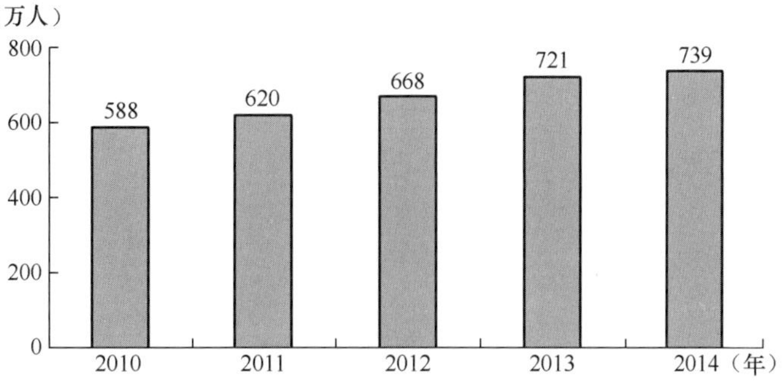

图 18　2010—2014 年卫生技术人员人数

2014 年年末全国各类提供住宿的社会服务机构[43]3.8 万个，其中养老服务机构 3.4 万个。社会服务床位[44]586.5 万张，其中养老床位 551.4 万张。收留抚养和救助各类人员 304.6 万人，其中养老人员 288.7 万人。2014 年年末共有社区服务中心 2.2 万个，社区服务站 11.4 万个。2014 年年末全国共有 1 880.2 万人享受城市居民最低生活保障，5 209.0 万人享受农村居民最低生活保障，农村五保供养[45]529.5 万人。2014 年全年资助 1 310.9 万城市困难群众参加医疗保险，资助 4 118.9 万农村困难群众参加新型农村合作医疗。

十二、资源、环境和安全生产

2014 年全年全国国有建设用地供应总量[46]61 万公顷，比 2013 年下降 16.5%。其中，工矿仓储用地 15 万公顷，下降 29.9%；房地产用地[47]15 万公顷，下降 25.5%；基础设施等其他用地 31 万公顷，下降 1.9%。

2014 年全年水资源总量 28 370 亿立方米。2014 年全年平均降水量 648 毫米。2014 年年末全国监测的 609 座大型水库蓄水总量 3 663 亿立方米，比 2013 年年末蓄水量增加 7.0%。2014 年全年总用水量 6 220 亿立方米，比 2013 年增长 0.6%。其中，生活用水增长 2.7%，工业用水增长 1.0%，农业用水增长 0.1%，生态补水增长 0.6%。万元国内生产总值用水量[48]112 立方米，比 2013 年下降 6.3%。万元工业增加值用水量 64 立方米，比 2013 年下降 5.6%。人均用水量 456 立方米，比 2013 年年增长 0.1%。

2014 年全年完成造林面积 603 万公顷，其中人工造林 427 万公顷。林业重点工程完成造林面积 200 万公顷，占全部造林面积的 33.2%。截至年底，自然保护区达到 2 729 个，其中国家级自然保护区 428 个。新增水土流失治理面积 5.4 万平方公里，新增实施水土流失地区封育保护面积 2.0 万平方公里。

2014 年全年平均气温为 10.1℃，共有 5 个台风登陆。

初步核算，2014 年全年能源消费总量 42.6 亿吨标准煤，比 2013 年增长 2.2%。煤炭消费量下降 2.9%，原油消费量增长 5.9%，天然气消费量增长 8.6%，电力消费量增长 3.8%。煤炭消费量占能源消费总量的 66.0%，水电、风电、核电、天然气等清洁能源消费量占能源消费总量的 16.9%。全国万元国内生产总值能耗下降 4.8%。工业企业吨粗铜综合能耗同比下降 3.76%，吨钢综合能耗下降 1.65%，单位烧碱综合能耗下降 2.33%，吨水泥综合能耗下降 1.12%，每千瓦时火力发电标准煤耗下降 0.67%。

十大流域[49]的 702 个水质监测断面中，Ⅰ～Ⅲ类水质断面比例占 71.2%，劣Ⅴ类水质断面比例占 9.0%。十大流域水质总体为轻度污染，水质保持稳定。

近岸海域 301 个海水水质监测点中，达到国家Ⅰ、Ⅱ类海水水质标准的监测点占 66.8%，Ⅲ类海水占 7.0%，Ⅳ类、劣Ⅳ类海水占 26.2%。

在按照《环境空气质量标准》（GB 3095—2012）监测的 161 个城市中，城市空气质量达标的城市占 9.9%，未达标的城市占 90.1%。

在监测的 319 个城市中，城市区域声环境质量好的城市占 1.3%，较好的占 70.8%，一般的占 27.3%，较差的占 0.6%。

2014 年年末城市污水处理厂日处理能力达到 12 896 万立方米，比 2013 年年末增长 3.5%，城市污水处理率达到 90.2%，提高 0.8 个百分点。城市集中供热面积 59.1 亿平方米，增长 3.3%。城市建成区绿地率达到 35.9%，提高 0.2 个百分点。

2014 年全年农作物受灾面积 2 489 万公顷，其中绝收 309 万公顷。全年因洪涝和地质灾害造成直接经济损失 1 030 亿元，因旱灾造成直接经济损失 836 亿元，因低温冷冻和雪灾造成直接经济损失 129 亿元，因海洋灾害造成直接经济损失 136 亿元。全年大陆地区共发生 5 级以上地震 30 次，成灾 10 次，造成直接经济损失 356 亿元。全年共发生森林火灾 3 703 起，森林火灾受害森林面积 1.9 万公顷。

2014 年全年各类生产安全事故共死亡 68 061 人。亿元国内生产总值生产安全事故死亡人数为 0.107 人，比 2013 年下降 13.7%；工矿商贸企业就业人员 10 万人生产安全事故死亡人数为 1.328 人，比 2013 年下降 12.9%；道路交通事故万车死亡人数为 2.22 人，下降 5.1%；煤矿百万吨死亡人数为 0.255 人，下降 11.5%。

注释：

[1] 本公报中数据均为初步统计数。各项统计数据均未包括香港特别行政区、澳门特别行政区和台湾省。部分数据因四舍五入的原因，存在着与分项合计不等的情况。

[2] 人户分离的人口是指居住地与户口登记地所在的乡镇街道不一致且离开户口登记地半年以上的人口。

[3] 流动人口是指人户分离人口中扣除市辖区内人户分离的人口。市辖区内人户分离的人口是指一个直辖市或地级市所辖区内和区与区之间，居住地和户口登记地不在同一乡镇街道的人口。

[4] 2014 年年末，0—14 岁（含不满 15 周岁）人口为 22 558 万人，15—59 岁（含不满 60

周岁）人口为 92 982 万人。

［5］国内生产总值、各产业增加值绝对数按现价计算，增长速度按不变价格计算；根据第三次全国经济普查结果和国家统计局 2012 年制定的《三次产业划分规定》对相关数据进行了修订。

［6］年度农民工数量包括年内在本乡镇以外从业 6 个月以上的外出农民工和在本乡镇内从事非农产业 6 个月以上的本地农民工两部分。

［7］国家全员劳动生产率为国内生产总值（以 2010 年不变价格计算）与全部就业人员的比率。

［8］农产品生产者价格是指农产品生产者直接出售其产品时的价格。

［9］居住类价格包括建房及装修材料、住房租金、自有住房和水电燃料等价格。

［10］高技术制造业包括医药制造业，航空、航天器及设备制造业，电子及通信设备制造业，计算机及办公设备制造业，医疗仪器设备及仪器仪表制造业，信息化学品制造业。

［11］装备制造业包括金属制品业，通用设备制造业，专用设备制造业，汽车制造业，铁路、船舶、航空航天和其他运输设备制造业，电气机械和器材制造业，计算机、通信和其他电子设备制造业，仪器仪表制造业，金属制品、机械和设备修理业。

［12］根据第三次全国经济普查结果对相关数据进行了修订，其中 2013 年原煤产量由 36.8 亿吨修订为 39.7 亿吨。

［13］天然气包括气田天然气、油田天然气（分为油田气层气、油田伴生溶解气）和煤田天然气（也称煤层气）。

［14］钢材产量数据中含企业之间重复加工钢材约 33 400 万吨。

［15］少量发电装机容量（如地热等）文中未列出。

［16］根据第三次全国经济普查结果，对 2013 年全社会固定资产投资数据进行了修订。

［17］固定资产投资按东部、中部、西部和东北地区计算的合计数据小于全国数据，是因为有部分跨地区的投资未计算在地区数据中。其中，东部地区是指北京、天津、河北、上海、江苏、浙江、福建、山东、广东和海南 10 省（市）；中部地区是指山西、安徽、江西、河南、湖北和湖南 6 省；西部地区是指内蒙古、广西、重庆、四川、贵州、云南、西藏、陕西、甘肃、青海、宁夏和新疆 12 省（区、市）；东北地区是指辽宁、吉林和黑龙江 3 省。

［18］民间固定资产投资是指具有集体、私营、个人性质的内资企事业单位以及由其控股（包括绝对控股和相对控股）的企业单位建造或购置固定资产的投资。

［19］房地产业投资除房地产开发投资外，还包括建设单位自建房屋以及物业管理、中介服务和其他房地产投资。

［20］高速铁路是指最高营运速度达到 200 公里 / 小时及以上的铁路。

［21］2014 年社会消费品零售总额及相关数据均为快报数。

［22］网上零售额是指通过公共网络交易平台（包括自建网站和第三方平台）实现的商品和服务零售额。其中，网上零售额包括的服务类商品，以及少部分用于生产经营用或被转卖的商品不统计在社会消费品零售总额中。

［23］根据有关规定，货物贸易改用人民币计价。服务贸易、利用外资、对外投资和对外承包工程由于技术原因仍主要沿用美元计价。

［24］服务进出口按照《国际收支手册（第六版）》标准统计，不含政府服务，增速按可比口径计算。

［25］邮电业务总量按 2010 年不变价格计算。

［26］移动电话交换机容量是指移动电话交换机根据一定话务模型和交换机处理能力计算出来的最大同时服务用户的数量。

［27］固定互联网宽带接入用户是指报告期末在电信企业登记注册，通过 *x*DSL、FTT*x*+LAN、FTTH/0 以及其他宽带接入方式和普通专线接入公众互联网的用户。

［28］移动宽带用户是指报告期末在计费系统拥有使用信息，占用 3G 或 4G 网络资源的在网用户。

［29］手机上网人数是指过去半年通过手机接入并使用互联网的 6 周岁及以上中国居民数量。

［30］社会融资规模是指一定时期内实体经济从金融体系获得的资金总额，是增量概念。

［31］非公开增发又叫定向增发，不含资产认购部分。

［32］公司信用类债券包括非金融企业债务融资工具、企业债券以及公司债、可转债等。

［33］原保险保费收入是指保险企业确认的原保险合同保费收入。

［34］按一体化住户调查改革前的城镇住户调查老口径推算，全年全国城镇居民人均可支配收入为 29 381 元。

［35］人均收入中位数是指将所有调查户按人均收入水平从低到高（或从高到低）顺序排列，处于最中间位置调查户的人均收入。

［36］中等职业教育包括普通中专、成人中专、职业高中和技工学校，其中技工学校数据为 2013 年数据。

［37］国家新兴产业创投计划是指中央财政专项资金通过与地方政府资金、社会资本共同发起设立创业投资企业，或以股权投资模式直接投资创业企业等方式，培育和促进新兴产业发展的活动。

［38］总流通人次是指本年度内到图书馆场馆接受图书馆服务的总人次，包括借阅书刊、咨询问题以及参加各类读者活动等。

［39］特种影片是指那些采用与常规影院放映在技术、设备、节目方面不同的电影展示方式，如巨幕电影、立体电影、立体特效（4D）电影、动感电影、球幕电影等。

［40］人均图书拥有量是指在一年内全国平均每人能拥有的当年出版图书册数。

［41］数据为截至 2013 年年底。

［42］场地面积是指可供训练、比赛、健身活动的场地有效面积，场地除包括比赛规定的尺寸外，还包括必要的安全区、缓冲区和无障碍地带。

［43］根据第三次全国经济普查，对提供住宿的社会服务机构、社区服务中心进行归类清理，2014 年相应数据有所调整。

［44］社会服务床位数除收养性机构外，还包括救助类机构、社区类机构以及军休所、军供站等机构的床位。

［45］农村五保供养是指老年、残疾和未满16周岁的村民，无劳动能力、无生活来源又无法定赡养、抚养、扶养义务人，或者其法定赡养、抚养、扶养义务人无赡养、抚养、扶养能力的村民，在吃、穿、住、医、葬方面得到的生活照顾和物质帮助。

［46］国有建设用地供应总量是指报告期内市、县人民政府根据年度土地供应计划依法以出让、划拨、租赁等方式将土地使用权提供给单位或个人使用的国有建设用地总量。

［47］房地产用地是指商服用地和住宅用地的总和。

［48］万元国内生产总值用水量、万元工业增加值用水量和万元国内生产总值能耗按2010年不变价格计算。

［49］十大流域包括长江、黄河、珠江、松花江、淮河、海河、辽河、浙闽片河流、西北诸河和西南诸河。

资料来源：

本公报中城镇新增就业、登记失业率、社会保障数据来自人力资源社会保障部；财政数据来自财政部；外汇储备、汇率、货币金融、公司信用类债券数据来自人民银行；水产品产量数据来自农业部；木材产量、林业、森林火灾数据来自林业局；灌溉面积、水资源数据来自水利部；发电装机容量、新增220千伏及以上变电设备数据来自中电联；新建铁路投产里程、增新建铁路复线投产里程、电气化铁路投产里程、铁路运输数据来自铁路总公司；新建公路里程、港口万吨级码头泊位新增吞吐能力、公路运输、水运、港口货物吞吐量数据来自交通运输部；新增民用运输机场、民航数据来自民航局；新增光缆线路长度、电话交换机容量、电话用户、宽带用户、上网人数等通信数据来自工业和信息化部；保障性住房、城市污水处理、城市集中供热面积、建成区绿地率数据来自住房城乡建设部；货物进出口数据来自海关总署；服务进出口、外商直接投资、对外直接投资、对外承包工程、对外劳务合作等数据来自商务部；管道数据来自中石油、中石化、中海油；民用汽车、交通事故数据来自公安部；邮政业务数据来自邮政局；旅游数据来自旅游局、公安部；上市公司数据来自证监会；保险业数据来自保监会；教育数据来自教育部；安排科技计划课题、技术合同等数据来自科技部；国家工程研究中心、企业技术中心、新兴产业创投等数据来自发展改革委；专利数据来自知识产权局；发射卫星数据来自国防科工局；质量检验、国家标准制定修订等数据来自质检总局；地震数据来自地震局；海洋观测站、海洋灾害造成直接经济损失数据来自海洋局；测绘数据来自测绘地信局；艺术表演团体、博物馆、公共图书馆、文化馆数据来自文化部；广播电视、电影、报纸、期刊、图书数据来自新闻出版广电总局；档案数据来自档案局；体育数据来自体育总局；残疾人运动员数据来自中国残联；卫生数据来自卫生计生委；社会服务、低保和五保供养数据、农作物受灾面积、洪涝地质灾害造成直接经济损失、旱灾造成直接经济损失、低温冷冻和雪灾造成直接经济损失来自民政部；国有建设用地供应数据来自国土资源部；自然保护区、环境监测数据来自环境保护部；平均气温、登陆台风数据来自气象局；安全生产数据来自安全监管总局；其他数据均来自国家统计局。